税票与财税文化 2020

TAX RECEIPTS AND
FINANCE AND TAXATION CULTURE

主 编 王 乔
副主编 张仲芳 席卫群 曾耀辉

中国财经出版传媒集团
经济科学出版社
Economic Science Press

图书在版编目（CIP）数据

税票与财税文化.2020/王乔主编.--北京：经济科学出版社，2020.12

ISBN 978-7-5218-2208-3

Ⅰ.①税… Ⅱ.①王… Ⅲ.①税收-票据-研究-中国-2020 ②财税-研究-中国-2020 Ⅳ.①F812.42 ②F812

中国版本图书馆 CIP 数据核字（2020）第 262980 号

责任编辑：顾瑞兰
责任校对：王苗苗
责任印制：王世伟

税票与财税文化（2020）

主　编：王　乔

副主编：张仲芳　席卫群　曾耀辉

经济科学出版社出版、发行　新华书店经销

社址：北京市海淀区阜成路甲 28 号　邮编：100142

总编部电话：010-88191217　发行部电话：010-88191522

网址：www.esp.com.cn

电子邮箱：esp_bj@163.com

天猫网店：经济科学出版社旗舰店

网址：http://jjkxcbs.tmall.com

固安华明印业有限公司印装

787×1092　16 开　18.75 印张　470 000 字

2020 年 12 月第 1 版　2020 年 12 月第 1 次印刷

ISBN 978-7-5218-2208-3　定价：80.00 元

（图书出现印装问题，本社负责调换。电话：010-88191502）

（版权所有　翻印必究　举报电话：010-88191586

电子邮箱：dbts@esp.com.cn）

江西财经大学

江西财经大学财税大楼

财税文化活动

《共和国税收征管70周年》书稿研讨

《税票鉴赏》慕课　　　　　　　　《税票鉴赏》课学生作业演示

2018年"中国税收与政策"国际研讨会

中国税收票证博物馆

博物馆序厅

在展馆中交流

外国专家参观博物馆

2020年税票与财税文化研讨会

研讨会会场

新书发布

分组交流

前　言

　　江西财经大学长期致力于财税文化建设，广泛开展财税历史文化教育，深入进行财税研究和探讨，建设中国税收票证博物馆，开设和丰富《中国财税史》《税票鉴赏》等课程，取得了较为丰硕的成果。

　　中国税收票证博物馆是江西财经大学设立的国内首座以税收票证为内容的主题博物馆，展厅面积800平方米左右，共收藏2000余件（枚）税收票证及相关物品，另有财税教学研讨区400平方米。展馆以中国悠久的历史文化和税制变迁为脉络，主要展示自明代以来的税收票证及相关物品，并结合各个时期历史状况、民生社会与税制变迁，突出史实性、趣味性和启迪性，借丰富的税收票证生动直观地呈现历史和见证税收，馆内藏品中不少品项为珍品甚至孤品。税收票证博物馆以多元内涵平易近人的展出向群众推广，获颁"全国社会科学普及基地"，并逐渐成为国内重要的税制、经济研究场所和历史文化教育基地。

　　为广泛发掘中国悠久的财税历史、诠释中国财税之路、推动财税文化和税票研究交流的蓬勃开展，江西财经大学中国税票研究中心、财税研究中心、财税与公共管理学院联合举办了2020年税票与财税文化研讨会，于10月31日在学校科瑞文博馆隆重召开。来自全国各地的税票和财税专家学者聚集一堂，展开深入研讨。会上还正式发布了由江西财经大学党委书记王乔教授领衔、组织团队编撰、在人民出版社出版的《共和国税收征管70年》，与会代表饶有兴致地参观了中国税收票证博物馆。研讨会成功召开后，中外多家媒体持续关注和报道。国际集邮联合会印花委员会（印花税票等收藏研究国际组织）对会议成功召开给予了高度赞赏和积极评价，该委员会第一时间在其官网首页"SEMINARS"栏目发布了研讨会的详细图文报道。研讨会情况还在国家级权威集邮期刊《集邮博览》杂志公众号发布，中国集邮报发表题为《南昌举办"2020年税票与财税文化研讨会"》的文章，详细介绍了研讨会的主旨演讲、新书发布和参观中国税收票证博物馆情况。人民日报海外网、央广网国际在线、中国出版网、澎湃新闻网、中国江西网、凤凰网、江西新闻客户端、网易、江西晨报网等多家媒体对研讨会发布《共和国税收征管70年》一书进行了详细报道。

　　在研讨会上，共有税票与财税文化等方面的学术研究鉴赏文章42篇进行了交流研讨，现结集出版，以飨读者，并请读者多加指正。

Preface

Jiangxi University of Finance and Economics has been committed to the construction of finance and taxation culture for a long time. It has carried out extensive education on finance and taxation history and culture, conducted in-depth research and discussion on finance and taxation, built the Chinese Tax Receipts Museum, opened and enriched the courses of history of Chinese finance and taxation and appreciation on tax receipts, and achieved fruitful results.

The Chinese Tax Receipts Museum is the first theme museum with tax receipts as its content, which is set up by Jiangxi University of Finance and Economics. The exhibition hall covers an area of about 800 square meters, with a collection of more than 2000 tax receipts and related items, and another 400 square meters of taxation teaching and seminar area. The pavilion is based on China's long history, culture and tax system changes. It mainly displays tax receipts and related items since Ming Dynasty. It highlights historical facts, interest and enlightenment by combining with historical conditions, people's livelihood, society, and tax system changes in various periods. It vividly presents history and witnesses tax system evolution with rich tax receipts. Many of the tax receipts on show are extremely rare, and some are even valuable unique rarities. The Chinese Tax Receipts Museum aims to popularize the knowledge of tax receipts with its multi-connotation and approachable exhibition. The museum was awarded the "national social science popularization base", and has gradually become an important place for the research of tax system and economy, and becomes the historical and cultural education base in China.

In order to extensively explore China's long history of finance and taxation, interpret the road of China's finance and taxation, and promote the vigorous development of the research and exchange of finance and taxation culture and tax receipts, Jiangxi University of Finance and Economics Research Center of China Tax Receipts, Research Center of Finance and Taxation and School of Public Finance and Public Admilistration jointly held a seminar on tax receipts and finance and taxation culture in 2020, which was solemnly held in the University's Creat Culture Museum on October 31. Tax receipts and finance and tax experts and scholars from all over the country gathered together for in-depth discussion. At the seminar, the *"70 years of tax collection and administration of the People's Republic of China"* was officially launched by the People's Publishing House, led by professor Wang Qiao, secretary of the Party Committee of Jiangxi University of Finance and Economics, and organizing a team. The delegates visited the Chinese Tax Receipts Museum with great interest. After the seminar was successfully held, many Chinese and foreign media continued to pay attention to and report on it. FIP Revenue Commission (the international organization for the collection and research of revenue) highly appreciated and positively commented on the success of the seminar. FIP Revenue Commission immediately launched a detailed report on the seminar in the "SEMINARS" column on the home page of its official website. The seminar also was published in the national authoritative philatelic journal, the official account of philatelic Panorama. The China Philately News published the article on the 2020 Nanchang seminar on tax receipts and finance and taxation culture, which introduced the keynote speech, the new book issue and the Chinese Tax Receipts Museum in detail. People's Daily overseas network, CCTV international online, China publishing network, Pengpai news network, China Jiangxi network, Phoenix. com, Jiangxi news client, Netease and other media reported in detail the book "*70 years of tax collection and administration of the People's Republic of China*" launched by the seminar.

At the seminar, a total of 42 academic research and appreciation articles on tax receipts and finance and taxation culture were exchanged and discussed. They are now collected and published for readers' reference.

目 录

税票研究

刍议税票的前世今生 　　　　　　　　　　　　　　　　王文素　李雪涵　3
世界印花集邮发展简史及前瞻 　　　　　　　　　　　　　　　梁耀华　13
关于新中国第一套印花税票两种不同"样票"的研究 　　　李　明　李仲阳　26
对长城图1分印花税票的几点新认识 　　　　　　　　　　　　　金　星　32
安徽地方卷烟营业税及其印花 　　　　　　　　　　　　　　　焦继承　37
秦皇岛市加盖"华北税务总局"改值印花税票的研究 　　　　　　　杜文军　44

税票鉴赏

革命根据地税票赏析 　　　　　　　　　　　　　　　　　　　包晓春　51
茶叶与捐官 　　　　　　　　　　　　　　　　　　　　　　　姜　涛　58
抗日战争前后的印花税票 　　　　　　　　　　　　　　　　　张立新　62
税月长河 　　　　　　　　　　　　　　　　　　　　　　　　方　玲　68
瑞京城市苏维埃政府商业店房税附加收据背后的故事 　　　　　　胡智尹　72

税票考证

印花税票打假 　　　　　　　　　　　　　　　　　　　　　　一　剑　77
景德镇军管会暂用印花税票 　　　　　　　　　　　　　　　　龚爱民　95

财税历史

新中国税收征管发展历程 　　　　　　　　　　　　　　　　　王　乔　103
共和国税收征管史的井然建构
　　——《共和国税收征管70年》读后 　　　　　　　　　　　李胜良　107
中国革命根据地税收思想的形成与发展 　　　　　　　　　　　刘燕明　114
革命时期的厉行节约及现实意义 　　　　　　　　　　　　　　申学锋　123
历史上的契税及其发展变迁 　　　　　　　　　　　邓荣华　张丽荣　128
淳化四年：谁为贪婪买单 　　　　　　　　　　　　　　　　　李长江　137
中国先秦财税哲学思想 　　　　　　　　　　　　　　　　　　邓诗来　143
海昏侯墓葬
　　——西汉中央与地方财税权益博弈的绝世写照 　　　　　　王雪绒　148

财税文化

从诗史观看杨广的财政政策 　　　　　　　　　　　　　　　　付志宇　153

这样的"颂"何妨一赞再赞
　　——略论陈廷敬《南巡歌》兼及诗教 　　　　　　　　曹钦白　166

新中国初期发票上的宣传 　　　　　　　　　　　　　　　陈千里　172

从老发票中所见冀商经营管理之道
　　——以武百祥"同记"为例 　　　　　　　　　　　　曹　琳　192

基于民生视角下的孟子财税思想研究 　　　　　　　　　　孟凡顺　200

从徽章窥视民国时期的盐务税警 　　　　　　　　　　　　段志清　208

中国赋税文物之探索
　　——为保护、宣传、发掘、利用赋税文物鼓与呼 　　　傅兴亚　216

民间收藏丰富财税文化宣传
　　——以泉州税收史料展为例 　　　　　　　　　　　　万冬青　221

从《水浒传》中的酒税看宋朝繁华 　　　　　　　　　　　余　璐　232

房地产企业税收筹划风险与内外沟通 　　　　　　　　　　刘　俊　235

从诗词中看中国古代农业税 　　　　　　　　　　　　　　卢羽西　238

财税教研

财税教学科研与学科建设 　　　　　　　　　　　　　　　张仲芳　243

财税研究中心特色发展的探索 　　　　　　　　　　　　　席卫群　246

财经高校税务硕士应用型创新实践人才培养的思考 　　　　伍　红　248

《税票鉴赏》课程开设及其特色 　　　　　　　　　　　　戴丽华　256

如何让《税票鉴赏》课有料有味 　　　　　　　　　　　　黄思明　259

专业课程思政教学设计优化与重构研究
　　——以《中国税制》为例 　　　　　　　　　　　　　王　雯　262

收藏资讯

中国印花税票收藏的发展现状 　　　　　　　　　　　　　刘永新　269

方寸之间的收藏价值 　　　　　　　　　　　　　　　　　高　微　273

展馆动态

中国税收票证博物馆新馆开馆 　　　　　　　　　　　　　曾耀辉　277

展税收史证　讲中国故事 　　　　　　　　　　　　　　　王洪新　283

Content

Study on Tax Receipts

    The Past and Present of Tax Receipts   Wang Wensu   Li Xuehan   3

    The Start and Development of World Revenue Philately   Liang Yaohua   13

    Study on Two Different "Specimens" of the First Set of Revenue Stamps in the People's Republic of China   Li Ming   Li Zhongyang   26

    Some New Understandings on the 1 Cent Issue of the Great Wall Design Revenue Stamps   Jin Xing   32

    Local Cigarette Business Tax and Its Stamps in Anhui   Jiao Jicheng   37

    Study on the Stamp of "North China General Administration of Taxation" in Qinhuangdao   Du Wenjun   44

Appreciation on Tax Receipts

    Appreciation of Tax Receipts in the Revolutionary Base Areas, China   Bao Xiaochun   51

    Tea and Donation for Officials   Jiang Tao   58

    Revenue Stamps before & after the Anti-Japanese War   Zhang Lixin   62

    The History of Taxation   Fang Ling   68

    The Story behind the Additional Fee Receipt of the Business & House Tax Issued by the Ruijing Soviet Government   Hu Zhiyin   72

Textual Research on Tax Receipts

    Anti-counterfeiting on Revenue Stamps   Yi Jian   77

    Temporary Revenue Stamps Issued by the Jingdezhen Military Control Commission   Gong Aimin   95

History of Finance and Taxation

    The History of Tax Collection & Management in the People's Republic of China   Wang Qiao   103

    Construction of the History of Tax Collection and Management in the People's Republic of China—After Reading 70 Years of Tax Collection and Administration of the People's Republic of China   Li Shengliang   107

    The Formation & Development of Taxation Thoughts in the Chinese Revolutionary Base Areas

Liu Yanming 114

The Strict Economy in the Revolutionary Period and Its Practical Significance

Shen Xuefeng 123

Deed Tax and Its Development in History　　Deng Ronghua　Zhang Lirong 128

Four Years of Chunhua: Who Paid for His Greed　　Li Changjiang 137

The Philosophy of Finance and Taxation in the Pre-Qin Period of China　Deng Shilai 143

Marquis of Haihun's Tomb—A True Portrayal of the Game between the Central and Local Fiscal and Taxation Rights & Interests in the Western Han Dynasty　　Wang Xuerong 148

Finance and Taxation Culture

On Emperor Yang Guang's Fiscal Policy from some Epics　　Fu Zhiyu 153

Such "Eulogizing" Should be Praised Many Times—On Chen Tingjing's Song of the Southern Inspection Tour and Poetic Education　　Cao Qinba 166

Propaganda on Tax Invoics in the Early Days of the People's Republic of China

Chen Qianli 172

On the Operation and Management of Hebei Merchants from Old Invoices—Take Wu Baixiang's "Tongji" as an Example　　Cao Lin 192

Study on Mencius' Finance and Taxation Thoughts from the Perspective of People's Livelihood

Meng Fanshun 200

On Policemen of the Salt Tax in the Period of the Republic of China from Badges

Duan Zhiqing 208

Exploration of Tax Cultural Relics in China—Publicity and Appeal for the Protection, Publicity, Excavation and Utilization of Tax Cultural Relics　　Fu Xingya 216

Taking Quanzhou Tax Historical Materials Exhibition as an Example, Folk Collection Can Enrich the Publicity of Finance & Taxation Culture　　Wan Dongqing 221

On the Prosperity of Song Dynasty from Wine Tax in the Novel Water Margin　Yu Lu 232

Tax Planning Risk and Internal & External Communication of Real Estate Enterprises

Liu Jun 235

On the Agricultural Tax in Ancient China from Poetries　　Lu Yuxi 238

Teaching and Research of Finance and Taxation

Teaching and Research of Finance and Taxation and Construction of Disciplines

Zhang Zhongfang 243

Exploration of Characteristic Development of the Research Center of Finance and Taxation

Xi Weiqun 246

Reflections on the Cultivation of Applied Innovative Practical Talents of Tax Masters in Finance & Economy Universities　　Wu Hong 248

Offering and Characteristics of the Course Appreciation on Tax Receipts　Dai Lihua 256

How to Make the Course Appreciation on Tax Receipts Rich Tasty　Huang Siming 259

Content ▶▶

Study on Design Optimization & Reconstruction of the Teaching of Ideological & Political Course—Taking China's Tax System as an Example .... Wang Wen 262

Collection Information

The Current Situation of Chinese Revenue Philately .... Liu Yongxin 269
The Collection Value of Revenue Stamps .... Gao Wei 273

Exhibition Hall News

The New Site of the Chinese Tax Receipts Museum Opened .... Zeng Yaohui 277
Show Tax History and Tell Chinese Story .... Wang Hongxin 283

税票研究

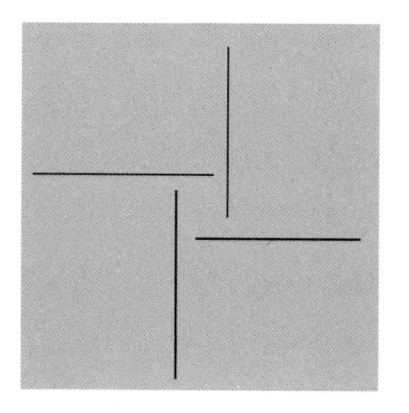

刍议税票的前世今生

王文素　李雪涵

税票一经产生就是税收作为国家治理最重要物质基础的见证。税票是税收票证的简称。从理论上考察，税收是国家依法筹集的财政收入，从产生之日起，征税人就应该有征收记录，并向纳税人提供完税证明。但由于受限于人类生产力发展水平和文化教育发展程度，特别是税收征管制度发展是渐进的过程，目前能够见到的我国税票文物，距今只有1300年历史。从纳税方考察，税票是纳税人依法履行纳税义务后从征税方获取的完税证明；从征税方考察，税票是税务机关根据税法向纳税人收取税款时使用的专用凭证。目前，税票主要包括两类：一类是税收完税证，包括通用完税证、定额完税证和印花税票等；另一类是税收缴款书。税票自其产生到逐步发展，经历了曲折的过程，但随着社会科技进步，最终将被信息化、网络化的征税手段取代，绝大多数税票必将脱离税收征管职能，只成为人们收藏的文物。

一、税票的历史沿革

我国税票的雏形始于唐代。《新唐书》载："唐之始时，授人以口分、世业田，而取之以租、庸、调之法，其用之也有节。"[①]在1000多年后，新疆吐鲁番出土了唐朝开元九年（公元721年）湖北郧县庸调麻布（图1）[②]，让我们看到了记载着"庸调布""租丁""脚布"等与唐代税收制度"租庸调"相关字样的文物，它被认为是目前我国已经发现的年代最早的征收实物税的凭据。

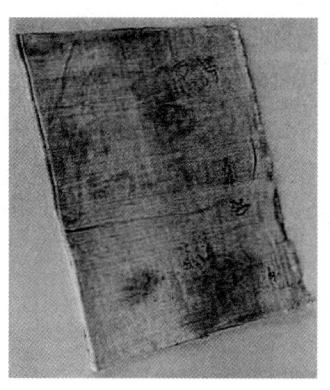

图1　唐朝开元九年湖北郧县庸调麻布

---

① 新唐书（卷四十一）[M].
② 图片来源：阿迪力·阿布力孜. 吐鲁番出土的庸调布[N]. 文化周刊，2018-12-07（09）.

我国税票在元朝时逐渐成形，如宁夏博物馆就收藏了黑水城元统三年（公元1335年）广积仓收到大不花下徐大缴纳小麦一石四斗和大麦七斗税粮的完税凭证（虽然是白贴，没有官印，但纳税内容比较清晰完整），见图2①。

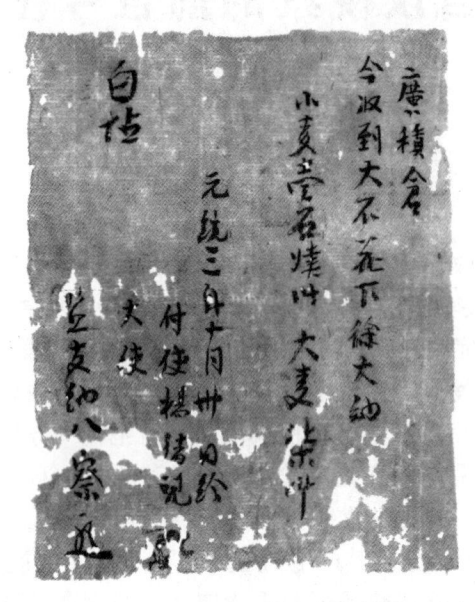

图2　元代广积仓收到大不花下徐大缴纳税粮白贴

此后，税票大量出现于明中叶后期，由于当时农业是主要的生产部门，税票中大多为农业税票，但也出现了相当多的其他税票。图3是北京税务博物馆收藏的万历四十年（公元1612年）祁门县二十都二图十甲下江旺具户户丁江三具，买到二十都一图十甲陈汝守户户丁陈端孙、陈孟孙、陈言爱、陈言护的土地。在税票上可以看到：已经交纳了契税及以后该土地的地丁税由新主人承担。契税最早出现在我国的东晋时期，最初叫估税，是对财产买卖行为所征收的税。马端临《文献通考》："晋自渡江以来，至于梁、陈，凡货卖奴婢、马牛、田宅文券，率钱一万输估四百入官。"② 即当时税率为4%。后代政府一直对财产买卖征收契税，但由于距离我们太久远，没有实物税票保留下来，这张收税票③给我们提供了研究明代契税和地丁税的物证。

随着明清时期资本主义的萌芽，其他类型的税票诸如关税、工商税、契税等税票涌现。如：北京税务博物馆收藏的清光绪二十五年（公元1899年）南城县王会堂卖房连三契，契纸上不仅写有"契清价楚"，右侧还贴有三枚印花税票（图4）。

税票种类众多，其中，印花税票作为缴纳印花税的完税凭证，是目前被人们最为广泛收藏的品种。印花税票在我国最早发行于清代。道光以后，内忧外患，财政日益匮乏，为维护统治，偿还借款，政府加强了征税力度，不断尝试开征新税种，特别是当西方财税思想和学说传入中国后，在不断有人推崇西方印花税"不伤民而利国"的氛围形成后，清光绪年间政府从国外引进了第一个"洋税"——印花税，印花税票也开始逐渐发行和使用。

---

① 图片来源：宁夏博物馆。
② 王文素等. 十通财经文献注释（第二辑卷十九）[M].
③ 图片来源：北京税务博物馆。

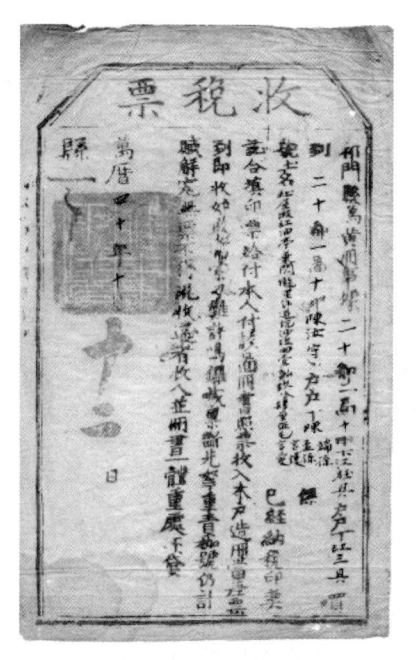

图3　万历四十年税票

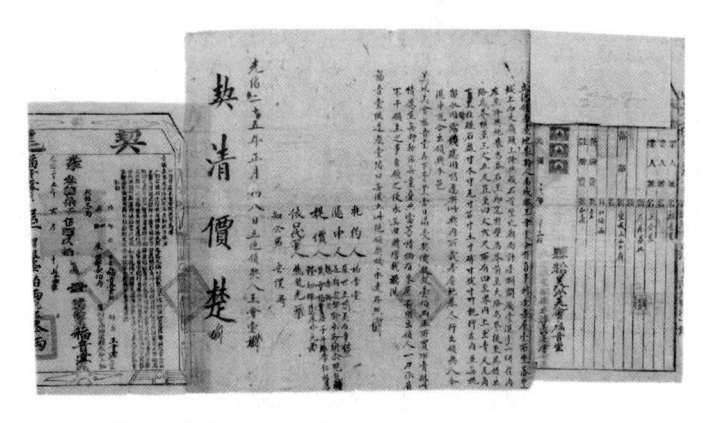

图4　清光绪二十五年南城县王会堂卖房连三契

但清代印花税票发行和使用时间十分短暂，只经历过两次试办。第一次在光绪二十八年十二月初一日（1902年12月30日）政府正式批准北洋大臣直隶总督袁世凯"遵议仿行"印花税，同时向日本印刷局订印印花税票6枚一套（图5①）。但迫于各种压力，此次印制的印花税票并未启用。按照饶立新（2010）的研究结论，当时未使用的原因是清廷在光绪二十九年三月二十四日（1903年4月21日）降旨户部，指出："当今时局艰难，百姓贫困，朝廷深思怜念，多次下令，令各省督抚严格要求地方官吏勤查民情，尽力安抚。前因近臣们奉令开办印花税，属于强行试办，恐怕引发混乱，令暂缓试行。如有不肖官吏，藉端科派，巧立名目，勒罚侵渔，一经发觉，着即请旨就地正法。"②

---

① 图片来源：北京税务博物馆。
② 饶立新. 中国清代印花税票版本简考［J］. 江西财经大学学报，2010（6）：94-97.

图5 日本版双龙戏珠图印花税票

清朝为了开征印花税,于光绪三十三年(公元1907年),由度支部制定《印花税则》十五条和《印花税办事章程》十二条,国家设印花税局,派人员管理印花事务。

第二次于1908年发行美国版云龙风景图印花税票(图6)①,仍遭部分省督抚反对,仅在部分地区使用,至清朝灭亡仍未在全国范围内使用。印花税票初始发行使用虽举步维艰,但仍为印花税票在全国正式使用奠定了基础。

图6 美国版云龙风景图印花税票

进入民国后,传统税制逐渐向现代税制过渡,税收制度由农业税制为主体转变为以工商业税制为主体。印花税终于正式开征。民国政府于1912年颁布了《印花税法》,并发行了民国第一套印花税票——长城五色旗图案印花税票(图7)②。由此,印花税作为一个独立的税种,成为政府财政收入的主要来源。自民国发行第一套长城图印花税票至1949年中华人民共和国成立前夕,国民北京和南京中央政府先后印制发行了9套印花税票,地方政府印制了29套印花税票。此时期的印花税票开始采用人像图(图8)③、风景建筑、新疆建设图等反映社会及人文的题材;到日伪政府时期发行的印花税票,则有奴化宣传的图案。

---

① 按照饶立新在《中国清代印花税票版本简考》一文的考证,在美国印制了两版清朝印花税票,1908年为再版。
② 图片来源:http://book.kongfz.com/344014/1551429383。
③ 图片来源:https://www.997788.com/pr/detail_auction_138_19525997.html。

图7 民国长城五色旗图案印花税票

图8 民国人像图印花税票

同时，中国共产党建立的革命根据地和解放区取缔"苛捐杂税"，逐渐建立起以累进税制为主的人民政权税制，发行的印花税票则选用了抗战题材的图案。中华人民共和国成立之后，税收制度逐渐向规范化和现代化发展，税票种类愈加丰富，税票内容愈加完善，1949~2020年，仅印花税票就发行了23套。中华人民共和国成立初期，主要选择宣传各族人民团结统一的题材；到改革开放时期，选用的题材更是丰富多彩，既有国家重点建设题材，又有生态环保、文化艺术、文物、建筑等方面的题材。此外，印花税票题材还会与国家盛事相关，2005~2008年，为纪念北京奥运会，国家税务总局特许北京税务局专门发行了具有北京特色的印花税票（图9）。

由此可见，税票是税收制度曲折发展的见证，各个时期的税票不仅是当时纳税的凭证，还因其富含的历史文化价值，反映出当时的政治、经济、社会、文化等情况。

二、税票的功能和作用

税票的历史是税收制度曲折发展的见证，各个时期的税票既是当时的税收凭证，又由于其丰富的历史文化内涵，折射出时代的政治、经济、税收制度状况和社会演进。

图9 北京税务局发行的北京特色印花税票

（一）学者研究税收历史和理论的对象

由于印花税票具有历史见证性和资料文物性，并且随着时间推移，清代末年、民国、解放区和中华人民共和国成立初期发行的印花税票目前存留的数量越来越少，民众大多只能在博物馆见到它们的真容。但是因其拥有的丰富内涵，它们是学者对税收征管研究和税收宣传的重要文物。

税票所拥有的价值不仅局限于收藏价值。从税票的角度，可以探究和证实当时政治、经济和财政状况，如《皇朝续文献通考》载：咸丰三年"淮南引盐，因道路梗塞未能销运，而产盐各场尚属完善，若任听私煎私售，致自然之利弃之如遗，于鹾务全局大有关系。着两江总督饬令运司移驻通泰适中之地，督同运判场员就场征课，即照户部所议章程变通酌办，期于课项实有裨益"。本文献反映了咸丰年间由于太平天国农民起义，淮盐运销受到重挫，政府无法收到盐税，本已因支出浩大难以为继的财政更加困难，政府为取得财税收入，整顿盐务，并使产盐的灶户获得生活来源，推行了"就场征税"的政策。但这只是文献记载，当时是否确已实施？并无可靠证据。但江苏省泰州市博物馆珍藏了一张咸丰五年（公元1855年）的税票（图10）①，相对于宏观掌控的抽税制度，更多地反映了盐场抽税的细节，让我们对当时"就场征税"政策有了更为全面、具体的感官认识，它成为研究晚清淮南盐场制度发展的一个重要文物。

图10 清咸丰五年两淮都转盐运使司税票

（二）管窥国家治理水平和社会进步的窗口

从税票的角度还可以探究当时国家与社会的互动关系，如1923年财政部曾违规私自印发巨额印花税票。1912年，民国

---

① 图片来源：王红花. 清咸丰年间淮南盐政探析——以"税票"为视角[J]. 南方文物，2020（1）：140-143。

政府颁布的《印花税法》规定，凡民间财产货物权利转移，一律征收印花税，以贴用印花税票为证据。而在1919年之后政局混乱，财政入不敷出，财政部为了筹集资金，决定以印花税票作抵押借款。政策刚开始实施时，仅以销量较少的大额印花税票作为抵押，并同债权方约定：若到期不能偿还贷款，不可自由处理抵押品。但当时的税法中明确规定：贷款到期不能偿还，银行可自由处理抵押品。为了维护税法权威，政府开始比较慎重，不敢随意滥抵。到1923年，时局愈发动荡，中央财权分散，中央和地方税款被截留的情况下，经财政总长刘恩源批准，财政部库藏司司长胡仁镜与印制局局长薛大可绕开印花处加印了1分、2分的印花税票共500万元，以其中的35万元印花税票作抵押，借款13万元。在印花处多次要求停印无果的情况下，印花处总办李景铭上诉至北京地方检察厅，要求审理此案。该案在社会上产生巨大影响，当时各大报纸都有报道，如申报就以《财政部私印印花税案》为专题进行了系列报道：以《财政部增印大批印花税内幕》《地检厅受理滥印巨额印花案》《财政部增印印花案扩大》《查办印花税案时发现局中部分印花已暗中运走》《财部私印印花税案详情》《众院提出查办私印印花案》《私印印花案将含糊了结》《私印印花案已告段落》《印花黑幕篓》《私印印花案已含糊了结》《三十余万印花仍无着，津有贱价出卖》《商界反对非法印花票》《财政部又增印印花》《沪南北两商会抗议私印印花案》《京检厅已着手侦查印花案》《各方面争向财政部索印花税》《议员提请彻底查究印花税案》《印刷局缔结印花借款内幕》《印花税之规定白云》《财政部查办印花税案结果》《山海关破获私运印花》《印花案查办之结果》《印花案查办员密呈之内容》《沪两商会再请彻查私印印花案》《私印印花案之内幕谈》《私印印花税案尚未了结》《请彻查私印印花之总统复电》《私印印花案国务院称全非事实》《胡仁镜薛大可私印印花案确证》《财政部对印花税案之表示》《私印印花案之财政部又一复电》等30余篇文章，大肆宣传、讨论，引起社会广泛关注。该案使财政部免去胡仁镜、薛大可公职，并停止加印印花税票。该案最终处理结果，虽然有官场上常见的权力博弈的影子，但最终也使民众看到了违法者受到了惩处。特别是此印花税案也反映出民国初年，社会各界对税收法制的严肃性和纳税人的权力都有了进一步认识，在中央集权式微的情况下，社会力量往往得到凝聚和发展，并对国家公权产生制约，直接影响政府决策。

（三）我国税务机关变迁的见证

中国共产党建立人民政权后，于第二次国内革命战争时期相应建立了税务机构。在国内革命战争、抗日战争、解放战争时期，各根据地、解放区也成立了区域性的税务机构。因此，当时的税票记录着各地区税务局的名称。中华人民共和国成立之后，财政部税务总局正式成立，由中央财政部领导，设六级税务机关。随着"大跃进"的兴起和"文化大革命"的冲击，从税务总局到基层税务机构进行了大规模的撤并，税务机构遭受到极大的冲击。在此期间的税票，印有税务局合并其他部门之后的"财贸局"等字样。1976年之后，我国政府工作的重点逐渐转移到经济建设上来，税收工作重新开展起来。特别是中国共产党的十一届三中全会后，税收机构全面恢复。直到1994年分税制财政体制改革后，全国大部分地方省级以下分设国家税务局和地方税务局。从税票的角度看，国家税务局使用的限额完税证上印有"国"字，而地方税务局使用的通用缴款书上印有"地"字。2018年，根据国税、地税征管体制改革部署，国税局和地税局合并，集中统一挂牌对外履行职责，税票再次发生变化。

(四) 提供国家治理的物质基础

国家治理需要财税收入的强力支持。税票的发行和使用，也为税收收入的增加提供了重要来源。据不完全统计，从民国开征印花税至1927年民国北京政府时期，印花税收入达到3929.58万元（银圆）（见表1）；1928~1949年民国南京政府时期的印花税收入更是节节攀升，1928~1934年，收入达到6182.93万元（银圆）；由于币制改革，印花税征收法币，1935~1946年，收入达到5392526.90万元（法币）；而1947~1948年上半年一年半内，由于法币贬值和财政开支巨大的原因，收入达122765800万元（法币）；在国民政府逃出大陆前的一年半时间内（1948年下半年和1949年），印花税收入也达到34567万元（金圆）（见表2）。中华人民共和国成立后，印花税并没有年年征收，且也不作为重要的税种，但据不完全统计，1950~1957年，印花税收入达到13.80亿元（人民币）；1988~2018年，印花税收入也达到23644.34亿元（人民币）（见表3）。

表1　民国北京政府时期印花税收入　　　　　单位：万元（银圆）

年份	收入额	年份	收入额	年份	收入额	年份	收入额
1913	5.76	1917	252.00	1921	328.00	1925	304.20
1914	44.70	1918	278.00	1922	328.20	1926	530.22
1915	363.70	1919	274.20	1923	300.50	1927	113.90
1916	202.40	1920	299.00	1924	304.80	总计	3929.58

资料来源：饶立新. 中国印花税研究 [M]. 北京：中国税务出版社，2009：278-282。

表2　民国南京政府时期印花税收入

年份	收入额	单位	年份	收入额	单位
1928	303.43	万元（银圆）	1941	1452.20	万元（法币）
1929	779.10	万元（银圆）	1942	2675.90	万元（法币）
1930	1052.10	万元（银圆）	1943	37836.40	万元（法币）
1931	1052.20	万元（银圆）	1944	106661.90	万元（法币）
1932	1142.00	万元（银圆）	1945	219785.50	万元（法币）
1933	837.90	万元（银圆）	1946	5019992.50	万元（法币）
1934	1016.20	万元（银圆）	小计	5392526.90	万元（法币）
小计	6182.93	万元（银圆）	1947年	47765800	万元（法币）
1935年	668.90	千元（法币）	1948年上半年	75000000	万元（法币）
1936年	1075.10	万元（法币）	小计	122765800	万元（法币）
1937年	469.60	万元（法币）	1948年下半年	5107	万元（金圆）
1938年	259.60	万元（法币）	1949年	29460	万元（金圆）
1939年	481.30	万元（法币）	小计	34567	万元（金圆）
1940年	1167.70	万元（法币）			

资料来源：饶立新. 中国印花税研究 [M]. 北京：中国税务出版社，2009：278-282。

表3　　　　　　　　　　中华人民共和国印花税收入　　　　　　　　单位：亿元

年份	收入额	年份	收入额	年份	收入额	年份	收入额
1950	1.01	1968	—	1986	—	2004	290.28
1951	2.15	1969	—	1987	—	2005	226.85
1952	3.29	1970	—	1988	3.57	2006	376.64
1953	1.30	1971	—	1989	12.56	2007	2261.75
1954	1.35	1972	—	1990	9.88	2008	1320.15
1955	1.53	1973	—	1991	10.21	2009	901.47
1956	1.62	1974	—	1992	14.10	2010	1041.87
1957	1.55	1975	—	1993	35.09	2011	1043.74
1958	—	1976	—	1994	11.29	2012	986.79
1959	—	1977	—	1995	46.80	2013	1245.49
1960	—	1978	—	1996	146.72	2014	1542.30
1961	—	1979	—	1997	266.30	2015	3444.84
1962	—	1980	—	1998	238.52	2016	2217.00
1963	—	1981	—	1999	282.33	2017	2210.50
1964	—	1982	—	2000	521.85	2018	2204.01
1965	—	1983	—	2001	337.04		
1966	—	1984	—	2002	179.42		
1967	—	1985	—	2003	214.98	总计	23658.14

资料来源：历年《中国税务年鉴》。

（五）加强税收征管的重要工具

税票在税收征管工作中具有不可替代的作用。前已述及，历史上的税票种类已经很多，但随着国家对税收征管制度的不断完善，当前其种类更是有增无减。包括了税收缴款书、税收收入退还书、税收完税证明、出口货物劳务专用税收票证、印花税专用税收票证以及国家税务总局规定的其他税收票证。每一种税票都具有专门用途，成为税收合法化、法制化征收的重要标志，也成为加强税收征管的重要工具。目前，我国仅完税证明就包括个人所得税完税证明、境外公司企业所得税完税证明、车船购置完税证明、契税完税证明等。

近年来，完税证明越来越被社会关注，并日益成为公民生活中不可或缺的重要文件。在个人从事经济活动时，有关机构往往向个人索要完税凭证来证明其财务状况，并将其作为公民个人信用和履行纳税义务的标志性文件。

三、结语

综上所述，税票是税收产生之后，税收合法化征收和法制化管理的产物。从征纳双方考察，税票是完税凭证，能够保证征纳双方按照税法规定准确及时征纳税收。税票上记载着税款缴纳期限、税种、计税依据、应纳税额和税率等，确保了征纳双方严格遵守税收法律、法规，确保及时、足额履行征纳义务。同时，税票还可以保证税款及时足额的入库，保证了国家能够及时安排财政支出。

从征管的角度考察，税票是纳税人完成纳税的证明，也是政府、税务部门进行稽查的重要依据。正是因为有这些完税凭证，也给国家稽查税收征纳情况带来了方便。国家在税务稽查中如果能够做到"查账必查票""查案必查票""查税必查票"，就能够做到各项税应收尽收，提高征收效率，为国家治理提供坚实基础。

当然，随着国家税收征纳工作进入网络信息化和数字化，税票形态逐渐会发生变化，税票必将逐渐向无纸化迈进。但无论税票形态如何变化，税票的本质不会消失——只要税收存在，税票就仍然会作为征纳凭证存在。

参考文献

[1] 于海明. 清代印花税票研究 [J]. 遗产与保护研究，2018，3 (5)：77－83.

[2] 黄思明，王乔. 我国各时期印花税票题材的比较研究 [J]. 学术界，2015 (7)：178－183.

[3] 李向东. 论民国初年国家与社会的互动关系：以1923年财政部私印印花税票案为中心 [J]. 山东大学学报（哲学社会科学版），2011 (3)：72－77.

[4] 李向东. 民初报业：国家与社会互动的大渠道——以1923年财政部私印印花税票案为例 [J]. 南阳师范学院学报，2015 (1)：58－62.

[5] 王红花. 清咸丰年间淮南盐政探析——以"税票"为视角 [J]. 南方文物，2020 (1)：140－143.

[6] 陈定会，孙晔峰. 试论多维变革"智慧税票平台"的构建及借鉴意义——以宁波供电公司为例 [J]. 中国总会计师，2020 (1)：48－49.

[7] 曾耀辉，傅玲. 税票折射出新中国税务机构的变迁 [J]. 中国税务，2019 (12)：47－49.

[8] 饶立新. 中国清代印花税票版本简考 [J]. 江西财经大学学报，2010 (6)：94－97.

[9] 饶立新，中国印花税研究 [M]. 北京：中国税务出版社，2009：278－282.

[10] 历年《中国税务年鉴》.

作者单位：中央财经大学

作者简介：王文素，女，经济学博士，中央财经大学财政税务学院教授、博士生导师，中国财政史研究所所长，《财政史研究》主编，中国财政史研究专业委员会副主任、常务理事，中国经济思想史学会理事，国商业史学会理事，北京市财政学会理事，北京税务博物馆顾问；李雪涵，女，中央财经大学税收专业18级本科生。

世界印花集邮发展简史及前瞻

梁耀华

在世界上，税收比收取邮资的历史要早 3000 多年，税票印花的行用历史比邮票要早近一个半世纪，收集印花的行为也比收集邮票的行为要早半个世纪以上。按说，印花集邮（revenue philately）似乎理应比邮政集邮（postal philately）的人数更多、规模更大才对。但事实上较之印花集邮，邮政集邮确实是"后来居上"，而且印花集邮一直都是广义集邮中的一部分，或者说是集邮的一个类别；在印花的收集、研究和展示理念上，很多方面也是出自邮政集邮。

下面分三个部分，对世界印花集邮发展脉络作一简要梳理。

一、早期印花集邮

目前已知最早的印花收集行为，始于 1780 年代末期的英国人，但那只是一些零星的、不连贯的收藏行为。

1816 年和 1818 年，奥地利的施瓦茨（Schwarz）首次出版了一本关于印花纸（revenue stamped paper，相当于邮政集邮领域的邮政用品）的小册子。19 世纪 80～90 年代，比利时出版商莫恩（Moens）出版了一套世界范围的 3 卷本目录，包括邮票、邮政用品和印花，并办有一份印花杂志。图 1 为英国出版商沃尔特·莫利（Walter Morley）于 1892 年 12 月 1 日出版的《印花收藏家和税票指南》第 1 卷第 1 期。

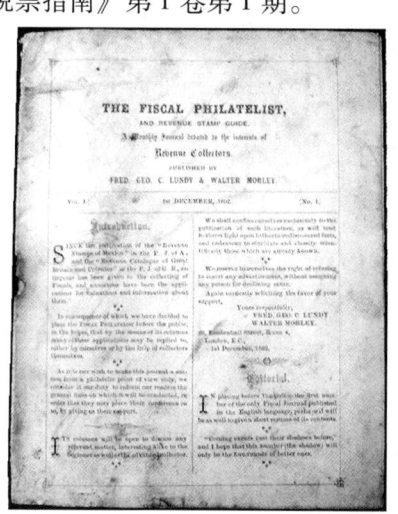

图 1　1892 年 12 月 1 日出版的
《印花收藏家和税票指南》第 1 卷第 1 期

到 1900 年前后，几乎所有邮展中都出现了印花素材，但那些展品中没有对印花进行真正的研究。在 1911 年维也纳国际邮展中，甚至还出现了一个专门的印花类别，这应该是印花展品作为一个类别首次出现在国际邮展中。在俄罗斯著名金匠、珠宝匠法贝热（K. G. Faberge）关于俄罗斯—瑞典的经典展品中，有很多芬兰甚至锡兰的印花。

法国出版商福尔班（A. Forbin）于 1915 年出版的《税票目录》第 3 版（图 2），收录了 1915 年以前世界上所有印花税票的主要类型、品种、目录编号、颜色、纸张、齿孔、规格、价格等信息，对各印花的定价也非常准确，被国际印花界视为"世界印花的圣经"。此后，世界上一直未再出版过全球范围的印花目录。

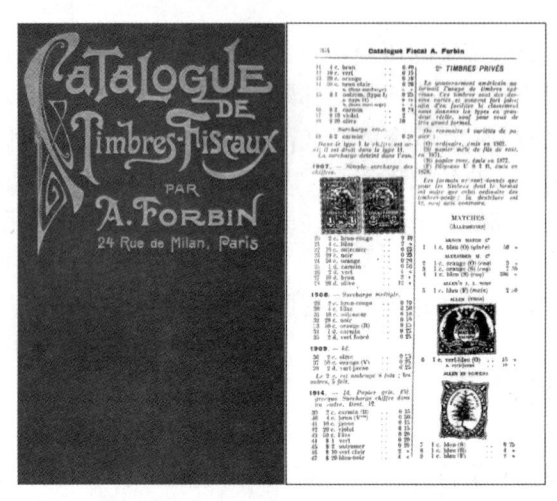

图 2　1915 年出版的《税票目录》

二战以后，欧洲一度严禁展示印花（不允许市场上出售印花，有时甚至不允许人们收集它们）。但在少数以英语为主的国家，作为集邮的一部分，印花集邮一直有限地延续了下来。尽管斯科特也出版了印花目录，并不断有出版商和印花收藏家陆续出版各种印花目录、小册子及图书，但由于全球印花的数量和种类非常繁多，而且因一度被禁止在市场上流通而很难买到，在很长时间内不可能进行大量收集，故其收藏热度逐渐降低，至今都没能达到像从未中断过的邮政集邮那样的人数和规模。

二、印花集邮的"新生"及更代

当印花和印花素材重新在市场上流通以后，世界范围的印花集邮自 1980 年代开始迎来"新生"。从印花收集、研究和展示的发展过程来看，其更代大致可以分为三个阶段（三代）。

（一）第 1 代：20 世纪 80~90 年代

此时期，印花被认为是传统集邮的一个"分支"。出现在邮展中的印花展品，几乎毫无例外地采用了传统方法的组集模式，选题的地域和时间范围通常也十分宽泛，并且忽视或极少展示印花的使用，如《英国和锡兰印花》、《阿根廷印花》（图 3）、《印度印花税票》、英国加里·瑞安（Gary Ryan）的《芬兰早期印花》（图 4）等；还有些印花展品展示和研究了印花纸。

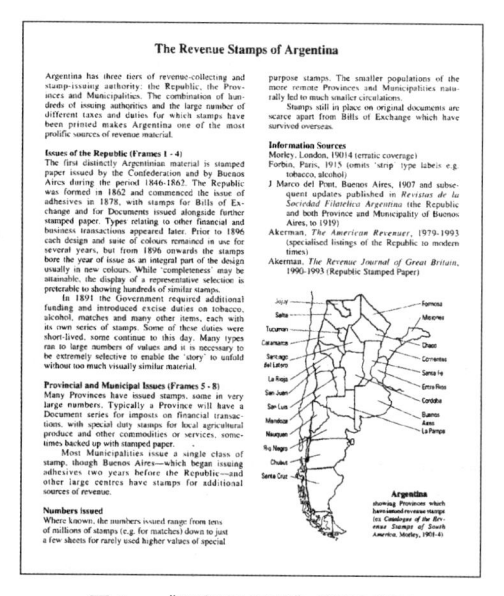

图3　《阿根廷印花》税票首页　　图4　《芬兰早期印花》中的1张贴片

1988年6月1日至12日，1988芬兰国际邮展在赫尔辛基举行（图5）。这次邮展特别设立了一个印花类，共展出印花展品40部175框。这成为印花类"回归"国际邮展的一个转折点，也使集邮从此分为邮政集邮和印花集邮。

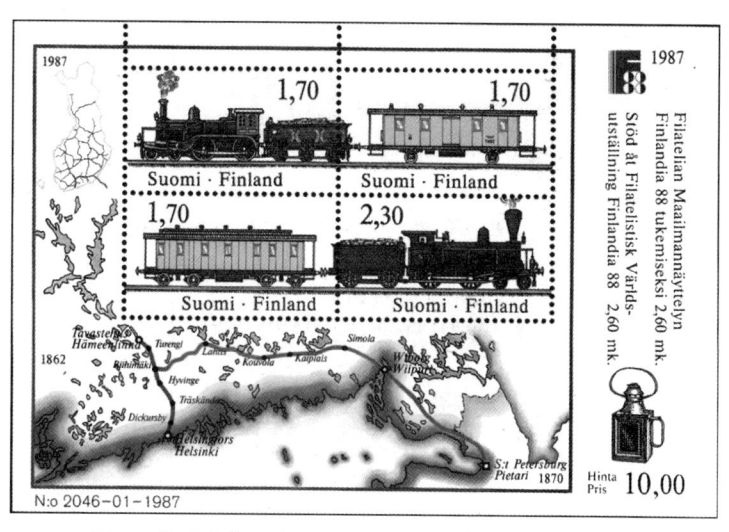

图5　芬兰为邮展发行的系列小型张之"火车、地图"

（二）第2代：20世纪90年代～21世纪初

1. 印花展品《专用规则》的实施

1991年11月25日，在东京召开的第60次国际集邮联合会（FIP）大会通过了《FIP印花展品评审专用规则》（以下简称《专用规则》）及其《指导要点》。作为传统集邮的一个分支，印花集邮从此正式进入FIP邮展（此前在FIP邮展中是作为试验类展出）。其结果是，世界范围的印花集邮从此真正迎来了自己的春天。在 1996 年的伊斯坦布尔 FIP 大会上，印花集邮从传统集邮中分离出来，"升级"为独立的印花委员会。印花集邮与邮政集邮之间的界线，也由此变得更加明确。《专用规则》得以通过和印花集邮成为一个独立类别，这些在很大程度上得益于时任 FIP 主席加迪亚（印度人，任期为 1990~1998 年）的不懈努力和热情推动。

　　基于《专用规则》及其《指导要点》的界定，较之过去，印花展品对地域和时间范围的选择，开始变得更加具体和明确了，如《英国邮政税票（1853－1882）》《布宜诺斯艾利斯省首套印花税票》《Bhor 州的印花》等。

　　这一时期，在印花展品中展示和阐释印花的使用变得越来越重要了，对阐释适用税率及其税法相关规定的要求也在进一步增强。也是在这一时期，首次出现了以税率和税法为主线去处理的税史展品（图 6）。一框类印花展品，也是在此期开始出现的（图 7）。

图 6　《内华达州税史（1863－1873）》展品首页

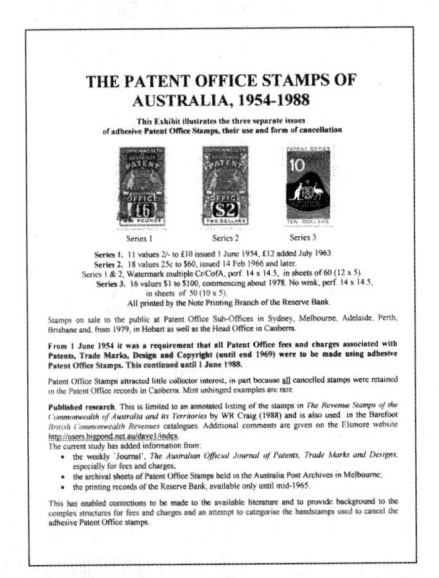

图 7　《澳大利亚专利局印花，1954－1988》首页

2. 中国印花集邮的迅猛发展

《专用规则》及其《指导要点》的实施,极大地促进了中国印花集邮的发展:1993年北京全国邮展上,印花类展品首次参展,之后的历届全国综合性邮展中均设印花类;1994年新加坡第7届亚洲国际邮展上,江苏董光呈的《中华民国印花税票》获银奖,是首部参加国际邮展的中国印花展品;1995年新加坡世界邮展上,四川刘忠钰的《中华民国四川印花税票》获镀金奖,是首部参加世界邮展的中国印花展品;1997年重庆全国邮展上,陕西贾文春的《陕甘宁边区印花税票》获金奖加特别奖,是全国邮展中的首部金奖印花展品;2001年北京全国青少年邮展上,辽宁王桐的《北洋政府时期东北印花税票》获镀金奖,是青少年类印花展品首次亮相全国邮展;2001年南京全国邮展上,王平武、徐惠恩主编的《中国印花税票总目录》和上海包明伟的《民国时期版图旗印花税票目录》同获镀金奖,是印花文献首次亮相全国邮展;2003年重庆全国邮展上,天津李仲阳的《中国领事印花》获二等奖,是一框类印花展品首次亮相全国邮展。

在此期间,我国民间印花期刊层出不穷,如上海李德元的《印花交流》;江苏陈千里的《税票苑》、张烨的《税票钩沉》;山西李喜庆的《晋冀鲁豫税票交流》;湖北周震的《税票交流》、朱汉昌的《黄鹤税花》;山东李宝山的《金都集藏》;江西曾耀辉的《税票集藏》;云南赵天华的《云南税票》;内蒙古李永红的《科尔沁邮声》;等等。

中国税票集邮研究会于1996年5月成立,并很快创办了会刊《税票集邮》(图8)。该会先后建立"中国税票集邮研究会"网站、"税票交流"QQ群和"税票交流"微信群(近年开始尝试在微信群里举行简易拍卖交流)。会员从最初的106人发展到目前的约380人,并且每年至少举行两次会员交流和研讨活动。

图8 中国税票集邮研究会会刊《税票集邮》

(三) 第3代:21世纪初~2018年

1. 对印花展品的要求越来越严格

这一时期,对印花展品的要求变得更加严格了。例如,在一部上佳的印花展品中,标题应精心构思，应明确体现展示什么内容、剔除哪些内容；珍罕、多样和有趣的素材是必不可少的；处理非常重要，范围要恰当，能够覆盖一个完整的逻辑整体，尤其强调要通过一个贯穿整部展品的连贯的、从头到尾的故事情节，将不同的素材联结在一起；一个好的前言页也同样非常重要，应明确阐明目的、清晰呈现结构、突出内容和关键素材、作出珍罕性说明、概述个人学习和研究、列出主要参考文献。

在此期间，传统组集方法的印花展品仍是主流。综观这一时期获得过一个或多个 FIP 大金奖的 20 多部印花展品，可以清楚地看到，它们的选题绝大部分都是古典时期或早期的，并且是按照传统方法去编组的，而极少去处理较长时期或 20 世纪的印花。例如，澳大利亚戴夫·埃尔斯莫尔（Dave Elsmore）的《昆士兰印花税票》；比利时潘慧真（E. Panhuyzen）的《比利时印花法令》；芬兰尤卡·马基宁（Jukka Mäkinen）的《瑞典首套印花税票（1811-1844）》；德国拉尔夫·埃布内（Ralph Ebner）的《奥地利帝国及其地区的树叶纹印花税票（1854-1875）》；新加坡许少全的《海峡殖民地印花税票》；英国克里斯托弗·哈曼（Christopher Harman）的《英国：从 1694 年到 1853 年重大税改期间的印花税》；美国里卡德·马尔姆格伦（Richard Malmgren）的《夏威夷印花税票》；印度阿尼尔·苏瑞（Anil Suri）的《科钦印花》等。

2. 对传统方法之外组集模式的探讨和尝试

原 FIP 主席许少全（新加坡人）是一位具有开拓精神的印花专家，其《海峡殖民地印花税票》曾获 1999 年澳大利亚世界邮展荣誉大奖。他在任主席期间（任期为 2002~2006 年），为推动世界印花集邮发展作出了积极贡献。在 2004 年 6 月于厦门举办的第二届全国邮展高级理论研讨暨评审员培训班上，许先生提出除传统模式外，印花展品按照税史、专题甚至开放类等模式去编组，都是将来的发展方向。时至今日，这些构想正在变为现实（详见本文第三部分"前瞻：新版《指导要点》出台，将开辟印花集邮的更广阔天地"）。

2007 年 1 月，FIP 印花委员会在第 1 期《简报》中谈道："有人建议，印花展品可以集中于'传统'方法，重点放在齿孔、纸张、水印等方面；或者类似于'邮政历史'方法，重点是文件的使用、税率等。有趣的是，很少有印花参展者采用所谓的'主题'方法。这将涉及多个发行机构的印花主题，如啤酒税、马税、护照印花、封签等……讨论这些的目的，是鼓励大家能使我们了解你对修改或补充现行规则的看法。"

2013 年 4 月，FIP 印花委员会第 3 期《简报》的《秘书寄语》中再次谈到了印花展品的组集模式问题："你的展品可以处理成传统模式（类似于传统集邮），或集中于印花纸本身（类似于邮政用品）、印花史（类似于邮政史），或者采用一个或更多关于税的具体类型的主题模式。这一多样性，是对邮展、评审以及其他方面的真正挑战。"

在 2016 年纽约世界邮展上，美国迈克·马勒（Michael Mahler）按照财税历史方法（fiscal history approach）编组的《美国内战时期税史全貌》（图 9），以 97 分获大金奖加特别奖，并候选国家大奖。在 2017 年通辽全国税票邮展上，常珉先生的《英国早期印花税史（1891 年以前）》获金奖加特别奖，成为中国首部按照财税历史方法编组的印花展品；该展品修改为《英国早期印花税史（1733-1891）——基于蓝色压印式印花税票的使用》之后，在 2018 年泰国世界邮展上获大镀金奖（图 10）。

在 2015 年雅典欧洲邮国际展上，罗马尼亚的弗朗西斯科·安布鲁斯（Franciscs Ambrus）展出了一部首次尝试用开放类方法编组的印花展品《罗马尼亚商贸和证券交易 100 年（1847-1947）》，获大金奖。该展品经修改后参加了 2018 年布拉格世界邮展，获大镀金奖加特别奖（图 11）。

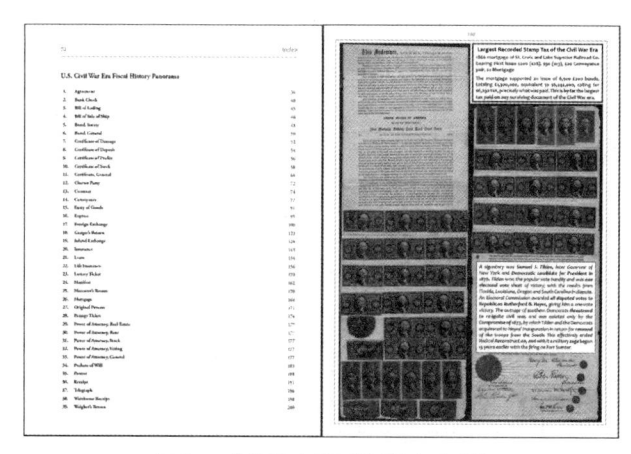

图9 《美国内战时期税史全貌》

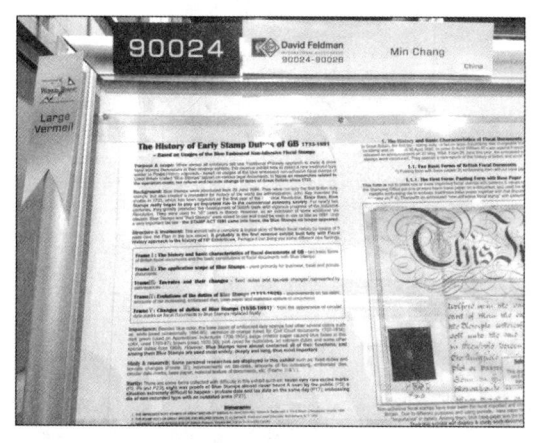

图10 《英国早期印花税史（1733－1891）——基于蓝色压印式印花税票的使用》

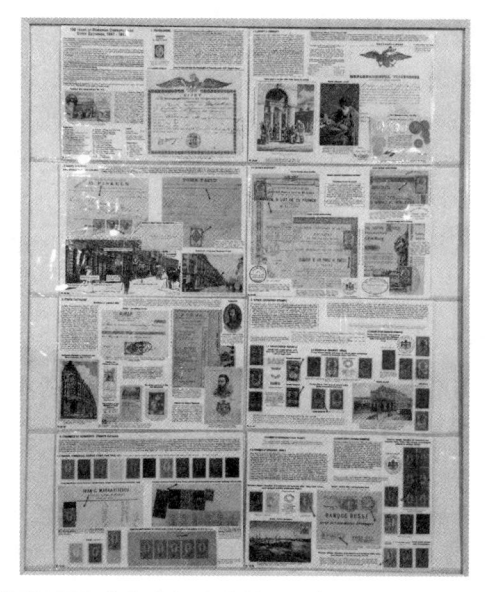

图11 《罗马尼亚商贸和证券交易100年（1847－1947）》第1框

美国迈克·马勒有一部按照主题基础方法（subject-based approach）并掺杂部分税史方法编组的一框类印花展品《美国内战时期的捕鲸业税史》（图12）。另外，在2018年布拉格世界邮展上，新西兰珍妮特·班菲尔德（Jeannette Banfield）女士的一部纯主题基础方法的印花展品获大镀金奖，并以其原创性而得到评委会祝贺。

图12　《美国内战时期的捕鲸业税史》部分贴片

3. 德国埃森"印花世界"专项展览

借德国埃森第29届国际邮票交易会之机，FIP印花委员会于2019年5月9日至11日在这里举办了一场名为"印花世界"的印花专项展。这是世界上首次举办的印花专项展，共展出印花展品74部300框。中国税票集邮研究会一行16人组团赴埃森观展，并携带杨云河的《中国华北及东北地区嘉禾图印花税票》（5框）、刘永新的《在华北发行和使用的印花税票（1913–1934）》（5框）和龚爱民的《烟草专卖免税印花》（1框）共3部展品参展。本次展览以"在沙龙中展示按照您自己的标准构建的印花藏集"为座右铭，可展示印花素材的所有内容，对素材尺寸也不设限，极具包容性。为最大限度地鼓励参展者的创造力，本次展览不公开进行评审打分，而由经验丰富的评审小组对展品提出意见和改进建议。

4. 中国印花集邮的进一步发展

这一时期，中国印花集邮得到进一步提升。2005年澳大利亚世界邮展上，北京蔡正钧的《中华民国第一套印花税票"长城图"（1913–1928）》获金奖，是中国印花展品首次在世界邮展中获金奖；2006年4月22日至24日，全国首届税票类展览在北京举行，28部竞赛性展品分别获金奖8部、银奖10部、铜奖4部、一等奖1部、二等奖3部、三等奖2部，4部印花文献均获纪念奖，是我国首次举办的印花类专项邮展（图13）；同年，中华全国集邮联合会税票集邮工作指导小组在陕西成立，并办有《税票研究》期刊（图

14）；2008年起，国内的外国印花爱好者开始在中国大陆和中国香港、台湾地区的印花刊物上发表外国印花研究文章，并于2018年3月建立"外税印花集邮研究"微信群（目前有群员近50名），交流探讨国外印花研究心得和国际印花集邮动态；2010年杭州全国邮展上，蔡正钧的《法属印度支那首套及后续发行的印花税票（1894－1944）》获大镀金奖加特别奖，是我国首部外国选题的印花展品；2011年无锡亚洲国际邮展上，西藏杨丕雄的《中华民国改值银元印花税票在重庆的使用（1949.6－1950.3）》获86分，天津李昊的《中国领事印花（1930－1940）》获大镀金奖加特别奖，分别是我国一框类印花展品和青少年印花展品首次亮相国际邮展；2013年珠海东亚国际邮展上，湖南段辉的《大清印花税票及其民国加盖》获金奖，是我国一框类印花展品首次获国际邮展金奖；2016年南宁亚洲国际邮展上，贵州张前声的《中国大楼图状面印纸及其改制品（1907－1949）》和天津李昊的《中国领事服务费用印花（外交部收据）》均获金奖，分别是我国印花展品和青少年类印花展品首次在国际邮展中获金奖；2017年8月25日至27日，第二届全国税票邮展在内蒙古通辽举行（图15），通辽税史精品展同期举行，共展出印花展品200框，评出金奖6部、大镀金奖14部、镀金奖11部、大银奖2部、银奖4部，一框类镀金奖7部、银奖4部、参展证书1部。

图13　2006全国首届税票类展览《展品目录》

图14　《税票研究》期刊

图15　第二届全国税票邮展开幕式

5. 中国印花界与国际印花界的交往

在 2017 年以前，中国印花界与国际印花界之间几乎没有什么交往。

受 FIP 印花委员会委托，该委员会主席团成员达瑞尔·富勒（Darryl Fuller）于 2017 年 8 月下旬专程前来通辽，参观、调研第二届全国税票专项展，并应邀作了题为《印花的收集与展出》的演讲，这是 FIP 印花委员会正式开始接触中国印花界之始。之后，笔者通过电邮往来，先后与 FIP 印花委员会秘书尤卡·马基宁（Jukka Mäkinen）（图 16）、网管弗朗西斯科·安布鲁斯（Francisc Ambrus）和主席拉尔夫·埃布内（Ralph Ebner）（图 17）等国际印花专家建立起良好的交流关系。

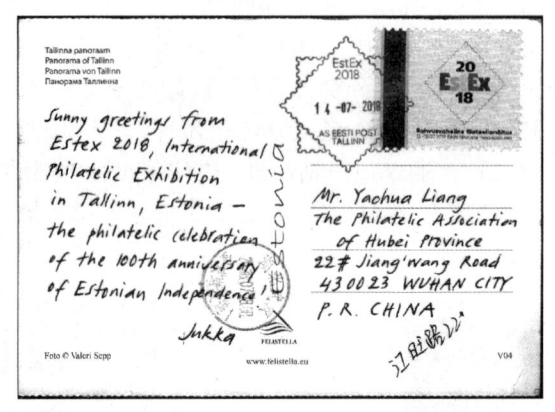

图 16 寄自 2018 爱沙尼亚国际邮展的纪念明信片

**图 17 FIP 印花委员会主席拉尔夫·埃布内（Ralph Ebner）
与笔者在中国 2019 世界邮展上的合影**

近 3 年来，尤卡·马基宁先生经常向笔者提供国际印花集邮方面的信息、理念和观点。笔者也经常向他发去包括印花集邮在内的中国重要集邮活动和成效信息，并时常就一些学术、邮展问题相互深入探讨，以期使国际印花界尽可能多地了解中国印花集邮发展情况。他先后将自己获得过世界邮展高奖的《芬兰 1865 年和 1866 年波浪齿印花税票》展品全部贴片扫描件、《印花集邮的当今趋势》课件以及2018年底经FIP印花委员会会议讨论通过的《印花集邮展品评审指导要点》发来，欣然同意笔者在翻译整理之后，公开与中国印花界分享。笔者也多次通过微信群，及时向国内印花界介绍和传递了这些信息和成果。

在尤卡·马基宁先生的热情鼓励下，笔者用英文写成《中国印花税缴款书：一组特殊的印花》一文，于2018年1月下旬在FIP印花委员会官网发表。这是该网站首次发表中国人的文章。之后，刘永新先生的《中国印花集邮的回顾与发展现状》、焦继承先生的《从清代诉讼状面到民国"中央党部部址"状面印花》等文章，也先后在该网站发表（图18）。而前述中国税票集邮研究会16人携3部国内印花展品于2019年5月赴德国埃森展出，则是中国印花界首次组团出境与国际印花界当面交流。

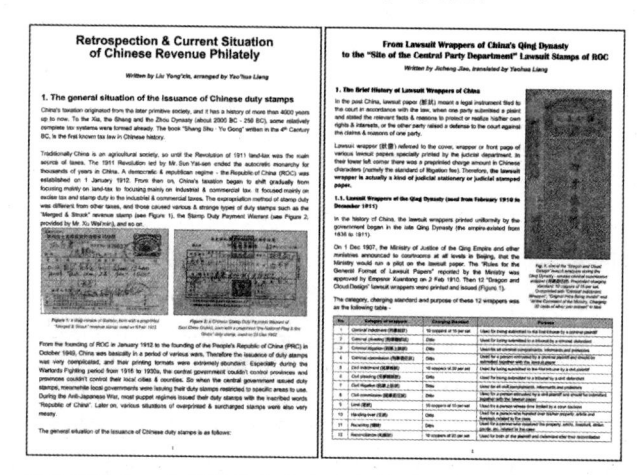

图18　刘永新先生、焦继承先生在FIP印花委员会官网发表文章的第1页

（四）FIP邮展中的印花展品情况统计

根据FIP印花委员会官网发布的《FIP邮展印花类多框展品获奖成绩（1988－2019）》，在自1988芬兰国际邮展首次设立印花类以来的32年中，全球共有61个国家和地区的363部印花展品（不含一框类印花展品）参加了46次FIP邮展。其中，展品数量达10部及以上的国家为8个，具体数量和获奖情况见表1。

表1　1988年以来FIP邮展中展品数量达10部及以上国家的获奖情况

序号	国家	印花展品展出数（部）	获奖情况（个）							
			大金	金	大镀金	镀金	大银	银	镀银	铜
1	美国	44	4	10	11	11		4		1
2	英国	43	7	15	11	6	4			
3	中国	33		3	11	11	7	1		
4	印度	28	1		5	7	3	8	2	2
5	澳大利亚	20	2	3	3	2				
6	芬兰	12	2	4		2		2	2	
7	西班牙	11		1	4	2		1		
8	泰国	10	1	6	1		2			

注：如果同一部展品多次参加FIP邮展的，则按最好的那一次奖级计入。

三、前瞻：新版《指导要点》出台，将开辟印花集邮的更广阔天地

如前所述，《FIP 印花展品评审专用规则》及其《指导要点》自 1991 年实施以来，印花展品的组集模式一直被定位于传统方法，但国际印花界冲破"禁锢"的努力和尝试却一直没有停步。

（一）新版《指导要点》出台后，很快得到积极响应

FIP 印花委员会主席团内部经过反复研讨，于 2018 年 10 月起草了新版《指导要点》，并发给该委员会的各国家、地区代表征求意见。同年 12 月 1 日，新版《指导要点》在泰国世界邮展期间的 FIP 印花委员会会议上获得通过和批准（尚需经 FIP 理事会备案通过）。这无疑将为印花集邮打开一片更加广阔的天地。

新版《指导要点》出台后，很快得到国际印花界的积极响应。在中国 2019 世界邮展上，传统组集模式之外的印花展品明显多了起来：财税历史方法，有智利亨氏·文策尔·杨格（Heinz Wenzel Junge）的《智利通用财税服务》（大金奖）、荷兰范·德·弗利特·奥斯卡（van der Vliet Oscar）的《岛上被俘！克里特岛印花——放眼其粘贴式印花（1875-1913）》（金奖）（图 19）、孟加拉国穆罕默德·莫尼鲁尔·伊斯兰（Mohammed Monirul Islam）的《孟加拉法院与税收制度的演变（1600-1947）》（大镀金奖）和曼南·迈希胡尔·扎里夫（Mannan Mashhur Zarif）的《孟加拉税史》（银奖）等 4 部；财税用品方法（fiscal stationary approach），有中国张前声的《中国大楼图状面印纸及其改制品（1907-1949）》（大镀金奖）和段辉的《中国预印印花税凭证缴款书（1943-1958）》（大银奖）等 2 部。以 FIP 印花委员会会议于 2018 年 12 月通过和批准新版《指导要点》为标志，印花集邮的更代自 2019 年起就进入了第 4 代。

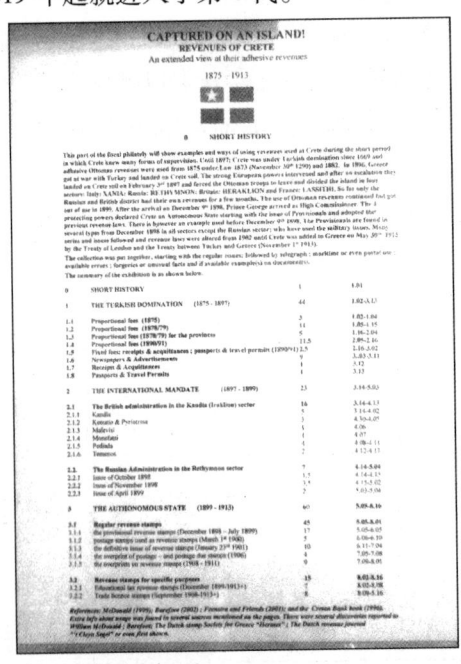

图 19 《岛上被俘！克里特岛印花——放眼其粘贴式印花（1875-1913）》首页

因为新冠病毒全球大流行,2020年的世界邮展和国际邮展基本全部延期举行。但可以预见的是,按照新版《指导要点》理念编组的印花展品,将会越来越多地出现在各级邮展中,这又将反过来促进世界范围印花集邮的进一步发展。

(二)新版《指导要点》的新增和变化之处

较之旧版《指导要点》,新版《指导要点》主要新增和变化见表2。

表2　　　　　　　　　　新版与旧版《指导要点》的主要区别

序号	项目	主要区别(新增和变化)	
		旧版《指导要点》	新版《指导要点》
1	各方面的界定	对印花展品的原则、评审标准等的界定相对粗泛	对印花集邮的定义与性质、展品构成原则、评审标准各项目等,作出更为详尽的界定
2	适用素材	国家政府部门、自治地区或地方当局发行,或在其监管下发行的税票、费用票或信用票	在左列基础上新增:其他有面值标识的素材(包括已纳税、零付税和不纳税的标识);私人机构以及保险、运输、银行、协会、政党等的其他任何费用或信用印花
3	适用素材的属性	未明确提出	除可少量使用税法、法令、地图等"先驱文件"(forerunner document)外,所有素材都应具备双重属性:"财税属性"(fiscal nature)和"集邮价值/属性"(philatelic value/nature)
4	组集模式	传统方法	传统方法(含财税用品);财税历史方法;主题基础方法;两种或多种方法的组合;参展者认为适宜的任何其他方法
5	介绍页(标题页)	界定相对粗泛	应包括标题、主题和目的描述、相关背景总体说明、范围、结构计划、个人研究说明、主要参考文献等

鸣谢:FIP印花委员会主席拉尔夫·埃布内(Ralph Ebner)、秘书尤卡·马基宁(Jukka Mäkinen)和中国税票集邮研究会原会长刘永新先生等为本文提供了部分资料。

作者单位:湖北省集邮协会

作者简介:梁耀华,男,1970年出生于武汉,现为国家级邮展评审员、中华全国集邮联合会邮展工作委员会委员,湖北省集邮协会理事、《湖北集邮》主编。曾有多篇集邮学术研究文章在国家级、省级集邮报刊发表。邮政历史邮集《特权免资戳(1764 – 1840):英国邮政体制改革》获2016南宁亚洲国际邮展大镀金奖加特别奖。

关于新中国第一套印花税票两种不同"样票"的研究

李 明　李仲阳

在 1949 年 10 月 1 日中华人民共和国成立当天，由华北税务总局发行了新中国第一套"国旗地球图"（以下简称"旗球图"）印花税票，即"华北区无齿旗球图印花税票"。图 1 是 1949 年 10 月 1 日签署的一份"天津恒业股份有限公司租房契约"，其上当日就贴用了一枚 10 元旗球图印花税票，就是该票发行于 1949 年 10 月 1 日的例证。

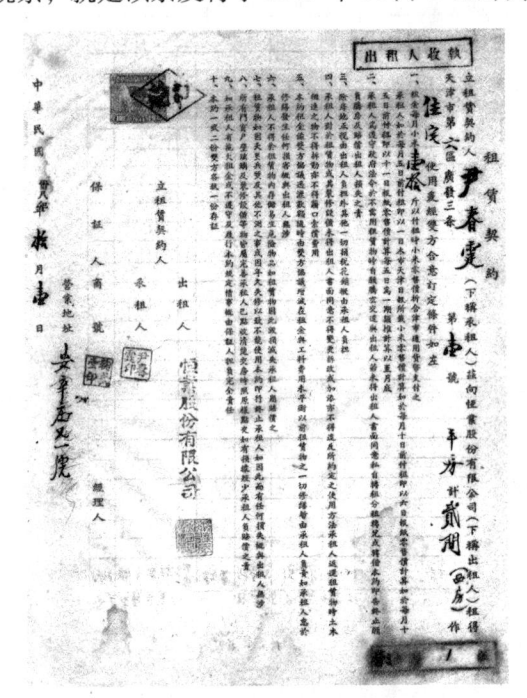

图1　贴旗球图印花税票的天津恒业股份有限公司租房契约

不久，华北税务总局在 1949 年 12 月 23 日以"（税总会字第 1837 号）检发新印花税票样本希查收转发由"，下达该区内"各省市税务局"的《训令》如下。

"兹制定中华人民共和国印花税票式样计十一种，面额分为：

壹元票　　草绿色
贰元票　　藕荷色
伍元票　　茶　色
拾元票　　橙黄色

贰拾元票　　天蓝色

伍拾元票　　深蓝色

壹百元票　　紫　色

贰百元票　　金赤色

伍百元票　　钞票绿色

壹千元票　　深红色

贰千元票　　玫瑰红

　　为使各局便于识别真伪，及有计划的先出售旧花①领用新花②，兹先检发新印花税票样本××份，希即查收，转发至县级局，以备查验为要。

　　此令。

局　　长　　李予昂
副局长　　李固行
一九四九年十二月二十三日"

　　据此，在1949年末在华北区各市县税务局如果收到过上述《训令》所述之"新印花税票样本"，也应仅是贴有上述从"壹元票"至"贰千元票"一共十一种加盖"样张"字样的"样票"者。然而，就笔者所见到的该票"样本"却只有一种"中央财政部税务总局制"的"中华人民共和国税票样本"。这种"样本"共两页，图2是其油印封面的正面，图3是该封面的背面。显然，这是废物利用。同时，也彰显了那时纸张缺乏的程度。图4是贴有除上述十一种黑色加盖宋体小四号（12P）黑体字"样张"的"样票"外，还贴了加盖红色"样张"字样的大幅蓝色5000元票和绿色10000元票各一枚。图5是图4的背面。然而，这种"样本"并非"华北税务总局"在上述《训令》中述及的"样本"。

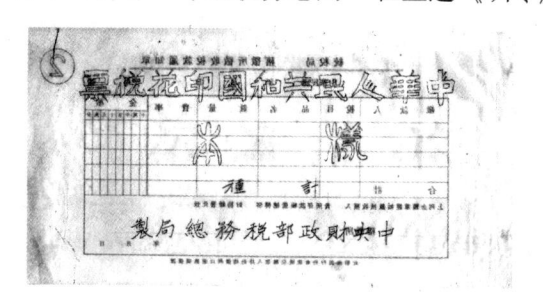

图2　中华人民共和国税票样本正面

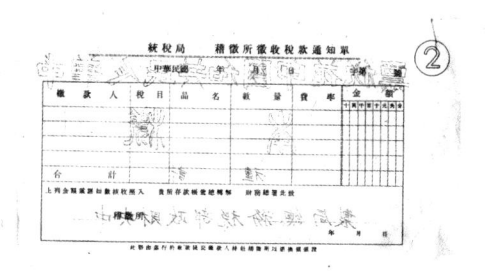

图3　中华人民共和国税票样本背面

---

① "旧花"指的是"华北税务总局"发行的"加盖'华北税务总局暂作'改值印花税票"。

② "新花"指的是"华北区无齿旗球图印花税票"。

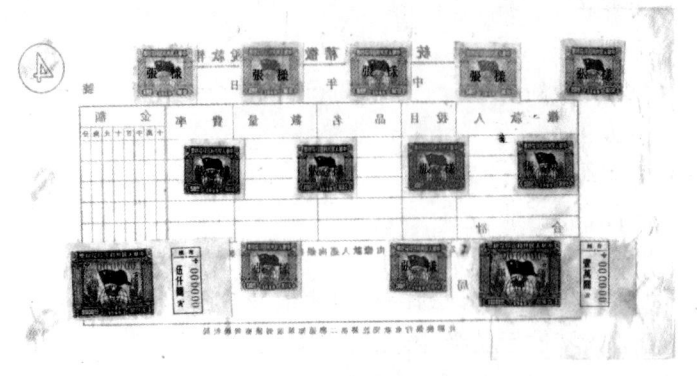

图 4　旗球图税票样张正面

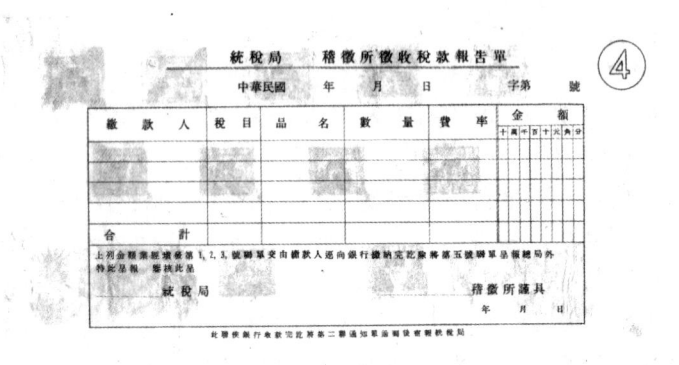

图 5　旗球图税票样张背面

首先，在《华北解放区财经纪事》一书中第 610 页上有这样的记载："建国之后，政务院各部门是以华北人民政府有关部门为基础建立的。换言之，中央人民政府各机构是政务院把华北人民政府机构调整、完善、加强之后而升格的。"由于这一"升格"也需要一个过程，致使中央人民政府财政部税务总局于 1950 年 1 月 1 日才正式成立。所以，上述"中央财政部税务总局制"的"中华人民共和国税票样本"，显然不是 1949 年"华北税务总局"检发的那种"样本"。可是，上述《训令》中所提到的那种"新印花税票样本××份"，笔者则始终没有见到过这种"样本"。

其次，1949 年 4 月"华北税务总局"曾利用民国时期的"联运图"和"复兴关图（东北九省专用）"印花税票，作为"底票"发行了"加盖'华北税务总局暂作'改值印花税票"一套 35 枚。且有其"样本"一种存世（图 6），共贴有 15 枚票（其中个别票没发行）。但其封面印着"天津市税务局自行加字花证样张"（其中"花证"是"印花税票"与"查验证"之合称），这表明该票显系是在天津完成"加盖"的。该"样本"中所贴票上之"样张"二字均为宋体五号（10.5P）黑体字。笔者曾在 2019 年 9 月 25 日第 38 期《集邮报》发表了一篇题为《新中国第一套印花税票的印制及其发行的新研究》的文章，其中除谈到该票发行于 1949 年 10 月 1 日外，还指出它们是在天津印制的。特别是，还有一些如图 7 所示"华北区无齿旗球图印花税票"的零散"样票"存世。这种"样票"上加盖的"样张"字样与上述"加盖'华北税务总局暂作'改值印花税票""样票"上所加盖的"样张"字样完全相同，即亦为宋体五号（10.5P）黑体字。因此，图 7

这种"样票"也应是在天津加盖后，计划用于上述《训令》中之"检发新印花税票样本××份"上者。

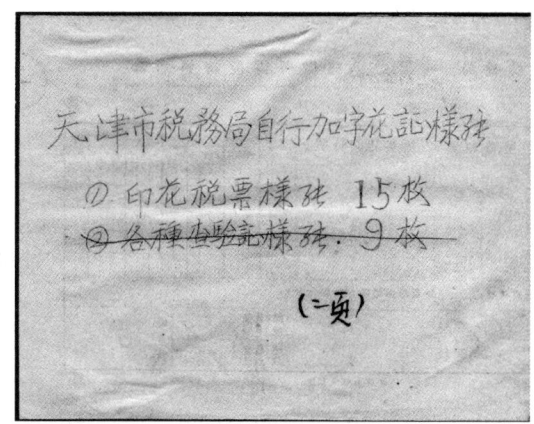

图6 加盖"华北税务总局暂作"改值印花税票样张

图7 华北区无齿旗球图印花税票样张

但是，《训令》中"样本××份"到底应备多少"份"才够"检发"呢？让我们来替它计算一下。在1949年时，华北区包括北京市、天津市、河北省、山西省、平原省、察哈尔省、绥远省和内蒙古自治区等8个"省级行政区"，其"县级单位"包括"县""市区"和"其他"同级"单位"。1949年，华北区的8个"省级单位"分别包含"县级单位"的数量是：北京20个、天津12个、河北171个、山西102个、平原70个、察哈尔44个、绥远53个和内蒙古35个，总共607个。[①] 如果，再加上它们上级单位的留存或他用，总得准备千八百"份"吧。

然而，这么大量的用纸在当时是很困难的，就算是要利用图3或图5那样的废纸背面，恐怕一时也找不到这么多。当时用纸困难的程度，从1949年8月1日"华东邮政管理总局"发出的"业字第三二号"如下《通令》就可见一斑。

"收文者：华东区各管理局。

事由：发布新闻请人民大众了解邮局对于制售明信片之困难并要求自制明信片使用。

一、近来有人民大众来函要求本局恢复发售明信片。

二、恢复发售明信片原系有利于人民大众之一种业务，本应举办。惟以目前限于客观

---

① 中华人民共和国民政部. 中华人民共和国县级以上行政区划沿革（一九四九年——一九八三年）[M]. 北京：测绘出版社，1986.

条件（如缺乏适当的纸张等）无法进行。

三、兹为要求使人民大众了解邮政方面之困难，并要求人民大众自制明信片，加贴邮资使用特另附发新闻稿一件，望即转送当地报纸列入新闻栏内发表。

局　长：赵志刚
副局长：荣键生　陈艺先
一九四九年八月一日"

另外，我们来看一则新闻稿：

"华东邮政暂时无法制售明信片要求人民大众自制明信片使用

近来有很多人民，写信给邮局，提出意见，要求华东邮政恢复印制明信片，以备人民购用。邮局对于这种建设性的建议表示感谢。据悉华东区邮政，因为经过了战事的创伤，正在竭尽一切力量，并权衡客观条件和主观能力将各种业务积极地逐渐地设法恢复。对于恢复明信片一事，自从上海解放之后，即在不断地考虑着。但不幸的就是现在遭敌人封锁要购买大量适用于明信片纸张尚有很多困难，这是邮局对人民大众十二万分抱歉的。为了补救这一缺陷起见，邮局欢迎人民大众利用图画纸或类似的坚韧纸张，照规定式样，自制明信片邮资即可交寄。"

由上述同期邮政当局对纸张缺乏的无奈表白，也就可知当时税务当局也是处在同样对纸张缺乏之困境中。所以，笔者认为很大的可能是那时"华北税务总局"检发的仅是"新印花税票"，而并没有制成"样本"。否则，这些年来不可能连一本该票的"样本"也见不到。

综上所述，笔者认为"华北区无齿旗球图印花税票"之两种"样票"，一种是"天津人民印刷厂①"加盖小字"样张"者，另一种应是北京"五四一厂（北京印钞厂）"加盖大字"样张"者。前者因故没有被制成"样本"，而后者则有"样本"存世。

参考文献

[1] 李明. 新中国第一套印花税票的印制及其发行的研究［N］.集邮报，2019－09－25.

[2] 段志清、潘寿民. 中国印花税史稿（下）［M］.上海：上海古籍出版社，2007.

[3] 中华人民共和国民政部. 中华人民共和国县级以上行政区划沿革（1949—1983）［M］.北京：测绘出版社，1988.

[4] 实用出版与印刷工作手册［M］.北京：印刷工业出版社，1998.

作者单位：天津市集邮协会

---

① 在1949年时该厂也印刷过一版"人民币"。

作者简介：李明，男，1938 年 6 月 1 日出生，1981 年参加过天津市集邮协会的筹备工作，中华全国集邮联合会理事，国家级邮展评审员，全国邮展委员会委员，全国集邮学术委员会委员，天津市集邮协会副会长，ACPF 会士和中国嘉德国际拍卖有限公司邮品钱币部顾问，税票和集邮专家；李仲阳，男，1967 年 12 月 5 日出生，天津市集邮协会邮展委员会委员，省级邮展评审员，《中国预印税资图之印花税缴款书（1946－1957）》展品在 2010 全国邮展获大镀金牌，《中国国内干线邮路》在第 33 届亚洲国际邮展获得镀金牌。

对长城图1分印花税票的几点新认识

金 星

将长城图1分印花税票组成一部五框的税集是集藏界多年的愿望。

"一枚票一部集?!"带着这样的疑问,更带着这样的决心,笔者开启了对长城图1分印花税票的组集之路。经过不断地探索、研究、收集,在多位前辈的指导和帮助下,2018年,《中华民国第一枚印花税票——长城图1分及其地方仿制》终于完成,获得了当年上海邮展的大镀金奖,引起了集藏界的高度关注。近两年来,根据研究和收藏的最新成果和发现,全面修订、提升了该税票集,并定名为《长城图1分印花税票(1912-1935)》,以期更高的质量来实现"一枚票一部集"的愿望。

在重新组集的过程中,笔者对长城图1分印花税票进行了更深入、更全面的再次研究。在再次研究的过程中,有了几点新的认识,现作一简述。

一、对印制时间的认识

搜寻印制时间的依据,厘清确切的印制时间,是再次研究的重点之一。

1912年10月21日,中华民国大总统公布《印花税法》令,这是中华民国时期颁布的第一部税法,我国开始全面开征印花税[①],中华民国的第一套印花税票——长城图印花税票由此诞生。2001年出版的《中国印花税票总目录》(以下简称《目录》)对长城图印花税票的印制时间标注为"1913年"和"1916年"。故集藏界一般认为一版票是1913年印制的,二版票[②]是1916年印制的。

研究过程中,在中国第二历史档案馆编写的《中华民国工商税收史料选编第四辑直接税·印花税(下)》(以下简称《史料选编》)中发现,1912年11月30日的《财政部致印刷局令》提及"前经本部以《印花税法》业经公布,所有需要各种印花,亟应赶速刊制,以便发行……连同开印日期一并呈报本部查核可也"。1912年12月13日的《北洋政府致印刷局令》又表示"兹据该总办呈称:当经于本月初五日将印花税票开印,并特派专员监视以昭慎重"。以上信息是长城图1分印花税票印制时间最明确的依据,由此认定"1912年12月5日"为长城图1分印花税票的开印时间,而并非为《目录》所记载的"1913年"。

对于二版票开始印制的时间尚未找到记载明确的原始史料。经过与参与《目录》编制

---

① 清末虽二次试办印花税,并二次印制印花税票,但因政局动荡,政令不畅,仅在数省偶见第二套票的使用,并未全面开征。

② 二版票有1分和2分两种面值。

的多位前辈沟通，得知"1916 年"是《目录》主编徐惠恩前辈所确定，目前确实也无原始资料可以佐证，当时认为二版票的印制与袁世凯称帝和那时期低值票缺少有关。但从存世的使用凭证来分析，二版票的实际贴用主要见于1920 年之后，由此推断二版票的印制时间应该晚于1916 年。1920 年之前虽偶见使用二版票特征的票，但是否可断定为二版票值得商榷①，也有一些明显为之后补贴。

对于长城图印花税票的停印时间，一般认为是1925 年8 月召开全国印花税专业会议并通过《整顿印花大纲》之后。从《史料选编》中发现，1924 年7 月30 日的《晨报》刊登了《财政部预告发行新印花停用旧印花的通告》，称"兹为维持税法起见，本部拟具治本办法，提交国务会议议决照办，业经饬下印制局另印新式税票"。由此可推断，1924 年7 月前后长城图印花税票逐渐停印。

二、对使用时间的认识

搜寻最早和最晚的使用凭证，厘清启用和停用的时间，也是再次研究的重点之一。

对于长城图 1 分印花税票的启用时间，2007 年出版的《中国印花税史稿》（以下简称《史稿》）认为"原定于1913 年元月 1 日施行的印花税，由于印花税票未印就，改为3 月1 日起先在京师施行"。但通过对存世使用凭证的研究，发现1913 年1 月20 日的秦省财政司契纸（图1）贴有长城图 1 分印花税票原票 2 枚，该契纸含草契、官契、契尾三联，日期均为"中华民国二年一月二十日"，税票上销"陕西验讫"章，该凭证原系著名集邮家

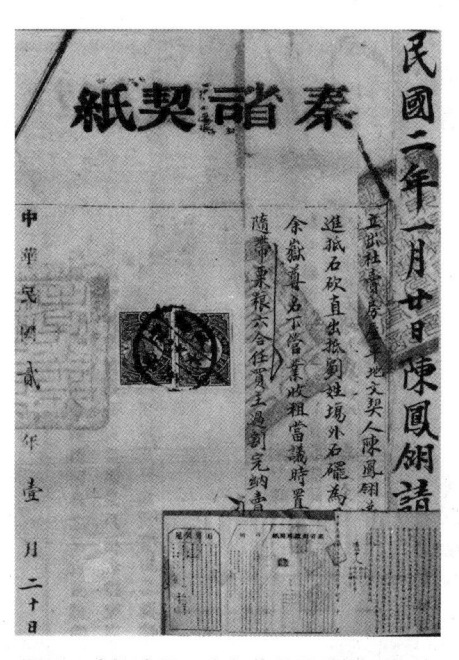

图1 贴长城图 1 分印花税票原票 2 枚的1913 年 1 月 20 日的秦省财政司契纸

---

① 见本文"三、对版式的认识"中的简述。

蔡正钧前辈世界金奖税票集中的重要素材，是已知最早的民国时期印花税票使用凭证。另发现，1913 年 2 月 11 日的山西文水县官契纸，贴有加盖"晋税二"1 枚。该税票贴于日期处，税票和日期上盖有"文水县知事关防"。这两件使用凭证的发现，说明在 1913 年 3 月 1 日之前已有少数省份开始使用印花税票，且在使用初期就出现了印花税票的加盖形式。这与 1912 年 10 月 21 日公布的《印花税法》第 12 条之规定"各地方以奉到部发印花后三十日为本法施行之期"相吻合。

对于长城图 1 分印花税票的停用时间，1924 年 7 月 30 日的《晨报》中《财政部预告发行新印花停用旧印花的通告》就明确"俟新票印成，再行定期贴用，即将旧票停止行使"。1925 年 8 月 8 日的《财政部致临时执政呈》进一步明确"现在此项新票业已备齐，定于九月一日以后各省分期实行"。可见，按照当时财政部的要求，1925 年 9 月 1 日后长城图印花税票应停用。但由于当时政权尚不统一等因素，长城图印花税票直到 1928 年南京政府基本统一全国后才逐渐停用，在少数省份见有 1930 年之后的使用凭证。已知最晚的长城图 1 分印花税票一版票使用凭证是 1930 年 1 月 22 日山西偏关县屠宰税执照，实贴一版票原票 1 枚。高面值的长城图印花税票见有更晚的使用凭证。已知最晚的地方仿制长城图 1 分印花税票使用凭证是 1935 年 12 月云南省财政厅清丈执照，实贴云南仿美国钞票公司石印版加盖"清丈贴用"3 枚，该凭证也是已知最晚的长城图 1 分印花税票使用凭证。

三、对版式的认识

搜寻特殊的票品，厘清版别的差异，还是再次研究的重点之一。

长城图 1 分印花税票有中央版和地方仿制版两个类别。一般认为，中央版长城图 1 分印花税票有一版和二版两个版别，一版票的版铭为"CHINESE BUREAU OF ENGRAVING AND PRINTING"，版号位于版铭左侧；二版票的版铭为"Bureau of Engraving and Printing Peking China"，版号位于版铭右侧。一版票的主要特征（图 2）：一是"壹"字最上方的一竖向下出头；二是"壹"字最下方的一横左侧向上翘。二版票的主要特征（图 3）：一是"壹"字最上方的一竖向下不出头；二是"壹"字最下方的一横平直。集藏界一般也是以此特征来辨别版别。但从存世的票品中发现有一版票版铭二版票特征的票（图 4），故不能仅以上述特征来判定版别，还需结合刷色、纸张等特征来综合判断。

图 2　中央一版长城图 1 分印花税票　　　　图 3　中央二版长城图 1 分印花税票

图4 有一版票版铭二版票特征的中央版长城图1分印花税票

通过对近万枚长城图1分印花税票的研究，发现虽中央版印制规范，但因其使用时间较长、印制次数较多，存在版式差异的品种较多。图幅一般为30毫米×22毫米，偶见有29毫米×22毫米；齿孔一般为14度，也有14.5度，偶见毛齿，见有不同方向的齿孔移位；印制纸张一般为厚纸，也见有薄纸；一般有背胶，也见有无背胶。《印花税法》第九条明确长城图1分印花税票的颜色为"赭色"，但因印制次数较多，刷色品种较丰富，主要可归为刷色偏黑和刷色偏红两类，一般前期的票偏黑，后期的票偏红；见有不同程度的透印，见有多种印刷缺陷，主要为票中央长城图案及两侧麦穗图案不同程度的印刷模糊，以及点状漏白。

地方仿制版长城图1分印花税票主要见有广东、云南、四川、湖南、贵州、广西、福建等地及粤军财政总局、粤军第十司令部、二十四军等军队仿制。地方仿制版的图幅、齿孔、纸张、刷色等均差异较大。

四、对加盖的认识

搜寻加盖的依据，厘清加盖的类别，同样是再次研究的重点之一。

1912年12月12日，财政部公布《印花税法实施细则》，其第八条规定"各发行所发卖印花于需用人，应于印花中央加盖该发行所字号戳记"，开创了我国印花税票的加盖形式。《印花税法实施细则》明确：中国总银行、邮政总局、电报总局、京师及各省会商务总会为分发行所，中国分银行及分号由中国总银行认定为支发行所，邮政分局及支局由邮政总局认定为支发行所，电报分局及支局由电报总局认定为支发行所，各商务分会由商务总会认定为支发行所。故出现了银行系统、邮政系统、电报系统、商会系统四类加盖的长城图1分印花税票。

1912年12月，财政部还公布了《委托国税厅关监督发行印花细则》，明确国税厅筹备处、海关监督、常关监督为分发行所，各征收局、各县知事由国税厅筹备处认定为支发行所，兼管之常关及外口局卡由海关监督认定为支发行所，常关所辖之外口局卡由常关监督认定为支发行所。故还出现了财税系统、关署系统、县署系统三类加盖的长城图1分印花税票。

此外，多省份为防止税源流失，在印花税票上加盖省名，限地方使用，故又出现了加盖省名的长城图1分印花税票。

上述八种不同类别的加盖均见于存世的长城图1分印花税票，其中，县署系统的加盖品种最丰富，其次为邮政系统、财税系统、商会系统及省名加盖，银行系统、电报系统、关署系统的加盖品种均较少。县署系统的加盖一般为县名或省名＋县名。邮政系统的加盖一般为省简称＋邮＋序号。财税系统的加盖主要有省简称＋税＋序号、地名或税种＋厅或局或处或所、县名＋支发行所三类。商会系统的加盖一般为地名＋商会，偶见有行业商会的加盖。银行系统的加盖见有直接为银行名称，以及地名＋银行名称。电报系统的加盖见有省简称＋电＋序号，以及地名＋电报局或话局。关署系统的加盖见有直接为关名，以及关名＋监督署或分发行所。省名加盖见有仅有省名，以及省名＋前面所列七类加盖内容。除上述八类加盖外，还见有特定用途、发售年份、代售商号、代售人、特殊文字等加盖。长城图1分印花税票的加盖内容和形式繁多，见有同一加盖文字的不同字体、不同字号、不同颜色，见有倒盖、竖盖、横盖、加盖移位等情况。

除上述中央版外，地方仿制票的加盖品种也较为丰富。其中，广东仿制票的加盖品种最多，见有四十余种，仅按历史阶段加盖政府名称就有"军政府发行""财政部""大本营财政部""国民政府财政部"等不同类别。

以上是在对长城图1分印花税票再次研究过程中的几点新认识，供税票研究者和集藏爱好者参考，不妥之处还请批评指正。

参考文献

［1］中国第二历史档案馆．中华民国工商税收史料选编［M］．南京：南京大学出版社，1997．

［2］段志清，潘寿民．中国印花税史稿［M］．上海：上海古籍出版社，2007．

［3］王平武，徐惠恩．中国印花税票总目录［M］．北京：中国税务出版社，2001．

作者单位：中国证券博物馆

> **作者简介**：金星，男，中国证券博物馆副馆长（主持工作），曾任上海财经大学党委校长办公室副主任、博物馆副馆长等职，五次荣获上海财经大学和上海市优秀教学成果奖。在税票及博物馆研究方面，公开发表有《中国印花与税票》等十余篇论文，编写有《中国税史与税票展览大纲》等十余部展览大纲，牵头或参与建设了十余家行业及高校博物馆。

安徽地方卷烟营业税及其印花

焦继承

安徽地处华东腹地，跨长江、淮河中下游，东连江苏、浙江，西接湖北、河南，南邻江西，北靠山东。公元1667年，因清代江南省（原明代南直隶，现安徽、江苏、上海）东西分置而建省（东为江苏），始称江南左布政使司，驻地南京；1667年，改为安徽布政使，省名取自安庆府、徽州府（今黄山市）两府首字，省府迁安庆。中华民国建立后沿袭清代建置，置安徽省。

民国北京政府时期，由于军阀混战，安徽省财政长期处于困境，尤为困难，经济凋零、财政拮据，政府不得已裁撤归并机构、精简人员，整理旧债，发行新债；新债并未用于旧债偿还，而是充作军费开支，因拖欠军费，军队哗变时有发生，一度造成局面混乱。拖欠教育经费更不用说，教育经费困乏成为困扰各省的普遍现象，要求教育经费独立的呼声一浪高过一浪。

1921年9月29日，接任省长一职的许世英[①]，曾公开承诺"当维持教育经费，公开民财各政""宣布取消第三届省议会议员资格"。安徽大学的筹建也提上议事日程。

1923年2月3日，许世英辞职；2月10日，吕调元[②]再度被北京政府任命为安徽省长。

1923年6月9日，安徽省提议开征卷烟营业凭证税，交商承包，全年包额为55万元，作为教育专款。

1923年7月22日，《安徽省征收卷烟营业凭证税章程》颁布，安徽卷烟营业凭证税定于8月1日起开征。为此，专门在安庆设立了卷烟营业凭证税总局，派员专办，视各县销数多寡划分区域，另设分销处，由商承包，税款作为省教育专款。开征之初，卷烟营业凭证税推行并不顺利。

不足一年，1923年12月11日，吕调元再度被免省长职。由时任督理安徽军务善后事

---

① 许世英（1872－1964年），安徽秋浦县兆吉山人，光绪十一年（公元1885年）中秀才，民国五年（公元1916年）在段祺瑞内阁先后任内务总长、交通总长，后因受贿案去职。民国六年（公元1917年）任中意合办华意银行总裁，民国七年（公元1918年）任安福国会参议院议员，民国十年（公元1921年）任安徽省省长，民国十一年（公元1922年）任司法总长，民国十四年（公元1926年）12月至次年3月任段祺瑞执政府内阁总理。

② 吕调元（1865－1932年），原名景丰，字权予，号燮甫，安徽太湖县南乡吕家大屋人。清光绪二十八年（公元1902年）举人，二十九年进士，民国二年（公元1913年）升任湖北民政长，特授二等嘉禾章，后为巡按使，三年调任陕西巡按使，五年聘充国务院顾问，七年当选为国会议员，八年任安徽省长，授一等嘉禾章。1919年12月31日，吕调元被免除安徽省长职务，任北京斋堂煤矿督办。民国十二年（公元1923年）二月，复任安徽省长，十二月改任安徽铁路督办。民国十五年（公元1927年），吕调元任国民革命军东北援军总司令。

宜的马联甲①兼任省长。

由于卷烟营业凭证税总局办理不善,将卷烟营业凭证税收归省财政厅设科办理。1924年9月,安徽省财政厅内设置卷烟税科,接办全省卷烟营业凭证税。

1924年11月28日,北京临时政府执政段祺瑞,下令免去督理安徽军务善后事宜兼省长马联甲本兼各职;任命安徽合肥人王揖唐②为安徽省长兼督办安徽军务善后事宜。王揖唐到任前,由时任皖南镇守使兼第三混成旅旅长王普③,代理省长职。1925年3月,执政府又相继下令免去安徽陆军第二混成旅旅长兼苏皖鲁豫四省剿匪副司令李传业、凤阳关监督倪道烺(倪嗣冲的胞侄)职务,引起皖军第一旅旅长倪朝荣、宪兵司令程文源及第二旅部分军官不满。4月1日,倪朝荣、程文源及皖军第二旅各团长,因王揖唐曾主持免去李传业、倪道烺职务,而拒绝王揖唐赴皖就任督办一职。并电请北京临时政府将安徽督办一职明令废除,由苏皖宣抚使卢永祥节制皖军。时王揖唐离京赴皖,于4月3日自徐州南下,得知皖军通电拒督,遂返回徐州。同日,执政府通电,对安徽军官越职倡议废督的做法进行了斥责,王揖唐复带奉军一营护送抵皖,驻于蚌埠。皖军第三旅旅长王普、第四旅旅长高世读放弃废督立场,服从王揖唐指挥,然第一旅倪朝荣等仍继续开展拒督运动,并派员到京、沪等地动员安徽同乡反对王揖唐。4月24日,段祺瑞下令免去王揖唐督办兼职,改任安徽省定远县人郑士琦为安徽督办。5月22日,郑士琦赴皖就任,又一次遭到倪朝荣等皖军抵拒。6月18日,临时政府准免王揖唐安徽省长职,特任安徽合肥人吴炳湘④为安徽省长,并在郑士琦未到任前暂兼安徽督办一职(由于奉系势力扩张,郑士琦未到任便从此下野)。7月17日,吴炳湘抵达蚌埠就任本兼各职。所谓"拒督运动"即告结束。

1924年10月,还在马联甲兼任省长时期,省财政厅、省教育厅联合向省府呈文《关于烟酒附加一成特捐移做筹备安徽大学基金与财政厅会稿》,建议以厘金及烟酒税附加百分之十作为筹建安徽大学的基金。1925年4月,时任安徽省长的王揖唐决定,从卷烟营业凭证税中划拨,解决安徽大学基金问题。遗憾的是,这一次安大筹备因故再度搁浅,征收特别教育经费的设想自然也就没了下文。

1925年10月28日,安徽省长公署批准施行《修正安徽省征收卷烟营业凭证税章程》

---

① 马联甲(1865—1924年),字少甫,出生于江苏省东海。1898年中武进士,授官三等侍卫。清末时期,任清廷武卫右军右路军帮带。民国北京政府武卫右军右路军统领、皖南镇守使、安徽军务督办,曾任安徽省省长。大革命时期,1924年9月7日被北洋政府授予陆军上将衔。

② 王揖唐(1877—1948年),安徽合肥人,民国时期政客,安福系的主要成员,中华民国陆军上将,曾先后担任内务总长、吉林巡按使、众议院议长等职。1924年11月28日至1925年6月18日任安徽省长。抗日战争时期公开投敌,官至伪最高国防委员会委员,伪全国经济委员会副委员长,伪华北政务委员会咨询会议议长。1948年9月10日,以汉奸罪在北平姚家井第一监狱被处以死刑。

③ 王普(1890—1957年),字慈生,阜阳县(今阜阳市隅首)人,幼年读过私塾,后考入保定军校,辛亥革命后加入柏文蔚军队,曾和未来岳父倪嗣冲兵戎相见。兵败后曾一度闲居在家,后得倪嗣冲保荐入陆军大学深造。曾在军中任旅长、皖南镇守使等职,两度代理安徽省省长。1925年12月1日至1926年4月16日任安徽省长,后任蒋介石国民革命军第二十七军副军长。后退出军界寓居天津。

④ 吴炳湘(1874—1930年),安徽合肥人,北洋将领。民国北京政府时期,吴炳湘任京师警察厅总监、总统府秘密侦探处主任、京师警察厅厅长兼市政公所会办,深得倚重。袁世凯称帝过程中,吴炳湘积极拥护,带领全国各地警察厅长呈文请求复辟帝制。袁世凯死后,吴炳湘投入皖系,1920年段祺瑞下台,吴炳湘随之去职,寓居北京。1924年底,段祺瑞复出,吴炳湘再次被任命为京师警察厅长,但未到任,1925年6月18日被委任为安徽省长,10月28日因直奉战争爆发而辞职。

和《安徽省征收卷烟凭证税施行细则》，规定对于境内购吸卷烟（纸烟、雪茄烟），不论中制、外制，一律照当时售价20%纳税，粘贴凭证。也就是这一天省长吴炳湘被解职。

此后，孙传芳的五省联军控制了安徽省，1925年12月1日，陈调元被孙传芳任命为五省联军皖军总司令，王普为安徽省长。

1925年10月，附设在财政厅内的卷烟税科裁撤，另置"安徽卷烟营业凭证税事务处"续办。安徽卷烟营业凭证税事务处下设60县局，由中标商包办，无人投标或不足标额者，由处委办，收入仍归教育专款。

同月，设立蚌埠卷烟营业凭证税局，办理卷烟营业凭证税。卷烟营业凭证税系安徽省地方税，此项收入专门用于教育专项。

1923年8月，为开征安徽省地方卷烟营业凭证税，专门印发了以安庆迎江寺振风塔为主图的安徽地方卷烟营业税印花（图1）。

图1 以安庆迎江寺振风塔为主图的安徽地方卷烟营业税印花

迎江寺（图2），位于安徽省安庆古城枞阳门外的长江边上，又名万佛寺，始建于北宋开宝七年（公元974年）。明万历四十七年（公元1619年），邑绅阮自华募资重修，殿宇华丽，气势宏伟，为沿江名刹。明万历四十八年（公元1620年），光宗皇帝御赐"护国永昌禅寺"。清顺治七年（公元1650年），改称"敕建迎江禅寺"，清乾隆皇帝、慈禧太后亦先后为迎江寺题"善狮子吼""妙明圆镜"等匾额。迎江寺占地面积22000平方米，主体建筑坐北朝南，主要由天王殿、大雄宝殿、毗卢殿、藏经楼、广嗣殿等组成，大雄宝殿和毗卢殿间矗立振风塔。整座寺庙建筑在长江岸边的高地上，殿堂巍峨，从长江十里开外均能见其雄姿。

图2 迎江寺图明信片

振风塔（图 3）是迎江寺最具特色的建筑，又名万佛塔，是明隆庆四年（公元 1570 年）安庆知府王宗徐和怀宁绅士於惟一、吴宗周共同筹建的。明万历四十七年（公元 1619 年），怀宁绅士阮自华募款依塔建寺，寺塔相辉，始成规模。清康熙二年（公元 1663 年）重修此塔。咸丰十一年（公元 1861 年）六、七层被炮火击毁，1871 年、1893 年两次重修。现存的振风塔整体轮廓呈圆锥体形，共七层，高约 60 米。塔身平面形状为正八边形，底层建有宽大的基座，边长约 5.5 米，两对边距离约 13 米，逐层收缩。每层皆有腰檐平座，檐下为双抄华拱，出两跳。塔内空心，有 168 级台阶，穿壁绕平座拾级盘旋而上，直达顶层。每层塔门虚实交错，平台上围以白石栏杆，可登临远眺，每层檐角均悬以风铎。塔刹由八角形须弥座、园形覆钵、球状五重相轮和葫芦形宝瓶构成。塔内供西方接引阿弥陀佛、弥勒佛和五方佛，塔身嵌有砖雕佛像、历史神话故事雕像 1000 余尊及碑刻 54 块。振风塔依江而立，雄镇皖城，浩浩江水从塔前流过，形成一种奇特的自然景观。登临远眺，"一览众山小"，万里长江奔腾足下，江城景色尽收眼底。振风塔不仅是迎江寺的明珠，也是安徽建筑中的骄例，该塔除具有佛塔之用，还具备导航引渡的功能。

图 3 振风塔

清初桐城张英等人登塔留诗，"云外平分天柱影""半落长江日夜流"，"塔影横江"跃然纸上。"塔影横江"为安庆十二景（怀远古八景）之一。

仔细对比可以发现，安徽地方卷烟营业税印花的主图与民初《怀宁县志》中舒景衡[①]题写的《"塔影横江"十二景之十二》照片（图 4）的局部角度完全一致，我们有理由相信：安徽地方卷烟营业税印花主图来自这个图片（图 5）。

安徽地方卷烟营业税印花以迎江寺振风塔为主图，显示的正是安徽的地域特色。

安徽地方卷烟营业税印花图幅 13 毫米×32 毫米，今见面值及刷色：2 厘红色、6 厘紫红色、8 厘咖啡色、1 分紫色。平版单色印刷。是否存在其他面值有待进一步发掘考证。

---

① 舒景衡，字怡笙，号瘐僧，曾官清末安徽省广德州建平县（今郎溪县）训导。民国四年（公元 1915 年），舒景衡纂成《怀宁县志》三十四卷，民国七年（公元 1918 年）增《怀宁县志补》一卷，均刊行于世，这部鸿篇巨制是今天研究怀宁（安庆）地方历史文化不可或缺的参考文献。民国《怀宁县志》中所附新法测绘的地图和"怀宁十二景"照片之一"塔影横江"即为其所题。

图 4　舒景衡题写的《"塔影横江"十二景之十二》照片

图 5　振风塔图安徽地方卷烟营业税印花

1926 年春，孙传芳任命高世读①为安徽省长。

1926 年 11 月，卷烟营业凭证税改为"卷烟特税"，税率不变。设在蚌埠的安徽省卷烟营业凭证税局改称安徽省卷烟特税总局。

1926 年 12 月 24 日，高世读辞职后何炳麟②被孙传芳任命为安徽省长。

1927 年 6 月，接替孙科新任国民政府财政部部长的宋子文坚持推行卷烟统税，将卷烟

---

①　高世读（1873－1954 年），安徽亳县人，27 岁中秀才，1924 年 10 月被任命为安徽国民军司令。次年 1 月任第四师师长兼皖北镇守使。同年 10 月，孙殿英围亳州，奉命率军解围，击败孙军。1926 年 4 月 16 日至 12 月 24 日任安徽省长，创办安徽大学。

②　何炳麟（1882－1956 年），字毓甫，安徽定远人。宣统三年（公元 1911 年）北洋大学游学毕业进士，并授职翰林院检讨。历任奉天督军署秘书、津浦铁路局南段局长、安徽滁县厘金局长、安徽芜湖海关监督、外交部安徽省特派员、安徽省财政厅长等职。1926 年 12 月 24 日被任命为安徽省长，1927 年 3 月 6 日去职。

税收归国税范围，公布了《全国卷烟统税暂行章程》，先行试办。安徽被列入统税区，试办期间，税率暂定为按照票面的50%，各地并不划一。这样安徽省教育经费就“不得不另求相当税源，以资代替”。为此，安徽教育界积极推选代表，赴沪、宁两地请愿，要求国民政府兑现“空头支票”。

1927年7月，芜湖卷烟特税办事处改组为安徽省卷烟特税总局。原蚌埠的总局改设为办事处。

1928年1月18日，《征收卷烟统税条例》公布，卷烟统税正式开办。从卷烟统税试办之后，安徽省地方便在统税之外另加2.75%的营业凭证税。正式开办统税后，安徽省税率高于财政部条例规定，这样与财政部政策大相抵触，引起烟商不满。1928年3月19日，宋子文呈文国民政府《财政部请电饬皖省政府取消卷烟营业凭证税》（图6）。

财政部请电饬皖省府取消卷烟
营业凭证税呈

（1928年3月19日）

呈，为呈请事，查卷烟税一项，部长就任以来，多方规划，凡经磋商后，秉承钧府指示，始与洋商签定合同，华洋各厂照完统税，运销各省，不再重征，租界销售一律纳税，所有条例，业经钧府明令公布，并由本部分别电咨通饬遵照在案，乃迭据中国卷烟厂公会，英美烟公司函复报称，凡卷烟运销皖、赣、闽三省，不问已未完过统税，一概勒令加征极重之税，而安徽一省藉口教育经费，竟于统税之外复加营业凭证税百分之二·七五，本部迭电制止，兹又准安徽省政府铣电，以设局开征卷烟营业凭证税，系地方附加税性质，与中央统税截然两事，除将卷烟营业凭证税简章另行咨达外，电请查核备案，等由。准此，查现值大军北伐，待饷孔殷，本部正拟以卷烟统税收入为基金，发行一千五百万元公债，以充北伐饷糈，是此项税收比较他种税款尤极重要，如一省发生滞碍，各省效尤，于财政统一、北伐饷源、外交信用，胥受影响，应请钧府迅电各该省政府严加制止。至皖省教育经费，本以地方收入之田赋抵补，设有不敷，亦应另行筹备，断不容自为风气，该省所征营业凭证税实系重征性质，与征收卷烟统税条例大相抵触，应并请严电该省将营业凭证税克日取销，另筹办法，理合呈祈鉴核，迅予施行，谨呈
国民政府

中华民国十七年三月十九日

国民政府财政部长　宋子文

图6　国民政府《财政部请电饬皖省政府取消卷烟营业凭证税呈》

1928年3月，在安徽大学校长刘文典等人的积极奔走呼吁下，省立学校教职员联合会呈请省政府，提议派员赴芜湖征收卷烟营业凭证税，解决安徽教育经费困难问题。3月29日，组织在芜湖举行游行大会，力争将卷烟营业凭证税作为教育基金，“到者数万人，皆义愤填膺，誓死抗争，不达目的不止，民情激昂，数年来未有如此之甚者”。

芜湖举行游行大会的第二天，安徽省政府紧急致信财政部部长宋子文：“前大部（指财政部）饬就所征卷烟税内月拨五成，付皖省年约百十三余万元，尚难应付中等教育。其大学经费七十余万元，并无着落。各界闻此电讯，人心弥形惶恐，以为皖省教育事业，势非全停不可。险象环生，呼吁愈迫。特再据情电陈，务恳俯赐查照迭案，另指的款救济，无任迫切待命之至。”

在安徽各界的抗议与请愿声中，1928年4月7日，国民政府财政部部长兼中央银行总裁宋子文做出让步，同意每月拨给安徽十万元教育经费补助。安徽省财政厅厅长余谊密[①]也承诺，除了中央月拨款外，省财政部门也将在地方税项下，月筹四万元。

---

① 余谊密（1873－1935年），安徽潜山人，25岁举光绪丁酉科拔贡，1926年任安徽省政务厅长，并代署省政数月。1928年3月，余谊密被选任省政府委员，兼任财政厅厅长。1929年辞职。

"空头支票"终于有了兑现的可能。于是,安徽省政府下令裁撤芜湖卷烟营业凭证税局。

安徽地方卷烟营业凭证税由此停征。安徽地方卷烟营业税印花也同时停用。

参考文献

[1] 安徽省地方志编纂委员会编. 安徽省志 45 财政志 [M]. 北京:方志出版社,1998.

[2] 朱之英修、舒景蘅纂. 怀宁县志 34 卷铅印本 [M]. 1915.

[3] 国民政府财政部档案(电子版)[EB/OL]. 知乎网.

作者单位:西安市阎良铁路医院

作者简介:焦继承,男,1964 年 2 月出生,医师,现任全国税票集邮指导工作小组专刊《税票研究》杂志副主编及执行主编。1981 年开始集邮,1988 年后专门收藏印花税票。集研方向:民国时期的中国税收印花。

秦皇岛市加盖"华北税务总局"改值印花税票的研究

杜文军

一、秦皇岛市加盖的探讨

在收藏华北解放区加盖改值印花税票中，我们发现，联运图中央北平平版30圆黑色加盖小字"华北税务总局暂作×圆"印花税票，无论在刷色还是字体上和其他同种加盖印花税票有着明显的不同。《中国印花税票总目录》（以下简称《总目》）把此种加盖，归列为天津市加盖。其实，税藏界的前辈们对这种异盖发现已久，也取得了一些认同。只不过，在称谓上分为"秦皇岛市加盖"和"冀东加盖"。秦皇岛市加盖称谓的理由是：这种票的实用税单，多是由秦皇岛市的企业和单位所书立使用。冀东加盖称谓的理由是：北京邓学顺老师收藏了一张唐山市培仁女子中学1949年7月的毕业证书，证书上贴用此加盖伍圆印花税票，所销章是"冀东行政公署之印"。此时，秦皇岛市和唐山市皆属于冀东区，按道理应称冀东加盖合宜。笔者认为，现在在没有资料能够佐证的情况下，唐山市出现的税单只是偶有发现，因为这种加盖票多出现在秦皇岛市的发货票上实用，所以暂自称其为"秦皇岛市加盖"。

如何区分天津市加盖和秦皇岛市加盖呢？著名税藏家邓希皋老师对此有深入研究，并著文对天津加盖和冀东加盖（邓老称其为"冀东加盖"）的字体长度、间距，粗细，进行了区分，见表1。

表1　天津加盖和冀东加盖的比较

版型	天津加盖	冀东加盖
局總務税北華 ← 长 度 →	16.5毫米，字体略细	15.5毫米，字体略粗。
局總務税北華 ↑ 作　暂　字 　　　　距 圆　X　↓	14毫米	13毫米

我们也可以从天津市加盖、秦皇岛市加盖的税单中，看到其中一些差别：秦皇岛市加盖的字体略比天津市加盖的字体要小、字体略粗，因此油墨容易粘连、模糊。字体的长短、间距、粗细、大小、墨色是区分天津市加盖、秦皇岛市加盖的最主要方法。

二、秦皇岛市加盖的面值

有些老师认为，把以联运图中央北平平版 30 圆所黑色加盖"华北税务总局暂作"改值的印花税票，统称为秦皇岛市加盖，其面值为：壹角（《总目》3－58）、贰角（《总目》3－61）、叁角（《总目》3－62）（图 1）、伍角（《总目》3－65）、壹元（《总目》3－67）、贰圆（《总目》3－70）、伍圆（《总目》3－71）、拾圆（《总目》3－74）八种面值。但是，笔者在整理自己藏品过程中，发现改值叁角不是秦皇岛市加盖，应是天津市加盖。所以，秦皇岛市以联运图中央北平平版 30 圆加盖改值的面额共有七种。把 30 圆加盖统称为秦皇岛市加盖是不够严谨的。邓老在著文中，也认为其加盖共有七种。

图 1 联运图中央北平平版 30 圆黑盖"华北税务总局暂作"改值叁角印花税票

秦皇岛市加盖除了以联运图中央北平平版 30 圆加盖，是否还有其他加盖呢？在收藏的过程中，笔者发现还有三种加盖：联运图中央北平凹版贰佰圆加盖"华北税务总局暂作贰拾圆"、联运图中央北平平版伍拾圆加盖"华北税务总局暂作伍拾圆"、联运图中央北平凹版贰佰圆加盖"华北税务总局暂作壹百圆"。此三种都是黑色、宽距、小字加盖，其中，贰拾圆加盖是张倩老师首次发现，并赐教。关于伍拾圆加盖，老师们多年来认为是《总目》未记载的出谱品。笔者通过字体比对、查看税单信息，认为此是秦皇岛市加盖，为其找到归宿。壹百圆加盖，是笔者首次发现，此税单去年出现在某网站，笔者下单付款后，卖家悔单，转卖给另一个买家。虽然没有得到这一藏品，但也是首次发现秦皇岛市的另一种面值加盖。

秦皇岛加盖，笔者目前暂归列其为十种面值加盖。秦皇岛市到底还有哪些加盖？在没有发现出其史料之前，这都是谜。我们搞收藏和研究，就是为历史留下一件物证，为税史填写一段空白。在史料焚毁殆尽的情况下，我们就是在收藏的一件件藏品中，研证事实的答卷，寻找历史的档案。相信通过我们不断的努力，终于会揭开历史的谜团。

三、秦皇岛市加盖的使用情况

1948年11月27日,秦皇岛市解放后,中共冀东区委和冀东区行政公署决定将秦皇岛市和山海关合并组成秦榆市,市机关驻秦皇岛市;12月15日,秦榆市税务科成立。1949年2月26日,冀东区由东北划归华北人民政府领导,该区税务局同时划归华北税务局领导;3月29日,华北冀东区税务局转发华北税务总局关于北平市人民政府颁布的《北平市印花税稽征暂行细则》及印花税税率表;4月15日,华北冀东区税务局公布《关于新解放城市及老区税收的规定》,冀东区印花税参照北平市政府公布之税目税率,按三十六类分别从价或按件课征。

笔者在整理藏品时,发现秦皇岛市解放初期使用的印花税票都是联运图中央北平平版30圆黑色小字加盖改值印花税票,最早的税单是1949年4月9日(图2)。到5月下旬,开始出现30圆加盖秦皇岛市加盖和华北加盖混贴,笔者的藏品最早混贴的实用税单是5月21日(图3)。到8月左右,秦皇岛市都是大量使用华北加盖,极少出现使用秦皇岛市加盖。秦皇岛市加盖大概使用时间不足半年,这可能是其目前少见的原因。笔者从事税藏五年来,所见到和寻找到的秦皇岛市加盖印花税票,都是使用于长城煤矿的购货发票,其它商业单位极少见到,使用在其他种类的税品上更是少见。

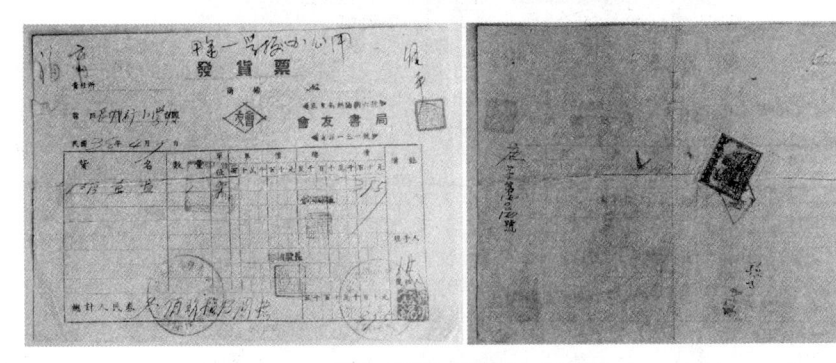

图2 1949年4月9日税单

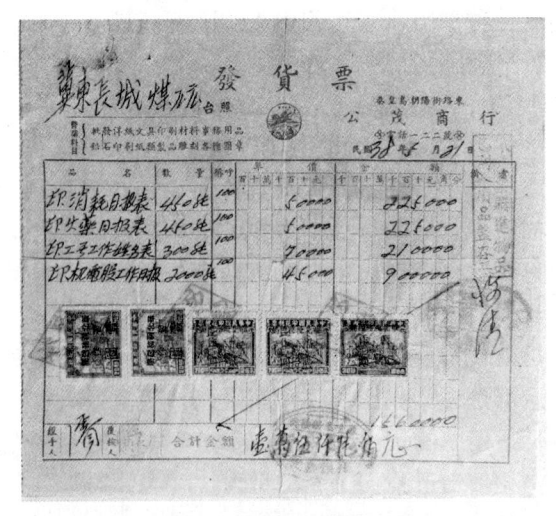

图3 1949年5月21日混贴税票的税单

秦皇岛市加盖使用时间短，极少见变体。由于后期大部分使用华北加盖，变体也较少，多见于移位变体。

四、研究秦皇岛市加盖的意义

华北新解放区加盖印花税票，是新中国解放初期适应革命形势的应急之策，也是新解放区印花税票印制改革的试验田。由于时值新解放区迅速扩大，革命形势急转直下，一些地方税收步调尚不一致，当时的税收史料没有能够保存下来，这给税藏爱好者带来了许多困扰。其实，有压力才会有动力，有动力才会坚持进步。我们在收藏的过程中，就是一种探求税识的活动。享受益智的乐趣，我们才能滋养收藏的兴趣。

华北解放区加盖印花税票版式复杂：有天津市加盖、华北加盖、北平市加盖、秦皇岛市加盖 4 种版式加盖。《总目》中罗列了 59 种不同面值的加盖，由于当时资料的遗失和其他一些原因，我们只是以目前藏家手中所有的藏品罗列目录，因此难免有所遗漏。去年，孔卫平老师给笔者发来"天津市税务局自行加字花证样张"样本图片，此样本里的一张贴有天津市加盖"华北税务总局"改值印花税票样张 15 种。这个样本是大字本，应该还有小字本。但是，这个大字本也极其珍贵，它颠覆了我们以前对华北加盖和天津市加盖简单区分的认知。天津市加盖在华北解放区加盖印花税票中是首先印制、使用的印花税票，此本的出现对于重新研究华北解放区加盖印花税票有着重要的指导意义，对于厘清天津市加盖和秦皇岛市加盖有着借鉴作用。

在研究中，笔者也发现了同种加盖票中出现长、中、短距的不同加盖。要厘清这些加盖的属性，就要挖掘出当时的一些相关资料，或是搜寻大量的税品来研究，笔者目前正在努力地做这方面的工作。

秦皇岛市加盖，在华北解放区加盖中属于一种特殊的加盖，其使用时间短、区域性小，资料和使用单据也极其难觅，因此在研究华北解放区加盖印花税票中，秦皇岛市加盖是最为艰难的研究。目前，我们所开展的只是它在发货票上的研究，它在其他税品上的使用，是不是按照冀东区所参照北平市政府公布的税目税率从价或按件课征，以及它的开征日期等也亟待研究。

我们或是寻求一些工具图目的查阅；或是依据一些印花税票的版铭，查看印花税票的暗记，加以甄别；或是依据印花税票发行的样张、样本，依样所据；或是依据一些史料寻票所据，来辨别印花税票的版别。详细了解印花税票的版别，是研究印花税票的重要组成部分。秦皇岛市加盖印花税票在史料缺失的情况下，我们依据加盖字体的差异，依据遗留下来的税单信息，也是研究秦皇岛市加盖的一种思路。

秦皇岛市加盖印花税票是华北解放区加盖印花税票中比较稀少的版式，其版别可能不仅仅是这些。随着我们不断探索和辛苦寻访，一些珍贵的加盖版别会靓耀于世，华北解放区加盖印花税票大家庭终会美满团圆。

参考文献

[1] 王平武、徐惠恩. 中国印花税票总目录 [M]. 北京：中国税务出版社，2001.

[2] 邓希皋.《解放区印花税票目录》订正补遗 [J]. 中国集邮学报（第一卷第一

期),2006:238-244.

作者单位:中国税票集邮研究会

作者简介:杜文军,笔名尧都税痴,山西省临汾市人,中国税票集邮研究会会员,闲暇时喜欢笔耕于税票收藏点滴。

税票鉴赏

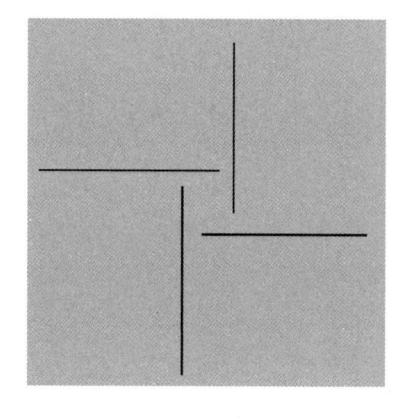

革命根据地税票赏析

包晓春

一、土地革命时期（1927–1937年）

1931年11月7日，中华苏维埃共和国临时中央政府（简称"中华苏维埃政府"）在中央革命根据地成立，主席毛泽东，定都瑞金。中华苏维埃政府成立前后，开展土地革命，推行经济建设，创建财政、税收机构和发行票券。

目前所知，主要有农业税票3种（图1、图2、图3）、累进税税券1种（图4），土地税收据有江西省胜利县、永丰县（图5）、兴国县（图6）、福建省永定县数种（不包括免税证、捐助米谷收据）。江西省兴国县、福建省永定县还有营业税收据。

图1　运粮图农业税票五枚

图2　运粮图农业税票十枚（目前此税票仅发现上述2枚）

图3　战士图农业税票拾枚

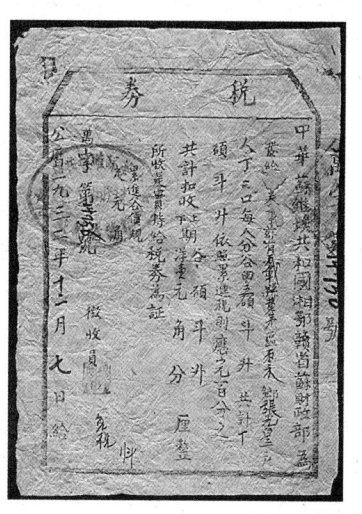

图4　中华苏维埃共和国湘鄂赣省财政部累进税税券

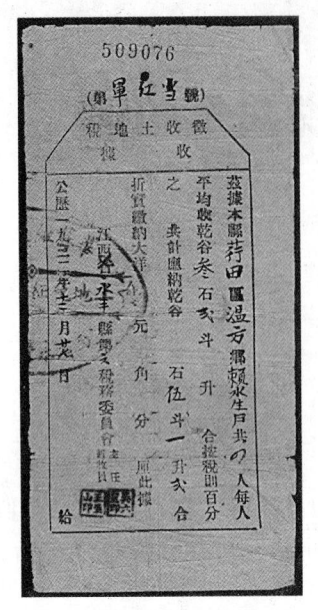

图 5　中华苏维埃共和国
江西省永丰县土地税收据

图 6　中华苏维埃共和国江西省
兴国县征收营业税收据

此外，各苏区还发行了经济建设公债，据统计有 15 种，包括湘鄂西、中央、湘赣、闽浙赣、湘鄂赣、闽西 6 个革命根据地。革命战争公债 2 种。中华苏维埃共和国国家银行发行 5 种纸币，面值银币券 5 分、1 角、2 角、5 角、1 元，有不同年份版式。

综观革命根据地财税部门发行票证，其中，土地征税、营业税收据，特征都是框式线条、梯形和长方形图形为主，图案简朴但每张都盖有红色椭圆形中华苏维埃共和国政府各地方县公章及负责人私章，这些举措有效阻止临摹仿制发生。

税票、纸币、公债券票证制作精美、图案鲜明、革命气象磅礴。在国民党围堵下，条件恶劣的革命根据地如何制造出这些精美的财税票证呢？

这段历程的背后有一个传奇故事：故事主人公黄亚光，原名黄雨霖，1901 年出生于福建长汀城关一个富裕的教师家庭，他自幼爱好书法、美术。1916 年，黄亚光在漳州以第二名的成绩考取公费日本留学。从日本学习回国后，参加长汀中共地下党组织，后又成为县委领导成员。

1931 年，闽西地区在党内"左"倾错误路线下，发生多起"肃社党"冤案。黄亚光也被诬陷为"社会民主党"成员，而被无理逮捕，并被判处死刑，即将执行。

危在旦夕，中华苏维埃国家银行行长毛泽民紧急求见兄长毛泽东，请他出面交涉挽救，最终在枪口下救出黄亚光，并委以重任，请他负责中华苏维埃国家银行纸币和公债券设计工作。当时，中央苏区受到国民党严酷的经济封锁，物资匮乏，绘图最基本用的笔和圆规都没有，自己又无设计货币的经验，困难重重。

不久，毛泽民通过地下党渠道，从上海秘密买来了一批绘图笔、圆规、油墨和铜板等制作工具，黄亚光仅凭着以往用过的民国纸币的依稀记忆，拟订了多张货币图案。

在货币图案设计过程中，毛泽东要求苏维埃政府货币的图案，体现根据地工农政权的特征。在这个重要指示下，黄亚光在设计货币和公债时，镰刀、锤子、地图、五角星等标志形象鲜明,革命意识与艺术性融会贯通,成功制作多张纸币、公债等,呈现早期在中国共产党领导的根据地货币的面貌和特色。

黄亚光曾拟在纸币主画面绘制毛泽东头像,毛泽东知道后婉拒了,并推荐绘制苏维埃领袖列宁头像。后来,中华苏维埃国家银行2角纸币采用列宁肖像(图7和图8),象征苏区人民在马克思列宁主义指导下,财经活动充满活力与革命气势。

图7 中华苏维埃国家银行2角纸币正面(黄亚光设计)

图8 中华苏维埃国家银行2角纸币背面

还有,中央苏区发行的经济建设公债券。以2元券为例(图9),票面图案前排为工农兵三人,靠左者肩扛粮食,手拿股票,后排为农妇、士兵两人,五人后面的建筑物上两幅横匾:"信用合作社"和"消费合作社"。这两个合作社都是群众组织。"信用合作社"吸收群众多余资金,借款给生产中资金短缺和生活有困难的工农群众;"消费合作社"系群众入股,筹集资金,购进日常生活用品再零售,方便广大群众生活,又可按股分红获利。图案反映人民互相协助,生活稳定、繁荣景象。中央苏区在遭遇国民党围剿的恶劣环境下,仍行使多项金融财经税收政策,屯粮积草,增添资源,为保卫中央苏区政权作出极其重要的贡献。

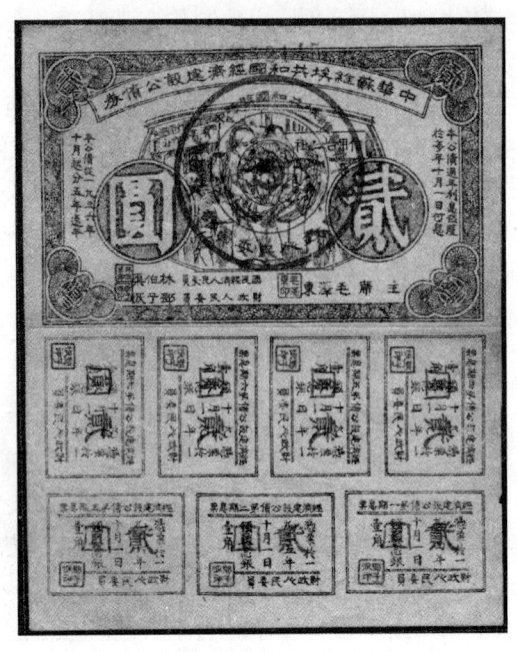

图 9　中华苏维埃共和国经济建设 2 元公债券（黄亚光设计）

二、抗日战争和解放战争时期（1938 – 1949 年）

1938 年 5 月，晋察冀边区建立税局，同时，发行中国解放区第一枚印花税票。党徽旗和麦穗图案，有 1 分（图 10）、2 分、1 角 3 种面值。因石印版制作，存在各地方版式、各面值刷色等差异。

图 10　党徽旗和麦穗图 1 分印花税票

1940 年底，晋察冀边区政府实行税制改革，试行"统一累进税"，1941 年 3 月 22 日，将过去征收的印花税、烟酒税、烟酒牌照税、营业税、所得税、田赋和救国公粮合并，征收"统一累进税"，印花税等停征。

1938～1941 年，在这 2 年多时间，中国解放区仅发行使用党徽旗和麦穗图、粮仓图、晋察冀行政四区、篆文冀南区 4 种款式 8 种面值印花税票。除党徽旗和麦穗图印花税票外，其余 3 种都是存世稀有的珍贵品种。

图 11 为贴 1 分印花税票的股票，实销于税票椭圆蓝色戳："晋察冀边区税务所，县稽征员，验讫。"股票发行地，处在定襄、原平、五台三县，距省会太原 110 千米。宏道镇文化深厚，人才辈出，素有"山西文风数二定，定襄尤数宏道镇"之说，是贴印花税票股票的唯一文物，堪称财税类纸质精品瑰宝，据我们了解，存世仅七八件。

图 12 为一份"征股启事"，征股发生于抗日战争胜利后、解放战争初期。王曲村，这个村名在晋、豫、陕多省都有，目前仍未能确定"四区，王曲村"的确切位置，我们的看

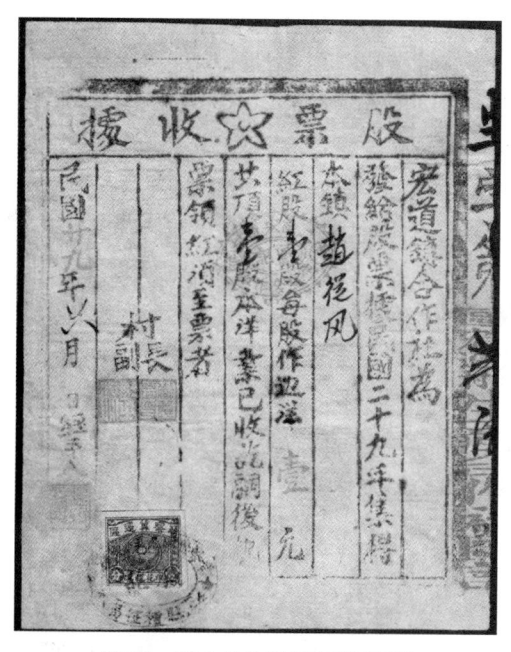

图 11　贴 1 分印花税票的股票

法是在晋察冀边区。

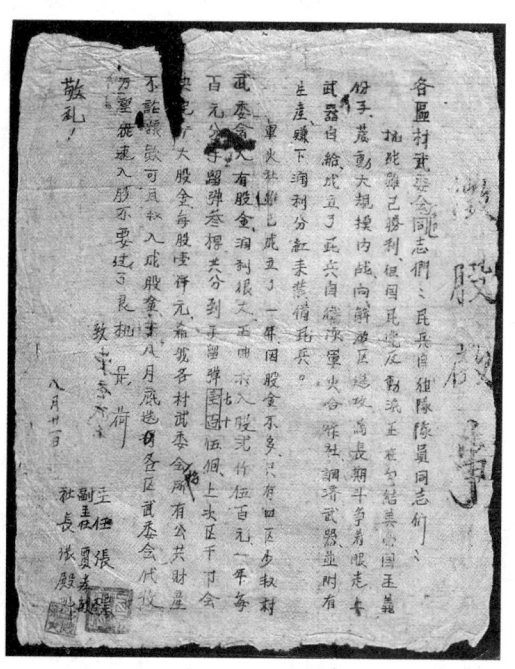

图 12　一份"征股启事"

征股启事，简述"军火社虽已成立了一年，但王曲社人入股 2500 元，一年每百元分手榴弹 3 颗，共分到 175 颗。上次区干部会决定，扩大股金每股 1000 元，希我各村武委会将所有公共财产不论粮款，可全数入成股金，于 8 月底送各区武委会代收，万望从速入股不过了良机"。

公告让我们大开眼界,在战火纷飞的解放战争中,我们脑海中常盘旋许多英雄画面,战士们冒着枪林弹雨,前仆后继奋战,取得淮海、辽沈、平津三大战役胜利。

胜利少不了后方支持,农民推着独轮小车载着交纳的公粮(农业税)运到前线,抬着担架将伤兵运往后方撤退,军民联合才取得辉煌战绩,可是很少人知道,战斗中大量消耗的手榴弹,也有后方村民支援。75年前,农民群众已懂得筹集现金或粮食购买股票,入股获红利取得手榴弹,华北人民通过财政金融方式支持前线。

上海于1949年5月27日解放,仅过了10多天,6月14日人民政府的公告《上海市印花税稽征暂行办法》第5目,股票及债券,税率:每件按金额每千元贴花3元,系直税字第一号。沿海大城市上海,是国际金融中心,解放后很快恢复财税运营。多年来,始终未见过这类税率的股票实物,近期,终于见到一张1938年7月英商上海自来水公司股票,该股票背贴37枚民国联运图上海加盖改为人民币100元印花税票,应为上海解放初期补贴的解放区印花税票,是至今所见首例按3‰税率贴花的股票(图13和图14)。

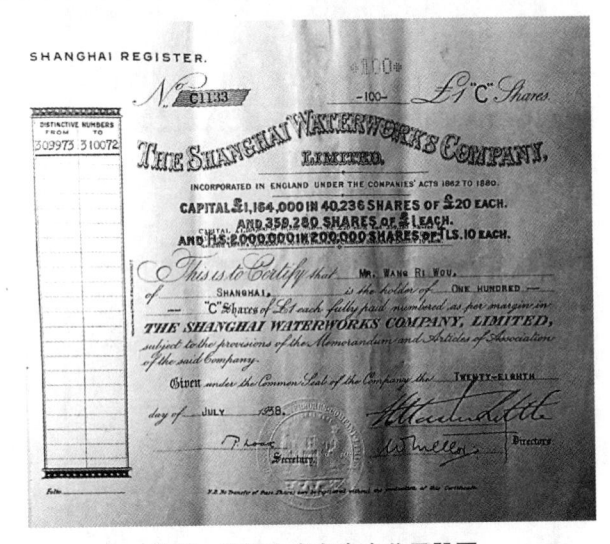

图13 英商上海自来水公司股票

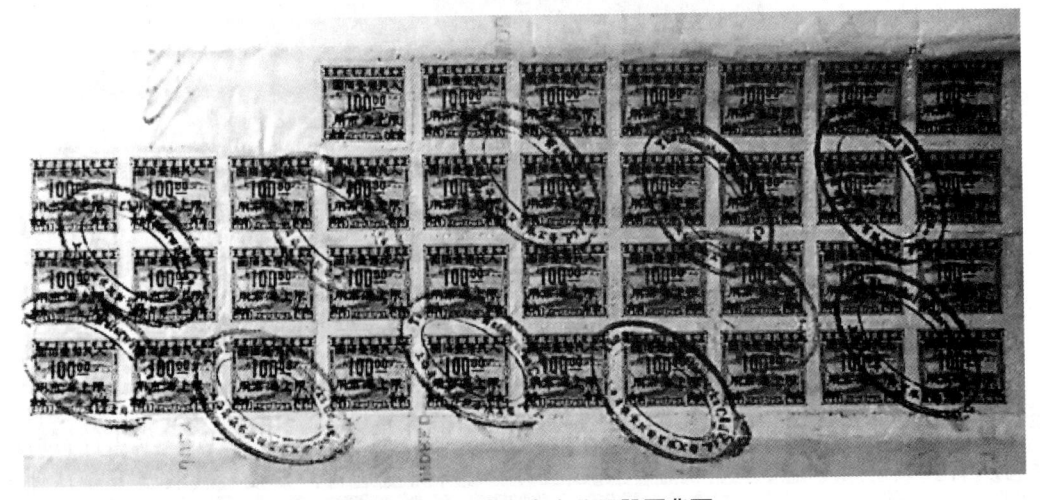

图14 英商上海自来水公司股票背面

至今，华资中国股票仍未发现按3‰税率贴花实例，这种按3‰税率贴印花税票的股票乃首见。可能这种股票属外资发行，可能各解放区刚解放时各类股票贴花或交付有其他方法，目前未知具体细节。

参考文献

[1] 深圳证券交易所. 百年中国证券[M]. 广州：花城出版社，2002：430.
[2] 董方冉. 黄亚光"红色纸币设计之父"[J]. 中国金融家，2019（10）.

作者单位：香港中国印花税票收藏学会

作者简介：包晓春，男，1947年4月25日生。创建香港中国印花税票收藏学会，任首届会长；1985年开设国华邮票公司，专注中国税票收集、研究、交流；1987年，主编编写《中华人民共和国印花税票图鉴》，由香港邮学出版社中、英文出版发行；2020年主编《中华人民共和国印花税票图鉴（解放区）》，由香港四季出版社中、英文出版发行；多次携带税票类展品参加中国、中国香港、中国澳门国际集邮竞赛，获得镀金、大银奖等。

茶叶与捐官

姜 涛

茶叶是我们最熟悉的生活物品之一，它给人的感觉一般都是清雅、从容，一副与世无争的样子。但是谁又曾想到，茶叶在近代史上也曾经叱咤风云，人们凭它甚至还可以加官晋爵。

在位于杭州的中国财税博物馆里收藏着这么一件有趣的展品（图1）。

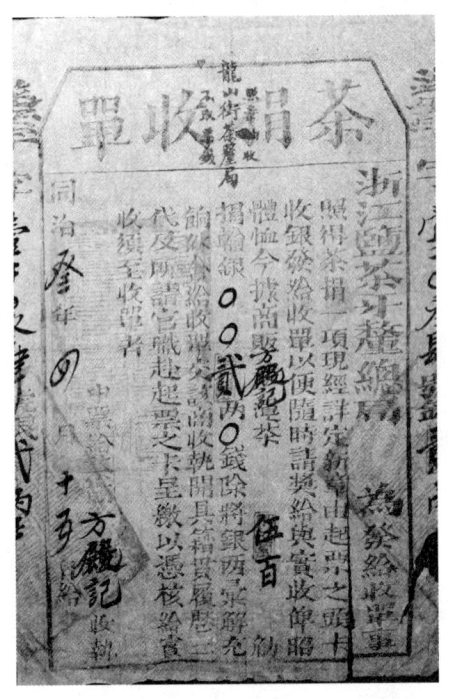

图1　清同治三年浙江盐茶牙厘总局茶捐收单

它长26厘米，宽18厘米，纸质，从票面看是浙江遂安县（今淳安县）的龙山街茶厘局在清同治叁年发给茶商方殿记的茶捐收单。由于抬头上"浙江盐茶牙厘总局"八个大字赫然在目，所以一般都把它当成厘金税票。但如果仔细看票面，就会注意到"开具籍贯、履历、二（应该是三字，清代买官需上报三代）代及所请官职赴起票之卡呈缴，以凭核验"这句话，从这里我们发现该收单并不仅仅是普通的税票。

清代茶叶一直是主要的出口商品，17世纪时即有荷兰人来澳门购茶，陆路输出则以俄国为大宗。18世纪起，茶叶通过海路出口日增，以输英国为主。1833年以前，中英贸易为英国东印度公司所垄断，而茶叶占该公司自中国出口商品总值的80%～90%，鸦片战争前全部水陆出口茶叶年约45万担，占茶叶总销量的23%左右，价值约858万两，在相当长时期内都是中国出口的第一位商品。鸦片战争后，外贸中心转移上海。徽州绿茶集中屯溪，由新安江经杭州转上海；祁门红茶或经屯溪，或经九江运上海；水运都不过10日。浙东平水茶由绍兴起运，经杭州到上海，只需5日。而武夷山茶运福州出口，只需4日。上海、福州成为两大茶叶口岸，1856年，上海出口44.5万担，福州出口30.7万担，两地共占全国海运出口量的77%。第二次鸦片战争后，汉口开埠，成为华茶区的出口口岸，原陆路运俄国之砖茶亦改由汉口出海。至1881年，上海出口茶62.3万担，福州出口66.3万担，汉口出口26.8万担，三大茶埠出口占全国茶出口量的73%。从事茶出口的华商，亦以此三大口岸为中心，进行运销。

太平天国运动兴起后，清王朝失去了半壁江山，财税收入锐减，不得不把茶叶相关的税收作为重点。茶捐是清代一种特殊的"税"，《清史稿·食货志五》：江西自咸丰九年定章，分别茶厘、茶捐，每百斤除境内抽厘银二钱，出境又抽一钱五分有零外，向于产茶及设立茶庄处所，劝办茶捐，每百斤捐银一两四钱或一两二钱不等。填给收单，准照筹饷事例汇齐请奖。这里讲得不是很清楚，但我们根据曾国藩奏折里"运茶出境，逐卡抽收谓之厘；办茶到栈，按引输纳谓之捐"的解释，可见茶捐并不是简单的厘金。

浙江由于离茶叶主产地皖南很近，同时自己也是产茶大省，所以浙江省的茶捐设立时期比较早，正式开始时间有多种说法，有的认为浙江省茶捐于咸丰五年（公元1855年）十一月在嘉兴征收，有的认为浙江省茶捐征于同治二年（公元1863年）。还有的则认为茶捐确切的征收时间应为咸丰五年五月。史载该年六月初八日，浙江巡抚何桂清奏称："自军兴以来，浙省办理各路防剿并协济邻省军饷，支应浩繁，藩运粮关各库万分支绌，而在浙之开缺湖北粮道金安清奏请试办茶捐，浙省客货以茶叶一项为大宗，近年来浙省种植较多，而邻省产茶之区亦常假道浙江运赴上海销售，获利丰厚。"因此，何桂清委任金安清与杭州知府王有龄办理茶捐，"设局试办一月，收钱三万余串"。试办一月，说明茶捐自该年五月征收，而具体办理人为茶局委员金安清和杭州知府王有龄。同年九月二十五日，浙江巡抚何桂清再奏："浙省设局试办茶捐以济军饷……计自设局四月以来，据该委员金安清陆续呈报收捐钱二十四万串，除饬随时解交筹防局济军需、防费。"设局四月，印证了茶捐的征收在咸丰五年五月。次年三月初四日，何桂清奏请将厘捐推广至金华、兰溪等地时也提到"上年茶局委员金安清在嘉兴接着试办（厘捐）"，这也可佐证茶捐在咸丰五年征收。

我们都熟悉一个成语"卖官鬻爵"，现在是用来说明一个政府的腐败，但是在古代卖官一直以来都是国家财政收入不可或缺的组成部分。中国封建社会普通人的入仕之途一般有三种，即科举及第、捐纳和恩赏功荐，其中的捐纳，又叫贳选、开纳，有时也称捐输、捐例，它通常由政府根据需要，把不同等级的官职和爵位定出价格，公开出售，并成为制度。捐纳早在秦汉时就已出现。据史书记载，秦汉两代，每逢军兴、河工或灾荒，统治者就大举卖官鬻爵，以临时性地增加政府财政收入。战国时期公元前243年，秦国因蝗灾令"百姓纳粟千石，拜爵一级"。汉文帝听从晁错之言，令民纳粟边陲，可得上造、五大夫等爵位。汉武帝时，令"吏得入谷补官""令民得入粟补吏"。东汉末年，汉灵帝为了积财，"聚为私钱"，大举卖官，上自三公，下至羽林郎，均可以钱购买，公、卿、吏各有定例。这其中最有名的就是中平四年（公元187年）十一月，大司农曹嵩（曹操父亲）贿赂中官以及给西园捐钱一亿万，买到了太尉一职，从而位列三公。

到了清代，卖官制度摇身一变成为更全面的捐纳制度，重要性也随之加强。它始于顺治朝，在康熙执政时，其间叛乱不断，灾害频频，用兵、赈灾造成财政空缺。于是，广开捐官门路，开征"文官捐"，即在出卖贡监、封典等"现行事例"外，准许汉人中的土豪富商或已革官员捐银谷换取文职实缺，京官自郎中（正司级）以下，外官自道员（正地级）以下，均可捐班。雍正则来了个发扬光大，上谕表明：捐班已不是因赈灾、河工、军需三者导致的"暂行事例"，而是与科甲并重的地方官员选拔的定制。乾隆虽然在初期曾有停止捐纳的动议，但在其"乾纲独断"的63年间，最终实现了捐班的体制化。清王朝推行捐纳，其出发点和归宿都是旨在缓解天灾人祸和战争导致的突发性财政窘况，并非为了招揽人才。尤其是捐纳在道光、咸丰年间达到了巅峰。张集馨在《道咸宦海见闻录》一书中记录了道光帝"召对"这位调授贵州布政使的谈话："第用人不可预存成见。登仕籍者只四样，满、汉、科甲、捐班而已。"按照道光帝的旨意，捐班乃是清朝文官的四大资源之一。太平天国运动爆发后，清王朝国库空虚，捐纳制度更是成为清王朝解决财政困难的经常性措施。史载咸丰四年（公元1854年），驻守在扬州帮办军务的副都御史雷以諴因为急需军饷，奏请户部颁发部照千余张，在里下河设局劝捐。他采用的劝捐方法是随捐随给执照。到后期随着卖官执照用完，雷以諴听从幕客钱江的建议，试行捐厘之法，即厘金最初仅为一种变相的捐输。咸丰三年（公元1853年）九月，先在扬州城附近的仙女庙、邵伯、宜陵等镇，劝谕捐厘助饷，收入较大。于是，次年三月雷上奏，请准在江苏各府州县仿行劝办。在奏折中说："其无捐于民，有益于饷，并可经久而便民者，则莫如商贾捐厘一法。……略仿前总督林则徐一文愿之法。劝谕未行，捐厘助饷，每米一石，捐钱五十文……于民生毫无关碍而聚之则多。"他建议复将此法推之尚未实行之各州县，并各大行铺户。此议立即得到清王朝的批准。

所以茶捐在性质上属于捐纳制度，是清王朝为临时解决财政困难而采取的应急措施。由于历史久远，这方面的资料并不是很多，现仅据曾国藩《皖南茶捐请奖折》这份奏折记载："窃照徽州、宁国、池州三府属产茶地方，经原任都察院左副都御史张芾于咸丰七、八、九、十等年按引筹捐，汇入徽州各项捐输分案请奖。自臣接办以来，明定章程，每引捐银八钱。同治二年复定新章，加捐银四钱，每引共捐银一两二钱，仍照向章填发捐照，由各商开具履历呈缴牙厘局，换给实收，照筹饷例一律核奖。业将初次捐生造册请给奖叙在案。兹据前办安徽牙厘总局升任浙江巡抚马新贻详称：自同治三年二月起截至十一月止，各属陆续缴呈元、二、三年茶捐省照二千五百六十张，计银十八万五千九百七十六两八钱八分二厘二毫。嗣据各捐生缴到中照三百二十张，计银三万六千二百二十七两五钱一分。就现请官阶按照减成新例核算，计正银三万六千一百五十五两，除所余零星尾数银七十二两五钱一分应行核销毋庸给奖，暨仍存茶捐省照二千二百三十七张，计银十四万九千七百四十九两三钱七分二厘二毫，俟各捐生从呈缴中照到日换给实收另行核奖外，此次计请实职、虚衔、加级、封典者有俞光杰等一百五十名，请贡生、监生者有李国桢等一百八十五名，造具履历清册请奏前来。臣复查各属缴到省照，对比银数、所请官阶等项，与例均属相符。除将清册咨部核办外，仰恳天恩俯准，敕部照议给奖，以昭激劝。"从这份奏折我们可以看出，一方面，茶捐在当时金额不多，主要还是因为国库空虚，开支浩大，为了增加茶捐的吸引力，清政府不得不下调捐纳银两数额，这又导致了茶捐执照一定程度的滥发。另一方面，茶捐的影响力还是相当大的，根据清政府规定，加级、封典是官吏捐纳的内容；实职、虚衔则是平民捐纳的内容；贡生、监生则是生员捐纳的内容。从这份奏折来看，它已经涉及捐纳制度的方方面面了。

茶叶这种看似极其平常的生活物品，不仅能为人们解渴，更是在财税历史上发挥过重要作用。中国财税博物馆收藏的这份茶捐收单为以后研究开辟了新的方向。

作者单位：中国财税博物馆

作者简介：姜涛，男，1978年3月生，2000年毕业于浙江大学人文学院。2000年7月进入中国财政博物馆筹建处工作。现在中国财税博物馆党委办公室工作，副研究馆员。

抗日战争前后的印花税票

张立新

在抗日战争之前，民国国民政府于 1927 年印制发行了版图旗印花税票，这套印花税票一直使用到抗日战争爆发之后。

1931 年 9 月 18 日，日本关东军蓄意制造皇姑屯事件，紧接着吞并了中国东三省，中国被迫开展旷日持久的抗日战争。1937 年 7 月 7 日卢沟桥事变后，中国进入全面抗战时期。西安事变促使国共第二次合作，同仇敌忾抗击日本侵略者，中国也逐渐建立起适应抗日救国的战时财税制度，以解决抗战武装部队给养及人民必需品供给，为赢得抗战胜利提供了坚实的财力保障。应该说，旷日持久的战争消耗和国家生产力水平低下，使抗日民众的财税负担较为沉重，但一贯吃苦耐劳的中国人民，勇于承担起财税重负。特别是中国共产党领导的抗日根据地，税收工作受到充分重视，并注意工农业发展与税收征集协调平衡，在保障战争经费供给的同时发挥税收职能作用，促进了根据地经济发展，为抗日战争持久进行创造了物质条件。全国人民甘于奉献，经过艰苦卓绝的斗争，终于与同盟国一起打败了日本侵略者。1945 年 8 月 15 日，日本宣布无条件投降，9 月 3 日正式在投降书上签字，中国取得了抗日战争的彻底胜利。

抗战爆发后，于 1934 年开始印制发行六和塔图印花税票。该套票发行后，多次印刷，并因抗日战争深入进行，印制税票的印刷厂多次迁移等原因，有多种版式（图1）。

图 1　1934 年开始印制发行的六和塔图印花税票

为方便使用,还印制了有六和塔图印花税票图案的印花税缴款书和单据用纸(图2)。

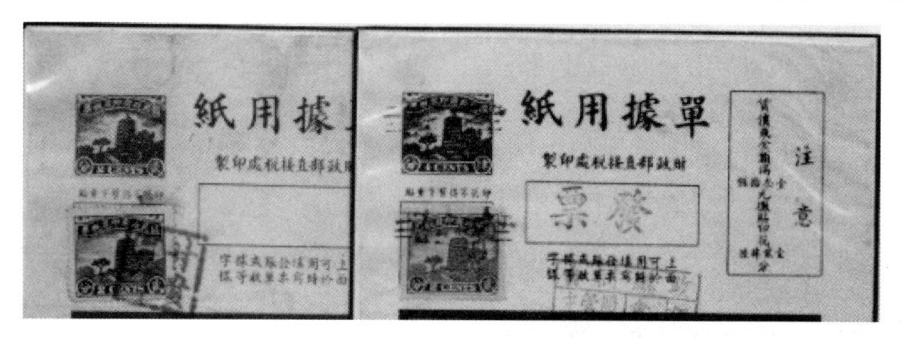

图2　印六和塔图印花税票图案的单据用纸

全面抗战时期,国民政府分别发行过人像图(有孙中山、林森、蒋介石、孔祥熙像)印花税票(图3)和复兴关图印花税票(图4)。

图3　人像图印花税票

图4　复兴关图印花税票

复兴关为重庆市内两路口西面一座原名浮图关的小城堡，此票亦称牌楼图或牌坊图印花税票。为了加强税收斗争，国民政府于民国三十二年（1943年）发行复兴关图印花税票，牌楼上有"还我河山""抗战建国""自力更生"等标语口号（图5），以鼓舞全国军民坚持抗战建国。

抗战期间，中国共产党领导的抗日根据地也印制发行了多种印花税票，其中就有晋察冀边区发行的党徽旗和麦穗图印花税票与冀中区印花票（图6）[①]。

图5　100元复兴关图印花税票　　　　图6　冀中区印花票

抗战胜利后，国民政府还印制发行了复兴关图"东北九省专用"印花税票（1946年）（图7）。

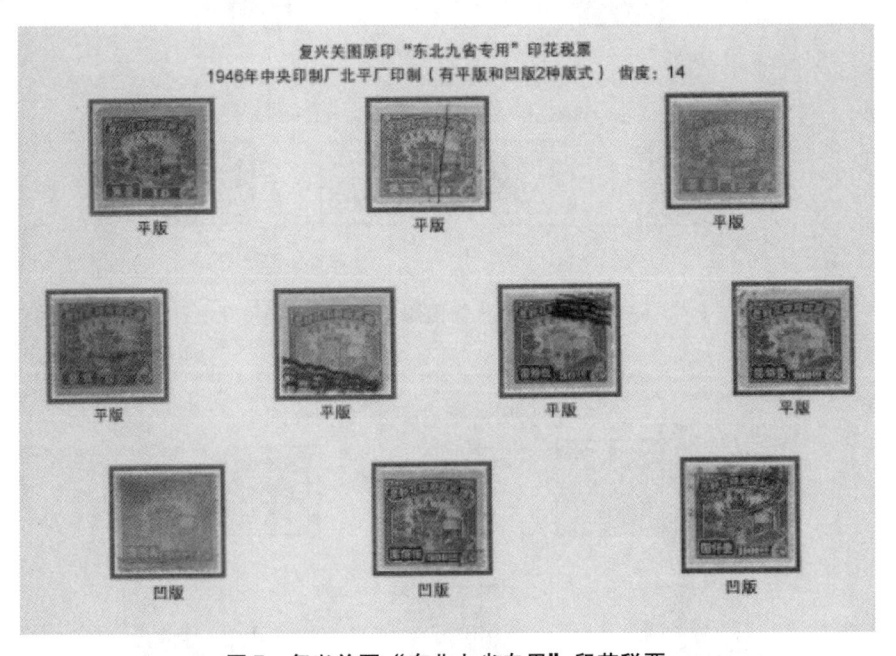

图7　复兴关图"东北九省专用"印花税票

---

① 图片来源：王平武，徐惠恩. 印花税票总目录［M］. 北京：中国税务出版社，2001：145。

随着抗日战争的胜利，全国和平建国的呼声高涨，印花税票印制发行也呼应了当时的形势。1946年印制发行的球旗图印花税票，图案为两根柱子间一面青天白日旗票飘扬在地球的中国版图之上，象征着中国抗日战争取得全面胜利（图8）。

图8　球旗图印花税票

而几乎与球旗图印花税票同时印制发行的联运图（也称交通图或运输图）印花税票，图案为海陆空运输（图9）。

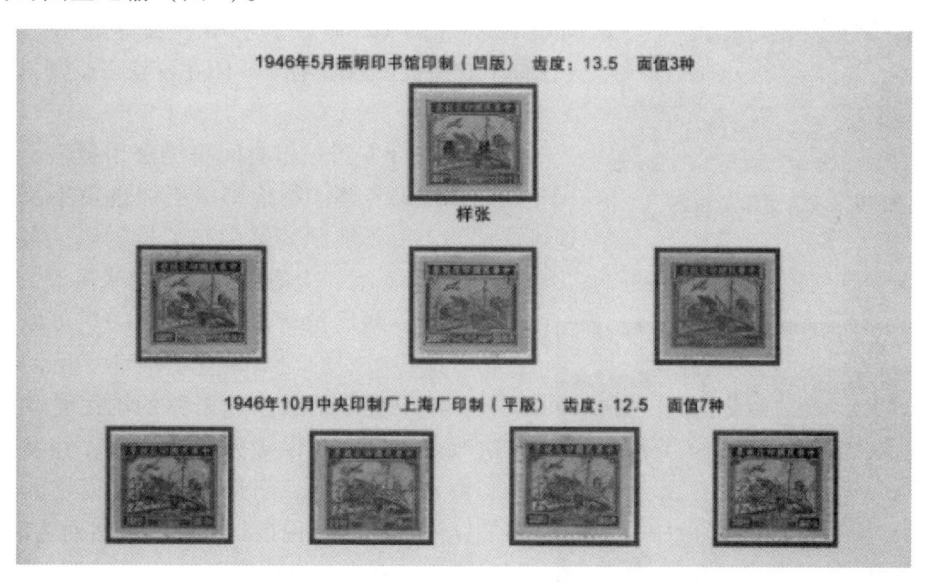

图9　联运图印花税票

民国早期发行的印花税票的面值都是以银元为本位制的，因此面值较小且较为稳定。1935年，由于国外大量收购白银，导致中国的银元危机。国民政府为应对银元外流，挽救经济，11月3日宣布实施《紧急安定货币金融办法》，11月4日实施《法币规定》，银元作为合法中国货币的历史从此结束，从此纸币作为主要的流通货币。此后，再印制的六和塔图印花税票便是以法币作为币制的。由于纸币与金银不同，本身没有价值，其票面价值是虚拟的，因此政府受利益驱使和其他因素影响，很容易滥印，通货膨胀在所难免。

早期法币面值的六和塔图印花税票最大面额为1元，后期最大面额为20元；人像图印花税票、复兴关图印花税票早期最大面额为1元，后期最大面额为400元，而1945年印发的货物统税税票面额则更大。由此即可看出，随着全面抗日战争的爆发和时间的推移，法币在不断贬值，通货膨胀严重。从1935年六和塔图印花税票开始以法币面值发行，一直到联运图印花税票，都是以法币为面值的。恶性通货膨胀必然导致物价疯狂上涨。抗战结束后，全国的物价也经历过一个短暂回落的过程。1945年8月日本投降的消息传出后，群情鼓舞，人心思定，物价突然下跌。同时，人们顾虑债务会在币制改革中吃亏，一改过去借债囤货、重物轻币的风气，纷纷脱货求现，甚至贬价求售，物价更急剧下泻。但是，这种下降趋势只是昙花一现，10月以后，物价指数迅即回升。步入1946年，内战阴霾笼罩大地，物价涨幅加大，较上年涨6.7倍。1947年物价涨势更猛，全年共发生6次大涨风，涨势一次比一次猛烈，两次涨风之间的间歇期一次比一次短，年底比上年上涨了13.76倍。

图10 农工图印花税票

由于后来法币剧烈贬值，到1948年时经济已近崩溃，后期发行的联运图印花税票已达50万元面额的天文数字。1948年8月19日，国民政府发布总统令，改革币制实施金圆券，以金圆券为本位币，以1:300万的比例收兑无限膨胀了的法币。该时期发行的农工图印花税票（图10），即是采用金圆券面值。农工图（也称工农建设图或收割图）印花税票以收割机和工厂为图案。

金圆券发行不到一年时间重蹈法币覆辙，遭到人民拒用，以短命告终。物价则以更加迅雷不及掩耳的速度飞涨，上海等地则突然刮起了抢购风，人们见货就抢，甚至连锡箔、棺材也在抢购之列。继抢购风潮后，上海又发生了抢米风潮，一天达27处之多，最后抢货范围扩展到一切可以充饥的食物。这些激烈的动荡，直接推动了反动政权的覆灭。1949年7月，穷途末路的国民党政府被迫再次改革币制，改以银元为本位制，并发行银元券与银元等价流通，而且还印制了以银元券为面值的镇海楼图印花税票（图11），然而为时已晚，国民党政府在大陆迅速垮台。

图11 镇海楼图印花税票

而民国后期的一些地方政府发行的货币贬值速度更是惊人，其中，新疆地方政府发行的货币最高面额达60亿元，同时也印制发行了以蒋介石头像为图案的60亿元面额印花税票（图12），这真是一个天大的讽刺！严重通货膨胀危机席卷了国统区的各个角落，加重了广大民众对反动政府的怨恨和反抗情绪，人民向往社会安宁、经济平稳，催生了中华人民共和国的建立。

图12　60亿元面额印花税票

作者单位：新余市集邮协会

作者简介：张立新，1957年12月20日出生，江西省邮展评审员，新余市集邮协会常务理事。

税月长河

方 玲

不清楚有多少人知道,坐落于江西财经大学蛟桥北区,有一座沉淀着历史与情怀的中国税收票证博物馆(图1)。只记得初见时,笔者对它满怀敬畏与尊崇,再见增添的是亲切亦是由心而生的亲近。作为校史校情讲解团的一员,那是笔者积累与成长的地方,对于税票而言,亦可说是它萌芽与成长的相册缩影。仔细聆听,你便能感受到它向你倾诉的税月长河,一段段历史中的欢笑也好,血泪也罢,一切都是那么的生动,真实,有趣。

图1 中国税收票证博物馆

古语有言,水可载舟亦可覆舟,税何尝不是如此?现代中国正朝着民族复兴和繁荣昌盛阔步前进,而税收在这个伟大的进程中发挥着重要的作用。中国各个时期的税票既是当时的税收凭证,更是历史、政治、经济的见证。

中国的赋税制度从夏、商、周的劳役地租制"贡""助""彻"开始,历经春秋的"初税亩"、战国与秦汉的田租力役口赋制、三国的租调制、隋代的租庸调制、唐代的"两税法"、明代的"一条鞭法",传统税制得到不断改进,而自明代起,税票开始出现。中国税收票证博物馆的展品正是明代以来的税票。

明代时期，资本主义开始萌芽，但是农业税仍然占据着主导地位。印象深刻的还属清丈鱼鳞册，册中绘制了土地的大小、方位、归属以及计税额，因为绘制的土地形似鱼鳞因此得名鱼鳞册。在张居正"一条鞭法"以前采取的都是这种造册征税的办法。

清代，从顺治到康乾，传统税制走到封建社会最后的辉煌顶点，实行了摊丁入亩制度，在明代张居正的"一条鞭法"基础上实行了更改良的税收制度，解决了税负相对不公平的问题。以前的税赋有两方面：一方面是针对土地；另一方面则是针对人头，摊丁入亩把人头税摊到土地里，有土地才有出产，才有税收来源。以前没有土地的人也要交人丁税，他们往往交不起，农耕社会没有土地就没有收入。清代前期，考虑到社会现状以及民生情况，实行了摊丁入亩的制度。当时满族统治了几千万汉人在内的多民族中国，满族不断进步接纳了汉人帮助设计的制度，1644年入关后便采取了先进的税收制度，取消了加征三响，鼓励垦荒。馆内一张雍正八年（公元1730年）云南蒙化府发给垦荒者的遵照，生动地反映了当时政治经济和赋税制度。土地归属垦荒人，六年免税，当时云贵川人口稀少，大量移民过去开垦荒地，江西、湖北等地也都有移民过去。同时，顺治时期十户联保地粮税票（图2），篆体字、写法规范，也说明了汉文化的影响巨大。十户交税时采取的是同赏同罚的制度，保证了官府收税便利，有一户逃亡，其他的人家会监督，但是也极大限制了人员的流动。后面康乾时期实行的摊丁入亩就更合理了，没有土地的人不用交税，他们可以租土地，也可以成为城市手工业作坊雇佣工人，所以这一时期工商业发展很快，劳动用工得到了保证。人头税免交的结果，使得农耕社会向工商业不断发展，可见整个社会的发展进步和赋税制度息息相关。这些展品都是反映这时期的具体情况。古代农民一般种两季粮食，所以便有了上下忙执照，上下忙执照最有特点的是一个红戳，显示在田赋加征钱款三百文赔款用以给外国侵略者，这张税票切实反映当时中国半封建半殖民的社会状况，被侵略剥削压榨的现实。更有一张十户地粮粘单反映了慈禧太后是如何掌握权力的，

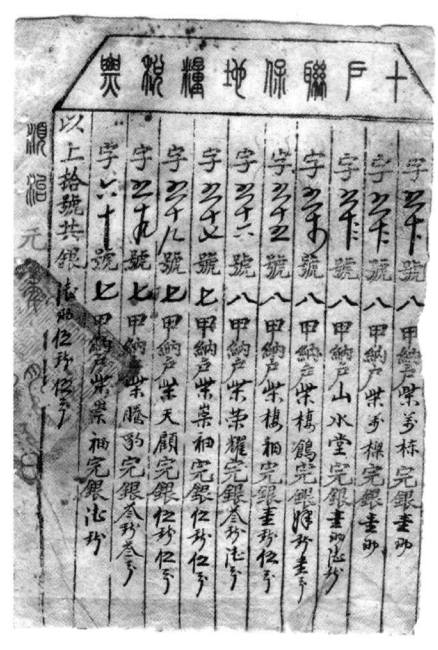

图2 顺治元年十户联保地粮税票

历史书中并没有琪祥年号,因为咸丰死后,八大臣定的年号是琪祥,而慈禧联合恭亲王发动宫廷政变后改年号为同治,即共同治理,这个变故也加速了中国半殖民地半封建的步伐。更有一张晚清令人咬牙切齿的膏捐印花税票,在当时只要交了鸦片税就在鸦片箱子上贴一张印花,没有交税就是走私,被没收罚款坐牢。两次鸦片战争后,外国列强逼迫清政府承认鸦片销售的合法性,因为鸦片销量极大,获利极大,而清政府也开始征收鸦片税以获得大量税款,此举造成鸦片买卖的合法性,从此鸦片大量泛滥,大量的白银换成了鸦片。而清政府的朝政也因为官员吸食鸦片而腐败,军队因此萎靡不振,中华民族真正到了生死存亡的关头。

民国时期,传统税制开始向现代税制转型,除了传统的盐税、田赋、关税等,还产生了新的税种,印花税在1913年正式开征,所得税、营业税也开始出现,这时期的特点是新旧交替。但因为处在战乱年代,所以苛捐杂税也很严重,如贩瓷器的税单,也是在通行证上面盖了很多印章,每个印章代表一个税卡,征收一次厘金。更有南昌一户人家的租约,用一个折子记录出租房子每一次租金收取的情况,在上面可以看到,1934年时贴的印花税票是六和塔图印花税票,1937年以后贴伪天坛图印花税票,这是伪政府占领时期的税票,生动地反映了当时社会政权更迭和日伪掠夺的社会现状。相信很多人没有见过面额为陆拾亿元的税票,但在这里你可以看到,这张最大的税票反映了当时通货膨胀的情况。而奉新地区的征过头税的税票(图3)则记载了民国政府从民国35年即1946年一直到1951年的税。这些税票反映了民国税制在不断转型,而且各种税票繁多,盘剥人民,民国万税,天下太贫。犹记得在当时了解到的一个生动有趣的故事,四川总督奎俊罗掘无门,发明出了亘古未有的"粪税",农民入城担粪,即抽粪税,每担取数文,每厕月取数百文,税至于粪,真无微不至。"粪税"堪称中国史上最为荒唐之税种,也激起了川中士民的激烈反对,讽刺大师刘师亮于是写下绝妙对联:"自古未闻粪有税,而今只剩屁无捐"。

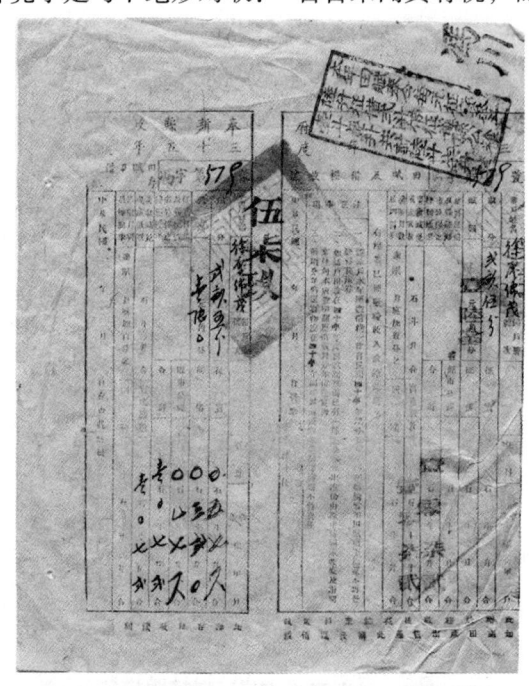

图3 奉新县政府三十五年度田赋及借粮收据

相比于民国时期，革命根据地时期的税票似乎更加正能量。共产党领导的革命根据地从1927年开始建立，南昌和人民政权的建立有息息相关的联系，八一起义南昌爆发，后爆发秋收起义，有了人民的军队、红色政权，井冈山、赣南、闽西都相继建立了根据地，有红色政权和根据地就一定会建立税收制度，当时根据地的税票较有特色，有土地少因而减免税的单据，更有怕被敌人渗透后方经济版式一改再改的税票。解放区的税票有一些现代税制体现，比如河北涉县薪给工资所得税的存根（图4），其实涉县是八路军的总部所在地，这体现的是机关发工资交个人所得税。1934年，蒋介石政府为了剿灭红军，将婺源划到江西，后来婺源人要回归安徽，1949年解放婺源时，九江这边解放军先到达婺源，婺源还是归江西。我们甚至有一张孤品——1934瑞金城市商业店房加收5%附加税，这是用于优待红军家属的实证。

中华人民共和国时期，税票种类更科学合理。我们有贴有查验证的长袜，这是留存极少的一个实物。更有印花税交款书，税票上没有金额，金额写到单据上。而文革时期的税票都有时代烙印，上面大多印有毛主席语录，其中一枚还有林彪语录。内蒙古的税票印有蒙汉两种文字，这体现的是我们民族平等的政策。

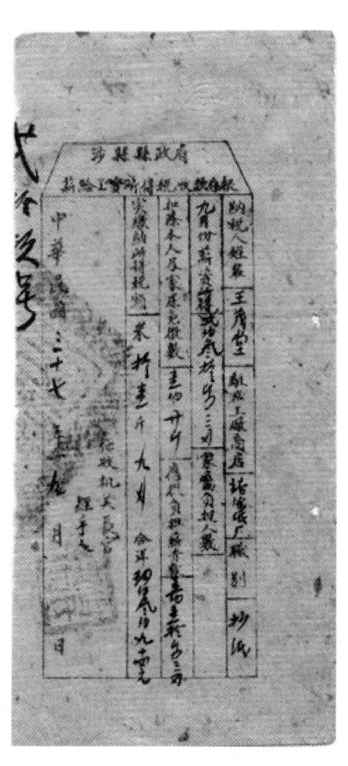

图4　河北涉县薪级工资所得税的存根

现代税制也越来越科学合理，增值税开始征收，1988年恢复征收印花税，个人所得税开征。税收在整个社会与每个人关系越来越密切，促使现代税制向科学合理、为民众谋福利方向不断改进提升，实现富国强民的中国梦。

走进中国税收票证博物馆，领略税票倾诉的税月长河，会有别样且难忘的体会！

作者单位：江西财经大学财税与公共管理学院

作者简介：方玲，女，江西财经大学财税与公共管理学院税收专业学生，江西财经大学校史校情讲解团团长，和团员们负责学校包括中国税收票证博物馆在内的科瑞文博馆的讲解接待工作。专业和社团工作的特殊性，让她对税票文化有了更深的认识。

瑞京城市苏维埃政府商业店房税附加收据背后的故事

胡智尹

由江西财经大学倾力建成的中国税收票证博物馆,是中国第一座以税票为主要藏品的博物馆,现坐落于江西财经大学科瑞文博馆四楼。博物馆共分六个展区,分别展示了明代、清代、民国、革命根据地、新中国时期和印花税票专题具有代表性的税收票证及相关物品,其中许多税票都是十分生动直观的历史和税收见证,展示着中国经济社会与税收制度之间千丝万缕的联系。

在此要向各位介绍的便是其中一件革命根据地展区的珍贵展品——1934年瑞京城市苏维埃政府商业店房税附加收据(图1)。

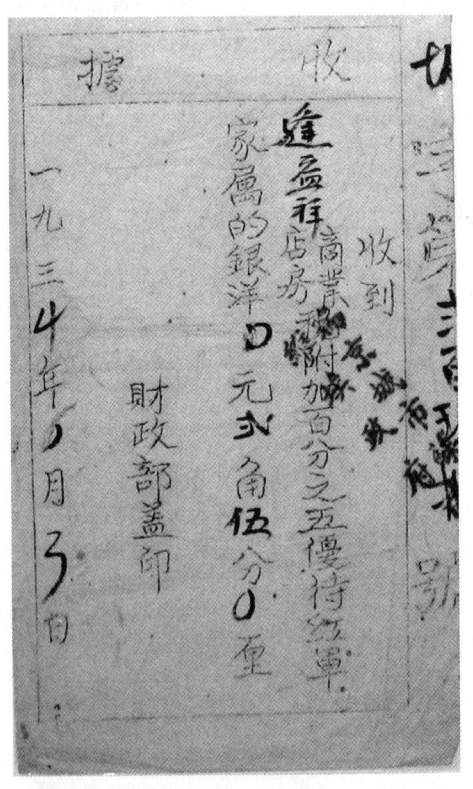

图1 1934年瑞京城市苏维埃政府商业店房税附加收据

中央革命根据地的商业税和店房税,是在工农武装割据的条件下,随着红色政权的建立、红军的扩大、土地革命的开展和根据地经济的恢复与发展而逐步建立和不断完善的。在革命根据地时期,商业税的征收主要针对商人营业所得,通常根据商人所得盈利大小来计算征收,资本大、盈利多的多征,资本小、盈利少的少征;而店房税则类似于如今的店面房产税。

1931年11月,中华苏维埃共和国在中央苏区正式宣布成立,最初定都于江西省瑞金市,因此将瑞金改名"瑞京",并以中国工农红军作为国家的武装力量。

为了响应参军的号召,许多有志之士志愿加入红军队伍。作为每个家庭的主要劳动力,青壮年纷纷加入红军,但参军却可能导致其家属由于缺少劳动力而陷入生活贫困、经济拮据的窘状。为了鼓励人民参军,政府便推出了一系列优待红军及其家属的政策。红军家属不仅可就部分税费获得减免待遇,还可根据经济贫困状况领取一笔补助经费。革命根据地税制规定,普通商户在缴纳商业、店房税的基础之上,需额外缴纳5%的附加税,作为补助红军家属的经费来源。

本张税票的特别之处就在于此,它体现了革命根据地时期中央政府对于红军及其家属的优待。这张税票向我们展示了一家名为"逢益祥"的店铺,缴纳了用于优待红军家属的商业、店房税5%的附加,也就是两角五分钱。

由此可见,政府在经济方面的举措与人民踊跃参军不无关系,为各方有识之士解除了参军的"后顾之忧"。优待红军家属在一定程度上推动了革命战争胜利,也尤其鼓舞人心。

这样一方小小的税票后面承载的,正是这样一段振奋人心的历史故事。税票能够做到的,不仅仅是向我们诉说这样颇具知识性和趣味性的故事,还能够帮助我们对历史有更深入的认知和研究。通过对税票的分析,从中探究不同时期税制、税种的演变与优缺点,对于后世税制的完备亦具有很好的参考和借鉴意义。

作者单位:江西财经大学财税与公共管理学院

作者简介:胡智尹,女,江西财经大学财税与公共管理学院2018级税收学专业学生,江西财经大学讲解团讲解员,曾被特邀参加2019京津冀高校博物馆优秀讲解案例讲解活动,其讲解的《红色税票——瑞京城市苏维埃政府商业店房税附加收据背后的故事》案例获三等奖。

税票考证

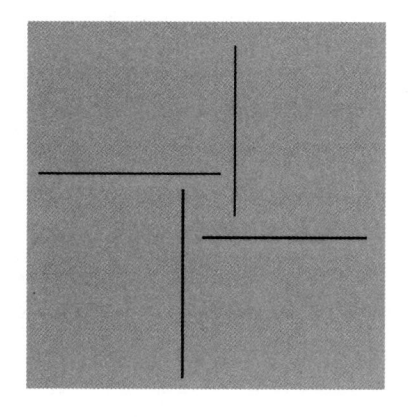

印花税票打假

一 剑

俗话说"常在河边走,哪有不湿鞋"。在收藏印花税票的这些年里,因为对印花税票缺乏相应的知识与了解,也因为"捡漏"心理作怪,买到了一些臆造品、伪品,交了很多学费。想写一些文章,揭露造假的印花类藏品,让刚开始收藏的朋友们少走弯路,让我们这个小小的圈子里,空气更加清洁。

一、伪印样、样张

约8年前,笔者在杭州二百大收藏品市场的地摊上,30元买到这个"印样"(图1)。感觉好便宜啊!30元就能买到稀少的印样了,这"漏"该有多大啊,想想自己都不大相信。

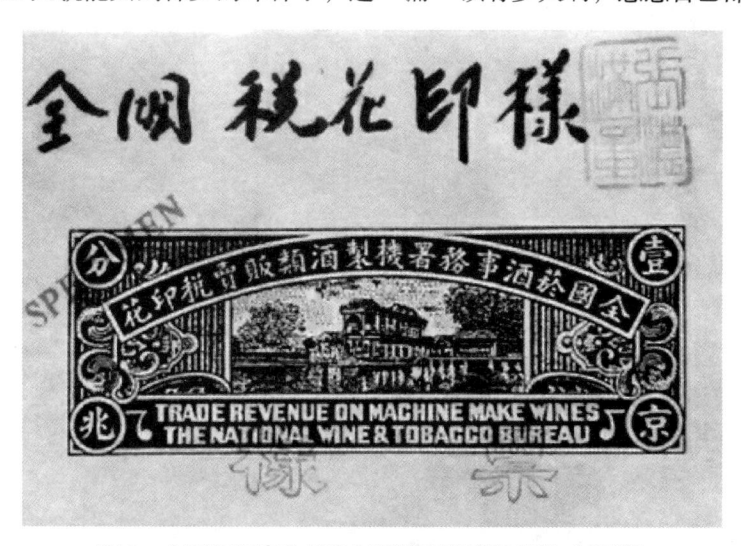

图1 全国烟酒事物署机制酒类贩卖税印花伪"印样"

过了一年,笔者在别的城市里的收藏市场,又看到有商家在出售该"印样",才知道上了当。

到了现在,随着网络的发展,网上的一些交流网站也有此物出让。相信上当者不在少数。此物印有"印样""样票"、英文"SPECIMEN",还要盖上私章,真是五花八门啊。

"全国烟酒事物署机制酒类贩卖税印花"发行于1926~1927年。目前,见有面值1分、2分、1角三种。此套烟酒类印花印制精美,虽然已有90年的历史,依然颜色鲜艳,深受广大印花收藏者的喜爱。票中主图是清晏舫,原称石舫,是颐和园内著名的景观之一，初建于乾隆二十年（公元1755年）。舫上舱楼原为中式建筑，在英法联军入侵时烧毁。1893年，慈禧命为改建成西式舱楼。

长城图伪印样（图2）。

图2　长城图伪印样

二、伪销戳（印）

虽然笔者很少收集实寄封片，但知道邮戳在实寄封片中的地位和重要性。邮戳往往也是辨别真伪的直接证据。

由戳来辨真伪，除了直观上的个人经验之外，还需要封、片、票等相关的各种知识，也就是常说的"邮识"。

伪戳在实寄封片中时有发生，总有一些"江湖骗子"为了一点个人的利益，对邮戳进行伪造，从中谋取暴利。

那么，在印花类的收藏中，是否也存在"伪戳"呢？答案是肯定的！提醒广大的印花爱好者，不要认为单真，票真，就一定是真的了。

其一，此草契为民间买卖水田的补充说明，四边纸均无骑缝章，也无任何政府验讫印章（图3），属于私下订的契约。时间在民国九年（1920年），如果真要自觉贴印花的话，根据当年印花税法规定，应贴印花2分，而所贴印花则是长城图印花税票。此民国九年民间草契所贴印花税票竟然是解放区使用的印花税票！

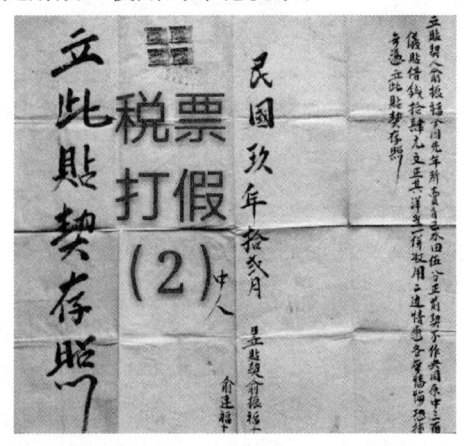

图3　伪销戳的草契

其二，销杭县（杭州）测绘费戳记"杭县县政府发给土地图照处测绘费印花章"。可惜造假者不知道杭县测绘费印花使用的历史，不知道测绘费印花在1937年已停止使用，所属部门也已撤销。

其三，贴江苏省用解放区印花税票，销的戳记是30年代在杭县（杭州）使用的专销测绘费印花的戳记（图4），真是风马牛不相及！

图4 销伪戳的印花税票

真、假销戳的对比（图5）。

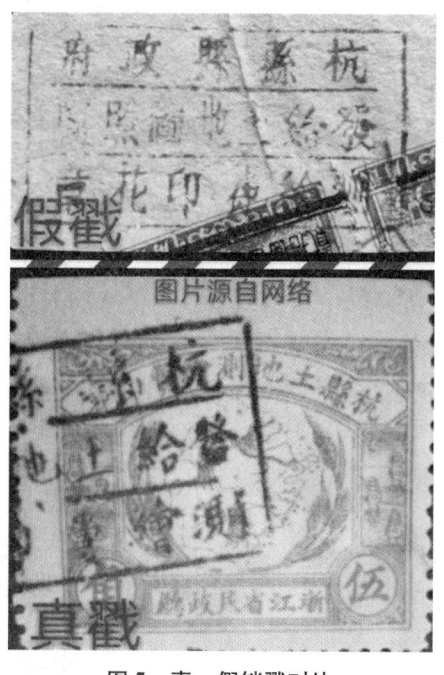

图5 真、假销戳对比

一些作假的人会利用早期草契，特别是清代时期的，在上面"点缀一番"（图6）。甘肃党徽图加盖"临潭"、销"临潭县税契公所戳记"、销"临潭县印"。这里需要说明的是，除了销戳是假的外，甘肃的票和加盖都是假的。

图 6 销假戳的贴用税票草契

三、民国通用印花税票之伪票

在邮票中,有很多的假加盖。这些原票都很便宜,加盖以后就不同了,可以卖个好价。

曾经因为想捡漏的原因作怪,笔者 50 元买了一枚蟠龙邮票加盖"临时中立"。问一个市场上的朋友,他说假的。笔者向他请教,他说"给我 50 元吧,都告诉你"。那时很年轻,也有打破砂锅问到底的劲,结果用了 100 元学到了这种假加盖。

同样的,在印花税票里,也存在这种假加盖,也是用低档便宜的税票来做假。

这里先说一下民国通用印花的假加盖。全国通用税票包括六和塔图、人像图、联运图、复兴关图、球旗图、农耕图。这些通用印花的发行量比较大,留存下来的也比较多,市场价格大多很便宜。一些人就利用这些票来搞一些加盖,从中谋取暴利。

目前所发现的有以下一些品种:六和塔图印花税票加盖"旅大 捌分"(图 7)、加盖"银圆 0.02"(图 8)、加盖"限湖南贴用 古征"(图 9)。联运图印花税票加盖"东北"(图 10)、加盖"蒙直"(图 11)、加盖"东北贴用"(图 12)、加盖"限新疆贴用"(图 13)、加盖"北平 暂作拾伍圆"(图 14)、加盖"限滇省贴用"(图 15)。

图 7 六和塔图印花税票加盖"旅大 捌分"

图 8 六和塔图印花税票加盖"银圆 0.02"

图 9　六和塔图印花税票加盖"限湖南贴用 古征" 　　图 10　联运图印花税票加盖"东北"

图 11　联运图印花税票加盖"蒙直" 　　图 12　联运图印花税票加盖"东北贴用"

图 13　联运图印花税票加盖"限新疆贴用" 　　图 14　联运图印花税票加盖"北平 暂作拾伍圆"

复兴关图印花税票加盖"（皖）"（图16）、加盖"桂"（图17）、加盖"滇"（图18）。

图15 联运图印花税票加盖"限滇省贴用"

图16 复兴关图印花税票加盖"（皖）"

图17 复兴关图印花税票加盖"桂"

图18 复兴关图印花税票加盖"滇"

农耕图印花税票加盖"北平"（图19）、加盖"奉天 暂作拾伍圆"（图20）、加盖"样票 东北"（图21）、加盖"晋察冀 捌分"（图22）、加盖"苏北"（图23）、加盖"苏南 暂作拾伍圆"（图24）、加盖"蒙疆"（图25）、加盖"暂作国币壹角"（图26）。

图19 农耕图印花税票加盖"北平"

图20 农耕图印花税票加盖"奉天 暂作拾伍圆"

图 21 农耕图印花税票加盖"样票 东北"

图 22 农耕图印花税票加盖"晋察冀 捌分"

图 23 农耕图印花税票加盖"苏北"

图 24 农耕图印花税票加盖"苏南 暂作拾伍圆"

图 25 农耕图印花税票加盖"蒙疆"

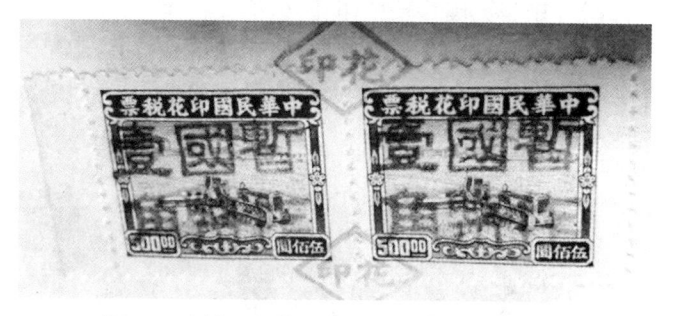

图 26 农耕图印花税票加盖"暂作国币壹角"

四、臆造品

在纸质品的收藏中，假的东西何其多。所谓臆造品，完全是子虚乌有的东西，是伪造者凭空想象出来的。

2004 年的某一天，笔者正在上班，突然接到某邮商 A 君的电话，说是有一件从没有见过的印花税票。那时，笔者玩印花不久，很多东西都处在似懂非懂的阶段。电话里面说不清楚，下班以后去了 A 君家里，讨价还价最后以 2400 元成交。当时月工资只有 1000 多元，还要养家糊口，没有更多的资金来买这个。实在想不出办法，笔者卖掉了一套"文革"邮票革命文艺样板戏。这套9枚一套的"文革"邮票,笔者从小学四年级的时候开始收集,不是旧票,是一枚枚的新票收集,历时15年,终于成套,每一枚都品相完好。这套邮票也见证了笔者的集邮历程。

成交后,心有疑虑,问A君是否保真。A君回答"此票罕见,二个月之内,如你有此票其他复印件,到时如不想要,可以全额退还"。

事实上,两年之内笔者都没有见到或者听说过此票的任何信息。恰逢2006年首届全国税票集邮展览在北京举办,笔者有幸参加,于是就拿出来请老集邮家,也是税票集邮研究会的前会长蔡正钧先生鉴定。当时在场的还有香港和台湾的前辈同好。

得知是件臆造品时,说实话,真的很心疼!不是心疼2400元,而是那套陪伴着笔者集邮历程的邮票!

臆造品,显示出来的是造假者天马行空的想象。我们可以从票中流露出来的历史背景、纸张、印刷质量、齿孔等去鉴别真伪。如果是销过戳的单据,也可从戳的油墨、色彩等去鉴别。

臆造品,画面简单,多数色彩单一、用薄纸。拥有基本的印刷知识、拥有对油墨的基本知识、拥有相关的历史知识,这对于真伪的鉴别非常重要。

对于税票集邮爱好者来说,要多看——多看相关税票书籍,至少要从传统集邮的角度,去了解票本身的知识;要多听——多听前辈们的经验之谈,这是不可多得的财富。总之,自己的知识越多,上当受骗的概率越少!

臆造的一些票品:浙江省奉化共和印花(图27)、胶东区印花税票——此臆造票仿制于伪收入印纸中的"农耕图"。这是造假者的异想天开之作。这是一个基本的历史知识,不管是当时的共产党或者国民党,都绝不会拿伪收入印纸图案来印制发行印花税票(图28)、中华民国移转税印花(图29)、徽州顺风块利船户印花(图30)、大清国税务局平银叁分(图31)、山东省胶东区印花税票(图32)、清代蟠龙图印花税票(图33)、大清税务局叁分银(图34)、大清安徽省税务司印花税票(图35)、臆造的解放区邮票加盖税票(图36)。

图27 臆造的浙江省奉化共和印花

图28 臆造的胶东区印花税票

图 29　臆造的中华民国移转税印花 　　　　图 30　臆造的徽州顺风块利船户印花

图 31　臆造的大清国税务局平银叁分 　　　图 32　臆造的山东省胶东区印花税票

图 33　臆造的清代蟠龙图印花税票 　　　　图 34　臆造的大清税务局叁分银

图 35 臆造的大清安徽省税务司印花税票

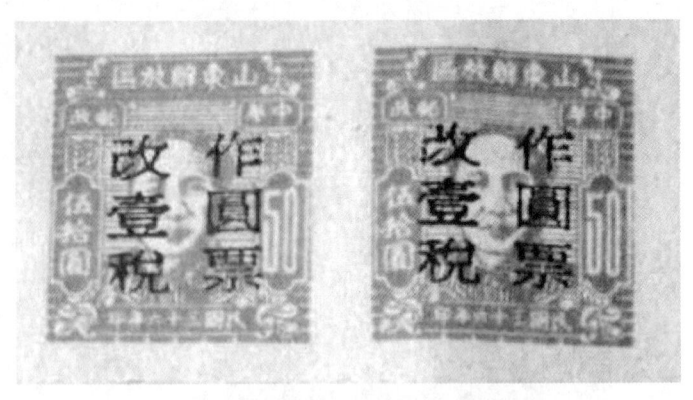

图 36 臆造的解放区邮票加盖税票

五、货物税之伪票

以收藏的种类来说，印花收藏只是其中的一个类别；以收藏的人群来说，印花收藏只是小众收藏。而货物税印花也只是印花家族里的一大分支。

柳光明先生、段志清先生、香港包晓春先生，他们都是货物税印花收藏大家。其中，柳光明先生制作的烟酒印花邮集更是获得过世界邮展的金奖。真是应了那句"有志者事竟成"！

虽然收集货物税印花的人群比较少，但是造假者并不会因为人少就不造假了。相反，造假中的臆造品、高仿、假加盖等伪造手段，都出现在其中。给货物税印花收藏带来了极大的阻力，初学者上当比例较高，严重污染了收藏环境。

对于喜爱货物税印花的朋友来说，要不断增强对货物税印花的了解，认真学习专业知识，提高自身的鉴别能力。对于没有见过的或者一知半解的，不要盲目购买。

早年听闻同好有意编著货物税印花目录，真的希望早日成书，让喜爱货物税印花的朋友们有一本珍贵的工具书籍！

货物税的伪票有：山西落地税印票（图37）、苏区印花拾枚（图38）、鄂东南苏维埃政府完粮纳税凭据（图39）、土货印花税票（图40）、财政部税务署安全火柴查验证加盖"晋察冀"（图41）、统税印花（图42），目前发现有多种颜色和面值；农渔猎自产自销歙县陆区税花（图43）、绿色大清山东省商务局藤草帽税叁分（图44），目前发现多种颜色；财政部税务署卷烟统税加盖"暂作税票壹分"（图45）。

图 37 伪山西落地税印票

图 38 伪苏区印花拾枚

图 39　伪鄂东南苏维埃政府完粮纳税凭据

图 40　伪土货印花税票

图 41　伪财政部税务署安全火柴查验证加盖"晋察冀"

图 42　伪统税印花

图 43　伪农渔猎自产自销歙县陆区税花

图 44　伪绿色大清山东省商务局藤草帽税叁分

图 45　伪财政部税务署卷烟统税加盖"暂作税票壹分"

六、高仿品

高仿品，特别是那些制作精良的，表面看起来完美，历来都是打假难点。高仿品会出现在瓷器、字画、家具、玉器、邮票等收藏领域。

在印花税票中，高仿品也时有发现。对于印花税票这类纸质藏品的真伪鉴别，要从纸张、刷色、齿孔来分析，对于高仿实物，还要与历史、税史相结合验证。

高仿品，有时候连老藏家也防不胜防，更何况初学者。一个收藏领域，有很多的赝品，还会有更多的人来玩吗？打假已刻不容缓！

高仿品有：清代美国版"云龙风景图"无齿印花税票（图46）、清代美国版"云龙风景图"有齿印花税票（图47）、中华民国特别印花（图48）。

图46 仿清代美国版"云龙风景图"无齿印花税票

图47 仿清代美国版"云龙风景图"有齿印花税票

图48 仿中华民国特别印花

晋察冀印花税票（图49和图50），多见用纸为老账簿纸，背面还有原始账簿红线，目前发现有多种颜色（图51），此件为民国某商号盘存单，没有显示出使用时间。单是老单，印是老印，还可以看出"庚盘"两字，造假者也是用心良苦了。贴票背面的纸色比旁边的纸色要更浅，纸色上存在明显差异。可见并非近年所贴。加盖"暂作壹角"，笔者首次见到此种改值加盖，也无从对比参考。种种迹象表明，这是一件老东西！但是，票是假的，所以，除了单是真的之外，其他都是假的。就像看一件实寄封，贴票是假的，其他的邮戳盖得再漂亮，也都是假的了。熟悉票本身的知识，对实物鉴别来说，这是很重要的。

长城图"租"字二十四军转发印花税票（图52），目前发现有多种颜色和面值。

图49　蓝色仿晋察冀1分印花税票 　　　图50　红色仿晋察冀1分印花税票

图51　浅蓝色仿晋察冀1分印花税票 　　图52　仿长城图"租"字二十四军转发印花税票

七、其他伪加盖

抗战胜利以后发行的印花税票称之为民国通用印花税票，其伪品前已论述。

最初见到的大清云龙风景图伪加盖，是在国外网站上，加盖形式除了满文，还仿制红印花邮票的加盖"当××圆"。大清印花第一套日本版双龙戏珠图印制好并没有发行；第二套美国版云龙风景图其原票只在少数省份发现贴用，且使用时间较短。100多年都没有发现的加盖，在本世纪就突然冒了出来！

民国第一套长城图印花税票，至发行以来，采取包销制度，为防止税源的流失，出现各种包销单位的加盖。如早期的税务总局、邮政总局、各市县公署、各地商会、各发行所等，这就造成了长城图印花税票的加盖种类繁多，加盖形式多样化。仅此一套印花，其不同的加盖已在万枚以上了。

印花进入收藏领域，不断壮大收藏人群至今不过20余年。其间发现的伪加盖票也呈现出多样化，其加盖字体不同、大小不同、粗细不同、颜色不同等。全国那么多的市县名，造假者乘虚而入，浑水摸鱼，初学者很难辨其真伪。

包括版图旗印花税票，如不经过长时间的收集，从中知道加盖范围、加盖方式、加盖字体等知识，则很难做到"不湿鞋"。

解放区印花税票，随着时间的推移，不断有新品种面世，这其中，有真有假。大多数的收藏者，买来之后，按照不同类别分类，整齐地放在收藏册里，而去认真进一步研究者甚少。导致珍藏数年，不知其真伪。

在中华人民共和国初期的旗球图以及鸽球图印花税票中，也有伪加盖存在。除了其本身加盖的复杂性，很多加盖票都分不清楚真伪。

另外，在印花范围内的费用票里，司法印纸也有不同形式的伪品。笔者 2006 年在北京参加首届印花类展览的时候，就见到大清浙江省蟠龙图诉讼印纸的高仿品，其齿孔为三角形。对于司法印纸的一些加盖品种，圈内同好也存在较大争议，这些都值得我们去认真研究，认真思考。

伪加盖有：清代云龙风景图印花票加盖满文（图53）、清代美国版云龙风景图印花票加盖"福建、中华民国"（图54）。

图 53　清代云龙风景图印花票伪盖满文

图 54　清代美国版云龙风景图印花票伪盖"福建中华民国"

长城图印花税票加盖"鲁山"（图55）、长城图加盖"粤北"（图56）、长城图加盖"改作人民券"（图57）。

图 55　长城图印花税票伪盖"鲁山"

图 56　长城图伪盖"粤北"

山东嘉禾图印花税票伪盖红色"囍"字和蓝色"改作壹角"(图58)。

图57　长城图印花税票伪盖
"改作人民券"

图58　山东嘉禾图印花税票伪盖红色
"囍"字和蓝色"改作壹角"

版图旗加盖"黑龙江、龙江"(图59)、版图旗加盖"江西、南昌"(图60)、版图旗加盖"榆次"(图61)。

图59　版图旗印花税票伪盖
"黑龙江龙江"

图60　版图旗印花税票伪盖
"江西南昌"

图61　版图旗印花税票伪盖
"榆次"

联运图加盖"江西、修银"(图62)、联运图加盖"人民币"及伪造贴用(图63)。

图62　联运图印花税票伪盖"江西修银"

图63　联运图印花税票伪盖
"人民币"及伪造贴用

农耕图加盖"山东省印花税票改作人民币壹百圆"(图64)。

图 64　农耕图印花税票伪盖"山东省印花税票改作人民币壹百圆"

神羊图司法印纸加盖"改作贰角"和"改作伍角"（图 65）。民国哀鸿遍野图慈善附加票加盖"大清邮政"（图 66）。日本收入印纸加盖"中华民国"（图 67）。

图 65　神羊图司法印纸伪盖"改作贰角"和"改作伍角"

图 66　民国哀鸿遍野图慈善附加票伪盖"大清邮政"

图 67　日本收入印纸伪盖"中华民国"

八、伪原票

由于某些历史原因，在使用过程中，会出现原票和加盖票的价值存在天壤之别的情况。一些票经过加盖使用后，其价值远远高于原票。也有一些加盖以后，其原票的价值远远高于加盖票。

在邮票和印花税票中，都有这种情况。伪原票，即是去除票上的加盖字迹，以假乱真，谋取暴利。

数年前，笔者购得此枚版图旗大东版 2 分原票。在票下方有红色戳印（图 68）。大东版 2 分原票非常罕见，而加盖票却有很多，全国各省份基本都有加盖。买来之后也没有细看，在邮册里一放就是一年多。直到某一天再拿出来研究时才发现，这是一枚伪原票！

图 68 版图旗大东版 2 分伪原票

此票为加盖省名移位票，加盖的某省名就在票下方红色戳印里。用高倍放大镜观看，红色戳印里的纸质纤维凸出，纵横交错；而红色戳印四周的纸质纤维则明显平整，无凸出状。此乃手工划去省名留下来的痕迹。另外，依稀可见残留的省名黑色油墨。

造假者拿了一枚加盖省名移位的大东版 2 分票，经过手工处理，划去加盖省名，为避免被人识破，又在原处盖上红色戳印。这样，大东版 2 分原票就做好了！

此乃伪造原票的方法之一，手工划除法！

联运图改值金圆邮票（图 69），伪造的原票（图 70），加盖改值的金圆邮票与不加盖的原票，两者价值相差巨大。

图 69 联运图改值金圆邮票　　**图 70 伪造的联运图原票**

此票就是鼎鼎有名的联运图印花税票振明版 50 元 B 型票。此原票发行后，使用的时间很短，在国民政府爆发金融危机时，货币不断贬值，此票就加盖金圆作邮票使用。

此票一拿到手就发现有问题，对着明亮的灯光，透过放大镜望去，票微微倾斜，即可看到淡淡的加盖痕迹。

此乃制造原票方法之二，药水浸泡法！

以上二枚伪原票，在不使用放大镜仅凭双眼平视下，已很难辨别。经过药水浸泡，可让票上的戳印变淡，整体看上去票面比较干净，甚至可以洗去加盖邮墨！可见伪品也是有等级的，有一些是一眼假，有一些却难辨别。经过药水浸泡的票，会有不同程度的褪色，不管伪造水平多高明，总会留下一些蛛丝马迹。

真品不疑，伪品必假！

印花税票打假文章在创作期间，得到了中国税票集邮研究会众多同好的支持。他们中不仅有老集邮家、国家级评审员、资深收藏家，还有普通爱好者。可见打假一文，引起了大家的共鸣。

在印花收藏领域，如何制止假货泛滥，如何正确地鉴定真伪，对我们来说，这是一个严肃的研究课题。造假者是具有一定的收藏经验和相关学识的，不是随便去找个不玩收藏的人就可以伪造出来的。对于刚涉及印花收藏的爱好者来说，要多看些与印花收藏的相关书籍，提高自身的阅历，少一些猎奇的心态。捡漏者，是具备学识与机遇的，在购买某件藏品时，多问问自己，是否"学识"已过关。相信在大家的共同努力下，印花收藏的前景会越来越好，越来越光明！

感谢提供伪票原图的朋友们，没有你们的大力支持，文章将无以成篇！提供伪票原图及相关出处（按文章顺序）：钱塘印花阁、段志清、柳光明、香港唐卓敏、李德元、杜文军、杜福来、陈千里、刘永新、台湾许求麒、蔡黎、焦继承、葛缘凯、《中国印花税史稿》、赵刚、张雄、谢伟运、龚爱民、华邮网印花税票论坛、陈小军、孙锦泉、刘忠玉、魏小波。

作者单位：杭州市集邮协会

作者简介：刘海利，男，笔名一剑，1980 年开始集邮，浙江省邮展评审员，现任杭州市集邮协会理事，中国税票集邮研究会副秘书长，新光邮票会及浙江邮史研究会副会长，2006 年获首届全国印花类集邮展银奖，2010 年获全国邮展镀金奖，2012 年获第二届东亚邮展镀金奖。

景德镇军管会暂用印花税票

龚爱民

一、景德镇军管会暂用印花税票简介

景德镇军管会暂用印花税票是景德镇和平解放后,速用旧政权发行过的印花税票,并在其票面上加印相关的造用文字后,再发行的江南新解放区加盖改用的有齿印花税票,至今已经过去了70年,在笔者的收藏中暂见为一套三枚,面值分别为伍元、肆元、壹元三种票面,为新中国所发行的各类解放区印花税票中的珍罕佳品,熠熠生辉。

(1)军管会税票伍元面值票:这枚加盖改用的伍元面值印花是用旧政权,即国民党政府于1946年发行的俗称球旗图印花税票,在其原票票面上用黑色油墨加印了"景德镇军管会暂用印花税票"十二个楷体文字,并保留原票伍元面值而成。该原票图案设计是在地球图上插有一面民国政府旗帜,寓意抗日战争取得胜利。通过该票图可视,加印票面的整体外观为红黑搭配,清晰亮眼,笔者曾经用该票与其他同时期加印或加盖的多种解放区印花税票相比较,结果自我感觉该票应为解放区印花税票中的佳品之作,久看不厌,惹人喜爱(图1、图2和图3)。

图1 加盖票 　　　图2 字体示意图 　　　图3 原票

(2)军管会税票壹元面值票:这枚加印的壹元面值票也是当年新政权因急需而选用了国民政府于1936年发行的六和塔为图案的、俗称"宝塔图"印花税票原票,该票古朴淡雅,景色秀丽,且因是用红色油墨加印了与伍元票相同的十二个楷体文字,并保留了原票壹元面值而成。但由于加印原票票面图案的天蓝色彩,与红色油墨加印的文字搭配似有不妥,让人看了不如前票醒目耐看,故且感觉有逊于伍元票的加印设计(图4和图5)。

图4 加盖票　　　　　　　　　　　　　图5 原票

（3）军管会税票肆元面值票：这枚军管会税票肆元面值票，同样也是在原票票面图案上使用红色油墨，加印了"景德镇军管会暂用印花税票"十二个楷体文字，同样是保留原票肆元面值而成。但这枚肆元面值票由于其图案墨色淡黑，加之原票的印刷纸张与前面伍元、壹元票的印刷纸张原料不相一致，所以其着墨的吸水度也就不同，因而造成了票面加印的红色文字模糊不清，直接影响了票面文字的加印质量。由此造成该票为三枚票中加印质量最差一枚，进而破坏了三枚为套的军管会税票票面的整体外观形象，实为让人感叹（图6和图7）。

图6 加盖票　　　　　　　　　　　　　图7 原票

二、军管会暂用印花税票发行历史背景

（1）景德镇简述：景德镇汉始冶陶，窑火延烧千年不断。当地自古就因制瓷而闻名中外，粉彩，青花玲珑，颜色釉与薄胎瓷冠艳世界。自清末民初至抗日战争，景德镇因战争灾乱影响，瓷业生产一落千丈；至解放战争后期景德镇解放之时，一个举世闻名的古老工业城镇，已经处于奄奄一息的状态，一片衰败景象，制瓷艺人几乎流失散尽，全城镇十窑九停，镇民瓷工苦苦地挣扎在生存的死亡线上。1949年4月29日上午，春雷震响，春雨

淅沥，古老的景德镇全境喜获解放。

（2）景德镇军事管制委员会：由中国人民解放军二野五兵团一部和平解放了景德镇之后，即刻成立了以五兵团政治部副主任石新安为领导的"景德镇军管会五人临时领导小组"，并迅速展开了接管旧政权、组织建设新政权的工作。1949年5月4日，成立了景德镇人民市政府和景德镇市军事管制委员会，石新安为主任，市委书记陈璞如兼任市长与军事管制委员副主任（7月初，担任华东军区赣东北行署地委书记黄永辉，接任为景德镇市军事管制委员会主任，石新安主任不久也随二野部队离景）。紧随其后，一些相应的地方政府机构相继成立。5月6日，景德镇市税务局也公告成立，并于5月8日在景德镇全境"按旧例"开征包括印花税在内的五个税种。同时，面向社会公开发行了地方加印改用的"景德镇军管会暂用印花税票"，以供当年景德镇城镇印花税开征的急需与贴用。

三、军管会暂用印花税票的实用遗存凭证

（一）现存实用军管会税票最早凭证

为了有效支援人民解放战争、胜利解放全中国，景德镇地区在人民市政府和景德镇市军事管制委员会的通力合作领导下，一场积极进行生产自救、复工复产、恢复瓷业经济与产能建设、支援解放战争的群众运动轰轰烈烈地展开了。下面这些凭证正是反映这一时期，景德镇市民为建设新中国，而留存下来的经济建设的鲜活实用史料。

这是一张发生在七十多年前，景德镇解放后恢复经济时期的纳税凭证（图8）。凭证开具时间为1949年9月28日的"文具毛笔及笔铜套商品交易草据"，购买方为景德镇新华书店，卖方为"景镇永生笔店"，草据上盖有"景镇永生笔店发奉"图章及经手人私章。这份草据是现今暂见，贴用了面值肆元军管会税票的最早实用纳税凭证。其佐证了当时景德镇的社会和秩序平稳，经济生产与文化生活都已步入了正常轨道。

这张贴用军管会税票的预印正规发票凭证（图9），发生于1949年10月5日（是目前中华人民共和国成立后首见的实用票据）。卖方为"景德镇久明文具印刷社"，买方名称不明，交易商品为纸类品，产生交易金额为"人民币式仟叁佰伍拾元"，贴用两枚伍元军管会税票，按购货发票应缴纳3‰税率核算，超贴了壹元多面值。通过此凭证可侧视当年在税务征缴与管理不明方面，仍存在着混乱现象，这也是中华人民共和国成立后亟须解决的税务问题。

（二）现存实用军管会税票最晚凭证

这张实用于1949年10月14日的发奉（回单）（图10），购品为"海棉缸壹只，计人民券陆佰元"，贴用军管会税票壹元面值票两枚，符合当年规定的印花税征缴税率。依据此凭证的产生时限与笔者有限的收集现状分析，军管会税票可能在本月下旬因故结束了它承前继后的历史使命，故而分析该票的使用期有可能为半年，但其真实使用时限应有待于今后的新发现。军管会税票的产生与消失是社会向前发展的历史必然，是中国革命胜利的历史见证。

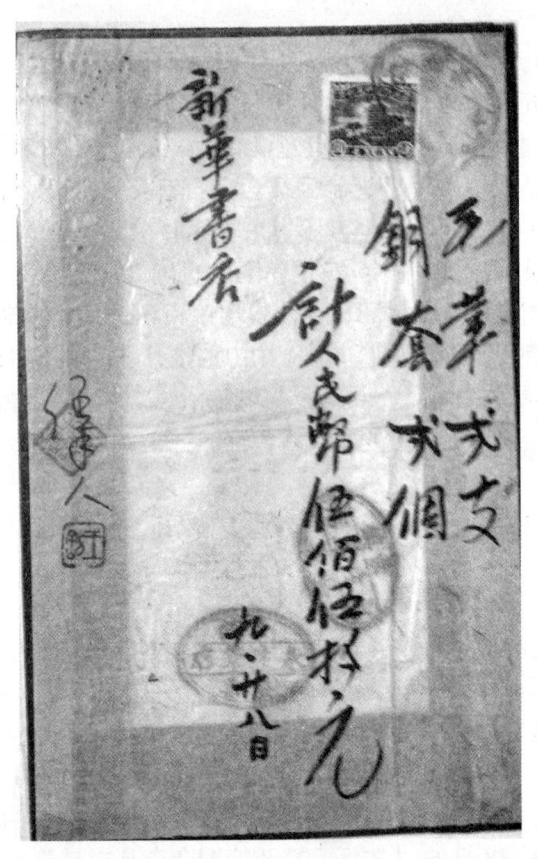

图 8　景德镇解放后恢复经济时期的印花税票实用单据

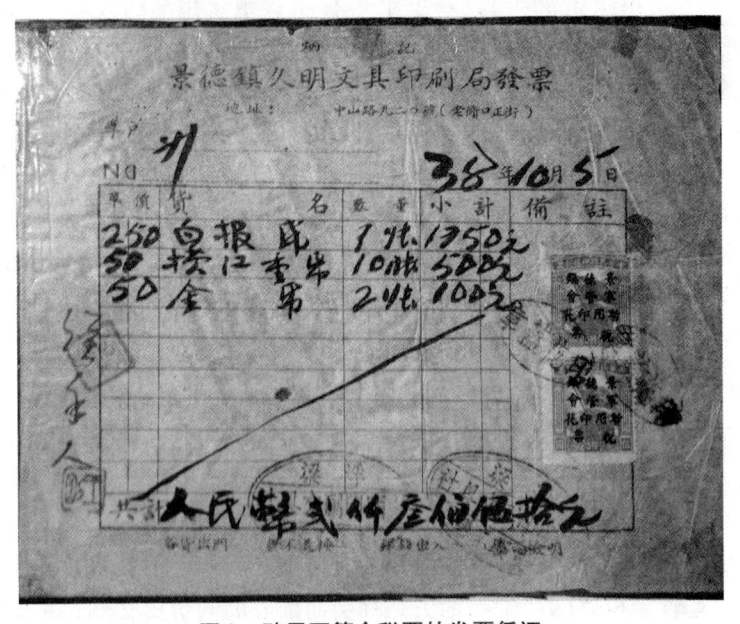

图 9　贴用军管会税票的发票凭证

图10　实用于1949年10月14日的发奉

四、后记

军管会税票是不可多得的，是研究中国人民解放军既是战斗队又是工作队的极其珍罕的军史资料，还是佐证人民军队参加国家经济建设的实物史料。笔者对军管会税票的研析也是由不懂到懂，由浅至深，同时对军管会税票发行的作用和意义，有了不断更新的探究和认知。由此进一步明确认识了中国人民解放军是在中国共产党的绝对领导下，从无到有，从弱变强，在血与火的锤炼中，今天已经发展成为中华人民共和国的伟大而又坚强的国防力量，是一支具有现代化建设的、强大的人民军队。

参考文献

[1] 景德镇市志 [M].北京：中国文史出版社，1991.
[2] 林景梧. 瓷都史话 [M].南昌：百花洲文艺出版社，2004.
[3] 饶立新，曾耀辉. 中国印花税与印花税票 [M].北京：中国税务出版社，1999.

作者单位：景德镇市集邮协会

作者简介：龚爱民，曾用笔名艾明，男，1952 年 11 月出生。享受专科高级工人技师资格，喜好集邮和税票集藏，2009 年后拓展了对国外印花税票的集研，多次在国内的相关研究报刊上发表文章；2019 年 5 月编组《烟草专卖免税印花》集参加在德国埃森市举办的"首届国际印花专项展"盛会。

财税历史

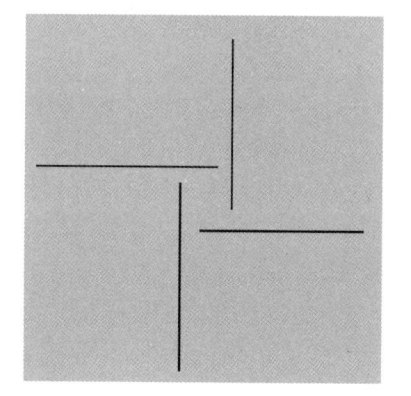

新中国税收征管发展历程

王 乔

高效的税收征收管理是确保税收职能作用充分发挥的基础。中华人民共和国成立70余年来，随着经济社会的发展变迁，我国税收征管经历了一个曲折发展过程。伴随着税制改革的推进，从原始的手工操作到金税工程一期、二期、三期的先后上线，税收征管体系逐步形成并完善，取得了令人瞩目的成绩，初步建立起了一个适应社会主义市场经济体制、符合国际税收征管一般原则和做法、有较先进技术手段、走上依法治税轨道的现代化税收征管体系。随着大数据的运用、国地税的合并，按照高质量推进新时代税收现代化的要求，未来我国税收征管改革还将迈上新的征程。总结新中国70余年税收征管工作经验教训，有益于遵循科学发展观，改进和完善现代税收征管制度，充分发挥税收职能作用，不断推进社会主义现代化建设。

随着中华人民共和国的建立，新中国税收征管工作迅速开展。1949年11月24日至12月9日，中央人民政府财政部在北京召开了首届全国税务会议，研究了统一全国税务，制定统一的税法，确定税务机构、编制和工作职责等重要问题。会议拟定了《全国税政实施要则（草案）》，作为整理与统一全国税收的基本原则。1950年3月，政务院发布《关于统一国家财政经济工作的决定》，对税收管理体制问题作了明确的规定。

建立和充实各级税务机构，是新中国税收征管顺利开展的基础。在首届全国税务会议上，讨论并拟订了《全国各级税务机关暂行组织规程（草案）》，确定了城市税务工作统一管理的组织原则，以及中央至地方六级税务机构的管理体制。1949年11月28日，政务院复函财政部同意建立全国税务总局。该年12月17日，政务院任命李予昂为中央人民政府财政部税务总局局长，崔敬伯为副局长。1950年1月1日，财政部税务总局正式成立。在中央和各级党政的重视下，迅速建立了各级税务机构，而且成为地方政府的重要组成部门。同时，税务干部力量逐渐得到充实。

新中国成立初期，为平衡财政收支、稳定金融和物价，迅速恢复国民经济，采取的是"统一领导，分级管理"原则下的高度集中的税收管理体制。1954年，改革税收管理体制，进一步调整了中央与地方之间税收管理权限的划分，逐渐重视加强地方税收的自主权，以适应经济社会发展的现实需要。

新中国成立初期，税收管理工作的重点是私营工商业。根据"公私区别对待、繁简不同"的原则，税务部门加强了管理工作，从而对恢复国民经济、平衡国家收支、推动私营工商业的改造发挥了重要作用，也积累了丰富的经验。同时，还通过建立协税护税组织来促进税收征管工作的开展。

1958~1977年，由于受"非税"理论的干扰，加之我国经济工作中的"左"的错误影响,税收在国民经济和社会发展中的地位、作用被严重忽视,税收的经济杠杆作用得不到有效利用,税制一简再简,税种越来越少,严重影响了税收职能作用的发挥,税收征管也进入曲折发展时期。这一时期,我国税收管理体制经历了"下放—集中"的循环变动过程。1958年,税收管理体制进行了较明显的改革,其核心是将部分中央政府的税收管理权限下放给各省;1961年,中央适当收回税收管理权限;1970年,下放给地方部分税收管理权限;1973年,税收管理权限进一步下放;1977年,对税收管理权限部分上收到中央。在这一时期,总体来看,税务机构不断简并,税务人员大幅减少,税收征管趋于弱化,对农村实行财政包干不再分别征税,部分城市进行"税利合一"试点,尽管在20世纪60年代初对前期弱化税收的倾向进行了一定的修正,取得了一些成效,但紧接着受到"文化大革命"的猛烈冲击,税收法纪遭到严重破坏,征管工作举步维艰。直到70年代初开始,逐渐纠正极"左"思潮,税务机构陆续恢复,而税务总局建制则到1975年才得以恢复。粉碎"四人帮"后,税收征管工作不断拨乱反正,逐步走上了正轨。

改革开放以后,我国的工作重点逐渐转移到经济建设上来,税收工作重新受到重视。1978年4月召开的全国税务工作会议提出:省和自治区都要设立税务局,专、市、县原则上都要单独设立税务局。1988年,国家行政机构改革,设国家税务局,为国务院直属副部级机构,由财政部归口管理。全国税务机构由国家税务局、省级税务局、专区和盟税务局、县级税务局4级组成,税务分局和税务所作为县级税务局派出机构。为了保证税务机关独立行使职权,1988年12月,国务院进一步明确全国税务系统实行上级税务机关和同级政府双重领导,以税务机关垂直领导为主。1993年6月,根据国务院新一轮机构改革方案,国家税务局调整为国家税务总局,升格为正部级机构。

改革开放初期,百业待兴。中国税收工作面临的最重要的现实问题就是加强税制建设,提高税收征管水平,为社会主义经济建设筹集资金。一方面,随着市场经济的推进、市场活力的释放,税收制度体系不断更新变化,税收征管也相应处在发展变化当中;另一方面,市场经济对法治要求越来越高,公民的依法纳税意识亟须培养和增强。在多维目标的指引下,税收征管改革步伐加快,经历了从"以人治税"到"依法治税"的逐步转型,初步建立了一套由健全的征管法规、严密的征管制度、规范化的征管规程、现代化的征管手段、严密的监控网络和训练有素的征管干部队伍等各要素之间较好结合的税收征管体系。

1986年,《中华人民共和国税收征收管理暂行条例》实施,征纳双方以条例作为行为准则,标志着我国的税收征管工作开始步入正轨。在这之后,还制定了《全国发票管理暂行办法》等配套法规,通过规范发票管理,达到提升税收征管水平的目的。

1989年开始的税收征管改革,实行了"征、管、查"三分离,持续推行纳税申报和公开办税制度,标志着改革开放后税收征管改革朝向法治化建设又迈进了重要的一步。1978~1993年,经历了一个从传统征管方式到现代征管方式的渐进转变过程,从"以人治税"逐步向"以法治税"转变,征管信息化逐渐起步,社会办税中介力量得到培养,我国税收征管工作从开始恢复到逐渐加强和规范。作为税收工作的重要内容,税务行政复议和税务行政诉讼也逐渐开展起来,在维护和监督税务机关依法行使税收执法权,防止和纠正违法或不当的税务具体行政行为,保护纳税人和其他税务当事人的合法权益,推进依法治国、依法治税基本方针贯彻落实等方面,起到了重要作用。

1992年9月4日，第七届全国人民代表大会常务委员会第二十七次会议上通过了《中华人民共和国税收征收管理法》，这部税收征管法是新中国成立以来第一部适用于所有纳税人的税收法律，它总结吸收了新中国成立以来特别是党的十一届三中全会以来税收征管工作的经验，借鉴了国外税收征管的有益做法和惯例，其颁布标志着税收征管工作进一步走上了法制化和规范化的轨道，有利于提高税收征管工作的法律地位，推进税收征管规范化，意义重大。税收征管法颁布后，促进了税收法制化，强化了税务登记和纳税申报，纳税人主动申报纳税意识逐渐提升，对偷抗税的打击力度明显加强，税收征管水平不断提高，国家财政收入显著增长。

1994年分税制财政体制改革以后，除少数地方外，全国省级以下分设国家税务局和地方税务局，国家税务局在行政上实行税务系统内垂直领导，地方税务局实行双重领导，以地方领导为主，后地方税务局系统一般也垂直到省一级。国税、地税的分设，对加强税收工作起到了明显的促进作用。从1994年1月1日起，改革地方财政包干体制，对各省、自治区、直辖市以及计划单列市实行分税制财政管理体制。随之，税收管理体制也发生了重大变革，将税种统一划分为中央税、地方税和中央地方共享税，并建立中央税收和地方税收体系，分设中央与地方两套税务机构分别征管。分税制管理体制改革的目的，是要适应社会主义市场经济发展的要求，强化税收调节功能，促进统一市场形成和产业结构优化，提高中央税收收入比重，强化中央政府的宏观调控能力。

分税制改革之后，征管制度进一步健全，征纳程序趋于规范，纳税服务得到优化，税收监控能力不断加强，并加快了税收征管的计算机应用步伐，开展金税工程一期试点工作，其后，金税工程二期实施并取得阶段性成果。2001年后，逐步推广使用中国税收管理信息系统（CTAIS），实现了全系统征管数据省级大集中，税收管理信息化水平进一步提高。全国税务系统加快推广多元化电子申报缴税，为纳税人方便、快捷地申报缴税创造了条件。新型征管体制机制的建立，逐渐实现了由专管员上门收税到纳税人自行申报纳税、由粗放式管理到专业化集约式管理、由传统手工操作到计算机网络技术集中运用、征管模式由监督打击型到管理服务型的转变。

2005年后，国家税务总局确定"以申报纳税和优化服务为基础，以计算机网络为依托，集中征收，重点稽查，强化管理"34字方针，实施税收征管科学化、精细化改革。按照征管改革"科学化、精细化"的要求，加强对纳税申报的审核和延期申报、延期缴纳税款、减免退税审批，完善税收征管办法，强化税源管理，建立健全税源监控、税收分析、纳税评估和税务稽查良性互动的税源与征管状况监控分析一体化工作机制。开发升级相关配套软件，以省级局为应用平台，推广应用综合征管软件V2.0版（即原来的CTAIS升级版）。

从2007年开始，不断优化税源管理，建立和完善税源监控、税收经济分析、纳税评估、税务稽查"四位一体"税源管理机制。2008年，国家税务总局成立大企业管理司，开始探索对大企业实施专业化管理。2009年，针对税源管理面临的新形势和新问题，提出了信息管税的新思路。2010年，在总结各地探索试点经验的基础上，国家税务总局印发了《关于开展税源专业化管理试点工作的指导意见》，明确了税源专业化管理的指导思想、基本原则、主要内容和试点工作的具体要求，在基层初步探索的基础上，研究提出了税源专业化管理的设想，积极探索税源专业化管理新模式。

全国税务系统深化税收风险管理，在全面分析纳税人税法遵从状况的基础上，针对不同类型不同等级纳税人的税收风险，合理配置税收管理资源，通过风险提醒、纳税评估、税务审计、反避税调查、税务稽查等风险应对手段，防控税收风险，提高纳税人的税法遵从度，提升税务机关管理水平。

为顺应互联网发展趋势，满足纳税人和税收管理不断增长的互联网应用需求，推动税收现代化建设，把互联网的创新成果与税收工作深度融合，拓展信息化应用领域，推动效率提升和管理变革，扎实推进"互联网＋税务"税收征管改革。"互联网＋税务"坚持科技引领、创新驱动，立足自我变革与外部融合并举，前瞻开拓与稳步推进并重，统筹基础平台建设，整合信息技术资源，打造税收治理新格局。从2015年开始，加快金税工程三期建设，初步建成了以税收业务系统为核心，包括外部信息、行政管理和决策支持等辅助业务在内的四个信息管理应用系统，以更加有效地加强管理和服务，提高依法治税水平。

伴随着我国经济体制改革走向全面深化，财税体制也在不断进行适应性变革。2018年，党中央、国务院作出了国税地税征管体制改革的决策部署，合并省级和省级以下国税地税机构，实行以国家税务总局为主、与省区市党委和政府双重领导的管理体制，并划转了社会保险费和非税收入征管职责，优化了机构设置和职能职责，构建了优化高效统一的税收征管体系，为纳税人和缴费人提供了更加优质高效便利的服务，切实增强了纳税人和缴费人的获得感，提高了税法遵从度和社会满意度，风险管理能力和稽查质效也显著提升，增强了税费治理能力，更好地保障了税收职能作用的充分发挥。

新中国税收征管的不断进步，保障了税收职能作用的充分发挥，我国税收收入也从1950年的48.98亿元增长到2019年的157992亿元，增长了3226倍。新时代，税收征管面临着新的发展理念。未来，随着国家治理现代化的不断推进、依法治国理念的不断深入、经济高质量发展的不断提升，税收征管机制还将不断完善和优化，为高质量推进新时代税收现代化提供有力制度保证，更好发挥税收在国家治理中的基础性、支柱性和保障性作用，更好地服务于"决胜全面建成小康社会、开启全面建设社会主义现代化国家新征程、实现中华民族伟大复兴的中国梦"。

作者单位：江西财经大学

作者简介：王乔，男，1960年9月出生，博士、二级教授、博士生导师，江西财经大学党委书记，"赣鄱英才555工程"领军人才，江西省人民政府特殊津贴获得专家，"江西全面建成小康社会决策支持协同创新中心"首席专家。

共和国税收征管史的井然建构

——《共和国税收征管70年》读后

李胜良

作为国家税收治理体系的接地端、集成端、执行端、敏感端、摩擦端、舆情端、起效端，税收征管负有实现税收职能、彰显税法意志、改善税收遵从的现实权能。它凭借着对课税对象、税源、纳税人的筛选、洞察、捕捉、剔汰、区分、评估、斡旋、征稽、回护，具体而微地介入税收征纳关系的柔软、隐秘、应激体位，在国家强制力的背景下，无时不需要贯注以灵动、活泼、机警的处事技巧、心理策略、行为分寸，守经达权，随机应变，创造性地达成政策目标。如此，税收征管更具张力、难度、挑战性、炫惑色彩、博弈情景，投诸古今中外的基层税干更深广的冲关空间。

税收征管是税收治理意图的最后一公里旅程。来自税收政策或税收征管本身的避税节点都需要在这最终环节修正改进。有趣的是，诸多制度创新都是在几代人持续一贯的努力下逐次实现的。在中国古代税收征管史检索中，遇到过这样一条史料，大可以比附我们今天的某项努力。宋史《齐廓传》云："平阳县自马氏时税民丁钱，民生子，至壮不敢束发。"人之成丁，每每信赖于一定的年龄要求，而在身份登记不是很健全的情况下，年龄判定不得不受制于一个人的标志性装束。至壮而不束发，从纳税人的角度便等于宣布了未成丁。如此这般受制于外在力量的纳税人资格认定便出现了颇大的避税空间。20世纪90年代，有关方面大力推行具有唯一性的纳税人识别号，并努力使之与诸多身份认证系统如质量监督局的企业编码、社保部门的社会保险号达成通贯，就在某种程度上是为着制约纳税人身份的虚拟、虚构、虚空。从30年后的今天看过去，这样看上去有点笨拙的人工作业，分明是前互联网时代对"互联网+"时代的倾情赠予。到2015年全国范围内实施企业工商营业执照、组织机构代码证和税务登记证"三证合一，一照一码"，终不负前辈们的筚路蓝缕。

税收征管又是隐含甚至富含委托代理风险的雷区。一旦失控，一处处末梢神经不再原汁原味地执行税收管理当局的指令而作出并非出以公心的"自由裁量"，进而触及税收征纳之间本来就已经脆弱的神经，势必酿成行政灾害。历朝历代，从没有在整治税吏腐败方面积累多么成功的经验。从这个意义上，共和国时代多少旨在限制、规矩、监督税务人员过大权力和过滥运用方面的举措和外围相关法律法规（如行政处罚法、行政诉讼法、国家赔偿法、民法典），都循着规范化这条线路铺垫出融洽税收征纳关系、改善基层行事作风、促进税收治理走向柔性作业、纳税遵从度提升等不期而遇的效果。

对于税收的伦理评价也每每集中于税收征管侧。纵观历史，依据税基、税目、税率计算出的税负未必是纳税人现实领受到的实际税负，不仅有诸多隐性的成本寄于征收与奉行区间，更有来自具体税收征管的贴身伤害、冷暴力造成的肉体、心灵负重。一些学者的研究，曾经对宋朝、明朝等得出税负不重的认定，就在于他们难以得到较多来自征管领域的资料和数据。长于故事描述而短于数字铺陈、长于笼统界说而短于具体排比的古代史述，确实无从明细地揭示何者是无泪的税收、有痛的税收、造伤的税收、生恨的税收、致命的税收、激化逃避冲动的税收、挑动反抗甚至反叛信念的税收，因为税收征管侧与税收伦理侧的对应关系，微妙莫名，相关度难测。

相对于税收理论、税收政策、治税思想的形而上、"高大上"，税收征管更具"小快灵""短平块"的具象特质，反映在诸多完备六要素的故事链条中，相对于着落在纸面上、法典上、高台上的大法大政，税收征管每每会有一些更富民间意味的观察、描述、呈现意态，诸如"白麻纸上书德音""县吏催租夜打门""水中照见催租瘢"，即使不是喜闻乐见，终究人见有份，每个人心目中都有他对税收征管的主观印象。

这恐怕也是民国以前的税收史写作更多瞩目于制度史而少征纳关系史尤其未曾谱写过体系健全的征管史论述的缘由：表象太乱，头绪太多，技术性太强，评价尺度太难把握，只凭文献考据不足以呈现原貌和全貌，而需要依托更多的田野功夫、口述资料、物证材料，甚至对野史、逸诗、口碑的涉猎。共和国时代加强了对税收征管的经验归纳和规律总结，且因为大跨度地经历了农业社会、工业社会、信息社会的经济腾跃，而让税收征管的对策方略呈现出一个完整顺遂的进化链，而大大增加了税收征管史的可叙述范围、可排组空间、可搜寻踪迹、可系统构建可能性。70年的税收发展历程，鲜明地区划为草创时期的八面来风、收敛时期的八风不动、开放时期的风生水起，其间涌现了大量生动鲜活的案例资料，为一部赫然有料、井然有序、凛然有道的税收征管史的脱颖而出，铺陈了足够的前提条件。

成体系、成规制、成气候的税收征管史应该诞生于中华人民共和国成立后而非民国时期的另外一个原因，是共和国时期更有资格佐助对这一专题史的铺陈。纵使已经过去了70年，毕竟经历了较长时间的沉寂，我们仍然不敢响亮地声称在税收制度的构建方面已经明显、长足、彻底地超越了中国过往，但在税收征管技术、范围、深度、精度、效率、厚重程度上，肯定已经远远超越了当年在高端税系都会无奈采行"径行决定"的民国税务当局。从查定、查验到查账核实征收，从定额、定率到据实依法征收，从手工作业到建账建制再到"互联网+"，从对发票的控税操作到简单的据票征收印花税、以票管税再到在增值税票上注明税款进行抵扣，从"一员进厂各税统管"这样的中华人民共和国成立初期被视为经验做法的驻厂员制度，到第一轮征管改革时期的征管查三分离，再到新征管模式下的云监控，从强调强制到注重服务，从征纳双边到中介组织双向权衡，从延安时期奉为良策的"民主评价"到国际税收背景下的 APA 协议，共和国的税收征管已经脱胎换骨更新换代。税收征管理论方面，当文绉绉的"奉行"改译为吻合于政治学意蕴的"遵从"，税收征纳关系的冰冷戒备一跃为和悦安详，征纳互助共治的一团和气正驱散早年压在税收征纳之间的污浊阴霾。"税收是我们为文明社会付出的代价"理念的大面积确认，越来越转化为具体的税收立法决策与税收征管操作。

一部《税收征管法》，藉由《征管条例》《发票管理办法》的辅佑款款而至，一套伸缩有度的税收征管模式悄然归位，一支投身于基层税收征管数十万素质已与互联网时空接驳的税务干部群落的全新整肃，我们说共和国的税收征管境界在进入新世纪后已经远远地超越了民国时代,是有坚实论据的。从后农业时代税收征管偏重于人盯人,到工业时代偏重于人盯账、票,再到信息时代计算机智能监控全视角数据,共和国的税收征管有足够的资本,回顾既往,展望未来。

正是在这样的背景下,由江西财经大学财税研究中心组织编写、该校党委书记兼财税研究中心首席专家王乔先生策动、荟萃财税中心一众教授博士集群主笔并结合实务部门亲历者积极参与的《共和国税收征管70年》隆重出版。金风玉露一相逢,一部兼顾时序轴、主题轴、事件轴的力作已然扑入人们的眼帘。

盛世修史自是潮流,但当代人修当代史终究是修史者的畏途。毕竟,当事人尚在,利害关系犹在,事发场景宛在,每个人都可以尽情置喙,纵情褒贬,畅情取舍,倾情追补。更有许多理当作成败分析、理性评断、历史逻辑推定的事件、创制、举措,也不便做通透周延的纵横捭阖。对于特定人物的功过品评,更是显见的难局和畏途。内幕与资讯未必作了全线的公开解密,一些重大行动的出台,还有着许多的难言之隐弦外之音,修史者暂时难以涉足。一句话,诸多事体尚未盖棺,何谈定论。但是,成熟体态的历史总是需要建立在实录、"邸报"、笔记、野史甚至街谈巷议、文山会海、正论反说的基础上,适时地予以总结,恰是为价值中立的"青史"提供的厚实积淀。更为重要的是,此书几乎是以首部税收征管史的姿容面世,其在体系、体例、体量方面的启划特具原创意涵。尤其值得提起的,是它为方兴未艾的税收征管史写作,示范了一个井然方正的叙事结构,据此烘托起对共和国70年税收征管活剧的宏大开篇。

此书的策划、运筹和创写显然顾及了上述论及的诸多微妙元素。特定局部虚实有度、详略有度、宽严有度、史论有度,点到为止,欲说还休,仍是预伏了许多现在不宜多说但又不能不说只好讲究尺度小心翼翼地说的分寸感。时而羚羊挂角,讳莫如深;时而草蛇灰线,微言大义;时而和而不同,存疑献惑;时而旗帜鲜明,堂堂正正。透过此书的字里行间,你能够品到治史者的宽容、达观、谨慎和知性。由一群清一色的教授、博士以深厚学养、扎实功力、悯世情致祭出的鸿篇巨制,自是不同凡响。

细致地揣摩全书,我们还可以从中理出许多隐秘但执着的集束线条,条分缕析,稳步推进。从笔者这个有着十几年税收征管实践、十几年税收征管研究的读者的界面,可以尝试着归纳出一条主线、两个视角、三大板块、四驱导向、十处机钮。

一条主线,就是沿着共和国税收征管70年的历史和逻辑演进,兼容技术创新、制度创新、人事创新等生产力变革,凭借着规制化、标准化、专业化、精细化、信息化、现代化等设计之初只是理性推演、集成之后竟是一脉相承的发展路径,所呈现的共和国税收征管变迁轨迹。

两个视角,分别是国家的税收治理视角和纳税人的税收遵从视角。对纳税人不仅仅作为一种虚拟客体、假想敌,而是有血有肉的人格构成,是共和国税收征管的一个大大的亮点。从征纳对峙到税企共容共荣,甚至发展到严格守护税收营商环境的高境界,这是新时期税收征管的标志性景观。此书在行文中,自始至终将纳税人一翼作为一个叙述由头,从中华人民共和国成立发动员工护税,到越来越强调融洽税收征纳关系,再到具体的纳税服务、办税服务厅,直到更为生动可触摸的税收遵从、纳税人满意度、纳税人信用等级,一路挺进到对接国际标准的税收营商环境。尽管纳税人的主体色彩依然含糊漶漫,人格尊严却与日俱增。

三大板块分别是时间排列、主题组合、大事归集。三大板块齐头并进，互为举证，结合起来串读，义理分明。如此排布，可以省去许多不必要的笔墨，诸多历史梗概一目了然。时间序列揭示了70年税收征管的发展脉络，主题序列又拈出相应重点细说周详，大事归集强调从决策层对诸多重大事体的筹划与运作，很有古史写作的意蕴：时序轴如传，主题轴如志，事件轴如表；时序轴如纪传，主题轴如纪事本末，事件轴如编年。

四驱导向分别是历史导向、潮流导向、国际导向、问题导向。陈云有谓：我国草创阶段的税收制度体系是从"孔祥熙的仓库"里搬出来的。诚然，国情的特别和渊源的多绪，更让我们初期的税收治理系统裹胁着延安模式、上海模式、苏联模式、西方模式的多重元素。作为红色政权、红色税收的"原产地"，江西人有着深厚、浓郁的历史资源可以依托。此书中，诸多事体都很自觉地"从头说起"，如税收管理体制、协护税网络，几乎是一个可以鲜明感知的行文风韵。

潮流导向不仅体现在对不同时期的国家治理和税收治理路径予以声援、响应和落实，还反映在清醒的未来意识上。承接历史，因应时势，迎合趋向，让这样一部看上去只有70年时长的历史著述呈现出宽大的纵深、深远的半径、广袤的幅员。最值得夸赞的，是此书为未来中国的税收征管前景设置了专章进行描绘，这样的开放性、前瞻性十分难得。

进入21世纪，随着经济全球化的深入，国际税收理论有了长足的扩张，"渗入型""侵入型""圈入型""楔入型"等各色道行纷至沓来，打击税基侵蚀和利润转移（BEPS）、《海外账户纳税法案》（FATCA）等新鲜技法层出不穷。这也在相当程度上，作用于有着税收法权外溢可能性的中国，刺激其在涉外或未必涉外的领域作出适应性的调整。这样的国际税收征管意识，此书在诸多章节如税收征管现代化、税源监控、纳税评估、营商环境等都有体现。这与中国和外界的税收征管合作日益增多是同步的。2009年，中国加入国际联合反避税信息中心，更是一个重要时点。

问题导向主要反映在此书下卷各章。这也是很见理论功力、政策功力、业务功力的部分。诸多事项如税收征管法修订、金税工程进程，叙述不厌其详，说明不厌其精，讨论不厌其碎，敢于在税收征管这样本来就有些纤细的事体上做掰开揉烂的细节推演，颇能显出作者群的深厚底蕴。

十处机钮，分别是理解共和国税收征管史的一些画龙点睛、牵一发而动全身的关键所在，也是本书的叙事重点，包括税收管理体制、干部队伍建设、征管模式、征管改革、征管立法、纳税服务、大税征管、协税护税、税收征管信息化、税收征管现代化。

狭义的、严格意义上的、原典意义的税收征管（征管条例出台前时常被呼为稽征管理），是不包括税收管理体制（以及税收征管体制）的。征管法的原初框架即管、征、查、处（还有许多链接于别法的强制手段如税收保全、强制执行、优先权、代位权等），都是投注于具体的税收执法实践，以征纳之间的紧密互动为特征，而税收管理体制这样更为高端、上游、统摄性的上层建筑，则构成税收征管的背景、前提、护翼、掣肘。税收管理体制是纲，税收征管是目。税收管理体制是大局，税收征管是细节。纲举目张，一纲带全目。此书将税收管理体制隆重地载入并作为重头内容，恰是考虑到了二者的紧密关联，视之为广义的税收征管元素。有了通天性的税收管理体制，则贴地性的税收征管也便有了更坚实的系统凭借。

用数字说话、变泛泛空言为咄咄史据，是此书的一个显见特质。反映在共和国70年的干部队伍建设上，作者引用了一系列的数字，标示共和国税收征管力量从强化到削弱再到重新整肃的过程。干部队伍建设也不能算是税收征管机体的内置元件，而是税收征管的上位程序。但是，作为税收征管的执行主体和当事人，揭示这一队伍的盈缩变化可以直观税收征管的历史定位。从中华人民共和国成立初期大力强化税收征管队伍时的14万多人，到任子良所谓"无税之国"以及"合并税种，简化征收办法，改革不合理的工商税收制度"的3万多人，到1981年批准增加税务干部8万人、1983年批准增加税务干部4万人并对征管、稽查人员统一着装，直到如今俗称的百万税字军，活脱脱地凸现出共和国税收征管先扬后抑、触底反弹的历史流线。想一想都自豪，著名的三反五反运动中，"反对偷税漏税"赫然在列，为共和国开国史刻下税收治理的深切印痕。基层的税收征管人员，自然也成为重要的国家建设者。

税收征管模式是税务当局对于税收征管资源的空间和逻辑排布，上承治税思想，下接具体征管操作。一些颇是形象的归纳让人们对某一时代的税收及征管风貌一目了然，如"一人进厂，各税统管""征管查三分离"尤其是后来的34字白描，都是直击要害，直抒主次。从操管侧重上，"管人""管事""管数"的描述也很形象。从税收征纳关系上，"对立""倾斜""平等"也能对渐次的柔性诱惑力有所揭示。从治理态势上，"人治""法治""共治"的趋向颇有点睛之效。

税收征管改革是一个永恒的命题。征管改革具体反映为征管模式的拓建过程，例如，1989年税收征管改革旨在改变"一员到户，征管查一人负责"的状况，1997年的征管改革具体目标模式在于："以申报纳税和优化服务为基础，以计算机网络为依托，集中征收，重点稽查。"到2004年总局发出《关于进一步加强税收征管的若干意见》时，上述模式表达式的尾部，又追加了"强化管理"四个字。21世纪的"管数制"趋向下，征管模式被重新归纳为："以纳税人自主申报纳税为前提，以促进依法遵从为目标，以风险管理为导向，依托专业化、信息化管理方式，优化服务，加强评估，集约稽查，依法征收。"

作为共和国税收征管从人治进化到法治的重要标志，部分承担了税收组织法、税收基本法功能的税收征管法族，在诸多国家大法如宪法、行政法、经济法、民法的护佑下，日益绽放着越来越光彩夺目的神韵。仅仅是在篇章结构上，都有明显的增容。征管条例确立的管、征、查、处四分法，到了1992年、2001年征管法成文，即使附加了诸多的管制、强制手段，仍然保留着此一外观。可之后的修订尤其是2013年以后的预期修订，干脆在篇章上大加扩张，又增设凭证管理、信息披露、争议处理等章。随着民法典的出台，还将有新的兴革。在这一话题上，此书饱蘸笔墨，有许多精致和细腻之笔。

甫一开始便高扬纳税人满意度、税法遵从度指向的纳税服务越来越从技术到心术，从行为引导到心理干预，从公事公办到一事一议，从以我为主到以人为本，从单向度剃头挑子到双边、多边共赢，从拂面轻风到和煦春风，铺陈为一个税收征管关系逐渐从敌对到友好、从戒备到互信、从冰封到解冻、从扰动到共生的融洽曲线。此书对纳税服务的曲折流变娓娓道来，起承转合，明澈周详，颇能标示历史写作本应该有的流畅性、故事味和画面感。"便民办税春风行动"，每年都有具体指标，每年都有显见绩效。提速降负，压缩办税时间，追求"办税容易度"，每一条都是真金白银。有了纳税服务这一大块具有着关系史、行为史、心灵史意味的内容，税收史写作过于逼仄于制度史、决策史、治理史的行文惯例大有改观。

从抓主要矛盾的角度，大税管理、重点税源管理、专用发票管理的思路也是进入21世纪以来共和国税收征管的一个看点。2004年，谢旭人曾经对增值税管理提出"以票控税，网络比对，税源监控，综合管理"的16字方针。2007年建立的税源管理四位一体机制即税源监控、税收经济分析、纳税评估、税务稽查，其实也主要指向大企业管理和大税管理。之后，这方面的内容益多。比如在2017年，《增值税纳税申报比对管理操作规程（试行）》颁布并于次年实施。

协税护税是一种古老悠久的治税法门，我们甚至可以追溯到汉朝的告缗、宋元的买扑、明朝的粮长。这种旨在借助第三方力量的参与助推税收目标达成的特别手段，到了共和国时期终于修成正果。从人海战术的民主评议、店员举报，到专家路线的会计师助阵，直到更具人文关怀和和衷共济情韵的中介服务组织，既捍卫税收法权，又维护纳税人合法权益，同时友善面对税收政策和征管纰漏，可谓协税护税的道义担当。此书对这一话题的讨论颇有历史当场情态，让这一眼见就要过时的概念再度闪光。

税收征管信息化是共和国税收征管史上最为显示技术进步和时代变迁的标志性事项，是它一步步地将一穷二白的落后征管方式次第助推至云端。一直以来争议频频的金税工程必然会在几十年后被无利害关系的后人赞不绝口。此书的一大历史贡献，是把这外行看上去五迷三道云山雾罩的高技术，翻译成耳熟能详的通俗版本，向当前和后世的人们作语重心长的倾情解说。"一个平台、两级处理、三个覆盖、四个系统"实现之日，也便是税收征管彻底从人间驾临云端之时。

税收征管现代化并不仅仅局限于官方所提出来的那些指标，因为这本就是一个流动的、发展的、随时随地会更新短期目标的过程。马国强教授曾经如此归纳在征缴环节的实体变化：税收征管的过去时，主要反映在民国以前，税收征缴局促着落于税基一隅即丁与土之上，单纯由税务当局定税，谓之单向稽征；税收征管的现代时，主要是指共和国时代70年，税收征缴着眼于全流程，诸如税务登记、纳税申报、账簿管理、税款缴纳、纳税评估、税务稽查、违法处理、税收救济，谓之纵横博弈；税收征管的将来时，则由税务机关与纳税人各自依法确定税额，双方核对后直接划转，如此以云端推演淡化现实操作，税收征管也将进入无人机状态，谓之交互认同。此书对这一伸展性话题也作了许多有益的探索。

诚然，对一部首创性的作品吹毛求疵是容易的。比如说，这一部主要是由税收征管实务未必多么熟稔的大学教授们所写的税收征管史，过于执着和拘泥于文献考索而欠缺一些灵动延伸的材料，比如来自当事人的口述、基层税务干部的认知、纳税人的分说。比如共和国成立初期的实体内容相对单薄，如果辅以一些稀有的票、证、书、照图谱，一定增色不少。纵览全书，只在第八章即发票管理专章有少量配图。相形之下，有些章节不免显得略为干涩与枯燥。不过，相对于这部书的开创、定鼎、布局之功，这些都是枝节，是趣向，是白璧微瑕，是可以随着进一步的修订越来越趋成熟精致的契口。

如王勃当年论定的，江西是一个物华天宝人杰地灵的所在。财大校园里的腾蛟路、抚波亭可以见证王乔、席卫群、曾耀辉等专家学者为着建构共和国70年税收征管史付出的智慧和辛劳。"风情写放腾蛟处，波抚梅林逗翠微。"谨为《共和国税收征管70年》点赞！

作者单位：国家税务总局河北省税务局

作者简介：李胜良，男，第七届中国税务学会学术委员，先后出版《纳税人行为解析》《发票撷趣》《税收脉络》《税道长安》《曹钦白评传》《大任斯人》《税收地理札记》《晋察冀边区税收踏访记》《税痛诗骚》《税韵书香》《放浪书》，发表涉税文章九百余篇。

中国革命根据地税收思想的形成与发展

刘燕明

中国革命根据地是中国共产党在新民主主义革命时期为夺取中国革命胜利而创建的战略基地。它先后经历了土地革命、全民族抗日战争、解放战争三个时期，历时22年，在艰难复杂的革命战争环境中，中国共产党不仅夺取了革命胜利，而且在革命斗争实践中逐步认识到税收在根据地的重要作用，形成了革命根据地的税收观，为根据地税收的建立与发展提供了理论思想和政策依据。深入研究革命根据地税收思想史，有助于我们把握和探究根据地税收的发展脉络和税收内在的逻辑关系，揭示中国革命根据地税收思想的本质、特点及历史意义。

一、中国共产党的税收思想由主张到实践

中国共产党自成立之后，就把税收主张作为革命纲领的重要内容之一。1922年，党的二大宣言中提出：改正协定关税制，取消列强在华各种治外法权；废除丁漕等重税，规定全国土地税则；废除厘金及一切额外税则，规定累进率所得税。1926年11月，《中国共产党关于农民政纲的草案》中更为明确地提出："规定整个一定的农业税，取消苛捐杂税，废除陋规。"这表明共产党早期的税收主张具有反帝反封建的性质，否定中国半殖民地半封建社会的旧税制，提出建立适应新民主主义革命的新税制，包括征收土地税、农业税和累进税等。通过建立土地税和农业税等取代当时国民政府普遍实行的田赋及其附加，以达到废除封建的土地制度及实现减轻农民负担之目的；而主张累进税制则是革命整体战略一个重要环节，其指向在于建立与新民主主义革命相适应的经济秩序。

"八七会议"确定了开展土地革命，发动人民武装起义，创建农村革命根据地，以农村包围城市武装夺取政权的革命道路。这次会议通过的《最近农民斗争的议决案》中提出："对于一切新旧军阀捐税实行抗纳，并实行抗租。"通过农民暴动，实现"耕者有其田"，掀起广泛的农民革命运动。从此，中国共产党的税收思想从"主张"走向"实践"。1927年8月，毛泽东领导了湘赣边秋收起义，在中共湖南省委准备秋收起义的会上，讨论土地问题时毛泽东第一次提出："必须没收地主的土地交给农民……宣布废除对农民的各种苛税；征收农业税。"① 1928年3月10日，中共中央发出《中央通告第三十七号——关于没收土地和建立苏维埃》，规定土地使用人必须向苏维埃缴纳10%～15%的国税。同年六七月间召开的中共六大通过了《政治决议案》，号召"取消一切政府军阀地方的税捐，

---

① 彭公达. 关于湖南秋收暴动经过的报告（节录）（1927年10月8日），中共党史参考资料（三）[M]. 北京：人民出版社，1979：8.

实行统一的累进税"。

土地革命初期，全国先后有300多个县在中国共产党的领导下发动了武装起义，建立了井冈山赣南、闽西、湘赣、湘鄂赣、赣东北、洪湖、湘鄂赣、鄂豫皖、左右江、陕甘、琼崖等大大小小十几个革命根据地的苏维埃政权，当时红军和政权的财政来源主要依靠战争缴获、打土豪筹款、没收土豪、军阀、官僚和地主的财产等。虽然各根据地相继自订税则开始征税，但收入有限，而最为突出的问题则是征收政策极不统一，可谓"各自为政"。随着红军队伍的壮大，根据地的巩固、扩大与统一，财政短缺已经成为影响革命发展的制约因素。1931年9月，赣南、闽西根据地连成一片，形成中央革命根据地。11月，中华苏维埃共和国临时中央政府在瑞金成立，随后发布了苏维埃共和国暂行税则，制定征收商业税、农业税和工业税，后来又征收了关税，逐步推进苏区税政的统一。从税收实践看，中央苏区的税收是以国家为模式构建的，体现了新民主主义革命特征的税收思想。其一，确立税收在国家财政中的地位和作用。"税收为国家财政的主要收入，国家的行政费、革命战争的一切经费，主要的来源应当出自税收"[①]，以加快依靠红军筹款的财政路线转向以税收为主的财政路线，使财政部不能从红军筹款中提取经费而且还要负责供给红军战费。其二，以宪法为依据制定税收法律。1931年11月7日，"苏一大"通过的《宪法大纲》第七条规定："中国苏维埃政权为保障工农利益，限制资本主义发展，更使劳苦群众脱离资本主义的剥削，走向社会主义制度去为目的，宣布取消一切反革命统治时代的苛捐杂税，征收统一的累进所得税。"其三，统一税政。(1) 统一财政政策和税收基本原则。"苏维埃的财政政策，建筑于阶级的与革命的原则之上，苏维埃把主要财政负担放在剥削者身上""税收的基本原则，同样是重担归于剥削者"。[②] (2) 统一税收制度。苏维埃采用统一的累进税办法，根据不同征收对象确定税种、税率、起征点和征免范围，正税之外不再附加，减轻劳苦民众的税收负担，同时实现限制私人资本，发展公共资本。(3) 统一税收政策。包括依据水旱等灾情或遭受白匪摧残区域的破坏程度，享受税收减免；红军战士在部队期间，其家属免纳苏维埃的一切赋税；实行关税奖限政策，调节苏区与非苏区的贸易往来，根据商品的性质和流通去向，制定区别对待的税收政策。(4) 统一征税权和征收机构。根据统一财政、编制预决算制度和财政条例，"一切国家税收概由国家财政机关按照临时中央政府所颁布的税则征收，地方政府不得自行规定税则或征收，但每年或每季开始征收税款必须接到中央财政部关于收税的时间和手续的规定的通令才能征收"。中央财政部下设省、县、区财政机关，赋予地方政府一定的管理权，由其各级税务科负责征收税款，然后逐级解缴中央财政部。其四，设置工农检察部。其职责监督苏维埃机关执行经济政策情况，包括财政政策和租税政策是否执行得正确，惩治征收工作中的贪污、舞弊、破坏阶级原则收税的不良现象。上述史实说明苏维埃政权初步有了税收理论，涉及税收职能与作用、税收制度、税收政策、税收法制、税制结构、税收管理与监督等问题，并将解决革命和社会问题融入税制建设中，通过税种设置、税率选择调节不同社会阶级的税收负

---

① 中华苏维埃共和国临时中央政府执行委员会命令第七号——关于修改暂行税则问题（1932年7月13日）[J]. 红色中华, 1932, 27 (5).
② 毛泽东. 中华苏维埃共和国中央执行委员会与人民委员会对第二次全国苏维埃代表大会的报告（四）（1934年1月23日）[J]. 红色中华, 1934, 3 (8).

担，达到革命和改造旧社会的目的。这是马克思关于"征收高额累进税"① 理论所持的阶级观，与中国革命相结合的具体实践，使税收不仅具有财政职能，而且还具有革命和改造社会的作用。

二、根据地战时税收思想体系的形成与作用

全面抗战爆发后，中国革命出现了重大转折——从土地革命转入全民族抗日战争。中国革命由阶级矛盾转入民族矛盾，战争由国内战争转入民族战争，抗战由局部转入全国抗战。按照"一切为了抗战"的主张，中国共产党与中国国民党在抗日民族统一战线的条件下达成了第二次国共合作。在此背景下，陕甘宁边区和敌后抗日根据地的税收政策发生了深刻的变化。1937 年 8 月，洛川会议通过的《中国共产党抗日救国十大纲领》提出，"财政政策以有钱出钱和没收汉奸财产作抗日经费为原则"，改变土地革命时期按照革命、阶级的原则，以暴力没收和强制征收，把主要负担放在少数剥削者富有者身上的政策。洛川会议后，八路军、新四军相继奔赴敌后战场，先后在晋察冀、晋绥、晋冀鲁豫、山东、华中、华南等地开创抗日民主根据地，发展抗日游击战争。1938 年初，刘少奇在《关于抗日游击战争中的政策问题》一文中指出："只有在已经建立起政权与秩序的根据地中，才能征收若干经常的捐税。"他认为："过去的捐税，有些是合理的，能够征收的继续征收，另外一些不可能征收的不合理的，就只能取消或者改变。某些税则的重复规定，是必要的。""政府的财政，应该尽可能由经常捐税征收中来取得。临时的捐款或派款，只有在十分必要与人民不反对时，才可实行。"明确提出税收只有在政权建立后才能开展，道出了税收具有的合理性及其法理性。1938 年 10 月，在党的六届六中会议上作出战时的财政政策："在有钱出钱原则下，改订各种旧税为统一累进税，取消苛杂和摊派制度，以舒民力而利税收。"作为各个抗日民主根据地进行税收工作的基本方针。

1940～1941 年，陕甘宁边区发生了空前的财政经济危机。毛泽东曾形象地描述道："我们曾经弄到几乎没有衣穿，没有油吃，没有纸，没有菜，战士没有鞋袜，工作人员在冬天没有被盖。"出现这种困难局面，主要有三个方面原因：第一，边区财政过分依赖外援。根据国共合作协议，1937 年 7 月～1940 年，国民政府陆续向八路军发放军饷；因八路军和新四军的战绩显著，引发了国内外进步人士大量捐助款项和物资；从 1939 年开始，国民党先后发动三次反共高潮，对边区采取经济封锁，切断外援和边区所需物资，企图"根除赤祸""消灭边区"。皖南事变后，南京国民政府完全停发了新四军和八路军的军饷及武器装备。第二，边区所处地广人稀、生产落后，以农业为主，工商业不发达，人民生活困苦，所以边区政府成立后采取休养民力政策，没有建立起全面普遍征收的税收制度，只是按合理负担和所需军粮，征收救国公粮和少量营业税、盐税（定边地区），后来又改征过寒衣代金和羊子税，有的属临时性征收。由此，边区出现了"鱼大水小"的问题，由 140 万人口供养 8 万干部和军队，而且脱产人员和来自白区的抗日青年还在不断增加。第三，1939～1940 年，边区连年发生自然灾害（包括旱、雹、水、冻、霜、虫等），尤以 1940 年最为严重，使本来靠天吃饭的西北地区农业生产受到不同程度的经济损失；加之

---

① 马克思，恩格斯. 共产党宣言，马克思恩格斯全集（第 4 卷）[M]. 北京：人民出版社，1958：490.

1938~1942年侵华日军调集兵力不断地进攻黄河河防累计23次之多,仅对延安轰炸就达17次,造成边区人民生命财产的严重损失。陕甘宁边区作为全国人民抗日的大本营尚且如此,其他根据地同样面临不同程度的财政困难。

全国抗战期间,毛泽东不但关注政治、军事问题,还投入更多的精力研究根据地的财政经济问题。自1938年5月以后,毛泽东陆续发表一系列文章,包括他主持起草或修改审定的工作报告和文件等,涉及抗日民主根据地的税收政策、征收原则、税收负担、解决财政困难的措施和办法等内容。在这些文献中,最具代表性的著作是他在1942年12月为中共中央西北局高级干部会议撰写的《经济问题与财政问题》的书面报告,系统论述了从经济到税收的辩证关系,提出了从根本解决根据地财政困难问题和税收问题的基本理论和方法,即"发展经济,保障供给"的经济工作和财政工作总方针。这是毛泽东总结了十多年来的革命经验而形成的核心思想,具有极大的理论意义和实践意义。其主要思想观点分述如下。

(一)以"自己动手、自力更生"作为财政工作的指导方针,开展大生产运动,培养民力,减轻人民负担

面对边区财政困难问题,毛泽东指出:"我们主张自力更生的。我们希望有外援,但我们不能依赖它,我们依靠自己的努力,依靠全体军民的创造力。"① 因为"单靠人民交纳租税,还是不能解决抗战建国的需要,特别是在边区地广人稀的条件下,人民的租税与政府的支出之间,长期存在着一个大矛盾。所以,我们必须用极大注意力去经营公营经济,……公营经济愈发展,则人民负担就可减少,这又是培养民力的一个方法"②。自1943年起,边区的机关、部队粮食已部分取自于己。在当年召开的陕甘宁边区劳动模范英雄大会上,毛泽东肯定了大生产运动取得的成绩,并指出:"部队机关学校既然自己解决了全部或大部的物资问题,用税收方法从老百姓手中取给的部分就减少了,老百姓生产的结果自己享受的部分就增多了。"从陕甘宁边区公粮征收情况看,1943年征收公粮16万担,自给4.6万担,自给占公粮总额的28.75%;1944年征收公粮同样16万担,自给8.6万担,自给占公粮总额43.12%;1945年征收公粮12.4万担,自给2.1万担,自给占公粮总额的17%。③ 可见,取之于己和取之于民相结合是解决边区财政困难的一个宝贵经验。

(二)经济决定财政的观念

按照"发展经济,保障供给"的方针,正确处理经济与财政的关系。毛泽东指出,"财政政策的好坏固然足以影响经济,但是决定财政的却是经济。未有经济无基础而可以解决财政困难的,未有经济不发展而可以使财政充裕的"④。毛泽东认为,"虽在困难时期,我们仍要注意赋税的限度,使负担虽重而民不伤。而一经有了办法,就要减轻人民负担,借以休养民力"⑤。要做到让民众甘心情愿地缴税,应采取"先予后取"的办法。把

---

① 毛泽东. 必须学会做经济工作,毛泽东选集(第三卷)[M].北京:人民出版社,1991:1016。
② 毛泽东. 经济问题与财政问题,毛泽东选集[M].沈阳:东北书店出版,1948:752.
③ 陕甘宁边区财政经济史编写组,陕西省档案馆. 抗日战争时期陕甘宁边区财政经济史料摘编第六[M].西安:陕西人民出版社,1981:98.
④ 毛泽东. 抗日时期的经济问题和财政问题,毛泽东选集(第三卷)[M].北京:人民出版社,1991:891.
⑤ 毛泽东. 抗日时期的经济问题和财政问题,毛泽东选集(第三卷)[M].北京:人民出版社,1991:895.

给人民以东西的"予"放在第一位,把向人民要东西的"取"放在第二位,二者位置不能改变。只有给人民以东西的前提下才能实现向人民要东西。从毛泽东的论述中可知,"予"是帮助人民发展经济,而非单纯的"仁政"观点;"取"要有度,顾及人民的利益,使人民有得有失,得大于失,而不能只顾政府和军队,不顾人民,更不可竭泽而渔。因而要尽量增加"取之于己""取之于友""取之于敌"的部分,力求减轻"取之于民"的部分。毛泽东强调:"县区党政工作人员在财政经济问题上,应以90%的精力帮助农民增加生产,然后以10%的精力从农民取得税收。对于前者用了苦功,而后者便轻而易举。"①

(三) 采取增产不增税的政策

抗日民主根据地农业税征收粮食,最初按产量多少而征收,产量高征税多,产量低征税少,一般采取比例税率或累进税率,有利于增加税收(粮食),但却严重损伤了农民生产的积极性。1942年,陕甘宁有个地区有农户4843户,就有3527户发生迁徙。至少说明按产量比例征税,实际上是鞭打快牛,已经影响到农民的生产情绪,如此下去,税收将成了无源之水。毛泽东认识到问题的严重性,并提议:"从1943年起,每年征收公粮十八万担,以后若干年内即固定在这个数目上,不仅在目前全边区粮食总产量约一百五十万担是收这个数目,就是由于生产发展,总产量增至更大的数目时(据许多同志估计,就现有劳动力加以调剂,能使边区粮食产量达到二百万担)我们也只收这个数目,这个数目以外的一切增产概归农民,使农民好放手发展自己的生产,改善自己的生活,丰衣足食,穿暖吃饱。"②毛泽东认为,这样做可以达到三个目的:"第一个目的是使农民富裕起来,改善他们的生活;第二个目的是使农民有力交付粮食税,帮助抗战的需要;还有第三个目的,是使农民在取得减租利益之后,发展农业生产,能够以一部分交给地主作为地租,因而便于团结力量使地主和我们一同抗战。要达到这三个目的,只是做一件事,就是用尽力量使农民发展农业生产。农业生产愈发展,农民每年收获农产品及其副产品的数量愈增多,则其交给政府的粮食税的数量在其收获总量上说就可愈减少。"③

(四) 实行普遍纳税的原则

抗日民主根据地创建初期税收上采取"合理负担"政策,即是按照"钱多多出,钱少少出,无钱不出"的办法,把税收任务主要集中在少数富人头上,贫雇农成了无税户。这并不符合"有钱出钱、有力出力"的合理负担政策,出现了税负不均、征收不普遍的问题。毛泽东在为中共中央起草的党内文件《论政策》(1940年)中指出:"关于税收政策,必须按收入多少定纳税多少。一切有收入的人,除对最贫苦者应该规定免征外,百分之八十以上居民,不论工人农民,均须负担国家赋税,不应该将负担完全放在地主资本家身上。"在公私经济纳税上应该做到一视同仁。1942年,边区中央局、军委、政府作出《关于公营商店的决定》,规定:"所有公营商店,并应与私人商店一样,照章缴纳政府各项捐税,执行商店应尽的义务。"由于各根据地在征收统一累进税的过程中贯彻了普遍纳税的原则,使根据地的纳税人一般达到了80%以上,有的地方达到了90%左右,既增加了财

---

① 毛泽东. 开展根据地的减租、生产和拥军爱民运动,毛泽东选集(第三卷)[M].北京:人民出版社,1991:911.
② 毛泽东. 经济问题与财政问题,毛泽东选集[M].沈阳:东北书店,1948:752.
③ 毛泽东. 经济问题与财政问题,毛泽东选集[M].沈阳:东北书店,1948:152.

政收入，又减轻了农民负担，还培养了民众的纳税意识。

毛泽东的税收观在根据地税收思想体系中占有重要地位。同一时期，陈云的"改善民生""聚财之道""力量集中，不要分散"的税收观点及其管理思想和邓小平的"举善政，兴利革弊""开源节流"的赋税观，同是根据地税收思想体系的组成部分。

三、解放区税收政策的调整与转折

随着抗战胜利后国共和平建国谈判的破裂，内战爆发，中国革命进入了解放战争时期。针对解放战争发展的形势，中央根据土地法实施先后分为老区、半老区和新区，分别制定不同的方针和政策。在税收上，调整新老解放区的税收负担，沿用和改造旧税制，加强城市税收工作，促使区域性税制统一和新老解放区税收政策的逐步统一。这一时期，毛泽东、陈云、刘少奇、任弼时等人的理财观和税收观又有新的阐发，具有重要的理论指导意义。

（一）保障战争供给，协调老解放区（半老区）经济发展与合理负担的关系

人民战争的胜利离不开人力、物力、财力的供应。为此，解放区的人民还要为支援人民战争作出人力、财力的贡献，特别是老解放区。在解放战争期间，毛泽东先后撰写了一系列文章，阐述发展经济与平衡人民负担的关系及相关税收政策。毛泽东认为，粉碎蒋介石的进攻，支援前线作战，保卫解放区，通过减租和生产，增加税源，减轻人民负担。在财政政策上，"人民负担太重者必须酌量减轻"[①]，以保护人民纳税的积极性。在财政供给上，"必须使自卫战争的物质需要得到满足，同时又必须使人民负担较前减轻"[②]。解决财政问题，第一原则是发展经济，保障供给，纠正打击工商业者的情况，而从根本上解决财政问题必须完成两方面任务："必须一方面使人民解放军向国民党区域发起胜利的进攻，将战争所需要的人力资源和物力资源大量地从国民党方面和国民党区域去取给；另一方面，必须用一切努力恢复和发展老解放区的工业生产和农业生产，使之较现有的水平有若干的增长。"[③] 只有推进人民战争不断胜利，才能为开辟新财源创造条件，进而保障解放全中国的物质需要。

在毛泽东上述理财思想的指导下，各个解放区先后采取了开辟财源的办法。如西北、华北、东北、华东、中原等老解放区先后建立工商税收制度，相继征收各种工商税，平衡农民和工商业者的税收负担，逐步提高工商税收占解放区税收的比重。从1948年起，凡完成土改的地区废除累进税制，实行新的农业税制，一般采取比例税率，通过重新核定计税土地面积，严格征管，除极少数贫苦农民和无劳动能力的烈军属户外，使农民缴纳农业税（公粮）的负担面达到95%以上。由于扩大了税基，收入也就增加了。

（二）制定新解放区税收政策，协调新老解放区人民的税收负担

面对新解放区城镇多、普遍为私人经济、土地尚未改革等情况，毛泽东主张："新解放区必须充分利用抗日战争的经验，在解放后的相当长时期内，实行减租减息和酌量调剂

---

① 毛泽东. 一九四六年解放区的工作方针, 毛泽东选集（第四卷）[M]. 北京：人民出版社, 1991: 1176.
② 毛泽东. 以自卫战争粉碎蒋介石的进攻, 毛泽东选集（第四卷）[M]. 北京：人民出版社, 1991: 1188.
③ 毛泽东. 中共中央关于九月会议的通知, 毛泽东选集（第四卷）[M]. 北京：人民出版社, 1991: 1348.

种子口粮的社会政策和合理负担的财政政策。"① 他反对过早地分浮财、分土地,将负担落在农民身上,避免引起社会不满,而实行普遍的减租减息,让农民得到利益。这是毛泽东"先予后取"理论的再次阐发。他指出,在财政上实行合理负担,使地主富农多出钱,可以避免社会财富分散,利于社会秩序稳定,利于集中一切力量消灭国民党反动派。因而,根据"发展经济、繁荣经济、公私兼顾、劳资两利"新民主主义革命的经济方针,制定税收政策以达到保障战争供给与调节经济和各阶层负担的目的。

(三) 加强城市税收的政策与经验

1948年秋,东北全境解放。1949年初,淮海、平津两大战役胜利后,长江以北的大中城市全部解放,迅速做好城市工作摆上重要位置。早在1945年9月2日,中共中央发出《关于新解放城市工作的指示》,要求尽量争取使用公共事业及财经机关的原有人员的政策,除去其苛杂外,沿用旧税制,实行暂时照旧征收的方针。② 14日,中央决定派陈云到东北开展组织工作,后主持东北财经工作。1948年8月,陈云结合东北财经工作的进展情况,向中央写了《把财经工作提到重要位置上来》的报告,提出:"在目前情况下,需要把财经工作放在不次于军事或仅次于军事的重要位置上。"同年11月28日,陈云在写给中央的又一份报告(以《接收沈阳的经验》为题,收录《陈云文选(1926-1949)》一书)中总结出一条接收城市保证"接得快而完整"的经验,即"各按系统,自上而下,原封不动,先接后管"的接收办法。该报告受到中共中央高度重视和肯定,后转发各地成为接管城市工作的基本方针,特别是对以后接管北京、南京和上海等大城市提供了借鉴。

(四) 新中国成立前夕税收政策的转折

按照中共七届二中全会确定的建国方针,中国共产党将工作重心由乡村转移到城市,向以生产建设为中心、从农业国向工业国转变。税收工作重点由解放区向城市转移,税收的地位从服务区域或局部逐步上升到全国。

1. 提高税收在国民经济中积累建设资金的比重

任弼时《在党的七届二中全会上的发言》中指出,发展工业生产的建设资金来源除了靠工业利润、靠农业增产等外,要靠税收。"靠各种税收,如财产税、营业税、利得税等。不仅对工商业应当收税,就是对工人职员,一切有收入者,也将准备要收税。我们固然要反对苛捐杂税,减少人民负担,但绝不能有任何施'仁政'而一概免税的错误思想"③。他认为,烟、酒、食盐等专卖收入,关税和外贸收入,农业税要从增产上求得减少,但绝对数将来还可以增加,这些增加的收入都可以为工业的发展积累资金。

2. 尽快统一全国税政

1949年3月20日,中共中央发布《关于财政经济工作及后方勤务工作若干问题的规定》。该文件中规定:关于财政经济工作的统一问题,应该是在分区经营的基础上,在可能与必须的条件下,有重点、有步骤地走向统一。各老解放区的关税、盐税和统税,应当有步骤地分别由中央统一管理;农业税和其他税目、税率,应当报告中央,以便必要时调

---

① 毛泽东. 新解放区农村工作的策略问题, 毛泽东选集 (第四卷) [M]. 北京: 人民出版社, 1991: 1326.
② 毛泽东. 新解放区农村工作的策略问题, 毛泽东选集 (第四卷) [M]. 北京: 人民出版社, 1991: 264.
③ 任弼时选集 [M]. 北京: 人民出版社, 1987: 469.

整。新解放区的税收，应当由各解放区根据中央规定的方针自行实施，待秩序安定以后送中央审核。同时，中央决定成立财政经济委员会，统管全国财经工作，加快全国税政的统一。

3. 整顿税收，增加收入

为了加强全国财经工作的领导，制订统一财经工作方案，1949年5月，中央决定从东北调陈云进京，主持筹建中财委工作。7月12日，中央财政经济委员对外宣布成立，陈云任主任。经中央决定，由陈云主持，于7月27日至8月15日在上海召开由华东、华北、东北、华中、西北五个地区的财经部门领导干部会议，又称上海财经会议。会上重点探讨研究全国财经统一的问题，税收是重要议题之一。有关税收建议和税收措施，其观点归结如下。

其一，提高税收在财政收入的比重。陈云在《克服财政经济的严重困难》一文中指出，在解放战争尚未结束的情况下，作战费和600万公职脱产人员经费开支不能减，票子不能不发，通货膨胀就不能免。因而他主张：第一，发行公债，回笼货币，控制通货膨胀；第二，增加税收，争取税收在财政收入中达到二分之一；第三，实行内部贸易自由化，活跃物资交流。相比之下，陈云更重视税收在整个财经工作的作用。

其二，减少赤字，最要紧做两件事：一是公粮要征得好，二是税收要整顿好。老区过去公粮负担重，老百姓希望减轻一些。新区工作无基础，还不能按老区的标准征收。因此，老区松不得。陈云主张提高城市税收的比重。他认为："过去大城市多不在我们手里，农业税占总收入的四分之三，现在我们有了大城市，情况有了变化。……过去说敌占城市我占乡村，在经济上是敌强我弱，道理就在于城市的税收优于乡村。我们应逐渐增加税收的比重。努力收税，就是解决财政赤字的一种办法。"

其三，注意改造的渐进性。沿用旧税制，但在"税目、税率和食盐外销要统一管理。现在拟的税目、税率，可能很多地方不合理，但总比没有好，先试行两三个月，然后加以总结并进行修改。不能为了十全十美而放弃统一的办法，可以先九全九美暂求统一。地方上个别的特殊情况可以例外，但主要的必须统一起来"。

同年9月3日，毛泽东电告饶漱石："中央同意此次上海会议决定的总方针及许多具体办法。我们必须维持上海，统筹全局。不轻议迁移，不轻议裁员。着重整顿税收，以增加收入。"①上海财经会议是新中国成立前一次重要的财经会议，其意义在于加快了各大行政区的税制和税收政策统一的步伐，对统一全国税制，建立社会主义国家的税收制度创造了有利条件。

4. 制定全国统一的税收政策

1949年6月，在北平召开第一次新政治协商会议筹备会，毛泽东任常务委员会主任，负责起草共同纲领、拟订政府方案等。9月29日，中国人民政治协商会议第一届全体会议召开，通过了具有临时宪法作用的《中国人民政治协商会议共同纲领》，其中第四十条规定了新中国的税收政策，即"国家的税收政策，以保障革命战争的供给、照顾生产的恢复和发展及国家建设的需要为原则，简化税制，实行合理负担"。该规定为建立新中国的税

---

① 中共中央文献研究室编.毛泽东年谱[M].北京：中央文献出版社，2002：563.

收制度和制定各项税收政策，奠定了立法基础。

综上所述，新民主主义革命时期根据地税收思想是民本思想和革命思想相结合在税收上的集中体现。其本质可以用"取之于民，用之于民"来概括，但在各个革命时期的侧重点不同。土地革命时期根据地的税收是按照革命、阶级和兼顾的原则来确定税收负担，主要表现在取之于敌重、取之于民轻，以用之于革命战争为主。全民族抗日战争时期则将取之于己、取之于友、取之于敌与取之于民相结合，尽可能增加前者，而后者尽可能减少，用之于民在"节"。而解放战争时期力求取之于民与用之于民的平衡，通过税收政策调节新老解放区的税收负担，促进新解放区和大中城市税收的恢复，稳定社会经济秩序，保障解放战争供给。这就形成了革命根据地税收思想具有内含丰富的鲜明特点。正是基于此，才使税收职能得以更充分地发挥，促使税收工作得以妥善处理革命战争、财政经济与人民负担的关系，从而在保障革命战争供给、维护革命政权运转、发展根据地经济、开展对敌经济斗争和改善人民生活等方面发挥了重要作用，为最终解放全中国作出了重大贡献，为建立新中国税收积累了理论思想与历史经验。

参考文献

[1] 孙文学，刘佐. 中国赋税思想史（2005年版）[M]. 北京：中国财政经济出版社，2006.

[2] 王军. 中国财政制度变迁与思想演进（第三卷）[M]. 北京：中国财政经济出版社，2009.

[3] 刘佐、李炜光. 中国革命根据地的税收[M]. 北京：中国税务出版社，2011.

[4] 叶振鹏. 中国财政通史第九卷[M]. 长沙：湖南人民出版社，2015.

[5] 谭虎娃. 历史的转折——中共中央在延安十三年[M]. 北京：人民出版社，2018.

作者单位：国家税务总局税收科学研究所

作者简介：刘燕明，男，1958年出生，北京人，国家税务总局税收科学研究所原副主任，副编审，中国财政学会财政史研究专业委员会常务理事。研究方向：中国税制、中国税收制度史、中国赋税思想史。

革命时期的厉行节约及现实意义

申学锋

勤俭节约是我们党的优良传统和一贯作风，也是财政工作必须坚持的理财方针。革命时期，在艰难困苦的环境下，党领导的根据地财政积极贯彻厉行节约的方针，为解决财经困难、巩固红色政权、取得革命胜利提供了坚强保障。进入新时代，我国的经济实力和财力已今非昔比，但面临的不确定性和各种风险挑战更多，财政的使命任务更为艰巨，所以有必要以史为鉴，认真总结革命时期的经验，把过紧日子作为财政工作长期坚持的方针，为建设社会主义现代化强国作出更大贡献。

一、"节省每一个铜板"

在艰苦卓绝的革命斗争中，中国共产党领导的革命根据地财政经济极端困难。当时革命战争经费的筹集主要依靠三个途径：一是取之于民，向农民和工商业者征税；二是取之于敌，通过"打土豪"和打败敌人获取资源，这是短暂性的；三是取之于己，即大生产运动。为了减少取之于民，争取最广大人民对革命的支持，根据地财政在发展生产的同时，始终把厉行节约作为财经工作的基本方针。

土地革命时期，国民党对苏区接连不断展开"围剿"，党领导的红色政权面临生死存亡危机。为节省经费开支，集中财力保障反"围剿"军需，苏区开展了节省运动，在红军和党政人员中废除薪饷制，实行维持最低生活标准的供给制。井冈山根据地最初每人每月可以发3元钱，后来实行了供给制，从军长到伙夫，每人每天只发0.05元的伙食钱。1934年1月，毛泽东全面阐明了节省方针："财政的支出，应该根据节省的方针……节省每一个铜板为着战争和革命事业，为着我们的经济建设，是我们的会计制度的原则。"[①] 3月，人民委员会提出在九个月内节省80万元的号召，各级党组织掀起节省行政经费、节省粮食、自带伙食等运动。这一时期的节省运动，是此后厉行节约方针的雏形。

抗战时期是中国共产党发展壮大的关键期，同时也是困难重重、危机不断的艰难阶段。当时根据地脱产人员超出百姓承受限度，国民党又切断其军饷来源，内外部因素的影响使得党必须采取极为严格的节约政策。1942年12月颁布的《陕甘宁边区简政实施纲要》，要求实行节省民力、物力和财力的节约政策，"不急之务不举，不急之钱不用，且须在急务和急用上，力求合理经济"[②]。

到了解放战争时期，为了应对消耗巨大的战争，缓解财粮供应的矛盾，解放区仍坚持

---

① 毛泽东选集（第一卷）[M].北京：人民出版社，1991：134.
② 解放日报，1943-03-06.

贯彻厉行节约的方针。毛泽东提出，抗战时期提出的生产和节约并重等项原则，"仍是解决财经问题的适当的方针"①。1946年7月，毛泽东在为党中央起草的对党内的指示中强调指出，必须作持久打算，十分节省地使用人力资源和物质资源，力戒浪费。1947年起，华东解放区的山东省和苏皖边区的供应标准都有所降低。山东省主力部队，粮食供给由每人每天2.4斤减为2.3斤，地方部队的菜金自己解决一半，地方机关则完全自己解决；苏皖边区部队衬衣裤节约停发，冬季提倡两餐制，以节约烧草。1948年10月，中央针对解放区比较困难的财经状况又指出，在克服困难的斗争中，前线和后方都必须反对浪费，厉行节约。②

二、精兵简政是经典的厉行节约

革命时期，根据地红色政权的存在和发展，需要一套行之有效的行政机构和一支足以应对战争的军队。但随着革命的发展和形势的需要，往往会在某个阶段出现机构臃肿和养兵过多的现象，对财政造成巨大压力，也容易引起群众不满。正是在这种情况下，党在厉行节约中采取了精兵简政的经典做法。

革命根据地的精兵简政主要集中在抗战时期。1941~1942年，抗日根据地陷入内外交困，内有国民党停发军饷和军事经济封锁，外有日军的侵略，根据地财政遇到空前困难。根据地财政收入减少，脱产人员却从1938年的1.6万人增至1941年的7.3万人，"鱼大水小"的矛盾非常突出，群众负担过重导致党群关系隔阂的问题也逐渐暴露出来。这些问题不解决，势必危及抗日民主政权的生存发展和抗战的继续。

如何摆脱根据地的困境？李鼎铭给出了"精兵简政"的答案。1941年11月，在陕甘宁边区第二届参议会上，民主人士李鼎铭等人提出精兵简政的提案，得到党中央、毛泽东的认可。12月，中央发出精兵简政的指示，要求切实整顿党政军各级组织机构，节约人力、物力。1942年9月，毛泽东针对一些同志对精兵简政不理解的情况，运用比喻的手法说："我们八路军新四军是孙行者和小老虎，是很有办法对付这个日本妖精或日本驴子的。目前我们须得变一变，把我们的身体变得小些，但是变得更加扎实些，我们就会变成无敌的了。"③ 12月，毛泽东在陕甘宁边区高干会议上再次强调说："这一次精兵简政，必须是严格的、彻底的、普遍的，而不是敷衍的、不痛不痒的、局部的。在这次精兵简政中，必须达到精简、统一、效能、节约和反对官僚主义五项目的。这五项，对于我们的经济工作和财政工作，关系极大。精简之后，减少了消费性的支出，增加了生产的收入，不但直接给予财政以好影响，而且可以减少人民的负担，影响人民的经济。"④

"精兵"方面，主要是严格控制养兵数量。党中央一再强调，主力军采取适当的精兵主义。晋冀鲁豫边区在1942年规定，一切脱离生产的武装部队不能超过居民人数的2%。晋西北根据地则规定，扩兵人数与居民的比例为1%，不得增加。

"简政"方面，重点是严控负担人口与军政人员的比例，按照"少而精"原则缩减军

---

① 毛泽东. 一九四六年解放区工作的方针，毛泽东选集（第四卷）[M]. 北京：人民出版社，1991：1174.
② 左春台，宋新中. 中国社会主义财政简史[M]. 北京：中国财政经济出版社，1988：29.
③ 毛泽东选集（第三卷）[M]. 北京：人民出版社，1991：880-883.
④ 毛泽东. 抗日时期的经济问题和财政问题，毛泽东选集（第三卷）[M]. 北京：人民出版社，1991：895.

政脱产人员。如晋冀鲁豫边区规定，脱产的党政机关工作人员不能超过全区人员的1%，1942年初到1943年，边区实行了三次简政，仅太行区就缩减6万人，冀南区减少了一半军政人员。边区经过三次简政，共减少人员51%，边区政府由原来的548人的编制减少到仅剩100人。① 晋冀鲁豫边区在精兵简政中取得很好的成绩，达到了节俭和提高工作效能的双重目的，受到党中央表扬。解放战争时期，一些解放区为应对财粮供给困难局面，也采取了精简的办法。1946年10月，中共中央华东局作出精简决定，要求山东省和苏皖边区精简10万人，重新审查编制，调整机关人员。1948年4月，华中工委批准高干会议通过的《整编方案》，规定华中党政军脱产人员以20万人为限。②

三、厉行节约的现实意义

革命时期，为完成民族独立和人民解放两大历史使命，党领导的根据地财政实行了厉行节约的政策。现在不再是革命和建设年代，而是朝着实现社会主义现代化强国的中国梦迈进，是否还有必要将厉行节约作为财政方针？答案是肯定的。当前，我国面临的国内外局势更为复杂，不确定性风险日益增多，为了实现党的长期执政，促进经济社会持续健康发展，必须继承和发扬勤俭节约的优良传统，在新时代发挥其新价值。

第一，厉行节约是保障政权稳定、确保党的长期执政的政治举措。财政不仅是经济范畴，更是政治范畴。中国共产党领导的红色政权，在财经面临严重危机的局面下，采取有力的节约措施，保障了红色政权各项事务正常运转，为最终取得革命胜利并建立新中国奠定了坚实基础。

"奢侈之费，甚于天灾。"③ 一个政权，唯有注重节约，善用财力，方能国强民富。新中国成立70多年来，无论是建设时期还是改革开放时期，我们党始终保持勤俭节约的优良传统，取得了社会主义建设和改革开放的辉煌成就。进入新时代，习近平总书记多次强调，勤俭节约是关系党和人民事业兴衰成败的大事，是党长期执政必须坚持的光荣传统。为遏制危及政治稳定和国家治理的奢靡之风，财政积极落实中央精神，发挥职能作用，配合制定修订了《党政机关厉行节约反对浪费条例》，以及中央和国家机关会议费、差旅费、培训费管理办法等20多个配套制度，建立健全科学合理的公务支出标准体系，为从源头上刹住奢侈浪费之风提供了一个可执行、可操作的制度规范体系。④ 作为国家治理的基础和重要支柱，财政应不断提升政治站位，秉持勤俭节约的理财思想，管好国家"钱袋子"，为党的长期执政提供牢不可破的支撑。

第二，厉行节约是以民为本、减少取之于民的必要手段。厉行节约，本身是做减法，但节约的目的是为财力增长做贡献，为人民谋福祉，本质上又是做加法，这是一种辩证。革命时期的厉行节约，根本出发点是尽量减少取之于民，谋求人民解放，这充分体现了共

---

① 齐武. 一个革命根据地的成长：抗日战争和解放战争时期的晋冀鲁豫边区概况 [M]. 北京：人民出版社，1957：98.
② 中华人民共和国财政部中国农民负担史编辑委员会. 中国农民负担史（第三卷）[M]. 北京：中国财政经济出版社，1990：691-692.
③ 晋书·傅玄传 [M].
④ 刘昆. 牢固树立艰苦奋斗勤俭节约思想 扎实做好财政改革发展各项工作 [J]. 中国财政，2019（15）.

产党人理财的"人民性"特征。如精兵简政，就是通过缩减军政脱产人员，减轻人民的供养负担。在精兵简政前，晋冀鲁豫边区每百人供养脱产军政人员 5 人左右，到了 1945 年这一数字已减至 2 人①，从而大大减轻了人民的负担。正是坚决贯彻了以民为本的理财观，我们党才得到广大人民群众的支持，取得了革命的胜利。

党的根本宗旨是全心全意为人民服务，财政工作的基本宗旨是"为国理财，为民服务"。党和政府带头过紧日子，根本目的就是为了老百姓过好日子。民生工作面广量大，所需资金庞大，财政坚持以民为本的理财观，压缩非生产性的一般性支出，从某种意义上讲，就是为了统筹更多资金支持民生事业，不断实现人民对美好生活的向往。从这个角度讲，厉行节约也是新时代民生财政的应有之义。

第三，厉行节约是严肃财经纪律、维护党风政纪的重要环节。厉行节约，一方面是节省不必要开支，为充裕财政作贡献；另一方面也是为了打击贪污浪费等违反财经纪律和党风政纪的行为。毛泽东指出，节约是一切工作机关都要注意的，必须克服很严重的官僚主义，如贪污现象、摆空架子、无益的"正规化"、文牍主义等。②《陕甘宁边区简政实施纲要》也明确提出，坚持廉洁节约作风，反对贪污腐化现象。由此可见，厉行节约也是严肃财经纪律、整顿工作作风的主要手段。

改革开放 40 多年来，随着物质生活的改善和外来腐朽思想的侵蚀，我国出现了忽视节约、奢靡浪费甚至严重贪腐的现象。党的十八大以来，为巩固党的执政，维护国家利益和人民利益，中央持续加大反腐力度，提出"反四风"，制定出台八项规定。在"过紧日子"的新形势下，财政应持续狠抓"倡节约、反浪费、遏腐败"的制度建设，以完善公务接待、财务预算、考核问责、监督保障等制度为抓手，以刚性的制度约束、严格的制度执行、强有力的监督检查、严厉的惩戒机制，遏制各种奢靡腐化的违规违纪违法现象。③

第四，厉行节约是着眼长远、未雨绸缪的战略方针。厉行节约，从来就不是缓解暂时财经困难而采取的短期措施，而是着眼长远的战略选择，其最终目标是通过节流为解决更突出的主要矛盾、支持更重要的国家事业腾挪空间。1945 年 1 月，毛泽东批评部分同志眼光短浅、恃富而奢的行为，指出必须十分爱惜人力物力，"决不可只顾一时，滥用浪费"④。解放战争期间，他再次强调要从长期观点筹划经济和财政。

改革开放以来，伴随着经济实力和财力的增强，很多人滋生了奢靡浪费的思想，认为勤俭节约已无必要。对此，中央保持高度关注和警惕，习近平总书记强调必须要有忧患意识和长远思维，"不论我们国家发展到什么水平，不论人民生活改善到什么地步，艰苦奋斗、勤俭节约的思想永远不能丢"⑤。面对新形势新问题，我们绝不能有"喘口气、歇歇脚"的念头，不能有"日子好过了，花钱可以大方一点儿"的想法，而是必须立足于经济社会发展的长远和现代化进程可能遇到的各种风险挑战，坚持把勤俭节约作为过紧日子的思想基础，把过紧日子作为财政工作长期坚持的方针，这一点务必要有清醒的头脑。

第五，厉行节约是统筹财政资金、集中力量办大事的必然要求。任何时代，都有主要

---

① 晋察冀财经办事处. 晋冀鲁豫的财政经济工作 [M].1947：57.
② 毛泽东选集（第三卷）[M].北京：人民出版社，1991：896.
③ 习近平谈治国理政 [M].北京：外文出版社，2014：364.
④ 毛泽东选集（第三卷）[M].北京：人民出版社，1991：1019.
⑤ 习近平总书记参加十三届全国人大二次会议内蒙古代表团审议时的讲话.

矛盾和次要矛盾，面对错综复杂、瞬息万变的风险社会，财力永远是相对不足的。这个时候，就必须统筹财政资金，把节约下来的资金和其他资金整合起来，用于解决主要矛盾。革命时期，根据地财政的首要任务是保障战争军需，为夺取革命胜利做好物质保障，红色政权厉行节约，主要就是为了把省出的资金统筹用于革命战争。

进入新时代，我国财力增长不少，但面临的局势更复杂，不确定性更多，财政肩负的使命更重。财政必须坚持艰苦奋斗、勤俭节约方针，以人民为中心，加强资金统筹，把宝贵的财政资源集中用于解决社会主要矛盾。当前，我国正在为全面建成小康社会而努力奋斗，在减税降费、增收困难的情况下，财政勇于担当，积极有为，压减一般性支出，将该省的钱省下来，统筹各类资金用于"三大攻坚战"、保障和改善民生等重点领域。这就是财政的统筹之策，亦即集中力量办大事的理财之法。

参考文献

[1] 毛泽东选集（一－四卷）[M].北京：人民出版社，1991.

[2] 习近平总书记重要讲话文章选编 [M].北京：中央文献出版社、党建读物出版社，2016.

[3] 中华人民共和国财政部中国农民负担史编辑委员会．中国农民负担史（第三卷）[M].北京：中国财政经济出版社，1990.

[4] 刘昆．牢固树立艰苦奋斗勤俭节约思想　扎实做好财政改革发展各项工作 [J].中国财政，2019（15）.

作者单位：中国财政科学研究院

作者简介：申学锋，男，1973年生，博士，中国财政科学研究院财政与国家治理研究中心副主任、研究员，主要研究方向为财政理论与政策、财政史等，在《经济日报》《光明日报》《财政研究》等报刊发表学术论文百余篇，出版专著、合著6部。

历史上的契税及其发展变迁

邓荣华　张丽荣

一、契税的起源

说起契税，离不开契约文书。契，本意为刻；约，本义为绳索，契约即按照事先约定好的事项和各种条款，刻在金属、木、石等物质上，作为信守承诺的凭证。契约制度自西周时就已产生，汉代尤为发达，至今仍保存有相当数量的西汉契约原件，尤其是居延汉简记载内容十分丰富、契约种类也极其繁多，买卖契约标的包括不动产和动产各个领域，但这种契约早期还不需向官府履行任何税收手续。

直到东晋，开始对契约征税，买卖双方向官府投契纳税，由官府在契券上加盖官印，这一做法也叫税契制度，所纳的税钱称为契税。赵翼《陔余丛考》称："市易田宅既立文契，必投验官府，输纳税钱，给以印凭，谓之税契，此起于东晋时。"①《隋书·食货志》也有相关记载："晋自过江，凡货卖奴婢、马牛、田宅，有文券，率钱一万，输估四百入官，卖者三百，买者一百；无文券者，随物所堪，亦百分收四，名为散估。历宋、齐、梁、陈，如此以为常。"

为什么说估税（输估和散估统称为估税）就是契税而不是普通的商品税呢？这可以从它的性质上判断是否符合契税的行为税特征，估税的征收对象并不是奴婢、马牛或田宅这些所谓的货物，而是为买卖这些东西而成立的"文券"，即交易契约，所以说估税是一种契税。之所以东晋时期产生契税，有三点很重要的因素：一是东晋南朝时期，北方人口大量南迁，而当时的门阀士族势力强大，荫庇了大量的人口，造成土地兼并、户口虚耗、田赋减少，国家财力减弱，故而需要在工商杂税上开辟税源。二是东晋时期"江南之为国盛矣"，商品经济日趋活跃，使得百姓纷纷经商，不事耕种，《隋书·食货志》载"以人竞商贩，不为田业，故使均输，欲为惩戒，虽以此为辞，其实利在侵削"。东晋南朝政府名义上以估税来"抑商"，实际上却是"以此为辞"而"利在侵削"，从而取得更多的收入。三是商品经济的发展，房屋土地交易也逐渐增多，随之而来的诉讼也开始增多，这也为估税的产生创造了条件。

现存的东晋税契的文书鲜有发现，但从《隋书·食货志》的记载可知，东晋时期的估税的纳税对象是奴婢、马牛、田宅等大宗商品，不仅有不动产，还有动产；按类别分为输估和散估，输估是有文券的，散估是指无文券者；纳税依据是产权交易额，税率为4%；

---

① 赵翼．陔余丛考卷二七税契［M］．上海商务出版社，1957：567．

纳税人包括买卖双方，分担的比例输估是卖者3%，买者1%，而散估统为4%。同所有税种一样，东晋的估税也规定了免征的范围，关于大宗交易的输估是每万钱征收四百钱，交易不足万钱的不必纳税；散估是值百抽四，交易额在百钱以下的也不用纳税。

这就是最早的契税，文字记载虽不多，但作为一项税种的所有元素基本充足，从此契税成为历代因之而不废的一项税收，在我国古代财政税收史上扮演着非常重要的角色。

二、古代契税的发展变迁

（一）隋唐五代时期

估税自东晋产生后并没有得到继承发展，隋唐时曾被取消，由于当时实行的是均田制，田产交易受到很大的限制，故而没有征收契税。但在唐代，曾经有类似性质的"除陌钱"。除陌钱，又称垫陌钱，是对市场交易所得及公私支付钱物所得征的税，属于交易税的性质。始征于唐玄宗天宝九年（公元750年），"除陌钱每贯二十文"①，相当于税率2%，此后曾一度停征。直到唐德宗建中四年（公元783年）为解决军费困难再次开征，规定每一千钱官抽五十文，税率为0.5%，城市店主和经纪方每人各给印好的纸张，当他们进行交易活动时，随即登记钱数，次日进行统计。如果是独自进行贸易，不用中介人的，便检验其私人账簿，没有立账簿的，本人如实具陈。但由于民怨沸腾，加之长安泾原兵变，以废此税相号召，政府被迫取消此税。

到唐末五代时，随着均田制的破坏和土地私有制的发展，政府又重新对民间交易契约征收契税，但此时契税的征税对象只限于田房交易契约。为防止交易作弊，规定凡田房交易的契约都必须经由官府审查，加盖官印。② 后唐天成四年（公元929年）："京城人买卖庄宅，官中印契，每贯抽税契钱二十文。"③ 后周文顺二年（公元952年）又规定："印税之时，于税务内纳契日一本，务司点检，须有官牙人、邻人押署处，委不是重叠倚当钱物，方得与印。"④

上述可知，五代时期的"税契钱"是东晋估税的延续，每贯抽税二十文相当于税率是2%，纳税对象范围缩小，仅包括田房不动产。但这一阶段契税和交易税还是混合的，可以说是契税的初始阶段，但也是从这个时期开始，税契及印契已经成为民间田房买卖不可缺少的法定程序。

（二）两宋时期

宋代时商品经济高度发展，除御用之外的一切财产，都可以成为商品交换的对象。为了满足商品经济快速发展的要求，政府创立了许多新的经济法律制度，包括税契制度，规定凡典卖牛、马、舟、车、店、宅、田产等动产和不动产，必须订立契约，官府征税后加印，法律上方为有效。同时，还规定了限期投契税、过税离业方可成交、官印契纸等一系列的契税管理制度，所以可以说直到宋代才真正确立了契税制度。

---

① 唐会要（卷六十六）［M］.
② 张松. 中国古代赋税制度发展史［EB/OL］. https://www.doc88.com/p-694135998811.html.
③ 册府元龟卷504 邦计部·关市［M］.
④ 册府元龟卷613 刑法部·定律令［M］.

宋代税契制度这么发达，除了商品经济高度发展外，还在于宋朝实行的"不立田制""不抑兼并"的土地政策，允许土地买卖，这样土地的流转速度大大加快。同时，宋初田宅交易极不规范，导致"庄宅多有争诉，皆由衷私妄写文契，说界至则全无丈尺，昧邻里则不使闻知，欺罔肆行，狱讼增益"①。为了稳定社会秩序，政府制定了产权交易的标准文本，颁布全国。详细统一的田宅交易法规使判决产权归属有了统一的依据，而缴纳契税也就成了确定田宅产权合法性和有效性的最有利的官方证明。

宋太祖开宝二年（公元969年），开始征收印契钱，"令民典卖田宅，输钱印契，税契限两月"，同时统一了民间买卖房地产的契约格式，开始由政府统一发行官方契纸。规定民间的田宅买卖必须要用官府印制的契纸，百姓在交易活动发生时先自立契约文书，这个称为"白契"，政府规定纳税时限，在这时限内到官府购买契纸，缴纳契税，盖上官印，变为"红契"，即成为合法有效的印契。元代陶宗仪曰："红契买到者，则其元主转卖于人，立券投税者是也。"

在整个宋代，契税的征收对象在初期还包括牛马、车船等动产，后或收或免，未有常制，至南宋后期开始仅限于田宅交易。契税的应税行为包括典和卖，民间田宅无论是用于出典还是买卖交易，均应按照规定的程序缴纳契税。至于契税的税率，北宋初期为2%，但各地税额不统一，全部由买方支付，直到宋仁宗庆历四年（公元1044年）统一了税率，规定按照典卖货物田宅的钱额每贯征收契税四十文，即税率为4%。宣和四年（公元1122年），又令浙江、福建等江南七路每贯增收二十文，充经制②移用，这时候的税率变为6%。绍兴五年（公元1135年）又增至10%。契税的缴纳期限因时而异，一般为两个月，不在规定期限内到官府登记纳税，逾期要受处罚，契税增倍。在这期限内，买（或典）卖双方持交易合同契书到官府备案，由买主缴纳契税，官府在交易契书上盖上官印，产权交易就被官方认可。

契税的征收离不开户籍产权制度，宋初即建立了较严密的户籍制度，将全国版图内的州县民籍分为五等，即"五等丁产簿"，主要登记民户的丁口、产业和户等，作为收税、征派徭役的依据，同时，对产权转移和户等的变化定期进行核查登记。凡进行田宅交易，要缴纳契税，改正户帖，割移税役，并在定期登记五等丁产簿时重新确定户等。

至于买卖田宅及税契的具体步骤程序是买卖双方先邀请牙人和保人，自行订立"白契"，再从官府处购买统一印制的官方契纸，按照规定的格式写明立契人、买者姓名、田土面积、字号、方位、四至、典卖原因、原业税钱、交易的数额及毁契的惩罚等，牙人、保人签名表示认同。交易双方订立买卖契约后，经官府当面核验无误，向官府交纳典买田宅税钱，官府即时注籍，给买方凭由（纳税凭证）。官方契纸需要买四份，一份为买方持有、一份为卖方持有、一份交县衙审批、一份留商税院备案。③ 这里的牙人即中介，宋代由牙人主导田宅交易，政府对牙人进行了较为严格的控制，需要在官府进行登记，以便进行监督管理。

从宋代开始，还出现了类似契尾的纳税凭证，即田宅交易纳税后给凭由的规定："诸

---

① 李焘.续资治通鉴长编（卷二十四）[M].北京：中华书局出版社，2004：542.
② 经总制钱是多种苛捐杂税的总名目，分为经制钱和总制钱，是一种以官名命名的杂税，为地方附加税。
③ 当时的契税的征收机关是商税务，它是宋代商品买卖征税机构，在四京和南宋的临安称为商税院，各州府称税务，各军、县、镇称税务或税场。

以田宅契投税者，即时当官注籍，给凭由，付钱主，限三日勘会业主、邻人、牙保、写契人书字圆备。"[①] 这里的凭由即是纳税的凭证。

（三）元明时期

自宋代确立了完整的税契制度后，元、明两代都加以继承，并偶有革新。

1. 元代

蒙古灭金后，就开始对田宅、人口、畜产等立契交易者征税，至元七年（公元1270年）明确规定，民间买卖奴婢、田宅、畜产等交易，"并合立契收税，违者从匿税刻断"。

元代商业、贸易空前发达，贸易的发展也带来了契税的革新，最大的进步就是将交易税与契税彻底分离，规定"诸人典卖田宅、人口、头匹、舟舡物业，应立契据者，验立契上实值价钱，依例收办正税外，将本用印关防，每本宝钞一钱，无契本者，便用偷税究治"[②]"验契本上实直价钱收办正税外，随用省部契本印押讫，分付本主，每本收至元钞三百文"[③]。这两段文字记载的正税指的是货物交易税，又称商税，每本宝钞一钱或每本收至元钞三百文即契税，也是延续了宋代的官方契纸。

有学者研究，元代契税的征收范围，包括田宅的典与卖，人口、马匹、车船等大宗物品的买卖，契税的通行税率是"以三十分取税一分"，即三十税一，但在初期并不稳定，执行税率大于或小于3%的情况时有发生，纳税人也是买方。根据文献的记载，元代契税还有免税的规定，如"站马依例税契，不须出纳税钱"[④]，即购买站马免征税契钱。纳税时限是十日，如至治二年（公元1322年）规定："今后凡典卖田宅、人口、头疋等物，应立契成交，限十日内，赴务投税。"[⑤]

关于契税的缴纳过程（税契），同宋代一脉相承，立契成交后买主赴务投税，官府发给官印契本（契纸），粘连在文契之后，并加盖官府印章。根据黑水城出土的文书资料显示，元代契本的官方版式与宋代、清代的官版契纸是一样的，但是在执行过程中，出现很多用契尾代替契本的情况。

这一时期，还正式产生了契尾，这也是契税制度的一大变革。"契尾"是元代首次出现的，又称税尾、司尾，类似于宋代的"凭由"，是田房等契约缴纳契税后，由官方发给的凭证，官府在契约文书之上钤以州县印信并粘贴契尾，作为买方缴纳过契税的证明，具有法律效力。凡投税者，"止钤契纸，不连用契尾者"为违法，一份合法的契约必须一契一尾，此法实行后，对防止官吏贪污契税起了一定的作用。契尾内容包括税务管理机构的名称、纳税人、交易额、交易标的物、出给凭证的时间等，并由税使司或税课司官吏画押。

2. 明代

明初，由于人口迁徙，土地兼并，使"田产转卖甚亟"，交易频繁发生。契税的制度也基本沿袭宋元两代，并在此基础上进行了改革。洪武元年（公元1368年）"命……买卖田宅匹头，必投契本，别纳纸价"。洪武二年（公元1369年）又令"凡买卖田宅等项，

---

① 宋会要辑稿食货[M].
② 张晋藩. 中国法制通史（元）[M]. 北京：法律出版社，1999：453.
③⑤ 至正条格·断例卷12[M].
④ 元典章卷22 户部[M].

除正课外,每契一纸,纳工本铜钱四十文,后议无分典买房地,每价一两纳税银二分三厘一毫五丝,充军饷用。"① 这里的正课指的是在土地交易时所缴纳的一般商税,而契本铜钱四十文便是契税。

明代依旧延续了契尾制度,规定"每契文一道,粘连契尾一纸",无契尾只有印契的按照偷税漏税处理。在明初期,契尾由各县自行印制,县税课局颁发,后为了加强管理,掌握契税收入情况,转为由州府印发,至万历时期开始由兵备道②印行,天启时改为鸳鸯契尾。所谓鸳鸯契尾,相当于二联单,一大一小,二者相连,这也是契税稽查的一种手段,在两联连接部位填写税银数字加盖印章,防止涂改。

北京税务博物馆馆藏的一份明万历二十七年(公元1599年)的契尾,上面明确指出"遇有民间置卖田产,即令卖主买主同赴本县投契纳税,买主随递纳粮认状③,官司给予、印信。契尾填写年、月、银数,各用本县印信钤盖,当给买主收执。大造之时方准过割推收。查无契尾,依律治罪,仍追产价一半还官。等因。奉此,拟合给发,为此仰将发去契尾。如遇民间买产投契纳税者,填给为照。须至尾者。"从这份契尾中还可以得知,万历时期为了适应征收契税的需要,官府统一把有关税契的规定刊刷于契尾之首。崇祯年间,户部还专门制定一个关于颁发契纸契尾的文件《酌采契纸之议》,在官印的契尾上刊印。内容不仅对整个流程作了相应的说明,何人征收、如何填写等,还规定了多条禁止条款。

明代契税的征收机关是税课局,税课司是专门征收商税和契税的机关,在北京税务博物馆现存的明代买卖田宅的契约文书上,大多钤印有"某某县税课局记"或"某某府税课司"等。至于税契的流程和前代大同小异,土地签订合同成交后,买卖双方必须去县或府税课司(局)缴纳契税,官府先验契,然后根据契约上所写的价格,依例征税,税由买方承担。缴纳完税银后,给予契尾。

明代契税的征收范围包括动产和不动产,纳税行为也包括典卖交易和买卖交易。契税的税率,有定额税率,即每契本征收多少,也有比例税率,多按照"每价一两,纳税三分"的比例征收,但并不是一成不变的。洪武二年(公元1369年)是"每价一两纳税银二分三厘一毫五丝",万历二十一年(公元1593年)是每两征银三分,万历四年(公元1576年)是每十两征收税银一钱二分六厘。根据北京税务博物馆馆藏万历二十七年(公元1599年)契尾开列的契价和税银数字计算,一两三钱税契是三分九厘,合3%。万历十年(公元1582年)还曾对典契与卖契四十两以下者全免,以上的减半征收,即税率变为1.5%,直到崇祯年间,由于财政紧张,奉文加增契税,出现每两纳税五分的情况。

(四)清前期

到清代,契税制度日益完备,不断趋于合理。不仅在征税对象、征税的程序上,而且在契税稽查、买卖双方的纳税责任、旗人应享受的纳税特权等方面都有了新的规定,形成了一套严整、周密的制度,是我国古代契税制度的完备期。

在征税范围上,不再对民间买卖牛马等交易以及典当田宅征税,只对买卖田宅、奴婢

---

① 顾炎武. 天下郡国利病书卷27 [M].
② 兵备道:官名。明制于各省重要地方设整饬兵备的道员,置于各省重要地区。
③ 认状:亦称认保状,即保证书。清黄六鸿《福惠全书·钱穀·金粮里》:"于开报点佥时,须验其人相貌奸良,家道厚薄,并令该粮房及里甲等保结,方许投递认状。"

等大宗交易行为征收，雍正时期曾规定："活契典业者，乃民间一时借贷银钱，原不在买卖纳税之例；嗣后听其自便，不必投税用印，收取税银。"也就是只对买契征税，活契典当田房（也就是典契）是不征税的。乾隆继位后，延续了雍正十三年（公元1735年）的规定，但为了加强对卖契的管理，对典卖进行了区分："民间活契典买田宅，遵奉雍正十三年谕旨，概免其纳税，其有先典后买者，按照典买两契银两实数，每两征收税银三分。"但是典契年限漫长没有限制，且不征收契税，容易导致年久易主纠纷及卖契寄名典契以此逃漏契税，因而乾隆三十五年（公元1770年）在《户部则例》中又增定："民人典当田房，契载年分，统以十年为率，限满听赎，如原业力不能赎，典主投税，过割执业。"直到光绪三十年（公元1904年），又开始对典契征税。① 由于清制旗地不准典卖，但可以承租，故而后又增设对承租旗地征收契税。

清代契税的征收机关仍为税课司、局，负责征收屠宰、验契、牙侩等杂税，县税课局设一名大使，但在京城负责征收契税的是左右翼，归属于崇文门税关管辖。税契的具体流程同前代大同小异，特殊之处在于为了加强对契税银的征收监督，清政府要求有里长的参与。部分地区缴纳契税也如同征收钱粮正赋一样，由官府于衙署大堂前"别设一柜"让立契方自行投税。

清契税的纳税人也只有买方。关于税率，顺治四年（公元1647年）规定，凡民间买卖田地房屋者，由买主按卖价每银一两纳税银三分，即为3%，完税后由官府在契尾加盖官印为证。雍正年间，又于三分之外，每两加征一分，作为科场经费，提高至4%，之后在很长一段时间内，契税的税率都维持在3%左右，《钦定大清会典事例》卷245的《户部·杂赋》载："凡卖田地房屋，必须用契尾，每两输银三分。"北京税务博物馆馆藏的契税文书也证明了这一点，直到清末才有所变化。但民间置买田产，除了缴纳税契银之外，还要负担契纸经费，最多的时候，每纸收取三钱二分。在纳税时限方面，清前期的契税通常以1年为限，买方应于立契成交之后的1年之内纳税。逾期不纳税者，以偷漏契税论，将被依法处置，但旗民能享有特权，可以放宽期限。

清也实行契尾制度，作为纳税的凭证。顺治四年（公元1647年）曾规定："凡买卖田地房屋，必用契尾。"起初的契尾盖章后交与业主，官方没有存据，易于模仿捏造，雍正时改为契纸契根之法②，契纸交与买主，契根则存于州县。乾隆年间重新确立契尾之制，规定民间纳税由"布政使司颁发给民契尾格式"，粘于手写的契纸之上。北京税务博物馆馆藏的一件清乾隆元年的契尾，上面就写有统一的契尾规程："奉督抚部院牌准户部咨开嗣后布政司颁发给民契尾格式，编列号数。前半幅照常细书业户等姓名、买卖田房数目、价银税银若干。后半幅于空白处预钤司印，以备投税时将契价税银数目大字填写钤印之处，令业户看明，当面骑字截开，前幅给业户收执，后幅同季册汇送布政司查核。等因。奉旨依议，钦此钦遵。"这种契尾方式较明代相比有了明显的改进，可以更好地防止私自篡改存官契根、侵隐税银的行为。这是中国契约史和税务史上的又一创造。

这种契尾实行方式也造就了一批连契，在北京税务博物馆的馆藏中有一份乾隆至民国

---

① 有学者研究在乾隆五年成书的《大清律例》中规定："凡典卖田宅，不税契者笞五十；仍追契内田宅价钱一半入官。"似乎在乾隆年间也对典卖征契税，但并未发现对应实物。

② 契尾契根法，是各布政使司印制契纸契根，并预钤布政使司印信，将契根契纸发往所属各县。

时期转卖中铁匠胡同十五间房契约，详细记录了自乾隆十一年（公元1746年）五月起，经乾隆三十六年（公元1771年）三月、嘉庆元年（公元1796年）三月初六日、道光二十六年（公元1846年）八月十六日、同治五年（公元1866年）八月二十八日、光绪三年（公元1877年）六月二十八日、光绪三年十一月北京中铁匠胡同十五间民房被转卖的历年执照，并印有民国的验契章。从这张连契的记录中我们可清晰地知道清代的税契形式和税率变化，第一次是乾隆十一年五月，价银一百三十五两正，税银四两零五分，税率为3%；第二次为乾隆三十六年三月，价银二百一十五两，税银六两四钱五分，税率为3%；第三次为嘉庆元年，为典契，一典三年，价银六十两，未纳税；第四次为道光二十六年八月，价银一百七十两，没有写明税银；第五次为同治五年八月，价银一百五十两正，没有写明税银；第六次为光绪三年六月，没有写明税银；第七次为光绪三年十一月，价银四百两，纳税银十二两，税率为3%。

三、近现代契税的发展变迁

清后期，契税制度承袭前制，但就全国范围而言，各省税率高低不一，而且课征的方法也不尽相同。宣统三年（公元1911年），为统一全国的契税，制定《契税试办章程》，统一契税税率，规定税率为卖契按契价征9%，典契按契价征6%，卖九典六之制始入法令。契尾也延续了乾隆后的规则，宣统二年（公元1910年）曾改行三联契纸，但不久清即灭亡。

北京税务博物馆藏有一份清宣统二年的买卖土地契约，该连契分为契纸、草契和验契纸三部分，每部分骑缝处都盖有红印，以示交易的完整性及合法性，买卖双方在买卖土地的同时将税赋一并转出收入，契纸本身贴有民国时期的验讫纸，原契上有试办印花税时期的美国版印花税票。

民国时期的税收体制大体承袭了清制（本文暂不考虑边区）。北京政府时期，北洋政府以大总统令颁布《契税条例》，该条例规定："所谓契者，指不动产之卖契与典契而言。"契税的税率承袭清制买契和典契均从价计税，税率分别为9%和6%，"买九典六"。完税期限是契约成立后6个月内，逾期10倍罚款。后又降低契税税率，规定买契为2%~6%，典契为1%~4%，各省根据实际情况自订税率，所有卖典行为均须使用官印契纸书立契约，以贴用特别印花①的方式交纳契税。

这里特别提到一点，北洋政府刚成立时，为了缓解财政危机，扩大税源，还开征了验契税、契税加征。1913年10月，财政部颁布《划一契纸章程》，规定凡章程颁布之前的旧契，限期6个月，无论是否为已税红契还是未税的白契，都必须验契，然后政府颁发新契。在北京税务博物馆的馆藏中，就有很多民国时期的验买契，每张契纸收纸价1元，验契费0.1元。验契由于税源比较普遍所以在当时收入较高，比同年所征收的契税收入还要高出许多，对于缓解当时的财政困难的确起到了一定的作用。但是，举办验契只是单纯的财政手段而已，只能解一时之需而不能真正解决财政问题，民间旧契总有结束，1916年以

---

① 特别印花，是指由财政部统一印制的印花税票，立契人根据应纳税额向相关部门购买相应数额的印花税票贴于契约上，并在印花税票骑缝处加盖印章。

后收入就开始减少。

之后的南京政府于1934年颁布《修正改订契税办法》，以法律形式统一了契税的税率、附加税以及罚金标准。1940年，又颁布《契税暂行条例》，统一规定契税的税率为卖契为5%，典契为3%。1943年公布了《契税暂行条例》，扩大了契税的课征范围，规定除了典卖外，凡交换、赠与以及外国人租地，承受人必须缴纳契税。后又进一步扩大征税范围，除卖、典、交换、赠与外，又新增了分割契和占有契，并再次提高契税税率。抗战胜利后，民国政府的税收结构有了大的调整，契税重新划分为地方税，成为三大地方税种之一。新的《契税条例》又重新规定了契税的税率，至此直到新中国成立，契税法规未有重大变化。

民国时期契尾不复存在，契尾的内容分解成两部分：一是在官契中出现对税契的规范条款，称为"例则摘要""章程摘要"等，田房契约文书的粘连结构变成官契与草契的粘连，更简洁、实用。二是税契的征收改用印花税票，印花税票有邮票大小，粘在契约文书上方，是纳过契税的证明，印花税票的使用是税契管理上的重大突破，通过印花税票的发放，中央政府可以控制全国的契税。

四、总结

"民间置买田房，随契纳税，国课攸关"，税契制度自创立后，历代因之不废，不断发展变迁，东晋至唐五代时期可以说是契税制度的草创期，宋代的契约制度尤为发达，可以称得上税契制度的确立期，元明继续继承发展，到清朝日益完备，民国进一步发展，并有了新的变化。

中华人民共和国成立以后，土地、房屋产权转移比较频繁，契税也成为普遍开征的税种之一，财政部于1950年8月拟定了《契税暂行条例》，对民国时期的契税制度进行了继承和革新，简化了税目，降低了税率。明确了契税的宗旨，即保障人民土地房屋所有权。"文革"期间，契税的征管工作受到很大的影响，基本处于停滞的状态，直到党的十一届三中全会以后，城乡房屋买卖交易又重新活跃起来，契税的征管工作又逐步走上了正轨。

参考文献

[1] 孙翊刚．中国赋税史［M］．北京：中国税务出版社，2003．

[2] 杨国桢．明清土地契约文书研究（修订本）［M］．北京：中国人民大学出版社，2004．

[3] 金亮、杨大春．中国古代契税制度探析［J］．江西社会科学，2004（11）．

[4] 白小平．中国古代买卖契约研究［D］．兰州大学，2006．

[5] 刘东霞．河北省契税研究（1945－1949）［D］．河北师范大学，2009．

[6] 韩军．清代契税制度研究——以江苏省为例［D］．华中科技大学，2013．

[7] 魏天安．宋代的契税［J］．中州学刊，2009（3）．

[8] 陈学文．明清契尾考释［J］．史学月刊，2007（6）．

[9] 刘高勇．清代买卖契约研究［D］．中国政法大学，2008．

[10] 吕鹏军．从有关律例看清代田房典当契税的变化［J］．清史研究，1999（4）．

[11] 王帅一. 明清时代官方对于契约的干预：通过"税契"方式的介入 [J]. 中外法学, 2002（6）.

[12] 戴建国. 宋代的田宅交易投税凭由和官印田宅契书 [J]. 中国史研究, 2001（3）.

[13] 周绍泉. 田宅交易中的契尾试探 [J]. 中国史研究, 1987（1）.

作者单位：北京税务博物馆

作者简介：邓荣华，男，1975 年 10 月生，管理学硕士，现任北京税务博物馆馆长。张丽荣，女，1986 年 9 月生，历史学硕士，现任北京税务博物馆副主任科员。

淳化四年：谁为贪婪买单

李长江

淳化四年（公元993年），北宋发生一件惊天动地的大事：茶农造反。写进史书，这件事被称作王小波李顺起义。

之所以说是大事，是因为起义军的雪球滚得太快、冲击力太强、后果太严重。不到一年，李顺在成都称王，大蜀政权的控制范围扩大到剑门关（今剑阁北）以南、巫峡（今重庆湖北交界）以西。

这样的过程这样的结果，连起义军自己都感到心惊肉跳。

一、富足，有时意味着灾祸

话，还得从头说起。这个"头"，是后蜀孟昶治蜀。

孟昶有两把刷子，一把叫霹雳手段，另一把叫菩萨心肠。霹雳手段用来对付居功自傲、目无新君、飞扬跋扈、逾越法度的权臣。菩萨心肠用来呵护百姓，发展经济，改善民生。

孟昶爱民，也要求官员爱民。他亲自撰写《官箴》，发给各级官员。据说，孟昶《官箴》的核心内容被宋太宗提炼成："尔俸尔禄，民脂民膏。下民易虐，上天难欺。"这16个字，朗朗上口，直击人心。

孟昶在位31年，后蜀经济繁荣，社会稳定，百姓安居乐业。《王立群读宋史之宋太祖》将后蜀的繁荣景象概括成24字："国家有钱，相当有钱；百姓富庶，相当富庶；城市繁荣，灿如锦绣。"这个评价，孟昶和后蜀担得起。

富庶，有时意味着灾祸。建隆二年（公元961年），一个大雪飘飞的深夜，宋初最有权势和智谋的三个男人聚在东京的一所大宅子里，一边喝烧酒，啖烤肉，一边商议军国大事。他们是赵匡胤、赵光义、赵普。三赵很快达成两点共识：蜀地是一头猪，肥得流油，该给它一刀了；下手要快，越快越好。这一事件被后世称作雪夜定策。

三赵的路线图和时间表无可指责。天府之国是个大粮仓，最适合作战时做大后方。蜀地地势高，大军顺江而下，势若俯冲，有助于提升士气和杀伤力。最重要的，是太有钱，让人眼红。赵匡胤说给赵光义的一段话，赤裸裸暴露了图蜀的直接动因："中国自五代以来，兵连祸结，帑藏空虚，必先取巴蜀，次及广南、江南，即国用富饶矣。河东与契丹接境，若取之，则契丹之祸，我当之也。姑存之，以为我屏翰，俟我富实，则取之。"[①]

---

① 东都事略（卷二十三）[M].

米袋子、钱匣子，加地缘政治。三条，足够了。

后蜀就这样被架上案板。

二、有一种胜利叫挖坑

太祖灭后蜀，干净利索，没费任何周折。

借口是后蜀送上门的，这让赵匡胤喜出望外。本来，经宰相李昊规劝，孟昶有意摘牌称臣，但知枢密院事王昭远坚决反对。王昭远在调兵遣将、排兵布阵的同时，派特别行动小组去太原送信，相约起兵。不想行动小组成员、兴州军校赵彦韬半路开小差，把信送到赵匡胤手里。太祖心花怒放："吾西讨有名矣。"（《续资治通鉴长编》卷五）。

动手时间选在乾德二年（后蜀广政二十七年，公元964年）十一月初二。饯行宴会上，太祖亲授征蜀三原则：争取蜀军将校；兵锋所至，严禁焚毁房屋，严禁打砸抢，严禁殴打吏民，严禁掘坟盗墓，严禁砍伐经济林木；凡攻城克寨，只需没收武器、粮食，造册登记，金钱布帛之类一律分给战士。太祖大大方方、敞敞亮亮、明明白白地跟将士交底儿："吾所欲得者，其土地耳。"①

战事无悬念，基本一边倒。乾德三年（公元965年）正月初七，孟昶派使臣往宋军奉表投降，两天后宋军于魏城（今绵阳东北）受降，后蜀45州198县（一说46州240县）尽入北宋版图。

真正意义上的宋蜀战争从战后开始。太祖的"征蜀三原则"，第一条是虚的，第二条是没用的，只有第三条扔在哪儿都能砸一个坑。将士们对原则三的理解既简单又明了：土地装不上轱辘长不出腿，推不动牵不走，而土地之外的所有活物死物，包括女人，你想拿走的，你能拿走的，你看到的，你抢到的，你分到的，你偷到的，都可以拿走。

原则三成了大事，也坏了大事。

如太祖所愿，将士们尽显虎狼之师贪婪、凶狠、残暴本性，66天拿下后蜀。

成事的过程和坏事的过程高度重合。不，坏事的过程更长，长得多。王全斌灭后蜀耗时两月，而后续处置耗时两年。如果考虑到王小波李顺起义（淳化四年到至道元年，公元993~995年）和王均兵变（咸平三年，公元1000年）等后遗症，这个过程长达36年。

还有一件值得关注的事情，即全师雄兵变。全师雄的胜利来得很快。他自称兴蜀大王，设幕府，置节度使20余人分据要害之地，17州相继响应，成都成一座孤城。

这下轮到王全斌害怕了。他担心屯聚在成都城南校场的降兵作乱，形成内外夹击、里应外合之势，于是决定下黑手。"夏四月辛丑朔，王全斌诱杀蜀兵二万七千人于夹城中。"② 后面的事不必细说，乾德四年（公元964年）底，延烧两年的战火再度成为死灰。

王全斌灭蜀之所以接连发生如此规模和时长的兵变、民变，是因为宋军用贪婪和残暴给大宋挖了一个又大又深的坑。他们把后蜀百姓、士兵和官员坑苦了、害惨了、欺负到家了。

---

① 续资治通鉴长编（卷五）[M].
② 续资治通鉴长编（卷六）[M].

对后蜀将士，宋军放开了欺辱杀戮，全然无视战争规则。

对后蜀百姓，宋军放开了抢，抢钱、抢物、抢人，比土匪还土匪。兵士抢百姓，将领抢府库，各尽所能，按胆量和体能分配。

对后蜀官员，宋军放开了敲诈勒索，利用各种野蛮手段聚敛财物，挤干榨净文武官员全部油水才肯饶其性命。

抢、刮、杀让后蜀变成人间地狱，激起原后蜀军民极大愤怨。硝烟散尽，火种遍地，一旦风起，势必死灰复燃。

后来的蜀地风暴，只是历史的延续。

三、虐政，伤的是民心

把后蜀收入版图后，太宗推出系列民心工程。

身段又柔又软，政策也展现出诚意和力度。可惜，一纸空文。

王全斌治理期间，还是打仗，还是战争状态，还是生灵涂炭，你死我活。交战的两拨人都没变，只是交换一下场地，换一种说法，原来叫征伐和自卫，现在叫叛乱和平叛。

战争状态下的民生，没人当回事，也没法当回事。爱谁谁，爱啥啥，爱咋咋，战火没烧塌你家房子，你就烧高香吧。

接下来是王小波李顺起义，威慑力不是一般的强，朝廷差一点麻了爪儿。痛定思痛，太宗调整因应之策，软硬兼施，亡羊补牢，软的更软，硬的更硬。软的一手是"改弦更张，永鉴前弊"，禁止"管榷之吏，惟用刻削之功"，以消除民怨。硬的一手是积极调整军事布局，增强驻守蜀地的武装力量，"川峡诸州自李顺叛后，增屯兵"。

让北宋君臣十分气恼和严重扫兴的是，茶商茶农以暴力手段对抗朝廷的事件屡有发生。绍兴二年（公元1132年），福建建州茶贩范汝为揭竿而起。淳熙二年（公元1175年），湖北荆南茶贩赖文政武装起义。两起事件皆因赋役引发，说明民生并未真正改善。

什么都是注定的。为巩固中央集权和维护边疆安定，大宋高度重视国家机器建设，组建起庞大臃肿的官僚机构和永远不够用、永远吃不饱的军队。官僚机构和军队最能糟蹋钱，尤其是战时，说打水漂就打水漂。钱袋子挂在枪杆子上，说归零就归零，一刻也不等，渣儿也不剩。

官僚机构支持战争的常规手段是收税。被视作大粮仓和大后方的蜀地，自然被寄予厚望。有史料说蜀地接近承担全国1/3的赋税："蜀之四隅绵亘数千里，土衍物阜，货货以蕃，财利贡赋率四海三之一。"① 拿蜀地当提款机，显然很过分。

至道元年（公元995年），一个叫石普的官员从王小波起义中看到了赋税的作用力和反作用力，于是建言免税平祸。

皇帝和宰辅也看到了赋税的作用力和反作用力，从另一个方向：你个书呆子，站着说话不腰疼，都不交税，难道要官员和军队站成一排喝西北风？

更糟糕的是选择性征税，看人下菜碟，欺负贫苦人和老实人，这叫虐政。主要表现为：有钱有势的商人、地主通过幕后交易买通官员，再采取欺隐田地数量等手段不纳税或

---

① 丹渊集（卷三十三）[M].

少纳税；某些官员、寺院庄园享受免税特权。这样一来，繁重的赋役主要出自下层百姓，越来越逼近下层百姓承受底线。发展到某个临界点，"啪嚓"一声崩盘。

从历史背景和社会背景观察，蜀地赋税问题和由赋税问题引发的所有问题，根源之一是土地兼并。随着土地兼并日渐严重，自耕农变身客户，蜀地主客户比例畸形发展到二八甚至一九。《宋史》卷三百零四《刘师道传》一针见血地指出，"李顺之乱，皆旁户鸠集"。

王小波起义前的蜀地，凑齐了大宋所有矛盾，成为一座巨大的难民集中营和一只大当量的火药桶。

四、茶祸，其实是人祸

很多史家认为，王小波李顺起义就本源而言是茶祸。

苏辙写于元祐元年（公元1086年）的《论蜀茶五害状》，直接把这次起义的诱因归结为不合理的榷茶制度。他旗帜鲜明地建议哀怜远民、罢放榷法："五害不除，蜀人泣血，无所控告。臣乞朝廷哀怜远民，罢放榷法，令细民自作交易，但收税钱，不出长引，止令所在场务据数抽买博马茶，勿失朝廷武备而已。如此则救民于纲罗之中，使得再生，以养父母妻子，不胜幸甚。"①

朝廷自然不会在意百姓的感受。朝廷看重的，是专卖这把刀锋利无比、削铁如泥。至于这刀是单刃还是双刃，朝廷看不到，也不想看。

朝廷的道理简单而直接：因为茶叶很重要，所以朝廷很重视；因为朝廷很重视，所以专卖很必要。

在朝廷眼里，茶是重要的战略物资，事关经济发展、社会稳定和国际关系大局。这么认识并不错，错的是厨艺太差劲、吃相太难看。

第一，宋和辽、宋和西夏间的边境贸易，双方主要交易物是茶、盐、布对羊、马、皮张。没有茶就没有边贸，没有边贸就没有和平。契丹和党项等游牧民族基本不种地，他们的餐桌上每顿都不能没有肉，吃了肉就必须喝茶，不喝不行，积在胃里不消化，这就让他们天生地严重依赖边贸。没有边贸就没有茶，没有茶就没法生存。

第二，渤海、高丽等国来开封朝贡，宋廷要回赠丰厚的礼品，以显示大国的富庶、威仪和对属国的提携、怜爱。这份礼单缺啥都行，唯独不能缺茶。无茶不成礼。这是面子，也是里子。

第三，战争是烧钱游戏，没有实力玩不了这游戏，没有技巧玩不好这游戏。匡胤光义兄弟能把柴家江山划拉到自己名下，自然能把各方面力量充分而有效地调动和凝聚起来。

国家专卖，与民争利。"利"去了哪里呢？

一部分流向中央政府。中央政府依托印把子的无边威力，常态化地吸纳财富，维持国家机器运转，补充战争耗费。

一部分流向地方官吏。地方官吏的赚钱通道有两条：依托自然资源和行政力量，垄断经营，低买高卖；貌似合法、正义地打击贩茶行为，以权渔利。

---

① 栾城集（卷三十六）[M].

贪官和"歪打"合流，结果是两个：因为一部分人买通官府、一部分人铤而走险，贩私日渐猖獗，有史料说四川官员日复一日处理的政务多是贩茶案；老实本分、遵纪守法的茶商和成千上万的茶农成为失业者。

两条并作一条，蜀地一宝终成蜀地一祸。

五、可怜蜀地百姓

不用说，赵宋官家看上的是四川这只聚宝盆，对蜀人的性格、感受和诉求大概从未留意。这就着实麻烦，不好调和。

第一，没有谁愿意当亡国奴。不管是面子还是里子，亡国奴带给蜀民的都是实实在在的损失，而且不可言状。不要以为草民对举谁的旗走谁的路毫不介意，在家国属性这等大是大非问题上，他们的立场像房契上的指纹和田垄间的界石一样真实而牢固。虽然后蜀割据一隅，体量小，话语权弱，影响力差，某些方面也不够完美，但那是蜀民存放历史、现实、炊烟、牧歌、光荣和梦想的家园，一旦江山易主，他们将以降民的身份无条件地接受一个空降政权居高临下、随心所欲的摆布。

第二，后蜀降宋是战败后的无奈归降，全国上下尊严落地，摔得稀碎，完全丧失话语权。甘心也罢，不甘心也罢，服气也罢，不服气也罢，他们被整建制收编了。收编后的每一步，没有任何确定性可言。

第三，宋军贪婪骄横引发降卒叛乱，降卒叛乱将战争拉长，这无疑追加了战争成本和创伤，加重了双方的裂痕和仇恨。在宋军眼里，蜀人不堪一击又反复无常，是麻烦制造者；在蜀人眼里，宋人贪得无厌又嗜杀成性，完全不把蜀人当人，是灾难传播者。"麻烦制造者"和"灾难传播者"之间的争斗，是双输的争斗，没有谁会胜利。原因很简单：无论情愿不情愿，无论抢占上风还是甘拜下风，他们都要在一个锅里抢饭勺。

第四，在新占领区，吏治最能检验一个政权的成色。腐败的吏治是一剂慢性毒药，早晚会以骇人的声调唱响病入膏肓的挽歌。

与赋税负担同理，吏治带给社会的痛感也有广度和深度之分。在整个国家的治理体系中末端，吏治腐败的深度往往由典章制度在操作环节的弹性所决定。换句话说，同样的政务落到不同官员的桌案前，结果可能相去甚远甚至截然相反。

庙堂的逻辑极其简单：哪件事勾兑了功利因素，哪件事必然走形。民事、刑事、政事、军事、外事，概莫能外。

蜀人遭遇到的，恰恰是这样的情形。而且，被放大、加重、拉长。

第五，大宋对蜀地的掠夺，只有起始时间没有终结时间（至宋亡自然终结）。连续十几年搬运蜀地财富，超常征收赋税，都是明证。这说明，和朝廷的贪婪相比，兵卒、将领、官员的贪婪只是小打小闹。

只是，可怜了王小波李顺，可怜了蜀地百姓。

他们，是真正意义上的买单人。

作者单位：国家税务总局河北省税务局

作者简介：李长江，男，1964 年 1 月生于河北围场，1983 年参加工作，历经乡、县、市、省四级行政机关磨砺。主要从事中国税史和税收文化研究，出版专著 7 部：《杞人忧税》《德鉴》《天下兴亡——中国奴隶社会封建社会赋税研究》《一声长叹》《我说》《税眼尘心》《说明：钱眼儿里的皇朝》，在国家和省级税务、财经和社科期刊发表学术论文、学术随笔和其他文章数百篇。

中国先秦财税哲学思想

邓诗来

一、周朝建国初期财税哲学思想

约公元前1046年,周武王姬发带领周与各诸侯联军起兵讨伐商王帝辛,史称武王伐纣。商朝灭亡,周朝建立,为了吸取商朝暴政而亡的教训,周公姬旦制礼作乐,同时根据周文王演易的仁政德政思想,创作了《周易》的卦爻辞,以文辞加密的形式形成了周朝完善的政治哲学体系——《周易》。《周易》被誉为文化始祖,大道之源。但因为《周易》文辞古老凝练,又经过了文辞加密,所以,历来研究《周易》的著作汗牛充栋,但很多卦爻辞仍然不知道讲些什么。经过对应《老子》和《论语》才发现,周易六十四卦,是六十四个政治学主题,比如,震卦讲战争,兑卦讲公平兑换、公平收税。周朝立国的财税哲学思想在兑卦有集中的体现。

兑卦:亨。利贞。

　　　　上六:引兑。
　　　　九五:孚于剥,有厉。
　　　　九四:商兑,未宁,介疾有喜。
　　　　六三:来兑,凶。
　　　　九二:孚兑,吉,悔亡。
　　　　初九:和兑,吉。

兑卦:亨。利贞。①

《象》曰:丽泽,兑。君子以朋友讲习。②

《彖》曰:兑,说也。刚中而柔外,说以利贞,是以顺乎天而应乎人。说以先民,民忘其劳。说以犯难,民忘其死。说之大,民劝矣哉!

【译文】兑卦象征赋税:赋税要有美善,坚守利人利己。

《象传》说:泽水相连互通,是平等交换之象。君子应该在财利上互相合作反复商议。

《彖传》说:兑,即赋税。阳刚中正而外表柔顺,征收赋税要坚贞利民,所以能顺天应人。征收赋税以百姓利益为先,百姓就会忘其劳累。征收赋税而使百姓艰难,百姓就不惧怕死亡。赋税太重,就会激起百姓反抗。

---

① 邓诗来. 老子与周易全新对译 [M]. 南昌:江西教育出版社,2014:217.
② 邓诗来. 周易先知 [M]. 豆瓣读书网出版,2016:427.

兑卦从哲学的高度论述利民的税率，利于调动百姓的劳动积极性，百姓乐意为社会为国家创造更多财富，达到国家的和谐繁荣与长治久安。否则，过高的税率，严重打击百姓的劳动积极性，太重的赋税将引发社会动荡。

初九：和兑，吉。

《象》曰：和兑之吉，行未疑也。

【译文】初九：和谐的赋税，不与人争利。

《象传》说：和谐的赋税，不与人争利，两厢相悦的交换没有责难。

初九爻强调：让大家满意的赋税交换，是皆大欢喜的，不会有责难。社会安定和谐，国家繁荣富强。

九二：孚兑，吉，悔亡。

《象》曰：孚兑之吉，信志也。

【译文】九二：有诚信的赋税，不与人争利，不贪婪。

《象传》说：有诚信的赋税，不与人争利，是信奉道德。

九二爻讲：好的赋税是讲诚信的，不朝令夕改不巧立名目随意增加赋税。

六三：来兑，凶。

《象》曰：来兑之凶，位不当也。

【译文】六三，为满足私欲而不受约束地征收赋税，是与民争利。

《象传》说：为满足私欲而不受约束地征收赋税，与民争利，是心术不正。

九四：商兑未宁，介疾有喜。

《象》曰：九四之喜，有庆也。

【译文】九四：除了赋税而百姓没有储蓄，防止嫌怨才有喜庆。

《象传》说：九四有喜庆，是说赋税要真诚待民。

九四爻是说，买卖交换，国家收税，互惠互利才使买卖富有人性。如果靠强买强卖，或者靠欺骗的方式，掠夺他人，就会招来怨恨。国家收税防止了百姓的怨恨，才能普天同庆，繁荣与共。

九五：孚于剥，有厉。

《象》曰：孚于剥，位正当也。

【译文】九五：在禾木发芽的时候征税盘剥，有危险。

《象传》说：在禾木发芽的时候征税盘剥，是说当政者要端正心态。

九五爻是说，国家收税不能透支未来，不能寅吃卯粮，因为这将导致经济危机和政治危机。

上六：引兑。

《象》曰：上六引兑，未光也。

【译文】上六：没有仁德的赋税，是敲诈勒索。

《象传》说：敲诈勒索，说明没有将仁德发扬光大。

上六爻告诫：赋税没有仁政德政，是敲诈勒索，换来的是覆灭。要想长治久安，就得光大德行重视民生。

二、春秋时期财税哲学思想

进入春秋时期，诸侯国的竞争和兼并战争加剧，战争必然推高各国的赋税。这给春秋诸侯国的财税政策提出了严峻的挑战。著名哲学家老子、孔子等继承了《周易》的哲学思想，用他们的语言阐述了财税哲学思想。

老子在《道德经·贤于贵生篇》①中论述：

民之饥，以其上食税之多，是以饥；

民之难治，以其上之有为，是以难治；

民之轻死，以其上求生之厚，是以轻死。

夫惟无以生为者，是贤于贵生。

老子说：百姓饥寒交迫，是因为统治者征用的赋税太多，所以百姓饥寒交迫；百姓难以治理，是因为统治者贪婪妄为，所以百姓难以治理；百姓不怕死而敢于反抗，是因为统治者的赋税太重，所以百姓不怕死地反抗。那些不乱收取赋税的统治者，在重视民生问题上是有贤德的。

《论语·司马牛篇》②论述：

哀公问于有若曰："年饥，用不足，如之何？"有若对曰："盍彻乎？"曰："二，吾犹不足，如之何其彻也？"对曰："百姓足，君孰与不足？百姓不足，君孰与足？"

鲁哀公问有若："年成不好有饥荒，财政支出费用不足，怎么办？"有若说："为何不用抽取十分之一的'彻'税法呢？"哀公说："抽取十分之二的田税，我还不够，怎么能用'彻'税法呢？"有若说："百姓富足，国君怎么会不足呢？百姓不富足，国君怎么会足呢？"

孔子及其弟子有若推崇：要有与民同利的德行，自己要过平安繁荣的生活，也要让百姓过上平安繁荣的生活。如此宽容待民，就不会高高在上了，就不会一心想着巧立名目去掠夺百姓了。但鲁哀公则相反，年成不好有饥荒，不但不能与百姓共患难，反而还要想着法子加重税收搜刮百姓。这与儒家推崇的仁政德政是背道而驰的。

三、春秋时期管子的财税思想

春秋时期，国际竞争和国际战争的加剧，诸侯国的财税政策受到严峻挑战。在战争巨大消耗物资和财富的情况下，谁能高超地运用财税调控政策，对内发展生产，增加财富，对外吸收战略资源和财富，谁就能在财税和经济上赢得优势，为称霸诸侯奠定政治经济基础。管仲的国际战略视野是春秋时期财税思想的最高境界。这为管仲辅佐齐桓公率先称霸诸侯准备了理论支撑。

《管子·大匡篇》③讲："桓公践位十九年，驰关市之征，五十而取一。赋禄以粟，案

---

① 邓诗来. 老子与周易全新对译[M]. 南昌：江西教育出版社，2014：217.
② 邓诗来. 论语与周易的奥秘[M]. 济南：齐鲁书社，2011：207.
③ 管仲著，李山译注. 管子[M]. 北京：中华书局出版社，2009：124.

田而税。二岁而税一，上年什取三，中年什取二，下年什取一；税饥不税，岁饥驰而税。"齐桓公即位十九年，放宽了关市的征税，税率为五十分之一。赋税收取粮食，按田亩征收。两年收一次税，上好年份收十分之三，中等年份收十分之二，不好年份收十分之一，荒年不收税，饥荒得到缓解的年份再收税。

由此可知，中国先秦财税思想，很早就发明了税收调控机制，根据市场实际情况自由浮动税率。经济繁荣泡沫过大时，采取高税收，一为经济萎缩乃至大萧条储备财富，预留财政空间；二为抑制经济过热泡沫过大避免形成经济危机。20世纪30年代美国经济大萧条，美国政府之前采取包括凯恩斯理论在内的很多刺激政策，都未能挽救大萧条，美国总统罗斯福上任采取减税政策，才使大萧条的美国经济复苏。如今，世界经济在经过长期繁荣泡沫之后，陷入了衰退，新冠肺炎疫情，加重了经济衰退和去全球化，给世界经济造成严重冲击。应对当今经济衰退乃至大萧条，凯恩斯经济刺激理论，可能会产生效应递减同时又增加政府债务危机，真正有效的还是中国先秦财税理论：减税乃至免税，为企业减轻负担，让市场的主体企业活下来。增税和高税收会打击企业和劳动者的积极性。减税乃至免税，将调动企业和劳动者的积极性，给经济重新注入活力，促使经济复苏和繁荣。

在国际政治经济的格局下，追求国家权利的最大化，是理所当然的，也是国家存在发展的根本，所以在国际竞争中，国家常常以谋取自身政治权力及经济利益作为首要目标，使自己处于最有利的国际地位。

《管子·地数篇》[①] 齐桓公问管仲说：我想控制国内的资源而不让天下其他国家吸取，并且要利用天下各国的资源，这可行吗？管仲回答说：先王注意把控政令的缓急，对内控制财利资源，对外还能取之于天下。从前，周武王曾经采取提高巨桥的粮食价格的办法，达到对内对外控制财税的目的。武王设立一种名为重泉的兵役，下令说：百姓自家储粮一百鼓的，可以免除这一兵役。百姓就尽其所有来收购并囤积粮食，以此避免兵役。这使国内粮食价格上涨了二十倍，巨桥仓库中的粮食也贵了二十倍。武王如果用贵了二十倍的巨桥粮食购买丝帛，这样军队可以五年不向百姓征收军粮。如果用贵了二十倍的巨桥粮食来购买黄金百万斤，那就终身都不必向百姓征税了。这就是平准调节的办法。今天，我们可以利用平准调节的办法吸取天下各国的财利和资源。楚国产黄金，齐国出产盐，燕国有煮盐。这三者都可以像武王那样做。一个十口之家有十人食盐，百口之家有百人食盐。统计食盐的数量，每月成年男子近五升半，成年女子三升半，小孩二升半。将盐价每升提高半钱，每釜就增加五十钱，每升提高一钱，每釜就增加一百钱，每升提高十钱，每釜就增加千钱。君主若下令砍柴煮盐，征集起来达三万钟，等阳春一到，就可以利用时机收钱了。阳春时节，耕种开始，命令百姓不得建筑城墙，不得修缮坟墓，大夫不得建筑宫室，不得建筑台榭，北海的民众不得雇人煮盐。这样一来，盐价必然上涨四十倍。君王正好将这涨价四十倍的食盐，沿着黄河，济水流域南运到梁国、赵国、宋国、卫国和濮阳等地出卖。由于没有食盐，所食无味，人们就会浮肿，保卫国家，掌握盐最为重要。君主通过砍柴煮盐，以盐换取天下的财富，那么天下各国就无法损害我们的经济和国家安全了。

作者单位：江苏师范大学孟子学院江西分院

---

① 管仲著，李山译注. 管子[M]. 北京：中华书局出版社，2009：340-342.

作者简介：邓诗来，男，1969年出生，作家，哲学家，哲学著作有《〈论语〉与〈周易〉的奥秘》《〈老子〉与〈周易〉全新对译》《〈周易〉与〈论语〉全新对译》《〈周易〉先知》《〈老子〉先知》《〈论语〉先知》，政治学著作有《消失的国界与最后一个政府》。研究方向：先秦哲学、政治学。

海昏侯墓葬

——西汉中央与地方财税权益博弈的绝世写照

王雪绒

中央与地方财税分配问题，伴随着封建社会治理的始终。

西汉王朝自从汉高祖刘邦无可奈何地同意韩信在齐国称"假王"之后，便先后有了赵王张敖、韩王信、梁王彭越、淮南王英布、燕王臧荼、长沙王吴芮等七个异姓王，之后又分封了很多侯与众多同姓王。这种"郡国并行"的办法使西汉中央与地方的政治关系、财税分配关系一直处于不断博弈、不断抗衡、不断变化之中。汉文帝刘恒实施的"强干弱枝"政策、汉景帝刘启实施的"削藩策"，都未能从根本上解决诸王以及诸侯对西汉中央政权觊觎的"蠢蠢欲动"。

而被后世一致推崇的汉武帝刘彻实施的"推恩令"，似乎从"化大为小"的意图上显示出了削弱地方军事、政治、财政、赋税权力的优越性、可能性和无可辩驳性。同时，汉武帝以上林苑为基地，收缴地方金融权，统一国家赋税征收权的做法一度被当作统一国家财权、税权的重要措施和力作。但是，从南昌市建新县海昏侯墓葬出土的惊人文物中，可以清晰地看出西汉中期以前中央与地方政治、经济、财政和赋税权益博弈的异常复杂性、异常艰巨性和异常残忍性。

海昏侯墓的主人刘贺是汉武帝的亲孙子。刘贺的父亲刘髆是汉武帝与李夫人的亲生儿子，第一代昌邑王。当年汉武帝去世后，李夫人获准与汉武帝同葬，共享后世香火，被追封为"孝武皇后"，所以刘贺是响当当的皇室血脉。

刘贺的父亲刘髆也是一个有帝王梦想的人。刘髆的舅舅李广利当年拜托丞相刘屈氂想立刘髆为太子，后来被人告发汉武帝，丞相刘屈氂被腰斩，海西侯李广利率领10万大军投降匈奴后全家被杀。昌邑王刘髆死时儿子刘贺只有6岁，于是他继承了父亲昌邑王的爵位，在山东菏泽衣食无忧地成长。

世事无常。刘贺的叔父——汉昭帝刘弗陵21岁因病驾崩却未能留下子嗣，18岁的昌邑王刘贺作为刘弗陵的侄子被权臣霍光看中，要求他回长安主持汉昭帝的葬礼。之后，刘贺在汉昭帝灵柩之前受皇帝绶玺，成为西汉第九位皇帝。

然而，27天之后，霍光便以25条罪状要求废帝。当时所有大臣都惊愕失色，没有一个人敢发言。在霍光与田延年的一唱一和当中，在车骑将军张安世的帮助之下，威震朝廷10多年之久的霍光一举将刘贺的帝位拿下。拿下刘贺的帝位后，因为害怕刘贺自杀落下"弑君"之名，霍光还亲自"护送"刘贺回到了山东菏泽。而此时的昌邑国已经被废，刘贺回到的驻地又被改为山阳郡。就这样，传奇的刘贺在两个多月时间内完成了昌邑王—太子—皇帝—山阳郡主的角色转变，受封租户2000户。

然而，细读《霍光传》便可一目了然：刘贺被霍光废帝，并不是因为刘贺"荒淫无度""不孝无道",而是因为进京之后的刘贺不想成为傀儡,而要取代霍光执掌中央政权成为真正的皇帝。

进京时,昌邑王刘贺将昌邑国的250名朝臣带入中央朝中,27天内朝中政务完全由昌邑国大臣掌控,不仅霍光的政治大权几乎完全被架空,就连原来中央朝中的很多大臣也受到了冷落。刘贺每天处理朝政40多件且不与霍光商议,累计下发征发令1127件。至于象征皇权的最高权力——玉玺当然也由刘贺亲自掌控,任何人不得插手。

在军事方面,刘贺将昌邑国的丞相安乐任命为长乐卫尉,执掌了皇宫的保卫工作。这种军事管制是霍光完全不能接受的,因为在汉昭帝刘弗陵执政期间,几乎所有的政治、军事、财政和赋税权力都由霍光一手掌握,刘佛陵就是一个十足的摆设。因而,在朝中已经拥有很深根脉和政治基础的霍光,与从地方而来、带领250名昌邑国大臣的刘贺之间展开了激烈政治较量。以安乐为首的昌邑国大臣,曾强烈建议刘贺杀掉霍光,但是刘贺并没有采纳这一建议。而当刘贺被霍光废帝之后,200多名昌邑臣子几乎全部被杀。死时,他们悲愤地呼喊:"当断不断,反受其乱。"可见地方官员与中央权臣之间的较量何其凶险。

西汉诸王、诸侯在自己的辖区之内拥有绝对的政权和财权,他们可以自行任命官员、征收赋税,享有绝对的自治权是我们共知的事实。汉朝初年,货币铸造权也未能全国统一,拥有丰富矿产资源的诸王便在自己的辖区内铸造货币,富可敌国,对西汉中央政权造成了严重威胁,最为典型的便是吴王刘濞以及由其引发的"七王之乱"。昌邑王刘贺是否有以下犯上的心思无从知晓,但是,从他入主长安未央宫之后的种种表现来看,他并不是一个没有政治野心的人,只是由于政治经验欠缺、朝中政治势力单薄而败给了霍光。

刘贺回到昌邑后,作为一个身份特殊、被长期监视的"特殊百姓",他受到了汉宣帝刘病已特别的"厚待":山阳郡守张敞成为监督刘贺起居行踪的"总监官"。张敞把刘贺有多少随从,生活起居时间、往来宾客数量、健康状况等情况,事无巨细全部及时汇报给了汉宣帝刘病已。可能是张敞汇报的情况让汉宣帝对刘贺放心了,于是在汉宣帝继位11年后的公元前63年,刘贺被封为海昏侯,从山东的山阳郡迁往今江西的豫章郡,食封4000户,享用时间4年有余。

那么,废帝之后,不论是作为山阳郡的刘贺还是作为海昏侯的刘贺,对中央的政令是否就真的言听计从,真的如张敞所描述的那样谨小慎微、妻妾成群、玩世不恭呢?地下出土的众多文物给了后人一个异常明确的答案,这个答案就是:未必!

海昏侯墓作为2015年全国重大文物发掘,创造了中国文物史上众多"之最":它是目前为止中国墓葬保存最好、结构最为完整、功能布局最为清晰的西汉列侯墓葬遗址——请注意,是"列侯"墓葬遗址。遗址当中出土的文物是汉代考古墓葬中金器数量最多、种类最全的一个。而成堆的五铢钱令考古学家惊叹不已,200万枚五铢钱重达10多吨,占当时整个西汉年铸币量的1%。更为重要的是,考古学家还发现了刻有"昌"字的五铢钱范,证明了刘髆和刘贺父子私铸钱币的可能性。

关于铸造钱币,有一个时间点必须明确。汉武帝之前,诸王私自铸造货币是被中央默许的,因为当时西汉政府并没有将货币铸造权收归中央统一管理,掌握矿产资源的诸王也有私自铸钱的。但自从吴王刘濞"七王之乱"后,西汉政府对诸王和诸侯的削弱之策持续加大。汉武帝的"推恩令"更使诸王的政治权力全部集中到了中央,社会地位也大大下降。至于在财力上,诸王们依靠封地的租税生活,几乎失去了与中央抗衡的可能性。在统一财权的过程中,由于当时的货币比较混乱,汉武帝便在上林苑统一货币铸造权,生产的"上林三铢钱"被视为国家法定货币。

但从海昏侯墓葬中却出土了大量的五铢钱。五铢钱的流通时期属于汉武帝、汉昭帝和汉宣帝三个执政期，但这三个时期无论哪个时期，私铸货币都被明令列为国家禁止行列。刻有"昌"字的五铢钱范的出土，说明刘髆、刘贺父子违抗中央政令，私铸货币的事实是难以回避的。私铸的货币流通后会对中央赋税的征收带来极大的冲击，因为西汉时期很多税种已经开始征收钱币，地方私铸货币事实上是对中央财税的一种掠夺。

除此之外，海昏侯墓还出土有大量黄金：48块马蹄金、25块麟趾金，20块金板，每块金板重达1公斤，这些黄金的出土确实令世人惊叹。而当时，金币已经具备货币职能，"行金"便是西汉政府的法定货币之一，不仅使用范围广，而且体现价值尺度，在商品流通当中发挥了重要的中介作用。西汉政府通过征收租税、酎金、罪犯罚金等众多方式获取金币，同时以赏赐、馈赠等方式支取大量金币。

那么，海昏侯刘贺墓葬中如此众多的财富从何而来？

刘贺不论是当昌邑王、山阳郡主还是任海昏侯期间，因为有食封，所以他和他的父亲刘髆都有征税的权力。有专家为刘贺算了一笔账：做海昏侯期间，假如以食封4000户计算，每年的田租收入、算赋收入、口钱收入、更赋收入、关税、市税、山泽收入等，加起来将近千万钱，这个收入是刘贺当昌邑王时他在山东时期整个赋税收入的1倍还多。按道理说，刘贺虽然在政治上被折断了翅膀，但在经济上还是过得去的，如果他这样安然地选择悠哉到死，大家都会信以为真。但是，他似乎并不甘心帝王之梦就此作罢。从考古发掘判断，他不仅具备私自铸币的可能性，也同时具备铸造黄金的可能性。因为，仅仅27天的帝王生涯，对他来说是这样的不甘心、这样的愤慨。南昌市建新县东的十里江边之所以被命名为"慨口"是有原因的。据说当年刘贺每每行船走在这里的时候，便会东望长安，然后愤慨而归。当时，他和一个叫孙万世的人成了好朋友。孙万世问他：当年为什么不直接杀死霍光，反而轻易地被人夺取了玉玺？刘贺长叹一声说：后悔也晚了。这样的回答是不是意味着刘贺还有"翻盘"的动机和欲望？要不然，父亲刘髆给他留存了那么多财富、昌邑国还有那么多赋税收入、皇帝还有那么多赠赐，他为什么还要铸造更多的钱币，积攒更多的财力？难不成还要东山再起？刘贺和孙万世谈话的机密还是被汉宣帝刘病已知晓了。本来，依照汉朝法律是应该逮捕刘贺的，还好汉宣帝法外开恩，只是将刘贺"削户三千"，变成了一个只有1000户食封的诸侯了。

但是，刘贺还是那样的不甘心，郁闷而死之后还要进行最后一番反抗。考古学家从刘贺海昏侯墓中出土了一方龟钮玉印，上面刻有"大刘印记"字样，同时还出土了一块刻有"刘贺"字样的玉印。玉印的使用，在汉朝是有严格规定的，只有帝王才可以享有玉印的特权。那么刘贺，他被废帝之后属于列侯，按汉朝制度规定他只能使用金印，而不能使用玉印。

那么，这两块违制玉印的重见天日是想告诉后人，刘贺对于中央皇权的向往，还是对皇帝身份的留恋，抑或是对未能夺权的愤懑？但无论如何，西汉时期中央与地方政治斗争、财税权益斗争的残酷性、复杂性，重见天日的文物便是铁证。

作者单位：国家税务总局陕西省税务局

作者简介：王雪绒，女，1969年12月29日生，大学文化，国家税务总局陕西省税务局机关党委四级调研员，研究方向：税收历史。著有《税收溯源》《沧桑赋税唐帝国》《赋税之略》等。

财税文化

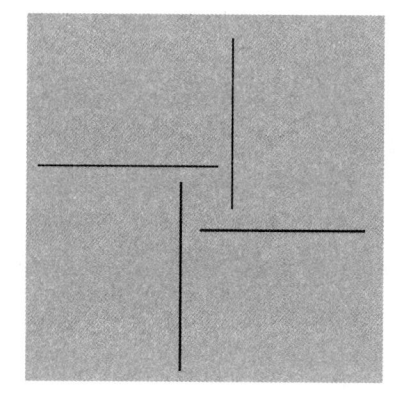

从诗史观看杨广的财政政策

付志宇

一、关于诗史互证

黄宗羲有云:"诗之与史,相为表里者也。以史为纲,以诗为目,而一代之人物,赖以不坠"①。这句话为我们提供了一种治史的观念:要想全面反映特定历史人物的生平行迹,真实归纳其思想状况,除了参考史书上的记载,也可以运用诗文证成其史,诗史并用,纲目并重,唯此真相方能不坠。对于历史人物的事迹及思想的理解,不同的人用不同的眼光看会有不同的结论,如王国维以杨广和刘邦为比较对象:"'君王枉把平陈业,换得雷塘数亩田',政治家之言也。'长陵亦是闲丘垅,异日谁知与仲多',诗人之言也。政治家之眼区域于一人一事,诗人之眼则通古今而观之"②。从一己之得失论,杨广身死国灭无疑是失败者,刘邦争胜立国当然是赢家,但是从身后看,雷塘与长陵都不过是一抔黄土,又有什么广狭高低之分?杨广建立的制度与工程与刘邦相比哪个影响更大未可轻言。诗史观正是这样一种"通古今而观之"的长时段、大历史的观念。

从诗史观的研究方法看,陈寅恪曾言"把所有分散的诗集合在一起,于时代人物之关系,地域之所在,按照一个观点去研究,连贯起来可以有以下的作用:说明一个时代之关系;纠正一件事之发生及经过;补充和纠正历史记载之不足"③。经典史学著作中有大量关于历史人物思想言行的记载,前人已经进行了系统归纳整理。要运用诗文对已有的史料进行补充纠正,就要合理地利用诗文材料,分析诗文中的内在联系,才能得出更为客观全面的分析评价。如赵翼评价白居易的诗记载"历官所得俸入多少,可当职官、食货二志也"④,说明可将白诗中的官俸收入与两唐书中职官、食货志中的相关规定加以印证。只要运用科学的鉴别方法,诗文对正史的补充确实具有说服力。如以往的研究者在分析两税法的政策效应时,都喜欢采用建中元年的诏书中"此外敛者,以枉法论"一句来说明其刚性,但是《资治通鉴》中讲到赵光奇对唐德宗说"前云两税之外悉无它徭,今非税而诛求者殆过于税"⑤一事足资证明该规定形同具文。对此,我们可以运用白居易的《重赋》中相关诗句和赵德麟的《侯鲭录》中"唐德宗及本朝元丰月费钱"条内容加以辅证。只

---

① 黄宗羲. 南雷文定[M].
② 王国维.《人间词话》增辑[M].
③ 陈寅恪. 元白诗笺证稿[M]. 北京:三联书店,2001.
④ 赵翼. 瓯北诗话[M].
⑤ 司马光. 资治通鉴(第二百三十三卷)[M].

要诗文所记录的对象与正史中的记载能够互证，由诗文来补充纠正史实本是应有之义。

同一材料以其真伪可从正反两方面使用。真材料固不待言，伪材料也能发挥作用。陈寅恪讲过"考出其作伪时代及作者，即据以说明时代及作者之思想，则变为一真材料矣"①，布克哈特也说到"即使是伪造者，一旦被我们识破，了解到他这样做的目的，其伪作也能够不自觉地提供非常有价值的信息"②。例如，要评价杨广的军事外交思想，可从他的《临渭源》和《纪辽东》看出一些问题来，虽则"直为求人隐，非穷辙迹游"和"方当销锋散牛马，旋师宴镐京"有所文饰，带有夸张的成分，但是这两首诗也为我们提供了他的真实想法，"日举烟雾收"说明西巡是争取和平的外部环境，"俘馘变夷风"表示东征是要传播中华文化。个人的诗作，没有必要处处作伪，尤其是表达主观情感的诗句更能如实地反映其真正想法。去掉那些虚饰表功的成分，可以看出杨广其人对国家发展的认识具有长远的眼光，其军事外交思想也颇具前瞻性与全局观。

二、多面的杨广

对于杨广的历史评价，唐朝史官没有采信其孙景泰帝杨侗追谥的隋明帝与世祖庙号，而是使用了李渊提出的隋炀帝，且不立庙号。官修的《隋书》《北史》《贞观政要》都对其给出了与"炀"相匹配的"好内怠政""逆天虐民"的盖棺之论，民间私修的《大业杂记》《隋唐嘉话》，唐传奇《大业拾遗记》与《隋炀三记》（《海山记》《开河记》《迷楼记》）也对杨广其人其事极尽丑化之笔墨。正如祖君彦讨杨广檄文中"罄南山之竹，书罪无穷；决东海之波，流恶难尽"一句所云，唐朝的正史野史都在极力渲染一个暴君的形象。司马光在编撰《资治通鉴》时大量引用了上述史料中的记载，虽然在《通鉴考异》中有一些史料采择方面的说明，但总体上对杨广依然是全盘否定，"穷侈极欲，连兵四夷，政烦赋重，盗贼蜂起，而游幸不息"③。明清历史小说《隋唐两朝志传》《隋炀帝艳史》《隋史遗文》《隋唐演义》等也继续塑造着杨广暴君败国的形象。千年来，不断强化的历史记忆将杨广钉在耻辱柱上不得翻身。

不过，隋代史实存在的巨大反差让具有独立思考传统的学者从一开始就有所怀疑，如李吉甫说过"隋氏作之虽劳，后代实受其利焉"④，皮日休说过"在隋之民，不胜其害也；在唐之民，不胜其利也……南运江都之转输，其为利也博焉"⑤，卢襄也说过"盖有害于一时，而利于千百载之下者"⑥，顾炎武则说"炀帝此举，为其图促数年之祚，而为后世开万世之利，可谓不仁而有功矣"⑦，这些话都给予杨广及其功绩较为正面的认可。何以会出现如此鲜明的认识上的反差？究其原因，杨广白脸形象的刻画主要源于两个方面：一是唐人撰史可能带有为以唐代隋的正统性张目的主观色彩，甚至魏徵、李延寿、吴兢等人

---

① 陈寅恪. 陈寅恪讲义及杂稿 [M]. 北京：三联书店，2001.
② 布克哈特. 世界历史沉思录 [M]. 北京：北京大学出版社，2007.
③ 司马光. 稽古录 [M].
④ 李吉甫. 元和郡县图志 [M].
⑤ 皮日休. 汴河铭 [M].
⑥ 卢襄. 西征记 [M].
⑦ 顾炎武. 天下郡国利病书 [M].

有抑杨广以扬李世民的个人目的。二是隋唐易代之际官方文献（如大业起居注）与皇室图书的散佚使得史书中征引的史料不足，难免参考各类杂史野史且自相矛盾。正如鲁迅所说："现在我们再看历史，在历史上的记载和论断有时也是极靠不住的，不能相信的地方很多，因为我们通常晓得，某朝的年代长一点，其中必定好人多；某朝的年代短一点，其中差不多没有好人。为什么呢？因为年代长的，做史的是本朝人，当然恭维本朝的人物。年代短了，做史的是别朝人，便很自由地贬斥其异朝的人物。"[①] 传统认知中杨广并非"好人"的历史形象就是一个例证。

  杨广的才具无人能够否认，用他自己的话说，就是无须出身，光凭实力就足以充任天子，"天下当谓朕承藉余绪而有四海耶？设令朕与士大夫高选，亦当为天子矣"[②]。天台宗创始人智𫖮夸赞他"道贯古今，允文允武，多才多艺"[③]，魏徵说过"上好学，善属文，沉深严重，朝野属望"[④]，王士禛也说过"隋混一南北，炀帝之才，实群高下"[⑤]。按理说如此有才的人身为帝王，完全可以成就一番"掩吞秦汉"[⑥]"志包宇宙"[⑦] 的事业，但是为何史书却给予其行事如此低的评价？这个问题李世民首先向魏徵提出："朕观《隋炀帝集》，文辞奥博，亦知是尧舜而非桀纣，然行事何其反也？"当然，魏徵认为是杨广刚愎自用，言行不一，"炀帝恃其俊才，骄矜自用，故口诵尧舜之言而身为桀纣之行"[⑧]"炀帝自负才学，每骄天下之士……帝自矜己以轻天下，能不亡乎？"[⑨] 但他并未能说清楚杨广骄矜自用的深层次原因。对此，后人各有理解，如钱穆归结为杨广的"高情远意""文帝只知有吏治，并无开国理想与规模。炀帝则染到了南方风尚，看不起前人简陋。狂放的情思，骤然为大一统政府之富厚所激动，而不可控勒"[⑩]。黄仁宇也援引大量史实证明杨广的言行并不矛盾，"有人或许会认为，这些话听起来是在唱高调，不能当做具有重要意义的事情来对待。但是在另一方面，我们应当注意到这些话同隋代中发生的其他历史事件非常吻合"[⑪]。崔瑞德则解释为杨广是"政治美学家""带有强烈的艺术成分的政治个性具有一种炫耀性的想象力，它能使其个人的历史具有戏剧性，并使一切服从于野心勃勃的计划"[⑫]。宇文所安也将杨广视为"一位有着深厚美学意识的人""虽然炀帝声称他关心人民，我们在这里所看到的却是帝王之尊的意识超过了儒家道德"[⑬]。那么，究竟该如何看待史书上描写的巨大反差？

  随着近代以来史料范围不断拓展，尤其是考古发现的披露，如敦煌、吐鲁番文书的出土，隋唐系谱、碑刻、墓志铭的发掘，以及各种宗教文献和民间文书的使用，多重证据法

---

① 鲁迅. 而已集·魏晋风度及文章与药及酒之关系 [M]. 北京：人民文学出版社，1981.
② 魏征. 隋书·五行志 [M].
③ 全隋文. 国清百录（卷四）[M].
④ 魏征. 隋书·炀帝纪 [M].
⑤ 王士禛. 香祖笔记 [M].
⑥ 魏征. 隋书·西域传 [M].
⑦ 魏征. 隋书·东夷传 [M].
⑧ 司马光. 资治通鉴·唐纪 [M].
⑨ 魏征. 隋书·百官志 [M].
⑩ 钱穆. 国史大纲 [M].
⑪ 黄仁宇. 明代的漕运 [M]. 北京：新星出版社，2005.
⑫ 崔瑞德. 剑桥中国隋唐史 [M]. 北京：中国社会科学出版社，1990.
⑬ 宇文所安. 初唐诗 [M]. 北京：三联书店，2005.

在历史研究中得到普遍运用。越来越多的学者开始对关于杨广的传统评价进行反思与质疑,兹择其中三位学者对此问题的看法如下:一是芮沃寿在《剑桥中国隋唐史》中指出"儒家修史者对炀帝道义上的评价的确是苛刻的,因为他们把他描写成令人生畏的典型的'末代昏君'""既被视为典型的亡国昏君,在一大团歪曲的历史记载和传奇性道听途说之下,今人即想窥测此人的真实性格,至多也只能瞥见其一二"①。二是宫崎市定在《隋的炀帝》中讲到"隋代历史之所以不好理解,全是因为后来产生了儒教史观、道德性解释学之故。儒教史观认为,受天命成为一代开国君主之人必须有其相应的资质,同时亡国之君自然也就会有失天命的恶德""这里蕴藏着隋炀帝个人力量无法逾越的命运,看不到这一大的历史形势,仅仅把历史还原到某个人身上,那么隋代史将变得乏味无聊"②。三是黄仁宇在《明代的漕运》中提醒读者"如果把所有事实都考虑到,'个人兴趣理论'现在看来不再有说服力。迁都圣旨上说'控以三河,固以四塞,水陆通,贡赋等',很难相信,这些话会出自一个小人物的脑袋,他的个人享乐超越了政府的需要"③。类似这样的研究还有很多,总的来说,长期形成的一边倒的历史评价已经在新的史料面前产生了动摇。

因此,要还原杨广的真实面貌,纠正惯性历史思维对人们认知产生的误导,应该从不同的角度进行发掘,也可以运用不同的方法加以考察,其中以诗证史不妨是一条可以探索的道路。由于杨广本人一生行迹复杂,事涉政治、经济、外交、军事、教育、文学、艺术、宗教等诸多领域,以及宫闱之内的个人私德,很难从宏观上给予统一完整的评价。在此仅就其推行的几项重大财政政策运用诗史观进行剖析,以期整理出一条相对合理的思路。

三、有关隋代财政的三个矛盾

如果我们仔细考察,就会发现有一些历史矛盾很难解释。第一个是隋代的富强与财政消耗的矛盾。这个问题是马端临最早提出的:"考之史传,则未见其有以为富国之术也。夫既非苛敛以取财,且时有征役以糜财,而赏赐复不吝财,则宜用度之空匮也,而殷富如此。"④ 他并未讳言杨广的用度浩繁,指出了隋代财政消耗的真实情况,应该说还是比较客观。但是在这样大的支出规模下仍然有巨量的财政储备,却是令人困惑的。隋代国祚虽短,但却是历代少见的既富且强的朝代。一方面,正史中有大量关于隋代富强的记载,如"古今称国计之富者,莫如隋"⑤ "隋之富,汉唐之盛未之逮也"⑥ "炀帝嗣位,天下全盛"⑦ "兵马之强,自古以来不过一两代耳"⑧ "威振殊俗,过于秦汉远矣"⑨ "隋氏资储遍

---

① 崔瑞德. 剑桥中国隋唐史 [M]. 北京:中国社会科学出版社,1990.
② 宫崎市定. 宫崎市定说隋炀帝 [M]. 西安:陕西人民出版社,2008.
③ 黄仁宇. 明代的漕运 [M]. 北京:新星出版社,2005.
④⑤ 马端临. 文献通考 [M].
⑥ 王夫之. 读通鉴论 [M].
⑦ 魏征. 隋书·高丽传 [M].
⑧ 王方庆. 魏郑公谏录(第三卷)[M].
⑨ 魏征. 隋书·南蛮传 [M].

于天下，近代以来未之有也"① 诸如此类的话史不绝书，比比皆是。可是另一方面，正史上又描述隋代"军国多务，日不暇给""每以供费不给，逆收数年之赋"②"黄河之北，则千里无烟，江淮之间，则鞠为茂草"③ "穷生人之精力，罄天下之资财，使鬼尚难为之，劳人固其不可"④。对这种自相矛盾的表述，史家并不能给出令人信服的解释。传统的说法是李世民对王珪讲的"隋文不怜百姓而惜仓库"⑤，即杨坚实行的高积累低分配，国富民穷的收入政策。可是如果考察隋代的农业税税负较北周下降四成，除入市税、罢酒坊、通盐池盐井等减税措施，以及开皇五年（公元585年）"发广通之粟三百余万石以拯关中"⑥，开皇十年（公元590年）"制人年五十，免役收庸"⑦，开皇十二年（公元592年）下诏"宁积于人，勿藏府库。河北河东今年田租三分减一，兵减半功，调全免"⑧，开皇十三年（公元593年）"制战亡之家，给复一年"⑨，开皇十七年（公元597年）"遂停此年正赋，以赐黎元"⑩等诸多事实，恐怕李世民言过其实了。杨广即位后"嗣守鸿基，国家殷富"⑪"天下承平，百物丰实"⑫，但他没有因此而忽忘关中财政供养人口过多财力难以负担的危机，在兴建东都的同时建回洛仓、兴洛仓，以为国家物资应急之基。从大业六年（公元610年）张须陀私自开仓并未得罪之事实，可以管窥杨广并非不恤民生之主。再考虑到大业五年（公元609年）全国户口达到八百九十余万户，四千六百零二万口⑬，进入东汉以后的又一个峰值，很难想象国家没有充足的财政储备可以维持如此巨大的人口消耗。连魏徵都坦承唐初财力无法与隋代相比肩，"以隋氏之府藏譬今日之资储，以隋氏之甲兵况当今之士马，以隋氏之户口校今时之百姓，度长比大，曾何等级？"⑭大业后期杨广三征辽东已经耗去庞大数额的后勤物资保障，但隋末仍然"所在仓库，犹大充牣"⑮，就不能以简单的道德评判解释得通了。只是到最后全国性的农民战争使各地府库粮仓等重要资源为各种军事力量占领，杨广已无力调动，才有马周所说的"隋贮洛口仓而李密因之，东都积布帛而世充资之，西京府库亦为国家之用，至今未尽"⑯的局面。隋末征辽东与平义军战争持续多年，按理说财政储备早已消耗殆尽，何以仍能有如此多的物资剩余？至今无人能给出一个满意的解答。

第二个是杨广时期财政收入政策的矛盾。自从魏徵定性杨广政权覆灭的原因是"征税百端，猾吏侵渔，人不堪命"⑰，历代史家均沿袭此说，认为杨广时期赋税沉重。但是杜佑却不这样认为，反而提出隋代的富强源于轻税政策的观点，"设轻税之法，浮客悉自归

---

① 杜佑. 通典卷七·丁中条 [M].
② 李延寿. 北史 [M].
③ 魏征. 隋书·杨玄感传 [M].
④ 祖君彦. 为李密讨洛州书 [M].
⑤ 吴兢. 贞观政要·辩兴亡 [M].
⑥⑩⑪⑮ 魏征. 隋书·食货志 [M].
⑦⑨ 魏征. 隋书·高祖纪 [M].
⑧ 司马光. 资治通鉴·开皇十四年八月 [M].
⑫ 司马光. 资治通鉴·大业三年八月 [M].
⑬ 魏征. 隋书·地理志 [M].
⑭ 吴兢. 贞观政要·论刑法 [M].
⑯ 司马光. 资治通鉴·唐纪 [M].
⑰ 魏征. 隋书·炀帝纪 [M].

于编户,隋代之盛实由于斯"①。根据正史的记载,"炀帝即位,是时户口益多府库盈溢,乃除妇人及奴婢部曲之课,男子年二十二成丁"②,这是历史上相当重要的一次财政改革,提高男性纳税义务发生的年龄,尤其是女性不纳税的规定,使家庭的平均税负明显减轻,可以与康熙的"滋生人丁永不加赋"政策相媲美。除了全国性的制度调整外,杨广根据战争、建设和出巡等政府行为对生产生活可能造成的破坏还不时推出区域性、临时性、个别性的税收减免政策,如平陈后对南方故陈之境内给复十年,大业元年(公元605年)对战亡之家给复十年,扬州给复五年,大业二年(公元606年)因东京建成免天下当年租税,大业三年(公元607年)因大业律颁布关内给复三年,大业四年(公元608年)因北巡对车驾所经郡县免一年租调,长城役者免一年租赋,大业五年(公元609年)因西巡对行经之所给复二年,大业九年(公元613年)骁果之家蠲免赋役,等等③。这些事实都与李世民魏徵君臣对杨广的评价有较大出入。而当时出现的一些增税措施也是有适用范围的,如"课天下富室分道市武马"④ 就是只针对有钱人征税,因此才会有"虽有长城河道之役,江都河西涿郡之幸,民力尚可支"⑤和"时天下丰乐,虽此差科,未足为苦"⑥ 的说法。那么,到底杨广时期的财政收入政策是轻还是重?尤其是除了力役以外的实物税收入负担跟其他朝代相比是加重还是减轻?

第三个是杨广时期财政支出政策的矛盾。对于杨广朝的财政支出,传统史学评价更是罄竹难书,如"骄怒之兵屡动,土木之功不息。频出朔方,三驾辽左,旌旗万里"⑦ "盛治宫室,穷极侈靡。召募行人,分使绝域。诸蕃至者,厚加礼赐;有不恭命,以兵击之"⑧。但如考诸史实,会发现一些与之相反的记载。杨广非常重视量力而行,强调防止与弥补民生损失。从他在《营东宫诏》中所说的"非天下以奉一人,乃一人以主天下也。民惟国本,本固邦宁,百姓足君孰与不足。今所营构,务从节俭,无令雕墙峻宇复起于当今,欲使卑宫菲食将贻于后世。有司明为条格,称朕意焉"⑨可以看到,他强调工程建设,注重节俭。从《听民诣朝堂封奏诏》中所说的"其民下有知州县官人政治苛刻,侵害百姓,背公徇私,不便于民者,宜听诣朝堂封奏。庶乎四聪以达,天下无冤"⑩ 则能发现,他愿意了解民望,防止戕害民生。而从《将北巡下诏》中讲到的"山东经乱,须加存恤,今欲安辑河北,巡省赵魏,所司依式""敕百司不得贱暴禾稼,其有须开为路者,有司计地所收,即以近仓酬赐,务从优厚"⑪更能反映出杨广高度重视维护民生,提出对工程建设产生的危害需加经济补偿。如果说文本上的诏令可能会矫饰作伪,也还有很多史实足以证明其言并非虚情假意。如营建东宫并未一步到位,而是分段建成。大业元年(公元605年)下诏开建,大业二年(公元606年)正月初具规模,四月入于东京,大赦天下免当年租税,大业二年末建洛口仓与回洛仓,大业九年(公元613年)始建东城,且建成的洛阳城"无外城,仅有短垣而已"⑫,直到武则天天授三年(公元692年)方开工筑外城。又

---

① 杜佑. 通典卷七·食货 [M].
② 司马光. 资治通鉴·隋纪 [M].
③⑤⑦⑧⑨ 魏征. 隋书·炀帝纪 [M].
④ 司马光. 资治通鉴·大业六年十二月 [M].
⑥ 杜宝. 大业杂记 [M].
⑩⑪ 严可均. 全隋文 [M].
⑫ 司马光. 资治通鉴·长寿元年 [M].

如礼部尚书牛弘请依古礼立明堂,将作大匠宇文恺已撰成《明堂图议》,终因杨广顾虑到耗费太巨而作罢,最后直到垂拱四年(公元688年)武则天方下令毁乾元殿以建成。再如大业五年(公元609年)附国王宜缯遣弟子宜林入朝,欲献良马,请开山道,"炀帝以劳人不许"①。这些记载均与传统观念中不断被强化的杨广骄奢淫逸,穷兵黩武的印象大相径庭,那么哪一面才是历史的真实?

四、杨广财政政策的诗史考察

对于杨广在位期间所推行的几项重大财政政策进行诗史考察,可以采用隋代的诗文,亦可以选取隋以后的作品,但是鉴于上述李世民君臣对杨广盖棺之论的影响,两者难免会有一些违和之处,需要注意甄别。

杨广本人文学素养极高,还在做晋王时便意识到文化对统一中国的重要性,平陈后江南曾两度反抗,他就致力于用文化争取人心,继位后更是凭个人之力推动了南北方的文化融合,实现了隋代教育文化事业的高度发达,被芮沃寿称为是一种"文化策略"②。杨广勤勉好学,自身创作不辍,同时重视国家的文化建设。司马光说他"好读书著述,自为扬州总管,置王府学士至百人,常令修撰,以至为帝,前后近二十载,修撰未尝暂停"③。宋祁也说"炀皇好学,喜聚逸书,而隋世简编,最为博洽"④。杨广一生共著有文集五十五卷,《全隋文》中存四卷,《全隋诗》中存诗四十五首,为隋代之冠。连魏徵想用动机论抹黑杨广也不得不认可其文学水平,"其《与越公书》《建东都诏》《冬至受朝诗》及《拟饮马长城窟》,并存雅体,归于典制。虽意在骄淫,而词无浮荡,故当时缀文之士,遂得依而取正焉"⑤。魏徵所谓的"意在骄淫"与"词无浮荡"之间的矛盾是否属实,可以结合当时杨广君臣的诗作从财政经济的视角加以检视。

首先看《泛龙舟》,记开运河下扬州之事。大业元年(公元605年)三月开通济渠与邗沟,八月杨广自洛阳乘龙舟下扬州。为何要将运河通至扬州,诗中有"借问扬州在何处,淮南江北海西头"句,说明其地理位置显要,是江淮财赋之地的枢纽。开通水路一方面可以将江南的战略物资运送到中原(后来到东北),"自是天下利于转输"⑥,另一方面可以控制南方新归顺之地的民心。杨广曾将扬州太守的品级提高到与京兆尹一样,足以证明他对扬州地位的重视。这种重视绝非出于君主游幸之私意,而是他在任淮南道行台尚书令和扬州总管期间的直接经验所形成的。与东宫选址伊洛之间一样,运河的规划也是杨广经过无数次的实地调查后所亲自制定。包括大业四年(公元608年)永济渠和大业六年(公元610年)江南河的开凿通航,都是杨广与监修者皇甫议、阎毗、任洪则等人共同商议的结果。因此,唐代的野史和传奇对其开河动机的污蔑完全经不起推敲。"六辔聊停御百丈,暂罢开山歌棹讴"一句说明杨广对运河优势的看法,在当时水路运输不管是运送物

---

① 魏征. 隋书·西域附国传 [M].
② Arthur F Wright. The Sui Dynasty. The Unification of the China,A. D. 581 –617. Yale University Press 1978.
③ 司马光. 资治通鉴·大业十一年 [M].
④ 宋祁. 旧唐书·经籍志 [M].
⑤ 魏征. 隋书·文学传序 [M].
⑥ 王钦若. 册府元龟·邦计部 漕运 [M].

资的数量还是转运工程的难易都远胜于陆路运输。"讵似江东掌间地，独自称言鉴里游"一句则表达了杨广对江东富庶之地因运河开通纳入股掌之间的自豪。事实上也是如此，历史上经济重心的南移正是从隋代发端，运河两岸兴起的市镇成为工商业和交通运输的中心，尤其是江南经济的发展一跃而超过中原，开启了唐宋变革的序幕。当时跟杨广相和的诗不少，可以择其中的代表作印证时人对开通运河的看法。如起居舍人庾自直的"纵观此何事，巡驾幸淮扬。伊雒山川转，江河道路长"① 对运河的地理位置和重要作用有所描述。内史侍郎虞世基的"巡游光帝典，征吉乃先天。泽国翔宸驾，水府泛楼船"② 则是对杨广幸江都的正面评价，其弟秘书郎虞世南（入唐后为李世民所重用，为凌烟阁二十四功臣之一）的"南国行周化，稽山秘夏图。百王岂殊轨，千载协前谟"③ 也对杨广东巡给予了高度赞誉。抛开君臣应和的礼节客套不论，这三位大臣对此事一致的认识还是颇能说明杨广开河东巡在当时深得人心。如果再考察大业六年（公元610年）三月杨广二下扬州时在江都宫设宴招待江淮以南的年长者，更能看出他对东南地区财赋的仰仗。虞世基另一首和诗就写到当时因运河开通国家出现的统一富强的面貌，"区宇属平一，庶类仰陶钧。銮跸临河济，裘冕肃柴禋"④。从以上诗句我们不可谓杨广对国家财经大计没有宏观考量，而只是简单的个人爱好与追求。至于是否因此忽视了关陇贵族的感受进而动摇了政权基础，则是另一个问题。

再看《冬至乾元殿受朝》，这是大业二年（公元606年）正月东都建成后乾元殿上朝时所作，其中诗句可与当时的史实相对照。如"新邑建嵩岳，双阙临洛阳"证实了《元和郡县图志》中记载杨广实地考察伊、洛地形后与苏威议定东都选址的说法⑤。"圭景正八表，道路均四方"乃是《建东都诏》中"控以山河，固以四塞，水陆通，贡赋等"建设目标的实现，解决了洛阳与长安之间"峻阜绝涧，车不可方轨"的难题。"舟楫行有寄，庶此王化昌"正是回应《听民诣朝堂封奏诏》中所说的"关河重阻，无由自达，朕故建立东京，躬亲存问"的目的。这三句诗都印证了杨广从重大工程上连接东西，沟通南北，将国家财政收入，尤其是粮食布帛和其他战略物资的来源渠道拓展到东南地区，进而化解开皇大业时期关中人口暴增与财政物资紧缺之间矛盾的财政思想。如再结合其徙天下富商数万家、敕江南诸州科上户六千余家、迁河北工艺户三千余家入东都的措施，其混一中国、交通九州的远大理想便清晰可辨。与此同时，时任礼部尚书牛弘有和诗一首，从其中的"作贡菁茅集，来朝圭瓒连"⑥ 也能看出杨广"贡赋等"的财政政策目标得以实现。至于杨广诗中"至德惭日用，治道愧时康"与"元首乏明哲，股肱贵惟良"两句则可以看作杨广自谦之语，不足为意。

再看《还京师》，此诗作于大业三年（公元607年）三月，杨广从东都还京师，赐天下大酺，因自为五言诗。诗中有"云跸清驰道，雕辇御晨晖"之句，系指大业元年营建东宫时"废三崤旧道，令菱栅道"⑦，即建成两京之间函崤段的驰道。非止如此，此后大业

---

① 庾自直. 初发东都应诏诗 [Z].
②③ 虞世基. 奉和幸江都应诏诗 [Z].
④ 虞世基. 汴水早发应令诗 [Z].
⑤ 李吉甫. 元和郡县图志·河南道一 [M].
⑥ 牛弘. 奉和冬至乾阳殿受朝应诏诗 [Z].
⑦ 杜宝. 大业杂记 [M].

三年五月"凿太行山，达于并州，以通驰道"①。六月突厥诸部为迎帝北巡筑自榆林"东达于蓟，长三千里，广百步"的御道。八月又筑通太原达太行山的直道九十里以连通河内至洛阳。如此大规模的发展交通建设，说明杨广高度重视基础设施建设在财政支出中的重要地位，大力发挥生产性支出的带动作用。根据《隋书》记载，杨广诗成诏群官和之。其中礼部侍郎许善心和诗中有"朝夕万国凑，海会百川输"②的句子，对当时交通发达，万国来朝的盛况有所反映。著作佐郎王胄的和诗也有"千门驻罕毕，四达俨车徒"③这样的句子，把因为交通改善而出现的盛世繁荣局面形象表达出来。再结合大业六年正月十五日在东都举办的庆祝活动中"突厥启民以下，皆国主亲来朝贺"与"诸藩请入丰都市交易"，杨广"勒百官及民士女列坐棚阁纵观"及"遣掌藩率蛮夷与民贸易"④的记载，就能理解他在另一首诗中"欣观礼乐成"⑤一句所流露出来的因发展经济带来的文化自信了。

最后看《饮马长城窟行》，这首名篇当为大业四年（公元608年）三月"车驾幸五原，因出塞巡长城"⑥时所作。前一年杨广北巡时"兴众百万，北筑长城，西距榆林，东至紫河"⑦。为了检查长城的修筑情况，他再次北巡，并在途中发丁男二十万，自榆谷而东，与开皇中所筑的朔方以东的城堑相接，并亲祠恒岳大赦天下。杨广在诗中明确写到此次北巡的目的，"万里何所行，横漠筑长城"。对于修筑长城的动机，他清楚地认识到是循历代做法以北拒强敌，使黎民安生，"岂合小子智，先圣之所营。树兹万世策，安此亿兆生"。而"借问长城侯，单于入朝谒"记载了上一年入启民可汗帐接受臣服的史实。最后两句"释兵仍振旅，要荒事万举。饮至告言旋，功归清庙前"则表明杨广对此次检视长城使之东西贯通的清醒认识，即使是表面实现了和平也不能放弃军事上的防范。古代的财政支出结构中最重要的是"惟祀与戎"，杨广之所以下大力气修筑长城驰道，也是为了确保安定团结的外部环境，并非那种想当然的黩武论所能揭示。

除了上述开运河、建东宫、修驰道、筑长城四个跟国家财政支出密切相关的内容外，当时杨广君臣还有不少记述西征吐谷浑、北巡突厥、东征高丽等重大历史事件的诗文，如《临渭源》《云中受突厥主朝宴席赋诗》《纪辽东》等，但因其在财政政策方面的意义不够突出，此处便不再备述。

进入唐代，因李世民与魏徵提出以隋亡为鉴的重要论述，涌现了众多以杨广及其政权灭亡为题材的诗作，就连李世民的《饮马长城窟行》也是模仿杨广所作。不同朝代以杨广不同活动为主题均有诗文流传，为集中讨论其财政政策的效果，下面仅以有唐一代关于开运河的诗句分析对杨广的评价。

大业初开通济渠时引河水入汴，又称御河，故唐人爱以汴水或御河指代运河。又因"渠旁皆筑御道，树以柳，名曰隋堤"⑧，故隋堤，隋堤柳或御柳也成为诗人写运河的标

---

① ⑥ 魏征. 隋书·炀帝纪 [M].
② 许善心. 奉和还京师诗 [Z].
③ 王胄. 奉和赐酺诗 [Z].
④ 魏征. 隋书·裴矩传 [M].
⑤ 杨广. 献岁燕宫臣诗 [Z].
⑦ 魏征. 隋书·食货志 [M].
⑧ 开封府志·汴河 [M].

题。唐诗写开运河大致可分为三类：第一类是从历史兴亡的角度哀叹隋唐易代之速。如李益的"汴水东流无限春，隋家宫阙已成尘"①；李山甫的"但经春色还秋色，不觉杨家是李家"②；刘沧的"此地曾经翠辇过，浮云流水竟如何"③；罗隐的"夹路依依千里遥，路人回首认隋代"④ 等句。此类诗句主要表达诗人惋惜杨隋国祚短促的幻灭感，而较少涉及对杨广其人其事的价值判断。但如将其置于司马睿南渡到杨广葬身江都三百年间的长时段看，其间王朝的更迭如白云苍狗，政权的倏起倏灭本就是历史的常态。正如李商隐的"地下若逢陈后主，岂宜重问后庭花"⑤ 和吴融的"曾笑陈家歌玉树，却随后主看琼花"⑥ 所传达出历史兴替的沧桑感，李唐代隋亦如当年晋王平陈，历史的一页终将翻过去。

第二类是对杨广开河完全否定或者认为开河导致隋亡，此类作品数量众多，如胡曾的"千里长河一旦开，亡隋波浪九天来"⑦；张祜的"隋季穷兵复浚川，自为猛虎可周旋"⑧；罗邺的"炀帝开河鬼亦悲，生民不独力空疲"⑨，李商隐的"乘兴南游不戒严，九重谁省谏书函"⑩等句。应该说这些诗句的主旨和《隋书》对杨广的评价一脉相承，都将隋亡归咎于包括开运河在内的重大工程建设。可是如果细读《为李密讨洛州文》公布的杨广的十大罪状，就会发现其中唯独没有开运河，足见即便是反隋义军也并不认为此事乃滥用民力之举。当然，今天已经无法了解隋代人民的真实体会，但是国家从隋初的贫弱走向大业前期的富强一定也曾给他们带来过切实的利益与强烈的尊严，相信他们在一段时间内对杨广开拓进取政策的拥护也是发自内心的。隋代原始史料的匮乏令后人很难看到当时的民众对开运河一事真实态度的记载，但是运河通航保障人们交通的便利与国家运输的畅通却并不难想见。

第三类则是承认杨广开运河为利国利民之功业，如皮日休的"尽道隋亡为此河，至今千里赖通波"⑪；李敬方的"汴水通淮利最多，生人为害亦相和"⑫；李涉的"隋家文物今虽改，舞馆歌台基尚在"⑬ 等句。此处犹可重点品读许棠的《汴河十二韵》："昔年开汴水，元应别有由。或兼通楚塞，宁独为扬州？"作为唐人，能够有如此宽广的胸襟指出杨广开运河不只是为到江都游幸，而是要改善到南方的交通，其眼光不比魏徵李延寿等人差。当然，他也客观分析了杨广的变化，认为前期的成就令其智昏，故不能善始善终，"所思千里便，岂计万方忧。首甚资功济，终难弭宴游"。诗人最后传达出对历史变迁的感慨，"一派注沧海，几人到白头"，杨广这样的历史巨人，其功过随着东流的运河水注入沧海，但又有几人能把理想信念坚持到晚年？与魏徵、马周、王珪等人讨论隋亡教训的李世民早年意识到杨广征辽东役民太甚引发起义，可是为何到了晚年也坚持"将为中国复子弟

---

① 李益. 汴河曲 [Z].
② 李山甫. 隋堤柳 [Z].
③ 刘沧. 隋宫 [Z].
④ 罗隐. 隋堤柳 [Z].
⑤⑩ 李商隐. 隋宫 [Z].
⑥ 吴融. 隋堤 [Z].
⑦ 胡曾. 汴水 [Z].
⑧ 张祜. 隋堤怀古 [Z].
⑨ 罗邺. 汴河 [Z].
⑪ 皮日休. 汴河怀古 [Z].
⑫ 李敬方. 汴河直进船 [Z].
⑬ 李涉. 醉中赠崔膺 [Z].

之仇"①，御驾亲征劳师袭远，最后无功而返？马周曾对李世民说"隋帝大业之初，笑周齐之失国，然今之视炀帝，亦犹炀帝之视周齐也"②。太宗贞观之初，笑炀帝之征辽，然今之视太宗，亦犹太宗之视炀帝也！

五、杨广财政政策相关问题的解答

基于上述分析，似可对前文提出与杨广财政政策相关的问题尝试进行解答。首先，杨广时期的财政收入政策体现的是一种轻实物税重劳役税的结构。传统农业社会的财政收入主要是"布缕之征，粟米之征，力役之征"③三种形式。隋代实行的租调制因为各种政策优惠使得实际税负有所下降，免征工商有利于工商业繁荣，但隋代徭役的征发使用确实频率很高，周期很长，且不允许青壮年男丁纳庸代役，超出了正常负担的极限。如前所叙，建东宫开运河等重大工程建设处于社会生产力所能承受的范围之内，隋末农民起义主要是三征高丽引起的劳动力征发不堪负荷所致。另外，隋代的收入结构中还有一个比较特殊的内容，就是杨坚在全国范围推行的按户等征收的义仓制度，其税率约为田租的四分之一到五分之一（中户七斗，租为三石）。就其制度的起因，乃是连年丰收各地仓库已满，粮食堆到屋外，"京司帑屋既充，积于廊庑之下"④，才需要中央政府统一实施粮食储备措施。随着隋代社会生产的快速恢复，同时国家实行稳定的轻税政策与义仓制度，很快就出现了盛世才会有的"计天下储积，得供五六十年"⑤的富庶局面。

其次，杨广时期的财政支出政策体现出较强的扩张性，但总体上在国家财力所能承担之内。与古代其他王朝相比，杨广时期的财政支出结构中工程建设支出与军事支出比重较大，这体现出一种政策的扩张性。但如对两者分别考察，工程建设支出带有资本性支出的性质，这一点也可以从前引诗句中对开运河历史功绩的认可看出。这些工程对国家区域经济政策的调整和经济重心的转移都起到了保障作用，尤其是对隋以后的朝代带来的正面效应更大。军事支出则是一种消耗性支出，不会直接带来经济回报。但是如果结合战争对王朝外部环境的稳定作用，则又当视情形而论。如西征吐谷浑和北巡突厥的确实现了混一华夷、传播文化的目标，但东征高丽却是穷兵黩武、劳民伤财的举动。另外，从支出的来源结构看，由于隋代实行府兵制，兵农合一，平时的养兵费并不高，而运河的开凿，尤其是永济渠的贯通，从战略物资的运送方面使江淮地区大量的财赋足以保障东北军事支出的连续稳定。只是因为战争长期失利拖垮了王朝的财政运行体系，而其中又主要是劳动力的消耗超出正常的规模，才导致了政权的覆灭。因此，从长时段、大历史的宏观视角来看待杨广时期的财政政策，可以视为一种通过有增有减的结构性收入调整与加大财政支出来实行的扩张性财政政策。从长时段的角度观察，这种财政政策既是对南北朝旧制度的结束，又是对唐宋新局面的开启。正如陈寅恪所批评的"今人不知以纵贯之眼光，而断断致辩于其

---

① 宋祁. 旧唐书. 太宗本纪 [M].
② 吴兢. 贞观政要·论奢纵 [M].
③ 孟轲. 孟子·尽心下 [M].
④ 魏征. 隋书·食货志 [M].
⑤ 吴兢. 贞观政要·辨兴亡 [M].

横切方面"① 的研究惯性，如果孤立地分析隋代三十八年以及杨广十八年的财政政策，难免会得出过低的历史评价。只有将其置于前后朝代的相互影响来看，才能看清楚其承先启后的历史地位。从大历史的角度考察，这种财政政策的出台，是由于"南北经济特别是江淮，河北地区的经济有了很大的发展，南北物资的交流成为迫切的需要"②。这种交流正是在杨广时期得以发端，通过对基础设施建设的大量投入和户籍、土地、赋税、漕运等经济制度的统一，中国经济重心逐步南移，江南得以开发并日益成为经济发达地区，以至于到唐代出现"赋之所出，江淮居多"③ 的局面。

最后，本文想以几年前在扬州出土的隋故炀帝墓志中使用"大业十四年"纪年所引发的争议作为结束。虽然《隋书》《北史》《旧唐书》《通鉴》等正史对杨广江都之难的时间都使用武德元年（公元618年）或义宁二年（公元618年），但真正将杨广灵柩下葬于吴公台下的江都太守陈棱仍然忠于杨广，使用其生前的年号大业。白居易有一首新乐府诗《隋堤柳——悯亡国也》，诗中有一句"炀天子，自言福祚长无穷，岂知皇子封鄘公"，说的是李渊于大业十三年（公元617年）曾立代王杨侑为天子，"炀帝凶问至长安，唐王哭之恸，曰'吾北面事人，失道不能救，敢忘哀乎'"，两月后李渊自立为帝，改封杨侑为鄘国公之事。白居易身为唐人，不知会怎么看待这位开国皇帝的表现，但正如赵翼所说的，"修史者皆唐臣，自应遵本朝之制，以义宁纪年……其实天下共主，一日尚存，终当称其年号，则大业十四年，不可没也"④。杨广墓志使用大业年号，本就是孤臣孽子对先帝的怀念与追思，有何争议可言？过去一千年中，杨广的过已经被史家说得太多，而其功不该没也不可没。文章开头王国维引用的罗隐诗"君王忍把平陈业，换取雷塘数亩田"⑤，王夫之也说"神采天成，此雷塘骨少年犹有英气"⑥，都是不甘淹没其人其事。虽然杨广埋骨雷塘，但英气仍在，事业仍在。有这些隋唐时期存留下来的诗句足以证明其人不可坠，其事不可没，幸甚至哉！

参考文献

[1] 金宝祥．隋史新探 [M]．兰州：兰州大学出版社，1989．

[2] 韩隆福．隋炀帝评传 [M]．武汉：武汉大学出版社，1992．

[3] 袁刚．隋炀帝传 [M]．北京：人民出版社，2001．

[4] 胡戟．隋炀帝的真相 [M]．北京：北京大学出版社，2011．

[5] 万绳楠．论隋炀 [J]．史学月刊，1959（9）．

[6] 肖长中．我国隋代财政政策探析 [J]．社会科学研究，1995（1）．

[7] 赵云旗．论隋王朝的殷富与财政政策的关系 [J]．汕头大学学报，1997（6）．

[8] 马殿超．隋初财赋丰足探因 [J]．东北财经大学学报，2001（1）．

[9] 雷依群．隋代的殷富与隋政府的农业政策 [J]．唐都学刊，2001（4）．

---

① 陈寅恪．冯友兰中国哲学史上册审查报告．金明馆丛稿二编 [M]．北京：三联书店，2001．
② 白寿彝．中国通史 [M]．上海：上海人民出版社，1999．
③ 旧唐书．刘晏列传 [M]．
④ 赵翼．廿二史劄记 [M]．
⑤ 罗隐．炀帝陵 [A]．
⑥ 王夫之．评《泛龙舟》[A]．

[10] 韩昇．隋代灭亡的经济原因［J］．领导文萃，2013（11）．

[11] 陈明光．隋唐王朝赋税的来源与用途［J］．经济社会史评论，2012（11）．

[12] 冀英俊．建国以来隋炀帝研究述评［J］．中国史研究动态，2013（2）．

[13] 李建华．隋炀帝散论［D］．南京师范大学，2002．

[14] 辛向勇．唐人的隋史观研究［D］．上海师范大学，2010．

[15] 梁克敏．关于唐人对隋炀帝的评价［D］．陕西师范大学，2015．

作者单位：西南交通大学

作者简介：付志宇，男，1977年出生，贵州遵义人，西南交通大学财税研究中心主任，教授，博士生导师，主要从事财税理论与政策研究。

这样的"颂"何妨一赞再赞

——略论陈廷敬《南巡歌》兼及诗教

曹钦白

一、康熙第三次南巡事略

清初,黄河多次泛滥,在河南、安徽一带决口,严重威胁国库收入和百姓生活。对此,康熙选派靳辅为河道总督,经过十年(1677~1687年)经营,终于使黄河、淮河各归故道。

康熙三十八年(公元1699年),康熙以黄淮连年溃决,下河地方时遭淹没,屡遣大臣督修,迄无成效,决定第三次南巡。是年二月初出行,五月中旬回銮,一路经过河北、山东、江苏、浙江、安徽等地,所到之处,一是视察河工,二是了解民瘼,三是考察官员等。其间,不断发出谕旨,对改进河工具体指示,赈济灾民,减免所到之处赋税及两淮盐课,宽免南巡中官员因公罣误、受到处分者等(见表1)。

时任户部尚书的陈廷敬每收到一道谕旨,便作一歌颂扬,共十二章,是为《南巡歌》。全诗并序5200多字。

表1　　　　　　　　　　康熙第三次南巡事略表
康熙三十八年(公元1699年)

时间和地点	诏令	陈廷敬南巡歌对应章节
二月初三日由北京出行	康熙帝颁旨:"朕以黄淮冲决为患,并欲周知东南民生风俗,特行巡省。"	"岁二月第一"十四句
二月,山东阳谷县	往视黄河以南高家堰、归仁堤等处工程。阅堤工后说:"朕留心河务堤防已久,此来沿途坐于船外,审视黄河之水,见河身渐高。登堤用水测量,见河较高于田,行视清口、高家堰,则洪泽湖水低,黄河水高,以致河水逆流入湖,湖水无从出,泛滥于兴化、盐城等七州县,此灾所由生也。治河要上策,惟以深浚河身为要。"	"平成第二"十四句
三十八年三月辛未,至江苏北部黄淮交汇处	乘小船阅视烂泥浅等处河工。颁旨:"著将漕粮截留十万石,于高邮、宝应、兴化、泰州、盐城、山阴、江都受灾七州县,各留一万石,悉较时价减发粜。此各州县发粜之米,著就近交与漕运总督、河道总督。邳州著遣司官一员,前往监视。再截留米十万石于扬州、淮安,各收贮五万石。此应留漕粮,不论何处米石,著就近截留。"	"淮水清第三"十九句

续表

时间和地点	诏令	陈廷敬南巡歌对应章节
三月，壬午，御舟泊无锡县	"谕户部：念小民方供新税，复急旧逋，物力维艰，势难兼办，应沛特恩，豁免旧欠。除康熙三十四年恩诏内，已经赦免外，其康熙三十四、五、六年，奏销未完民欠，一应地丁钱粮，米豆麦杂税，尔部行文该督抚，察明俱著免征。"	"江南北第四"十九句
三月，至淮扬一带	"谕户部：……今念百姓糊口维艰，焉能办赋。宜破常格，用沛特恩。淮安府属海州、山阳、安东、盐城。扬州府属高邮、泰州、江都、兴化九州县及淮安、大河二卫，康熙三十七年未完地丁漕项等钱一十九万有奇，米麦十一万石有奇，全与蠲免。"	"时和第五"十三句
三月二十六日，浙江	"谕户部：……比至浙省，见沿路农桑，虽偏陇亩而地有肥硗，时有丰歉。历年正供钱粮，输纳维艰，致多逋负。虽已准分年带征，而新旧之赋，取于一时，恐力作之民，终难兼办，应通行蠲豁，以弦麻泽。"	"吴山第六"十一句
四月二日，驻跸苏州府	"谕户部并礼部：两淮盐课，康熙十六年曾加增四十万两。今恐商人办课维艰，渐致匮乏，著减去二十万两。"	"海滨田第七"十四句
四月二日，驻跸苏州府	"谕户部并礼部：……至于江南、浙江人文称盛，入学人数，前已酌定增额。今著于府学、大学、中学、小学，各增五名，以示奖励人才至意。"	"江湖盘第八"十句
四月十六日，驻跸江宁府	"谕户部：兹闻凤阳府属，去岁潦灾甚重，是用破格加恩，以示优恤。康熙三十七年该府属寿州、泗州、亳州、凤阳、临淮、怀远、五河、虹县、蒙城、盱眙、灵碧十一州县，并泗州一卫，未完地丁漕项等银米，著一概免征。"	"淮南第九"十句
五月六日，返跸行经山东	前年被灾泰安等二十七州县，生计尚未丰盈，宜更加恩休养。所有康熙三十六年未完地丁银米，俱著免征。其三十七年钱粮，以灾伤令于三十八年完纳。今念一岁之内，并输两岁之租，恐物力艰难，未能兼办。著分为三年带征，以示宽恤	"岱峰第十"十七句
四月初十，江宁	经江宁拜谒明孝陵	"于昭第十一"十七句
五月十七日康熙返京	陈廷敬歌颂康熙帝第三次南巡历时三个多月，亲视河工，关心灾民，不断蠲租免赋，恤商重农之总结	"击壤第十二"三十句

查阅文献，康熙一生曾六次南巡、三次东巡、一次西巡以及数百次巡查京畿和蒙古。其中，六次南巡，前四次都有蠲免所到之处赋税等的德政。第五次和第六次南巡相隔时间只有一年，未见直接蠲免赋税的记载，但从第五次南巡"山东绅衿军民数十万，执香跪迎道左，合奏山东连年饥馑，蒙皇上截留漕运分疆散赈，动内帑数百万两，遣官四五百员，分派各州县赈济。至地丁钱粮前后履行蠲免，通省亿万民命始得复生，无不垂涕感激"的记载，可见之前对山东灾情有过较大数额的赈济。

二、康熙的经济财政赋税政策

康熙经济政策概貌。一是禁止圈地，设立"更名田"。清朝入都北京后，为解决八旗官兵生计，下圈地之令。"近畿土地，皆为八旗勋旧所圈，民无恒产，皆赖租种旗地为生。"康熙亲政后，发布禁止圈地的谕令："比年以来，复将民间地圈给旗下，以致民生失业，衣食无资，流离困苦，深为可悯。自后圈占民间房地，永业停止。"此举有利于缓解社会矛盾，也有利于恢复和发展农业生产。

推行"更名田"，是把明末藩王的土地"给予原种之人，改为民产，号为'更名地'，永为世业"。这一措施，承认了中小地主和自耕农对明末藩王土地的所有权，鼓励了他们发展生产的积极性。

二是推行垦荒屯田、兴修水利。放宽开荒的起科年限。新垦荒地原定免赋三年，康熙十年（公元1671年）改为免赋四年，十一年（公元1672年）又放宽到免赋六年，十二年（公元1673年）进一步放宽到十年后起科。对开垦后的地田，允许归开垦者所有。康熙一直对兴修水利十分关注。削平三藩后，指出："今四海太平，最重者治河一事。"对为患最大的黄河实行了大规模整治工程。他对水利、气象等都有一定了解，力图使他的治河方案置于科学的基础上。同时，在各省兴修各项水利，江浙的海塘也在康熙年间几经修治。

三是开放海禁，发展工商。康熙二十二年（公元1683年）开海禁。对工商业采取宽松的政策。他指出："商人为四民之一"。康熙三十九年（公元1700年），下令将班匠银并入田赋中征收，使工匠们摆脱了人身控制。康熙五十一年（公元1712年），取消对机户"不得拥有织机百张以上"的限制，使纺织业资本主义萌芽有了发展，出现"有开五六百张机"的大手工业工场主。

康熙的赋税政策。康熙在位61年间，清廷蠲免钱粮共计545次，免除天下钱粮计银1.5亿两。

康熙五十一年（公元1712年）决定以康熙五十年（公元1711年）的丁税额数作为定额，以后新增人丁，不收丁税。接着实行地丁合一。康熙末年开始行之于广东、四川等省，到雍正元年（公元1723年）后，相继在各省推行。等于废除了人头税，对农民人身控制放松。

三、陈廷敬与《南巡歌》

陈廷敬，清顺治十五年（公元1658年）进士，选庶吉士。康熙即位，累迁翰林院侍讲学士、掌院学士、日值弘德殿讲经等文学高位，长康熙帝15岁。在康熙继位之年即担任咨询、记录皇帝日常言行的"日讲官"，陪伴左右。康熙十五年（公元1676年）擢升内阁学士，充经筵讲官。之后参与军机并先后担任除兵部之外的五部尚书，实属一代重臣。他和康熙有四重关系：君臣、师生、民族关系、长幼关系，这使他在不同的环境和事情中，对如何处理把握上述关系颇费心思。

作为君臣，他必须唯命是从；作为师生，他又有责任教化、引导皇帝的言行；作为不同族裔，他必须谨记、尊重满族的统治地位，又必须维持主体民族的先进文化地位，尽可能将治统与道统统一起来；作为兄长，他应该"兄道友"，却不能要求"弟道恭"等。陈廷敬处理得游刃有余，一是在经筵讲席中日积月累地灌输儒家的伦理精神，如以人为本、仁政、王道等；二是以颂扬为主的敦厚的"诗教"方法，对其正确的理念和言行通过赞扬、颂扬的方法竭力巩固、发扬——这实际也是一种对恶的制衡。

康熙自幼就对儒家学说"殊觉义理无穷,乐此不倦"。康熙十六年(公元1677年),他明确宣布清廷要将治统与道统合一,以儒家学说为治国之本。这与陈廷敬等汉族"经筵讲官"持之以恒的教化有关,当然也与清廷对汉族文化、对自身实力的自觉考量有关。

康熙亲政之后的文治武功一直是顺应历史潮流的,国家和社会发展呈现安定和谐的景象。康熙着力于民生——治理黄河、淮河、永定河、运河等公共工程。在其南巡中,陈廷敬曾在第二次随行,目睹了康熙的种种亲力亲为,以及民间的反响,不能不对康熙的作为由衷高兴。其间曾作诗两首,《南旺分水行》和《咏汉事五首》,分别对应康熙视察济宁水利工程和游览历史遗址而发。前一首,"我行南旺分水处,此岂地利皆人为。……古来万事亦如此,短歌微吟风涟漪"。后一首,借汉史抒发自己的情怀,不乏针砭和警语。一般臣子,往往是借此颂君功德,但细品这两阕诗,却完全是感事咏怀,自由议论,没有攀附比附的语句。由此可以看到陈廷敬的独立人格。

在十年后康熙第三次南巡时,陈廷敬不仅仍然作诗,而且一作就是十二首。这要从康熙此行的作为和陈廷敬的身份变化解读。此次南巡,康熙的作为力度更大了。陈廷敬此时已由刑部尚书改任户部尚书六年,主管钱粮收支。虽没有随行,但康熙一路上直接发给户部由他经办的谕旨就有七道。他由上次的旁观者变成了当事者,并且谕旨无不与儒家的人本理念相符,这正是他作为老师亦是儒家传人所希望皇帝能达到的最高境界。当他看到"致君尧舜上,再使风俗淳"的理想有望实现的时候,能不欢欣鼓舞,对酒当歌吗?!

第一,《南巡歌》的主旨,是赞美康熙南巡"弘恤民隐,思膏广沛,远迩同庥"等事功,固然不乏"我皇文治洵炜煌,辉映百汇皆蕃昌"(于昭第十一)、"九功既叙兮,九叙惟歌;九州欢愉兮,九奏孔多。亿万斯年兮,舞蹈太和"(击壤第十二)这样的颂词,但无不是出于事实,如前所述种种。

第三次南巡时,康熙乘小船阅视烂泥浅等处河工。发现淮扬一带"惟是淹没地方,米价腾涌,生计维艰。朕目惠民依,深用廑念"。遂颁旨户部:"朕君临天下,期于黎民乐业,各获其所。凡兴利除害之事,靡不举行。蠲免赈济之恩,靡不下逮,比年以来,因淮扬所属地方,叠罹水患,业已岁蠲额赋,赈恤频施。又动支数百万帑金,责令在河诸臣,于应挑应筑之处,酌量修理。欲使泛滥之水,汇归入海,被淹之田庐涸出,庶底干宁。乃靡费钱粮,卒不能使积淹有归,田庐未涸,民生未遂。朕闻之恻然轸怀。……用是躬亲临幸,沿途审视黄河水势,咨访地方父老。惟是淹没地方,米价腾涌,生计维艰。朕目惠民依,深用廑念。著将漕粮截留十万石,于高邮、宝应、兴化、泰州、盐城、山阴、江都受灾七州县,各留一万石,悉较时价减发粜。此各州县发粜之米,著就近交与漕运总督、河道总督。……再截留米十万石于扬州、淮安,各收贮五万石。此应留漕粮,不论何处米石,著就近截留。尔部即遵谕行。"

康熙治河的主要目的是为了保证京师的漕运,但发现淹没地区、百姓生机维艰时,立刻命令就近截留漕粮二十万石以平抑物价,救济百姓。这样的功德能不令人感动吗?!所以陈廷敬作《淮水清》歌颂:"淮水清,黄水波,中有漕船过。率三十钟才致一石多。淮扬水,流滂沱。水中人,营巢居,其能免乎为鱼。寒者待衣,饿者待哺。船漕二十万石。行者得休,居者得食。感皇恩,歌以易泣。稼穑艰难,一粒一珠,皇恩浩瀚。"

第二,也是出于比较,诚如他在《南巡歌》之序中所说:"夫治河诚国之大事也。臣尝稽之往古:禹底九河之绩,《禹贡》详其文。汉筑宣防之宫,作歌纪其事。……我皇上仰符天道，俯惬舆情，盼睐之间，指挥斯定，已收数十年不奏之功，肇亿万载平成之绩。"

第三，则是为了阐明康熙事功乃是出自圣贤教诲。如"岁二月巡狩，惟虞帝之则……我皇握天枢，举事合经籍"（岁二月第一）；"圣人肇兴万世功，以仁为涵濡，义为绳约，礼为堤防，智为疏凿……惠此贫者，士女歌舞金堤下"（平成第二）；"曲体民生，从来王道本人情，仁且明。爱民如此，所以致升平"（时和第五）；"道光素王，心传东鲁。跻民仁寿中，刑措永不用"（岱峰第十）时，立刻下令就近截留漕粮救济

第四，则是出于百姓发自内心的感恩戴德。"淮扬水，流滂沱。水中人，营巢居，其能免乎为鱼。寒者待衣，饿者待哺。留船漕二十万石。行者得休，居者得食。感皇恩，歌以易泣。稼穑艰难，一粒一珠，皇恩浩翰"（淮水清第三）。的确，历史上皇帝蠲免赋税有之，但截留二十万石已征收运往京城的粮食赈济灾民的事例则绝少看见。百姓怎能不感激流涕！

第五，艺术特色值得点赞。《南巡歌》属于乐府体裁，为历代宫廷的乐舞歌辞。陈廷敬的直接灵感来自汉武帝的《瓠子之歌》。据《汉书》：汉元光二十年（公元前132年）黄河决入瓠子河，东南由巨野泽通于淮、泗、梁、楚一带，连年被灾。至元封二年（公元前109年），武帝亲临瓠子河，发卒数万人堵塞决口。成功后，武帝作《瓠子之歌》二首，并令建宣房宫于堰上，以示纪念。陈廷敬认为："汉塞一决河耳，且犹咏歌之。我皇上治河上下数千里，至于江海之广，咸蒙圣恩，诚有非汉代之所能及几万一者。而乐府不作，其何以阐扬盛美。……词虽不文，然其声调颇取汉魏以来乐府之作。"采用乐府体，可以配曲歌之舞之传播，陈廷敬之用心昭昭可鉴。

四、"颂"的诗教作用

翻阅史籍，历朝历代皇帝或多或少都有着蠲免灾区赋税的记录，但像康熙这样，在对各地的历次巡视之中，几乎每到一地都要较大规模地蠲免当地赋税的，则很少见。

不知道陈廷敬与康熙关系的"路人"，会以为这是臣子的阿谀奉承，但稍知陈廷敬的都知道，这是他发自内心的感触，是对康熙事功的真实价值判断。

中国历史上的理财官员常被讥刺为"聚敛之臣"。陈廷敬作为负责财政收入的官员，他不可能不知道经常性的、大规模的地区减税对财政收入的影响，但他更知道从儒家价值观和统治者的长远利益来看，低税负和因灾减免虽然影响收入于一时，但因为促进了经济恢复和发展，特别是让百姓对统治者有了信任，其激发的生产力会创造更大的价值。况且，在古代社会公共服务很少的情况下，税负越低对百姓越有利，因此，儒家一贯主张低税率、低税负。所以，他义不容辞地支持、赞颂康熙的仁政举措。

若将《南巡歌》归类，肯定属于风雅颂中的"颂"之类，但"颂"以歌功颂德为主，历来为正派文人所不齿。笔者也受此影响，对此类作品不屑一顾。但与《南巡歌》的邂逅，使我深感以往认识的僵化，会出现"泼洗澡水将孩子也倒掉"的遗憾。看来，对"颂"也要客观分析，凡是实事求是的歌颂，不但不能排斥，还要点赞，因为它会起到巩固乃至助长善行的作用。如果不及时肯定，那么施为之人就有可能因为得不到正面的响应而不再作为，社会将会陷入价值不明的混沌状态，绝不是国人之福。

古人有着通过诗教化民众的方法。孔子曰："入其国，其教可知也。其为人也：温柔

敦厚，《诗》教也。"以故，诗在中国起着和宗教相类似的作用，这也是把这种教化体系称为诗教的一个原因。诗教的另一个意义是古代文学理论术语，意谓《诗经》中虽然对君主的政治弊病有所讽刺，但态度却温和委婉，即所谓"温柔敦厚"，而不是直接和激烈的揭露抨击。

陈廷敬对康熙只能采取诗教的方法灌输、表达自己的价值观。这种诗教，既符合他的身份，也容易使康熙和满族亲贵接受。愚认为，批评是制衡、抗争，例如海瑞骂皇帝，但恰如其分的赞扬也是制衡，使被赞者感受到做好事、替天行道的意义和荣耀，从而自觉远离桀纣等恶人被批判、被诅咒的命运。

参考文献

[1] 皇城相府历史文化丛书编辑委员会．陈廷敬与南巡歌［M］．

[2] 李麈、庞苓．放歌南巡老将雄——清户部尚书陈廷敬南巡歌十二章并序简析［EB/OL］．www.gctezw.com．

[3] 萧国亮．论康熙的经济政策［J］．社会科学，1981（6）．

[4] 刘炳范、赵歌东．论儒家诗教原则的确立［J］．孔子研究，2005（3）．

[5] 张瑞杰．试述陈廷敬"和声以鸣盛"诗歌特点的体现及形成原因［J］．西昌学院学报社会科学版，2015（12）．

作者单位：国家税务总局西安市税务局

作者简介： 曹钦白，男，1952年3月24日出生，大专。曾任陕西《税收与社会》社长兼主编，现退休。主要研究方向为中外税收历史文化和税收法治，专著《我的观点》《享受税收》《税收未被解读的密码》《税：给你制衡权利的权力》《忆军旅，能不忆玉树》等。

新中国初期发票上的宣传

陈千里

1950年6月25日，美帝国主义及其追随者悍然出兵侵略朝鲜，并将战火燃烧到东北边境。朝鲜与我国唇齿相依，为了保卫刚成立的新中国、保卫朝鲜人民及东方各国人民的利益，维护世界和平，全国各族人民纷纷掀起抗美援朝保家卫国的怒潮！战争与中国人民的安全息息相关，毛泽东主席与党中央及时作出了出兵朝鲜的重大战略决策。当年10月，中国人民志愿军迅速跨过鸭绿江，发扬了不怕牺牲、顽强拼搏、英勇杀敌的大无畏革命精神，彻底打垮了美帝国主义侵略者的嚣张气焰，经过数年艰苦卓绝的斗争，终于取得了抗美援朝战争的伟大胜利。

在纪念中国人民志愿军抗美援朝70周年之际，整理与研究新中国成立初期，全国各地印有"抗美援朝保家卫国"及税制改革等宣传口号的发货票等商事凭证，见证了全国人民当年以特种形式、举国上下、轰轰烈烈地开展为支援前线，积极生产、踊跃纳税、捐献资金购买飞机大炮，严厉打击偷税漏税和镇压反革命，以及改革税制，不断取得革命胜利的史实。

自改革开放以来，我国取得令世界瞩目的伟大成就，发生了翻天覆地巨变。全国人民正在为祖国统一大业、为振兴中华实现中国梦前进之际，西方一些反华势力仍然亡我之心不死，企图从政治、经济、科技等全方位围追堵截、限制我国的发展与壮大；尤其是在冠状病毒肆虐全球之际，西方一些反华势力到处诬蔑抹黑、霸凌欺压中国，面对具有五千年中华文明历史与智慧、坚持高举马列主义毛泽东思想旗帜的中国人民来说，西方一些反华势力的阴谋诡计永远不会得逞的！

为弘扬中华民族硬骨头精神、革命英雄主义精神，实行爱国主义教育，特展示、研析部分宣传口号的实单，大力宣传抗美援朝精神，具有重要的现实意义和历史意义。

一、华北区

华北区下辖京、津两直辖市以及冀、晋、察、平原等省，该地区加印宣传口号的商事凭证大多为各地税务机关监印的机印发货票。

（一）北京市

该时期，北京市的临时商业、座商统一发货票或座商统一银钱收据等类商事凭证之上，大多在发票上部印制或加盖"抗美援朝保家卫国"等口号。

1952年7月26日，东莱茂玻璃莊为文联安装玻璃43块（62.86尺），单价1800元，金额113100元；手工4个工作日，单价1000元，金额4000元，总计117100元，依照3‰

税率计算，应贴 340 元印花税票，背贴新中国旗球图中央无地名无齿薄纸 2000 元加盖改值"中央暂作伍拾圆"六枚、中央版无地名无齿 10 元一枚，并骑缝注销"北京市方巾巷五十六号东莱茂玻璃莊"商号戳。

该商号开具了北京市座商统一发货票，其上印"买货须取得发票，卖货须开给发票；这是抗美援朝爱国行动的具体表现"；左边框外印"此联交购货人收执""本发货票系税总印刷厂承印"；右边框外印"注意：一、本发货票系北京市人民政府税务局监制不准仿印。二、本发货票须实贴印花金额不达壹万伍千元者免贴"（图1）。

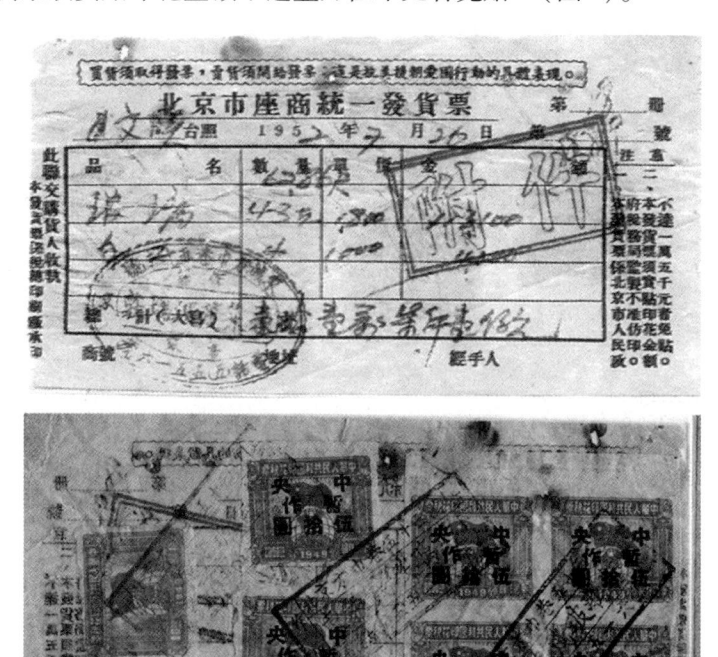

图 1　印口号的发货票

1951 年 4 月 27 日，庆德成五金商号（地址：东市东大街）出售货物开具"北京市座商简单统一发货票"，其上加盖红旗状戳，内嵌"抗美援朝保家卫国"字样，左边框外印"本发货票系中央税总印刷厂承印"，发票中间紫盖"抗美援朝 保家卫国★发展业务 完成税收"楷体字，总计人民币 3000 元。因不足印花税征收起点 15000 元，故免贴印花；右边也印有两条注意事项（图2）。

（二）天津市

天津市大多在各行业机印专用发货票上，加盖各种不同形式、不同字体的宣传口号。如在座商适用或与摊贩业适用的工商业统一发货票、工商业统一收益佣金收据、行商等类发货票上加盖宣传口号。

1952 年 1 月 9 日，福聚兴工厂开具的（座商适用）"天津市工商业统一发货票"，左边框外印"天津市人民政府税务局印制"字样，并加盖该商号及地址"天津市河北区三条石小闸口许家胡同二号"戳记，出售给恒茂铁厂货物 28.5 斤，单价 1.3 万元，总计人

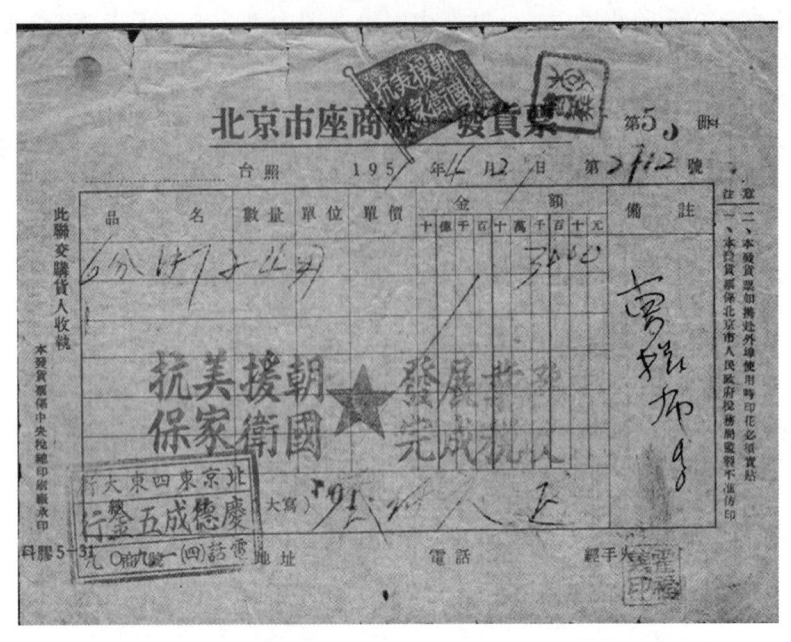

图 2　盖"抗美援朝 保家卫国★发展业务 完成税收"的发货票

民币 370500 元，依照 3‰ 税率计算，应贴 1120 元印花税票，背贴中央无地区名版无齿 1000 元一枚、中央铭记 12.5 度齿 100 元一枚、中央铭记无齿 20 元一枚，骑缝钤印双鸽、五星及拱门形"拥护世界和平公约""抗美援朝"宣传口号（图 3）。

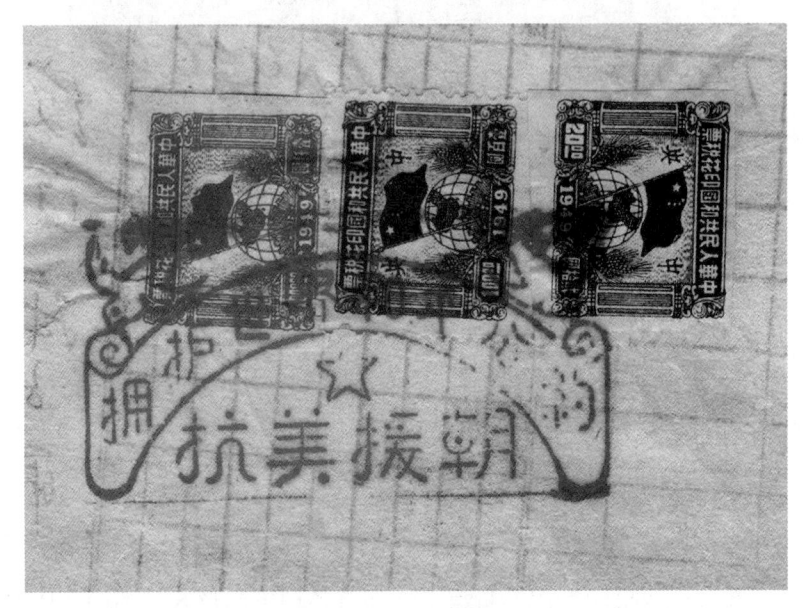

图 3　盖"拥护世界和平公约""抗美援朝"宣传口号的发货票

（三）河北省

河北省发货票如保定市、邯郸市等地机印座商统一发货票上下两边或左右两侧大多印有或加盖宣传口号。1952 年 9 月 12 日，河北省邯郸县贾村联村社运送小麦、面粉、红粮等运费发票，运费总计 9872300 元，依照 3‰ 税率计算，应贴 29620 元印花税票，背贴旗球图中字中央版高值 1 万元央字子丑各一枚、5 万元央字寅字一枚、中央铭记旗球图 500 元 12.5 度齿九枚、100 元和 20 元 12.5 度齿各一枚，并骑缝注销"印花税讫 抗美援朝 保家卫国"长方形戳（图 4）。

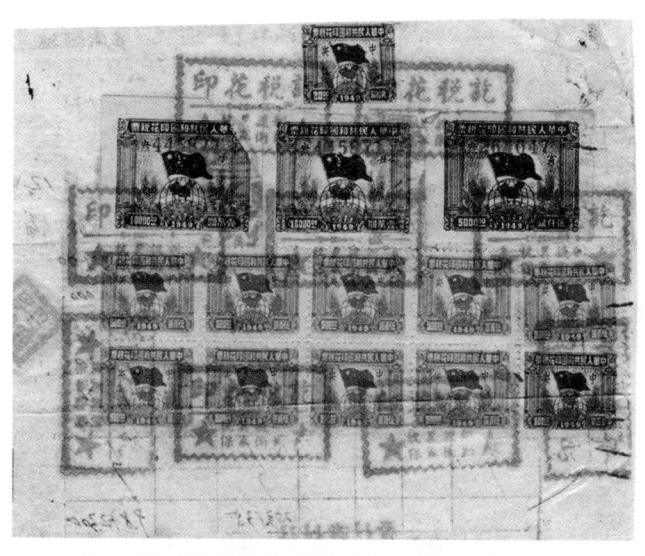

图 4 销"印花税讫 抗美援朝 保家卫国"的发票

1951 年 10 月 28 日，临清镇裕华文具店青碗市口出售纸张一本，书立工商业统一发货票，总计金额 3 万元，依照 3‰ 税率计算，应贴 90 元印花税票，背面实贴新中国中央版旗球图无地名 10 元 12.5 度圆齿孔四枚、中央铭记版 50 元一枚，骑缝注销"印花税讫"滚筒戳记。该发票正面套印红色双钩"坚决抗美援朝 实行薄利广销"宣传口号（图 5）。

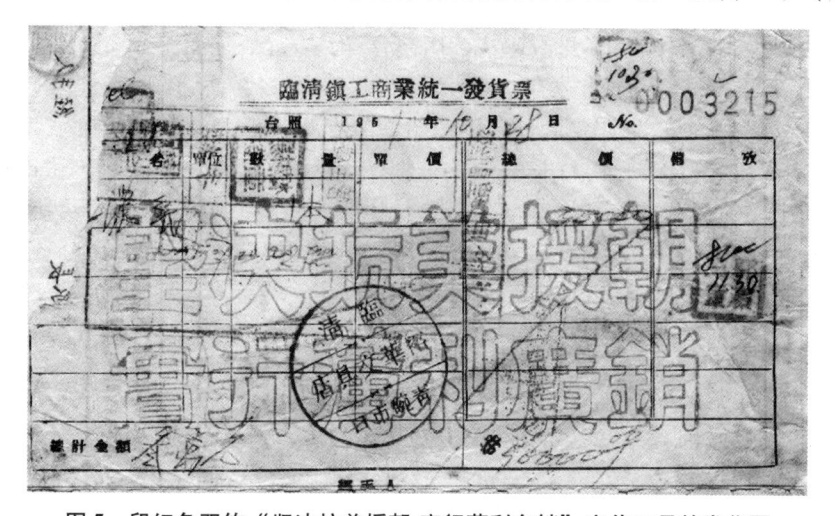

图 5 印红色双钩"坚决抗美援朝 实行薄利多销"宣传口号的发货票

（四）平原省

中华人民共和国成立后，设立平原省，省会新乡市，由中央直接领导。辖新乡、安阳、湖西、菏泽、聊城、濮阳等 6 专区，共 56 县、1 矿区、5 城关镇。1952 年 11 月，平

· 175 ·

原省撤销。该省的银钱收据及发货票上大多在边框外加印宣传口号。

1951年11月24日,安阳市行新鼎商号出售给安阳一中狮子牌胶布,合计25000元,依照3‰税率计算,应贴75元印花税票,背面中央华北无地名版无齿旗球图1元五枚、中央华北无地名版20元约12.5度齿一枚、中央铭记12.5度齿50元一枚,所贴印花与税率完全相符,并骑缝注销"印花税讫"滚筒戳。开具的"安阳市电料业统一发货票",其左边框外红印"保证税收 巩固国防",右边框外红印"抗美援朝 保家卫国"宣传口号(图6)。

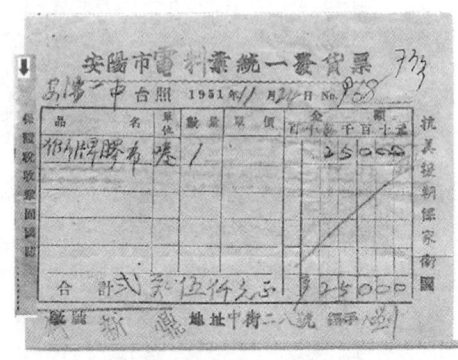

图6 印"保证税收 巩固国防""抗美援朝 保家卫国"宣传口号的发货票

1951年10月16日,焦作矿区顺兴成商店出售洋锁9个,合计2万元,依照3‰税率计算,应贴60元印花税票,背面中央铭记20元无齿旗球图三枚,并骑缝注销"印花税讫"滚筒戳。发票右边框外红印"抗美援朝 保家卫国 增加收入 踊跃捐献"宣传口号。

1951年10月25日,新乡市同泰公钢铁号出售细铁筛子一个,合计金额45000元,开具发货票并依照3‰税率计算,应贴130元印花税票,背面实贴新中国中央版旗球图无地名12.5度齿20元一枚、中央铭记无齿10元一枚、中央铭记12.5度齿100元一枚骑缝注销。发票右边框外印有"货物当面验清出门概不退换",正面紫盖"抗美援朝保家卫国 反对美帝武装日本"条形戳。

(五)山西省

山西省的各类座商统一或专业发票多在上部两边或左右两侧印制"抗美援朝"或"增产节约"等口号。

1952年3月27日,太原市座商统一收款收据,某工厂开具的工缴费,合计630650元,实贴新中国第一套旗球图印花税票中央版无地名无齿票500元1枚。该发票左边框外印有"范华印刷厂承印"字样,右边框外印"遵章纳税是工商界应尽的光荣义务!违章偷税是最可耻的行为!",右下加盖"太原市人民政府税务局银钱收据登记验讫章第叁号"(图7)。

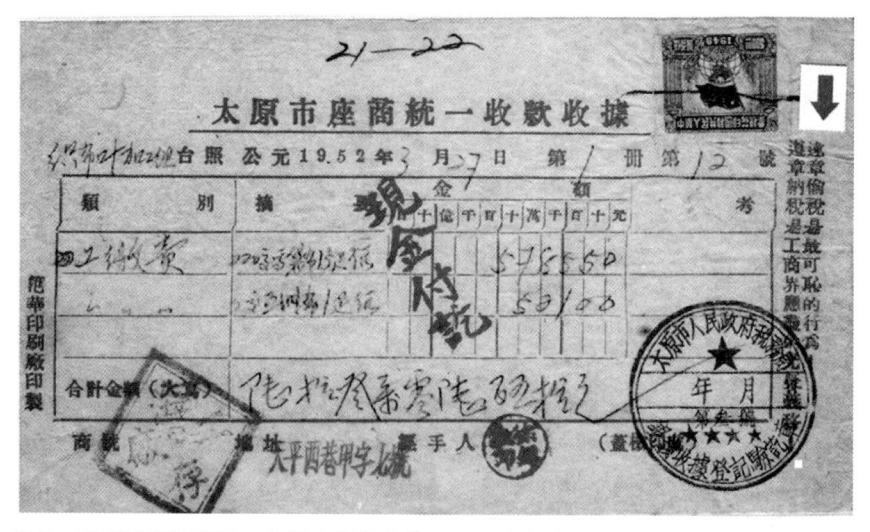

图7 印"遵章纳税是工商界应尽的光荣义务！违章偷税是最可耻的行为！"的收据

（六）察哈尔省

察哈尔省自中华人民共和国成立以后，于1952年被撤销。该省包括今晋冀北部以及内蒙古的一部分地区，省会设在张家口市。大多在发票上加盖宣传口号。

1952年6月7日，大同市大北街2号运生商号出售蝇拍25个，单价1000元，总金额2.5万元，开具发货票依照3‰税率计算，应贴75元印花税票，背贴旗球图无地铭加盖"中央暂作伍拾圆"、无地铭5元无齿各一枚；"中央"铭记。无齿旗球图10元二枚，骑缝划销；发票右边框外印"抗美援朝 保家卫国 反对偷税漏税"字样，并加盖"察哈尔省大同市税务局检印"条形戳（图8）。

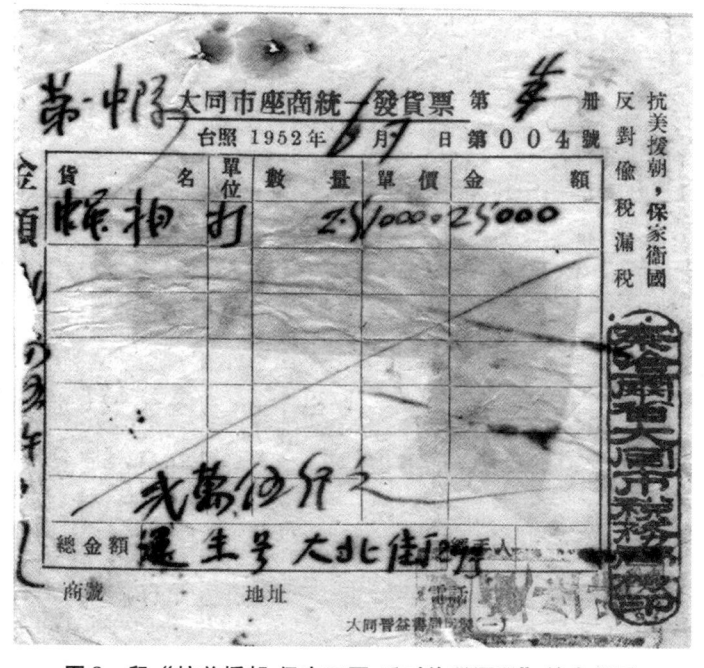

图8 印"抗美援朝 保家卫国 反对偷税漏税"的发货票

二、东北区

东北区毗邻朝鲜,是最早掀起抗美援朝运动的省份之一。解放初期,该区分为辽东、辽西、松江、黑龙江、吉林、热河等六省及沈阳、抚顺、鞍山、本溪、旅大直辖市,其商事凭证上大多印制或加盖宣传口号,品种很多,各具特色。

(一)辽东省

1952 年 6 月 26 日,安东市三兴油行(地址:中保街五号)开具座商发货票,发票上部红盖"抗美援朝保家卫国"口号,右边框外红印"人民政府的税收是「取之于民,用之于民」人人有责来协助"税收宣传口号。该商号出售杂油 10 斤,总额 15 元整,依照 3‰税率计算,应贴 450 元印花税票,背贴东北单字 100 元无齿四枚、50 元一枚,并骑缝注销"印花税讫"滚筒戳。发票检印栏中,加盖"辽东安东市人民政府税务局检印"章(图 9)。

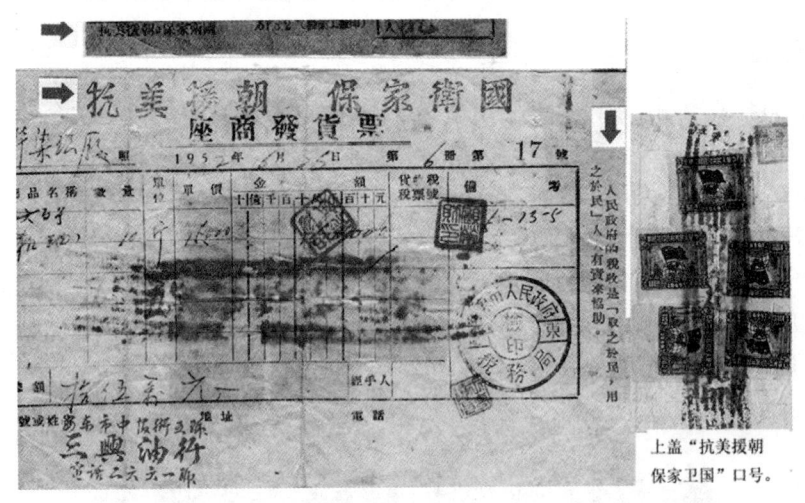

图 9 印"人民政府的税收是「取之于民,用之于民」人人有责来协助"的发货票

1952 年 10 月 7 日,安东市广济街新丽胡同二号双聚盛商号为光华染厂加工服务,总额 112000 元整,开具座商发货票,其上黑印"抗美援朝 保家卫国",其右边边框外印有"卖货不开发货票,就是有意偷漏国税的可耻行为!",下部加盖"辽东安东市人民政府税务局检印"圆形戳(图 10)。

(二)松江省

1951 年 10 月 31 日,松江省哈尔滨道外北三道街金星文具店行业发货票,营业科目:自来水笔、运动品类、绘图仪器、事务用品。发票下部印税收宣传口号"卖货不必怕麻烦,必须要开发货单,既能取信,又有凭证。卖货不开发货单,既违法,又偷税。人人都应来检举,负担才能公平合理",右下红盖"松江省人民政府税务局第 2 号检印",戳右边附有"税务局资料笺爾字第 号、行业、商号、地址、主要品名、金额、年月日"等内容,右边框外还印"1. 此资料笺由业者填写不准随意撕掉。2. 货物出口时须将此资料笺留当地税务机关存查"。发货票与税务资料笺之间红盖"抗美援朝保家卫国"宣传口号。该店

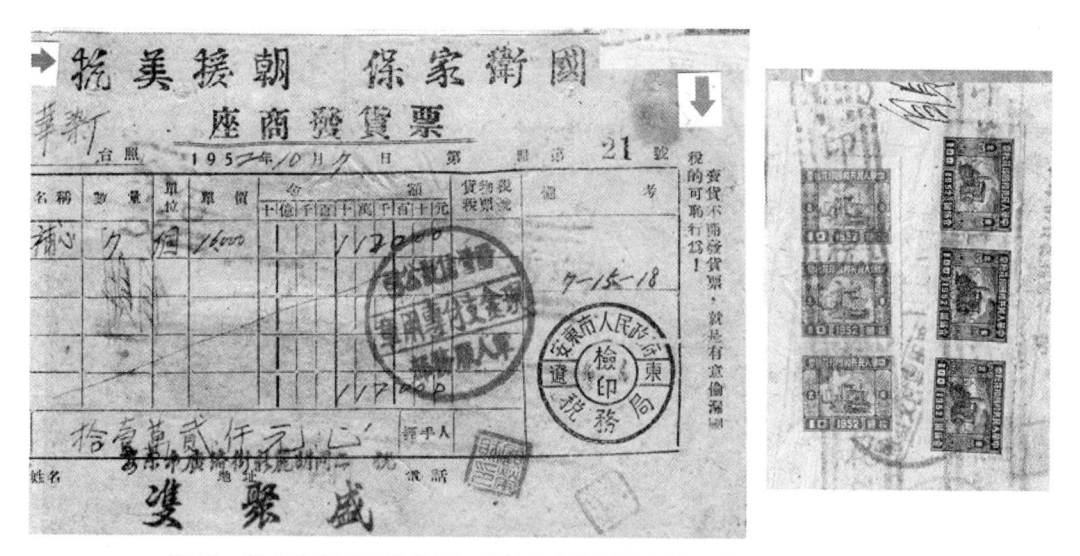

图 10 印"卖货不开发货票，就是有意偷漏国税的可耻行为！"的发货票

出售自来水笔，总额 72000 元整，依照 3‰ 税率计算，应贴 220 元印花税票，背贴东北双字旗球图 2000 元松江省加盖左读"暂代人民币贰佰圆"一枚、200 元加盖"暂代人民币贰拾圆"一枚，并骑缝注销"印花税讫"滚筒戳（图 11）。

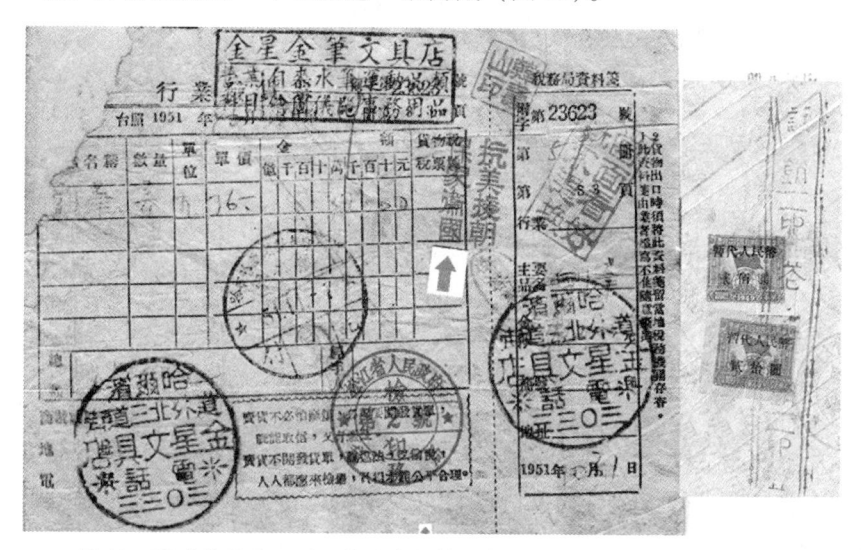

图 11 印"货物出口时须将此资料笺留当地税务机关存查"的发货票

（三）抚顺市

1951 年 6 月 15 日，抚顺市莲花区茏乐盛商号代开简易摊贩业发货票，背面注明"今卖到白菜壹佰斤，单价肆佰元，共洋四万元"，使用加印"抚顺市人民政府税务局第壹号检印"章的数字型简易发票，在年月日栏目可圈当月当日数字，金额栏竖向为 1~9 阿拉伯数字，横栏有从高到低"十万、万、千、百、十、元"以便出售货物时圈划。该票为总额人民币 4 万元整，即在万元栏目下第 4 号上画个圆圈；该票依照 3‰ 税率计算，应贴 120 元印花税票，正面实贴东北双字旗球图 200 元抚顺加盖"暂代人民币贰拾圆"六枚

· 179 ·

（估计脱落一枚），钢笔划销，背面加盖"抗美援朝 镇压反革命"宣传口号及将反革命分子丑化为毒蛇身、人首形漫画，上方有两把刺刀及数根棍棒夹住头部，寓意美帝必将失败、敌人即将遭到灭顶之灾（图12）。

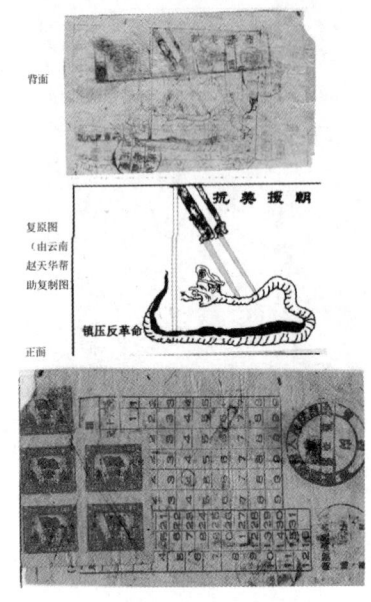

图12 加盖"抗美援朝 镇压反革命"的发货票

三、华东区

华东区解放初期下辖沪、鲁、苏、浙、皖、闽等省份，其商事凭证上除常见的宣传口号内容外，今介绍不同的品种。

（一）上海市

1951年9月18日，医工西联工人消费合作社出售白粳米、豆油、特沙白，总计人民币920300元，依照3‰税率计算，应贴2760元印花税票，背面华东商务印书馆版500元五枚、大东版100元二枚、华东无地名12.5度齿50元一枚、华东税务版10元一枚。骑缝注销该消费合作社圆形公章，其货名栏目下印"捐献飞机大炮坦克 支援前线打垮美帝！"宣传口号（图13）。

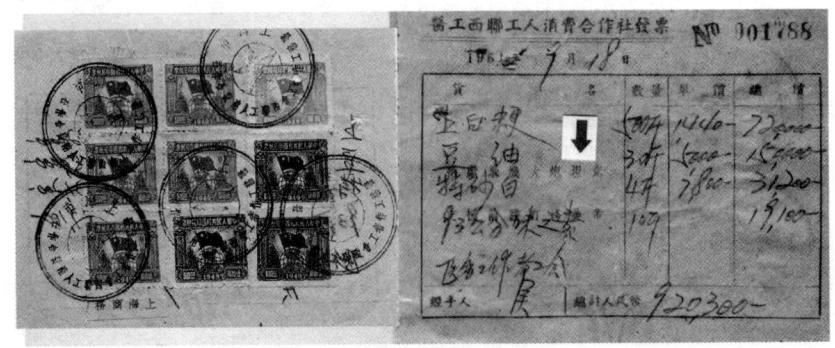

图13 印"捐献飞机大炮坦克 支援前线打垮美帝！"的发货票

1952年8月14日，英商上海煤气股份有限公司为东海大戏院开具煤气费账单，地址上海西藏中路六五六号，该单据左下红印"人人起来做好爱国防疫卫生清洁运动，以实际行动还击美帝国主义的细菌战！上海市政工会上煤委员会"宣传标语（图14）。

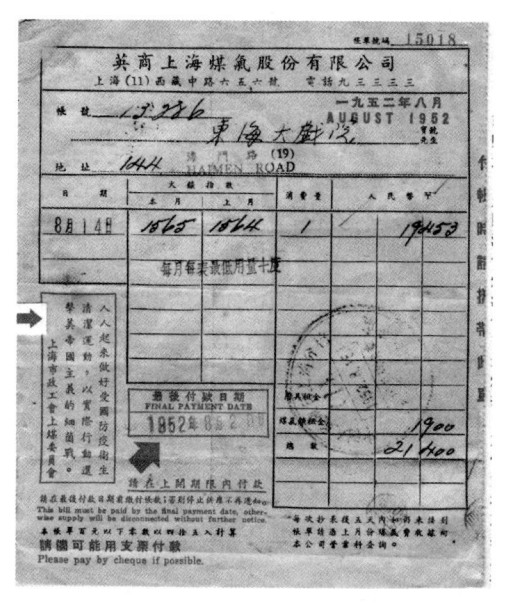

图14 印"实际行动还击美帝国主义的细菌战"的煤气费账单

（二）山东省

1952年10月26日，位于济南小经六路二九号的文新化工厂出售给芜湖公营火柴厂胶片，数量1000斤，单价1.2万元，合计1200元，依照3‰税率计算，应贴3.6万元印花税票，实贴华东旗球图5000元二枚、大东版1000元二十三枚、商务印书馆版500元六枚，所贴印花与税率相符。并开具济南市人民政府税务局座商统一发货票，该发票左边框外印"抗美援朝 保家卫国！履行爱国公约"，右边框外印"遵章纳税是工商业者应尽的光荣义务。违章偷税是可耻的行为！"宣传标语（图15）。

1951年9月14日，青岛市宴宾楼（地址：河南路43号）开具餐馆商业同业公会会员商号发票，总额1.3万元，因不足印花税纳税额，故免贴印花税票；该发票中部蓝盖"反对武装日本 保卫世界和平"楷体字宣传口号（图16）。

（三）江苏省

1952年9月1日，锡华永记火柴梗片厂（地址：无锡南门水仙庙衖内）售给上海中国火柴公司头等火柴梗，总额3480万元，依照3‰税率计算，应贴104400元印花税票，开具"无锡市锡华永记火柴梗片厂发货票"，其上套印"无锡市人民政府税务局统一商事凭证查验之章"，发货票下印有注意"1. 本发票必须按章贴足印花；2. 本发票系经无锡市税务局登记核准使用；3. 本发票一式两联必须复写；4. 本发票须经本号加盖号章方始有效；5. 本发票限本市成交时立据使用"；背贴华东旗球图高值1万元十枚、华东无地名2000元二枚、1000元改"暂作壹佰圆"四枚，所贴印花与税率相符，并骑缝注销"严厉镇压反革命份子"及丑化反革命份子漫画图（图17）。

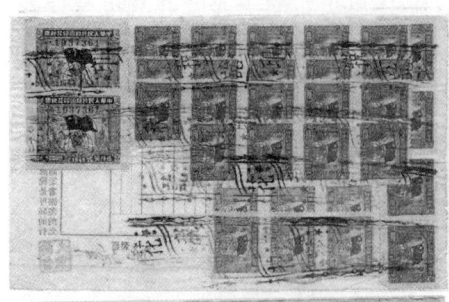

图15　印"遵章纳税是工商业者应尽的光荣义务。违章偷税是可耻的行为！"的发货票

图16　盖"反对武装日本保卫世界和平"的发票

图17　"严厉镇压反革命份子"及丑化反革命分子漫画图的发货票

1952年3月10日，镇江水电股份有限公司电费收据，右上印有农耕图"印花总贴"，其上加盖"镇江市人民政府税务局统一商事凭证查验之章"，左边框外印有"协助政府严厉镇压反革命活动！"，右边框外印有"抗美援朝 保家卫国"宣传口号（图18）。

（四）福建省

1952年8月26日，新华书店购买笔尖10支，实收人民币4万元整，使用"福州市统

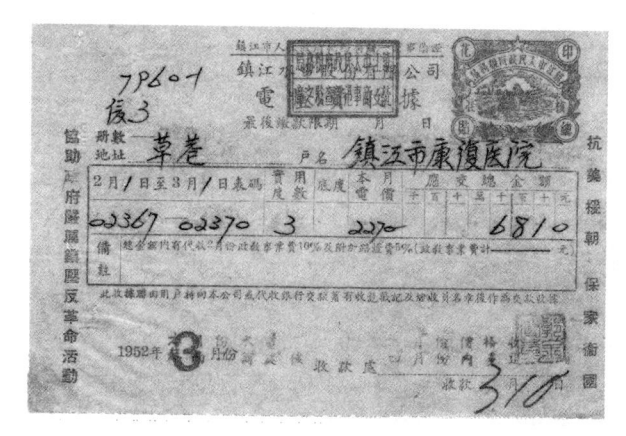

图 18　印"协助政府严厉镇压反革命活动！"的电费收据

一发票 甲种零售 甲元字 664401 号 第二联正本"，座商名称处加盖"新华书局福州 317 北路 209 号"，发票上部印有"抗美援朝 保家卫国"宣传口号。该发票依照 3‰ 税率计算，应贴 120 元印花税票，背面实贴华东区旗球图大东版 200 元加盖改值"暂作壹佰圆"一枚（其中"佰"字漏足）、华东区税务管理局版 10 元二枚，骑缝注销"印花税讫"滚筒戳（图 19）。

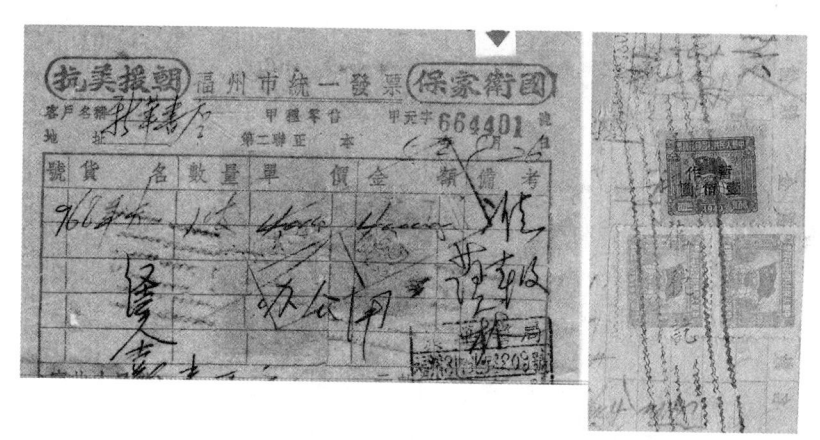

图 19　印"抗美援朝 保家卫国"的统一发票

四、中南区

中南区解放初期下辖鄂、湘、豫、赣、粤、桂六省份，其商事凭证上印制的宣传口号内容很多，各具特色。

（一）湖北省

1952 年 12 月 25 日"汉口民营汽车联合运输服务社派车证"，托运者：河北省钟祥染织厂，托运布匹贰起，起点：武汉，讫点：穗丰。派车证下边框外印有"抗美援朝 保家卫国"宣传口号，收取运费，背面中南区利民版无齿旗球图 500 元加盖改值"中南暂作壹佰圆"二枚，并骑缝蓝盖"印花税讫"滚筒戳（图 20）。

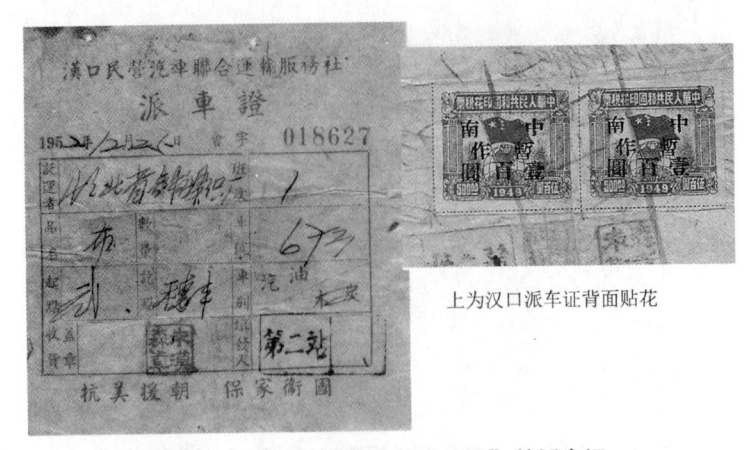

图 20 印"抗美援朝 保家卫国"的派车证

上为汉口派车证背面贴花

1951年7月1日"武汉市汉口百货商业会门市组统一发货票",其上绿盖圆形篆字发票监制章,左边框外印"反对美帝武装日本单独对日媾和!",右边框外印"抗美援朝 保家卫国"宣传口号,出售货物总计人民币102500元整,依照3‰税率计算,应贴310元印花税票,背面旗球图利民版100元四枚、10元一枚,骑缝注销"印花税讫"椭圆章(图21)。

图 21 印"反对美帝武装日本单独对日媾和!"的统一发货票

(二) 湖南省

长沙、湘潭、衡阳、宁远、祁阳、茶陵等市县发票上,大多印有大小不一、颜色各异、字体有别等具有时代特色的"抗美援朝 保家卫国"八字宣传口号,在此略述。以下例举较为特殊的发货票实单。

1951年12月9日"湖南省湘潭市竹篾业统一发货票",其上印有"查验者请将此联汇集迅速邮寄当地税务机关核对"。查验联下为正票,其下部印有注意"查验联须经税务机关查验后在发票上加盖验戳才可撕去否则应予保留"。该发票出售大号捞箕1个、水端子10个,共计人民币2300元,依照3‰税率计算,应贴70元印花税票,正贴中南利民版50元、中南铭记拾元51.8字样各一枚,骑缝注该商号戳。该发票印有红色双钩空心行书体"抗美援朝 拥护税政"宣传戳记(图22)。

1951年9月24日"常德市大中书局发票",地址:常清街,发票加盖"常德市人民

图22 印"查验联须经税务机关查验后在发票上加盖
验戳才可撕去否则应予保留。"的发货票

政府税务局专盖发票章"及手盖中国地图形内嵌"抗美援朝保家卫国"宣传戳,发票两侧印"出门不鲆不退、货物当面看清"字样。该书店出售文具,共计人民币110000元整,印花数目栏填写:330元印花,背面实贴中南利民版旗球图100元三枚、20元两枚,超贴10元。骑缝销"大中书局文具社印花之章"(图23)。

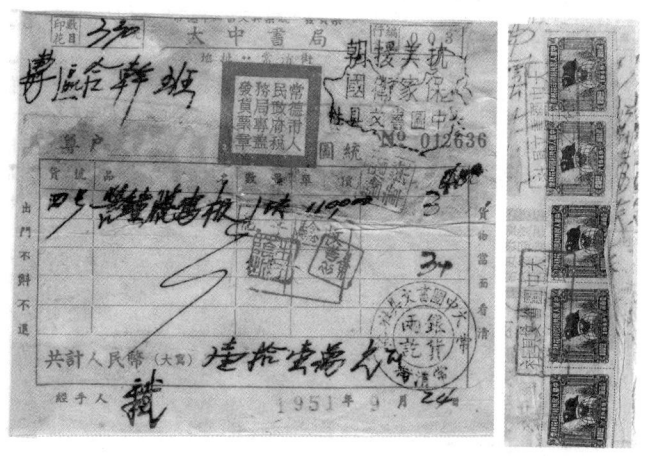

发票背面贴花图

图23 印"抗美援朝 保家卫国"的发货票

(三)河南省

1952年4月6日"开封市油漆业统一发票",商号:忠义成,地址:开封市北土街七一号。发票下边框外印"开封市人民政府税务局监印",右边框外印"1. 遵章纳税是工商业户应尽的光荣义务! 2. 违章偷税是最可耻的行为!",右上蓝盖双钩空心字"抗美援朝保家卫国"宣传口号。客户:市立八小,出售学校劳美用品,实收人民币27000元,依3‰税率应贴80元印花税票,背面实贴利民版50元和10元各一枚、中南铭记20元一枚,骑缝销印花税讫滚筒戳。

1952年1月1日"开封市图书业统一发票",商号:大新教育用品社,地址:开封市南书店街一零四号。发票下边框外和右边框外印文同上。出售日历,实收人民币21000元,依3‰税率应贴70元印花税票,背面实贴中南铭记20元一枚(估计误将20元当50元使用了)、10元二枚,骑缝销印花税讫滚筒戳(图24)。

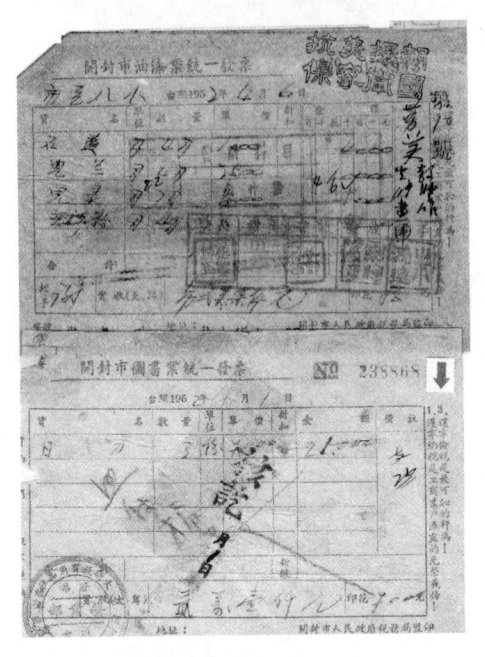

图24 印"遵章纳税是工商业户应尽的光荣义务"的统一发票

(四)广东省

1952年5月19日,广州大生铜厂(地址:大德西路三五九号)出售给湖北农具厂铜片,开具"广州市机器工业同业公会会员统一发货票"。发票右边框外印有说明二项:"一、本发票呈奉广州市人民政府税务局核准使用。二、如无本税协会印章及编号作为无效。"其上红色套印"抗美援朝 保家卫国。实行保证广州市工商联五大公约。拥护土地改革。"发票上另注明应贴"印花45805元",印花税票已贴正本,副本未贴(图25)。

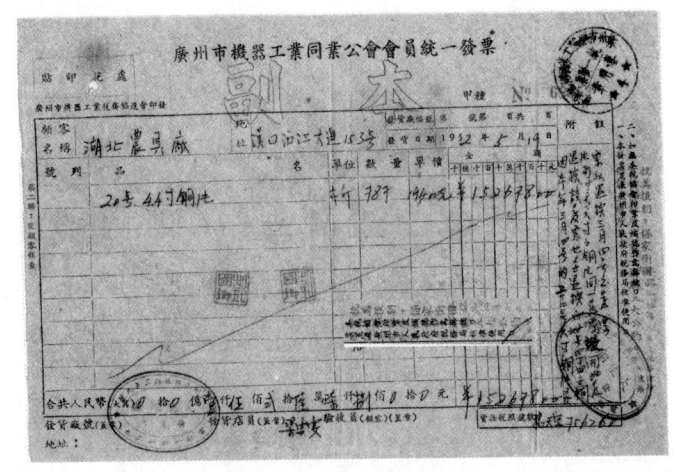

图25 印"抗美援朝 保家卫国。实行保证广州市工商联五大公约。拥护土地改革。"的统一发票

（五）广西壮族自治区

1951年7月4日"桂林市五金电器业座商发票（此联报出口税务机关）大光五金电器行发票副本"，地址：中山中路一六八号，文山中学购买220V 100W灯泡4只，单价7000元，合计人民币28000元整，下盖"桂林大光五金电器行发货章"，该发票依照3‰税率应贴印花90元，已贴在发票的正本之上，副本未贴印花。发票正上方紫盖五星放光芒、军舰航行图及"抗美援朝 保家卫国"长方形戳，背面加盖同心圆形内外钤印"桂林市人民政府税务局 ★管理发货票及账单戳14记"字样（图26）。

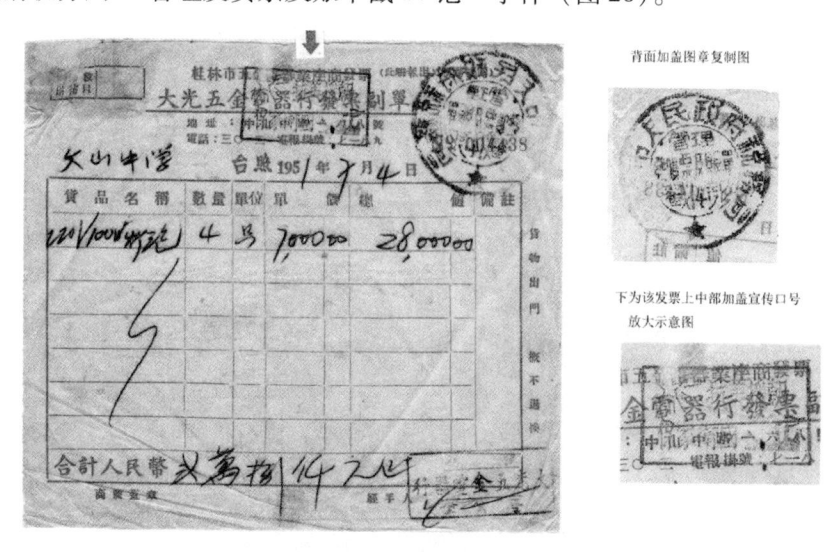

图26 盖军舰航行图及"抗美援朝 保家卫国"的发票副单

五、西北区

西北区解放初期下辖陕、甘、青、宁、新疆等省份，其商事凭证上印制的宣传口号内容很多，各具特色。

（一）陕西省

1952年12月23日"西安市座商统一发货票"，其上红盖"西安市税务局发货票监制章"方形戳，西安天隆祥竹器号，地址：竹笆市177号，出售编竹器具，合计人民币162000元，依照3‰税率计算，应贴490元印花税票，背面西北区无地名无齿旗球图500元一枚、并骑缝蓝盖"印花税讫 抗美援朝 保家卫国"宣传口号（图27）。

（二）甘肃省

1952年4月25日"甘肃省天水市座商发货票（存根）"，天水复源石灰砖瓦铺，地址：北关鹿圈沟，出售给青北小学校混合青砖100块，单价500元，总额计人民币5万元整，依照3‰税率计算，应贴150元印花税票，正贴西北无地区名版100元、50元各一枚，骑缝蓝盖"保卫世界和平 遵守爱国公约"宣传戳，其下蓝盖"天水市税务局工商业发货票登记章"圆形戳记（图28）。

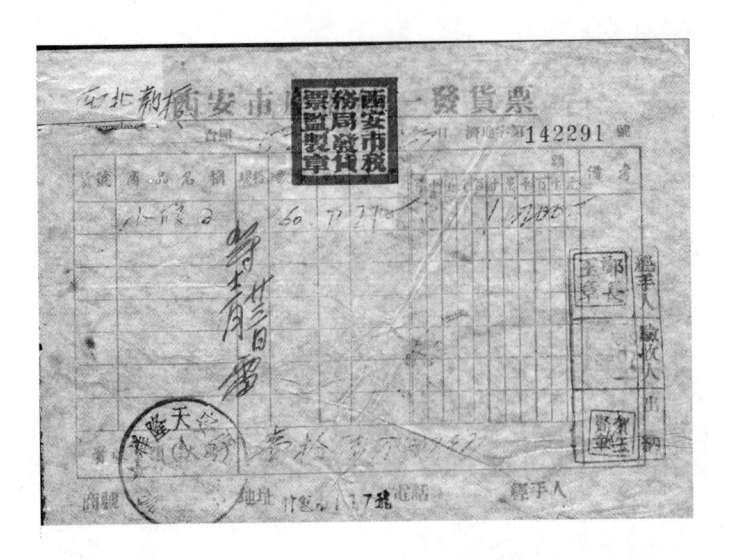

图 27 盖"印花税讫 抗美援朝 保家卫国"的统一发货票

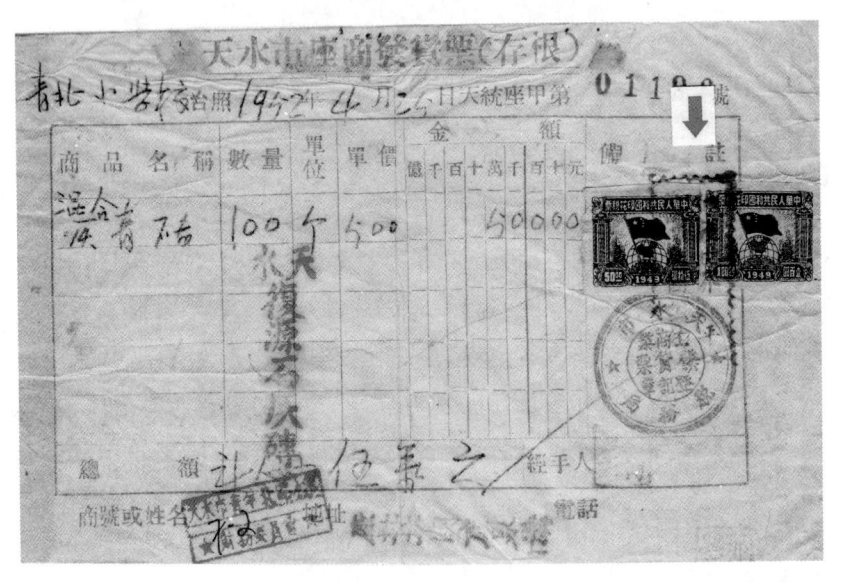

图 28 盖"保卫世界和平 遵守爱国公约"的发货票（存根）

（三）新疆维吾尔自治区

1952 年 11 月 22 日，新疆迪化增茂和商号出售汽车电瓶用货品，开具"迪化市座商发货票"中维双文字，其上红色套印双钩空心字"遵章纳税"，总额 10 万元整，背贴新疆 1949 版旗球图 100 元无齿三枚，钢笔划销（图 29）。

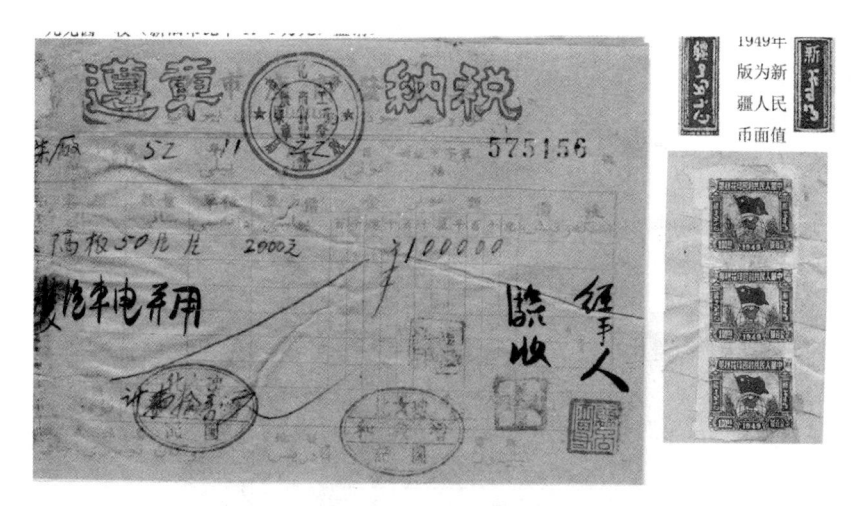

图29 印双钩空心字"遵章纳税"的发货票

六、西南区

西南区解放初期下辖滇、黔、川等省份,其商事凭证上印制的宣传口号内容很多,各具特色。

(一)云南省

1952年11月22日"昆明市座商发货票",地址:金碧路316号,红印"抗美援朝保家卫国"。华南大药房出售药品,共计人民币515000元,依3‰税率计贴1550元印花税票,背贴西南无地铭无齿旗球图1000元、500元各一枚、1952年西南机器图50元一枚,骑缝注销"印花"戳(图30)。

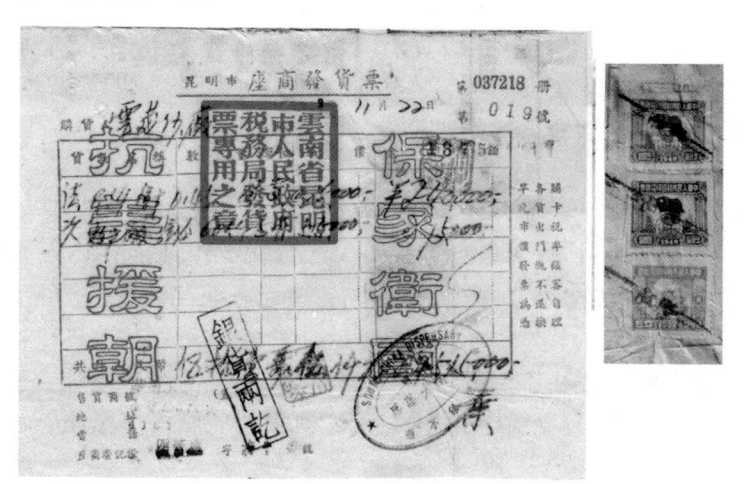

图30 印"抗美援朝 保家卫国"的发货票

(二)四川省

1951年10月4日"南充县临时商发货票",上边印有"抗美援朝保家卫国"宣传口

· 189 ·

号，右下红盖"南充县税务局第一号检印章"方戳，出售给川北日报货物，共计人民币97200元整，依照3‰税率计算应贴印花300元，正贴西南无地名旗球图200元、100元各一枚，骑缝墨划（图31）。

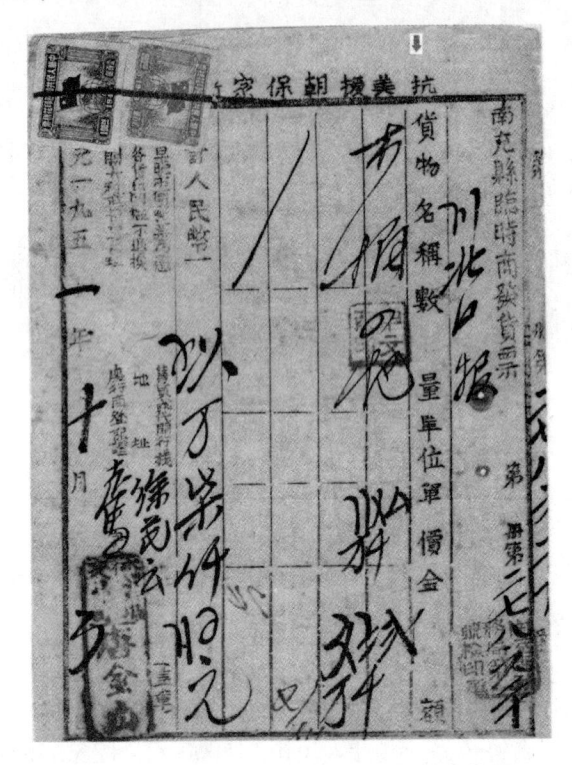

图31 印"抗美援朝 保家卫国"的发货票

（三）贵州省

1951年12月29日"思南县座商发货票"，购货人：县委会，发票中间印红色双钩楷体字"抗美援朝 保家卫国"宣传口号，右边框外印"关卡税率 贵客自理 各货出门 概不退换 早晚市价 发票为凭"，右下加盖"思南县税务局第一号检印章"方戳，共计人民币45万元整。

1951年11月28日"工业综合公会筹委会代收生产捐献款收据"，厂号：裕康鬃厂，"交来公元一九五一年十一月份抗美援朝生产捐献"，金额人民币100万元整；上项捐款经本会代收汇缴人民银行转解抗美援朝总会并经取具总收据存会备查。经手人盖章，左边骑缝处加盖"贵阳市工商界生产捐献……"戳（图32）。

结束语：因该类藏品有限，特撰拙文以此抛砖引玉，希望各位老师、专家给予赐教补充为盼！本文图12、图17复原图均由国家税务总局云南省临沧市税务局赵天华先生帮助复制，特此鸣谢！

作者单位：国家税务总局徐州市税务局

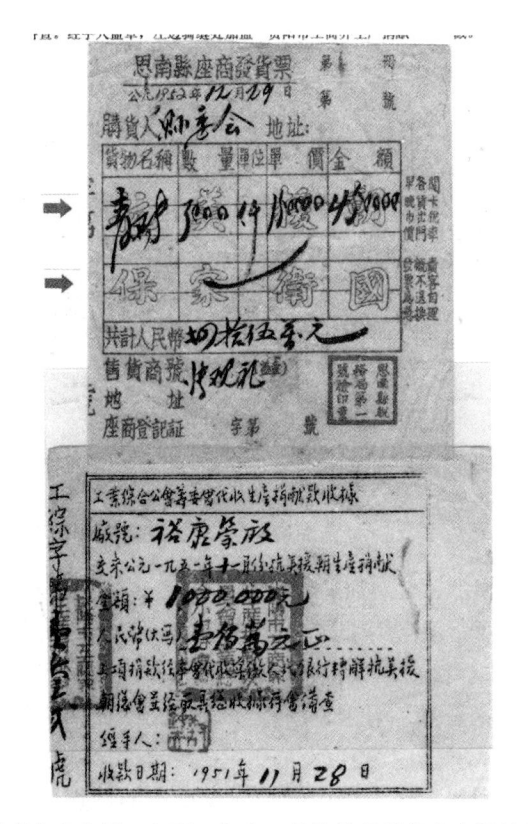

图32 印"交来公元一九五一年十一月份抗美援朝生产捐献"的收据

作者简介：陈千里，男，1944年4月出生，河北省蠡县人，在江苏省徐州市从事财税工作30余年，会计师，税务师。曾任中国税票集邮研究会代会长、秘书长、《税票集邮》常务编委，1993年7月起自费办刊《税票苑》并自任主编，迄今已出刊170期，笔名：蠡岗山人、马夫等。

从老发票中所见冀商经营管理之道
——以武百祥"同记"为例*

曹 琳

发票,作为经济交往活动中所使用的书面凭证,其成型大概于清晚期。近代,随着各类商事活动渐趋频繁,发票使用的规模、范围和数量都得到迅速发展,而且也成为计税的重要凭据和监控手段。对研究者言,其中所展示的各种信息,为观察近代中国社会经济史提供了多视角、丰富且直观的证据。同时,我们知道,传统中国素有以徽商、晋商为代表的"十大商帮"之称,然而,在清末民初我国民族工商业兴起和发展的潮流中,却有一个长期被低估的地域商帮,即"冀商"。他们以不能"任中国商业落于洋商之后"为己任,凭借超卓的商业智慧,锐意进取、勇于创新,为近代民族资本主义工商业发展同样作出了不可磨灭的贡献。因此,从发票中观察冀商的商业经营之道,无论对于扩展发票作为经济史研究证据的使用,还是扩展对于传统中国商业发展史的认识,都是具有一定意义、值得尝试的。

在冀商中,最具影响力和代表性的商帮有三:一是开发东北的冀东乐亭县人为主的"老呔帮";二是以张家口为集散地往来蒙古商贸的"张库帮";三是惠济京津的"冀中帮"。而乐亭商人武百祥(1879~1966年)则是其中最具代表性的一位,他1907年创立"同记",之后20年间使"同记"拥有同记商场、同记工厂、大罗新寰球百货等7处营业地,上海、大阪等6处驻庄,店员、工人2000多名,总资本近200万两,超过了当时的外商洋行,成为东北地区最著盛名、规模最大的商业企业之一。

从现存大量与"同记"有关的发票实物中,我们得以管窥其在当时可称先进并颇具特色的经营思想。

一、抢占先机

20世纪初,哈尔滨随着中东铁路通车迅速发展起来,逐渐成为国际化的商贸城市,而商品交换日益频繁、市场行情千变万化,也使得激烈的竞争无处不在,武百祥在经营中始终秉持"人无我有、人有我优"的指导思想,能够冷静地观察供求形势,善于抓住时机,抢先占领市场。

图1为1939年11月2日日升东纸盒铺帽盒发票,发货内容为"英式帽盒壹佰个,

---

* 河北省社科规划传统文化专项项目《基于老发票所见冀商商业经营问题》(HB18WH18)课题成果。

5.6元①；新式帽盒壹佰个，5.6元"，落款发货方署日升东纸盒铺。

图1 日升东纸盒铺帽盒发票

早在1907年冬天，从京奉铁路北上的旅客中很多人戴着英式鼠绒皮帽，因此常有顾客跑到同记商铺询问想要购买这种皮帽，当时哈尔滨通往关内的铁路还未修通，武百祥虽很想转贩，却苦于没有门路，但他并未放弃，而是很快购入一台缝纫机，并寻得一顶英式鼠绒皮帽做样比照裁剪仿制，当制成品上架售卖，居然颇受顾客青睐。到辛亥革命后剪发盛行，皮帽越来越畅销，他又感机不可失，便进一步扩大生产，购买了哈尔滨道里外国洋行进口的全部羌绒鼠皮作为原料储备，雇请匠师制作，并增加帽子种类，由于质量优良、式样新颖、种类繁多，吸引了众多顾客，很快占领了整个东北制帽与经营市场。而从这张发票中便可以看到，因"同记"自有工厂制造，所以票面上并没有帽子的信息，而是"同记"为放置帽子专门定制的纸盒，且是根据不同式样所做的定制。

这张发票开具的年份为1939年，因此，发票上粘贴印花税票，在现存"同记"的大量发票中，均贴旧时代印花，从某种角度上，或可通过它们，联想当年民族资本工商企业在帝国主义管制压迫下的如履薄冰、举步维艰。

二、货品齐全

武百祥在经营中，素以"采办全球货物，搜罗国内产品"为指导方针，他规定，无论

---

① 本文中所用发票，数额处多用苏州码子标记，为分析方便起见，文中均以阿拉伯数字替换。

畅销与否或利润高低，凡日常销售的商品都要坚持此经营理念，力求品种、规格齐全，尽量满足顾客需求，如某种商品某一型号为畅销货，其他型号不好售卖，但也要适当进货，在作价上，畅销款多加利润，其他少加或不加利润。

以坤鞋为例，图 2 中四张均为荣恒工厂开具的发票，发货内容分别为："特皮高腰棉坤 1 双，5 元；特号牛皮抽带黑 1 双，4.8 元"；"大号牛皮加带黑 25 双，27（经计算，应为 2 元 7 毛）；小号……25 双，23（2 元 3 毛）"；"大号加带黑 2 双，41（经计算，应为 4 元 1 毛），8.2 元；小号……2 双，37（3 元 7 毛），7.4 元"；"特号五眼鞋 1（？）双，14 元；加高代鞋 1 双，15.5 元"。

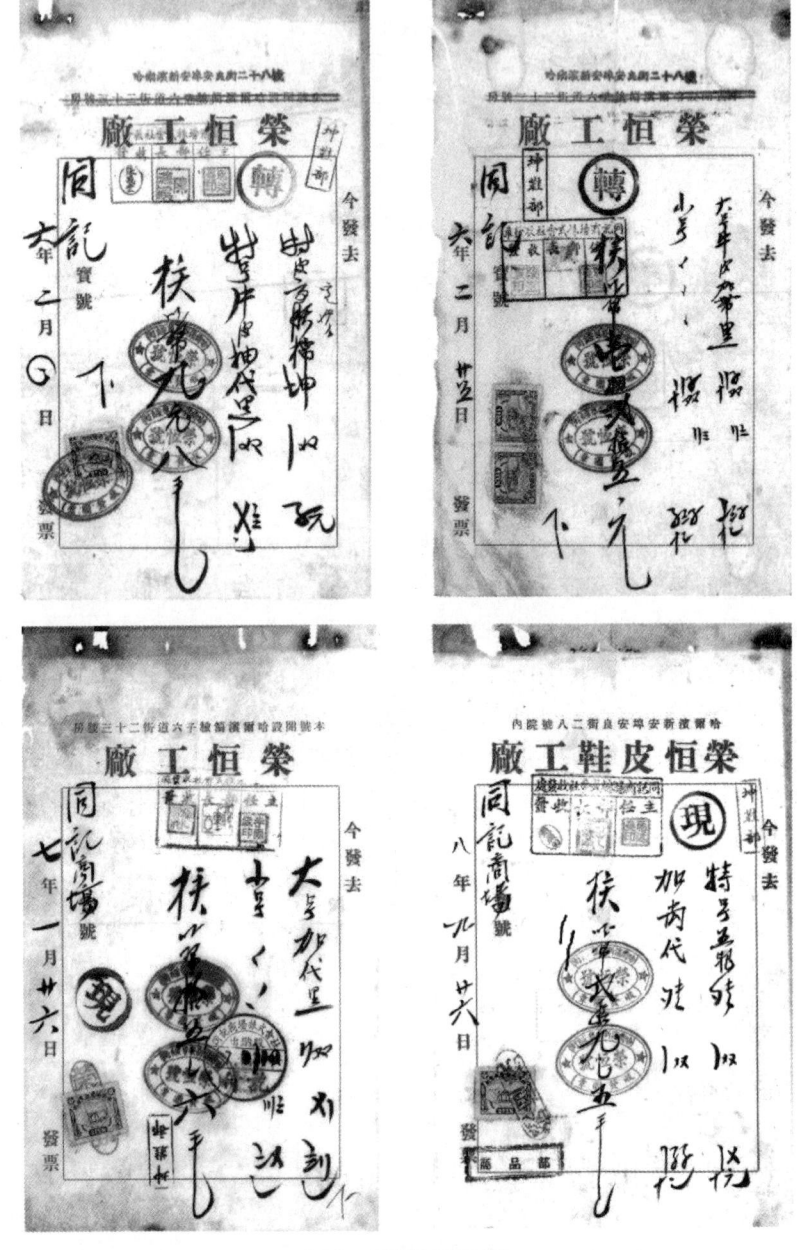

图 2　荣恒工厂发票

可见，对于人们常需商货，"同记"都务必齐全，微利或无利都要经销，这样，虽然少数商品无利或甚至折本，但可以树立"百货俱全"的商誉，提高信用度、争取顾客。

三、降低成本

成本降低意味利润增加，武百祥在"同记"开始经营后不久便采取工商兼营的办法来控制成本，开创哈埠先例。1910年，他在同记商铺后院就地筑楼，雇用工人装设机器设备，开办"同记工厂"。到1921年前后，同记工厂已发展成为一家多种产品的综合性生产企业，是同记商业重要的供货基地，自产自销，极大节省了所营商品的购进成本。

而对无法自行生产或生产成本相对较高的商品，武百祥则注重建立多种进货渠道、采取灵活采买方式，以降低购进成本并充实货源。外国商品、传统工艺品、土特产品和国产名牌货都有相应的收购方式，而对小宗商品，则主要从本埠工厂、手工业者和批发商手中按市场需求灵活采办，勤进快销。

图3中的这张1938年2月14日哈滨协盛针织工厂外衣发票，票身写明"纯绒单线女外衣22件，手工8毛"。这里可以看到，发票上并没有提到原材料的费用，结合票眉"代织手工、工精价廉"字样，可以推断该发票反映的事实是，同记商场自备了线绒，请协盛针织工厂将其制作成外衣，如此只需交付手工费用，一定程度上节约了商品成本。

图3 哈滨协盛针织工厂外衣发票

图4中这两张发票，左为1940年10月13日日越洋行海虎绒请求书，右为1940年10月13日天津文记帽庄发票。左张发票货品内容为"海虎绒27.5码"，右张货品内容为"海虎绒西式帽贰打，42.5元；中人协和皮帽贰拾顶，2.4元"。两张发票钤盖的印章都是"帽部"，海虎绒也就是长毛绒，是东北地区制作帽子的常用材料。"同记"以制帽起家，

而这两张同一时间开具的发票可以反映出"同记"灵活经营的特点,据工作人员回忆录载,同记商场设有裁衣室,可以根据顾客要求设计加工,因此需要购进原材料备用,而大宗服饰或有特殊要求的,则或送至同记工厂或外包其他商铺制作。

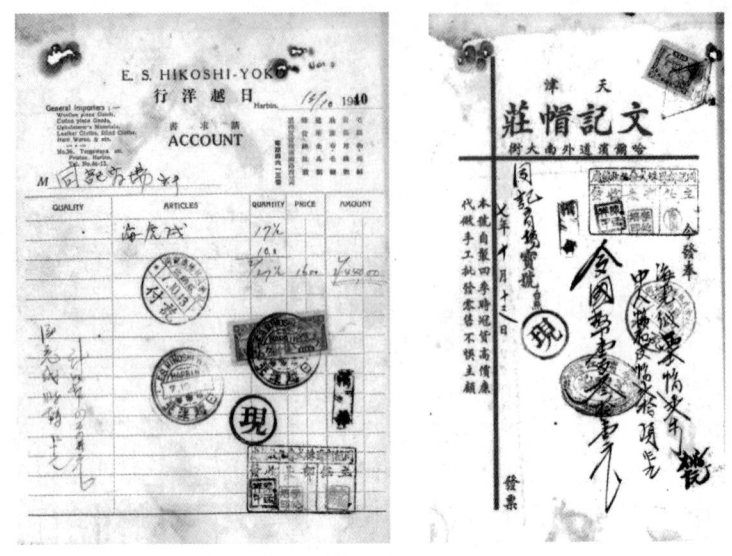

图 4 天津文记帽庄发票

四、财务灵活

(一)信用赊购

随着经营规模扩大,企业多会遇到资金短缺的问题,在这种境况下,"同记"便非常善于利用信誉赊购。赊购在当时商界虽是普遍形式,但一般赊购额仅占总进货额的30%左右,而"同记"由于在商界信誉很高,因此赊购额比重远超其他商号,一般占到60%~70%,可以极大缓解资金周转压力。

图5中这张1941年2月16日振生帽庄发票票身内容为"一:去者长耳帽子一百顶,1.8元,180;十六;又,中人红皮顶帽子参十顶,3.7元,111;十七号:花豹长耳帽拾五顶,2.9元,43.5;十八号:花豹长耳帽拾贰顶,2.9元,34.8;又,花豹短耳(帽)拾五顶,2.5元,37.5;十号:花豹短耳(帽)拾壹顶,2.5元,27.5"。其中,"一""十六""十七号""十八号""十号",均为日期的表示,也就是说,1941年2月16日前,"同记"从振生帽庄进货六次,均为赊购,到约定日期,方统一进行结算。

图6中这两张日结单,分别是1939年2月28日和1942年9月3日同记商场在哈尔滨本地进货情况的记录,推测是商场每天会对进货做一次日结,而从其中的信息可以看出,这两天同记商场分别进货6次和7次,全部是用转账形式支付,如此方式,相当程度上缓解了商场资金周转的问题。

此外,"同记"从国外商行进货也不以现金,而是以担保或抵押形式购买"期票",待货物到后按期票规定时间付款。

图 5　振生帽庄发票

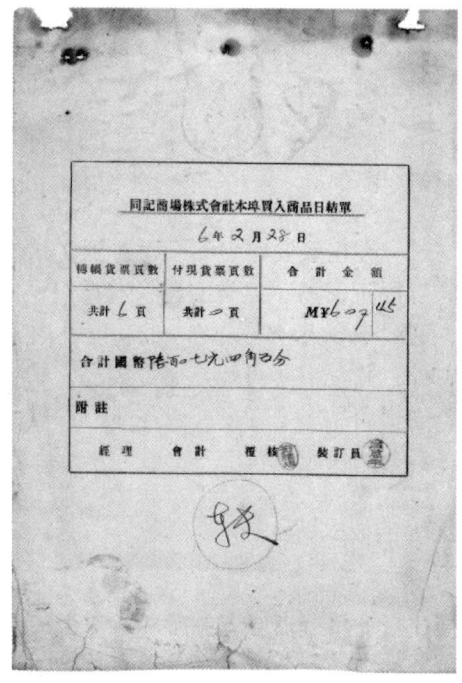

图 6　日结单

（二）日结日清

在实行赊账方式的同时，当年的"同纪"，也在国内率先实行货币两清的即时结账方法。这种方法，某种程度上突破了传统的月结、季结甚至年末结账的商界惯例。从现存大量进货发票实物中可以看到,当年"同记"根据进货发票所载货物金额,结账有现金当日或隔日付讫的方式,这种大胆创新的方法当时在国内实属首例,从某种角度上说,也是"同记"以诚信为经营策略,建立与供货商良好的关系的有益尝试。

图 7 中的这张 1940 年 7 月 30 日天和东工厂发给同记商场的发票,购买的商品是各种美式、拉丁美式帽子,钤盖"现"字章,即总价 232 元 4 角 5 分系以现金付讫。

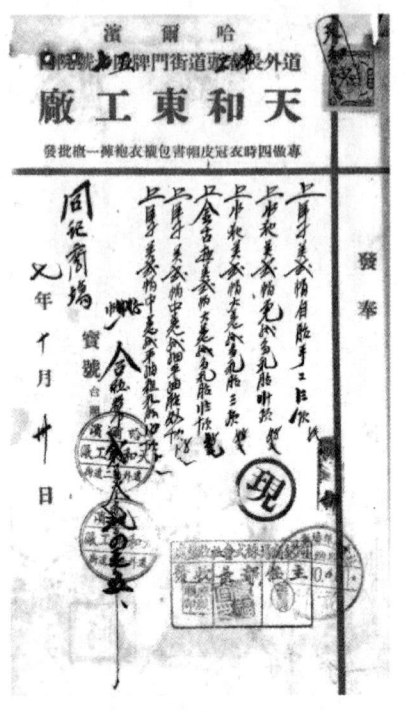

图 7　天和东工厂发票

同时,在这些发票中都可以看到,票面均加盖一枚扁方形商品验收、经办、核准章,并印有"同记商场"之类字样,这种记账凭证创新出在单张发票上同时进行多部门核验的做法,等同于今天多联式发票的功能,由采买人、收发人、部门负责人、主任确认签字后转入财务,并且根据商品类别直接进入柜台销售,如需查询一目了然,方便使用与管理。同时,进货商品均是直接进入各部门各柜台销售,这样既减少了公司的仓储费用,又加快了财务资金的快速流转。

五、融洽劳资

旧式企业里劳资双方的矛盾通常很尖锐,而武百祥非常重视调和劳资矛盾,增加企业凝聚力,他在消除劳资对立上也有自己独到的解决办法。

在实行职工"薪金分红""入股分红"制度之外,武百祥很重视完善职工的各种福利待遇。如为职工提供宿舍、医院、浴池、理发室、图书馆、游戏室、俱乐部、运动场甚至幼稚园等免费设施;职工购买本公司商品或到本厂加工定做都只收成本价,办喜事买用品者享受半价优待;等等。这些举措之外,从现存发票中我们还能够看到"同记"经常改善职工伙食生活的痕迹。

图 8 中的这两张发票，左为 1937 年 10 月 21 日义增盛猪肉发货票，右为 1939 年 8 月 8 日永记粉房粉皮发货票。由商品内容可见，猪肉数量为 7 斤，粉皮 700 卷，领取部门为庶务股，根据《同记商场股份有限公司办事细则》中对庶务部的职责规定，其为后勤保障部门，专司公司杂务购买柴米菜蔬等需用品，公司厨房餐厅每日三餐备何项饭菜均需请示庶务主任，换句话说，庶务股并不参与售卖商品，购入猪肉与粉皮，是专门用于改善"同记"员工伙食的。

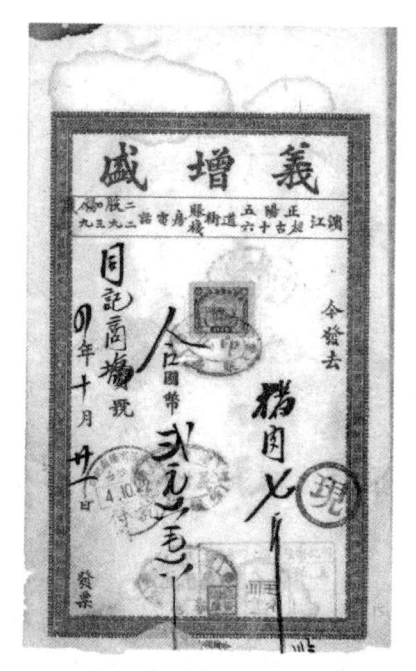

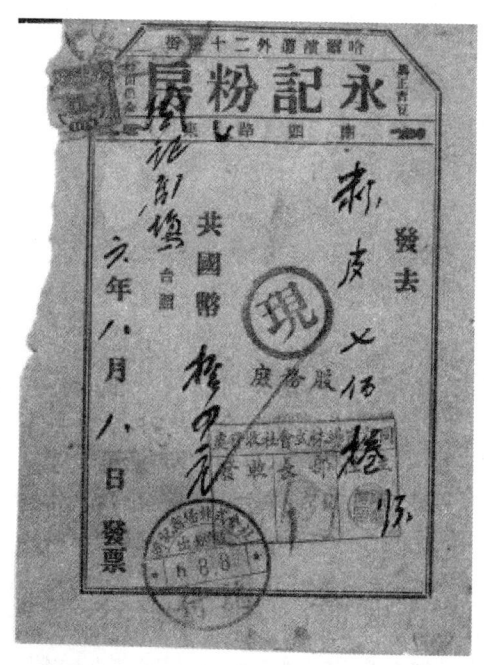

图 8　义增盛猪肉发货票

类似种种待遇优厚，使得职工有被尊重的感受，从而对企业形成责任心和归属感，而这种归属感所形成的软实力，亦是武百祥和他的企业成功不可或缺的重要因素。

应该说，从老发票角度来研究经济史、商业史，是有一些难度的，如经济行为发生时间上的不连续，票面信息上的不完整、不系统，等等。但是，从老发票这些历史实物来观察某些问题，又能够较之文献记载获得更为直观的认知，因此，充分利用这些宝贵遗存，应成为扩展史学研究方法和认识的努力方向。

作者单位：河北经贸大学财税学院

作者简介：曹琳，女，1978 年 10 月生人，博士，教授，研究方向为中国古代商业史、财税史，就职于河北经贸大学财税学院。

基于民生视角下的孟子财税思想研究

孟凡顺

中国历史上的财税思想是我国思想文化珍贵遗产的重要组成部分，是我国现今财税体系建设的重要思想资源之一。被尊称为"亚圣"、儒家学派主要代表人物的孟子，其思想不仅表现在哲学、政治、教育及伦理道德等方面，还对国计民生和经济、财税问题有着独到的研究和见解，他同时也是一位伟大的经济学家。孟子的财税思想是其仁政、民本思想体系的一部分，其内容十分丰富且独具特色，彰显出人民至上的价值取向。

一、孟子财税思想形成的时代和思想背景

（一）孟子财税思想形成的时代背景

孟子生活的时代是战国中期。战国时期有两大特征：一个特征是社会阶层、社会经济急剧变化，生产力空前提高。奴隶制度继春秋时期之后进一步瓦解，新的封建制度正在形成。新兴地主阶级为增加国家收入，采取有利于改善劳动者生产和生活条件的一些措施。由于农业和手工业的迅速发展，社会经济发生了深刻的变化，社会经济呈现空前繁荣的景象。另一个特征是兼并战争频繁，规模大。各诸侯国对外频繁发动战争，对内加重对人民的掠夺，给百姓带来无穷的灾难，生活长期陷入水深火热之中。《孟子·离娄上》称之"争地以战，杀人盈野；争城以战，杀人盈城"。汉朝赵岐《孟子题辞》记载"周衰之末，战国纵横，用兵争强，以相侵夺，当世取士，务先权谋，以为上贤"。《墨子·非攻》上批之"入其国家边境，芟刈其禾稼，斩其树木，堕其城郭，以湮其沟池，攘杀其牲牷，蟠溃其祖，劲杀其万民，覆其老弱，迁其重器，卒进而柱乎斗"。

（二）孟子财税思想形成的思想背景

1. 财税征收形式演变

税收体现了以国家为主体的特定分配关系。在国家产生的同时，也就出现了保证国家实现其职能的财政。从夏朝到春秋战国，财政征收一般有五种形式："贡""助""彻""赋""税"。第一种是"贡"。"贡"是最早的财政征收方式，出现在第一个奴隶制国家夏朝，即臣属将物品进献给君主。虽然这是必定的义务，但由于"贡"的数量、时间还没有明确详细的规定，"贡"还只是税的雏形。第二种是"助"，即助法，殷商时期赋税法名。《孟子·滕文公上》记载："殷人七十而助。"商朝每七十亩地实行助法，"助"为借助人的劳力耕种公田的意思。第三种是"彻"。关于"彻"的含义和彻法的内容，学界争论很大。《孟子·滕文公上》记载："周人百亩而彻。"《诗经·大雅·公刘》说："度其隰原，彻田为粮。"一般认为是周朝行彻法的开始。周宣王征服南方谢人后，仍实行此法。

《论语·颜渊》中还有鲁亦采用彻法的记载，但至哀公时已废。可见，彻法是在王畿和各诸侯国内行之甚久的一种赋税制度。第四种和第五种分别是"赋"和"税"。西周时期，朝廷征收军事物资称"赋"，征收土产物资称"税"。春秋后期，赋与税统一按田亩征收。"赋"不再限于征收军事物资，还包括征收用于国家其他方面支出的产品和对关口、集市、山地、水面等征集收入，所以"赋"已开始具有了"税"的含义。历史典籍上有据可查的对土地产物的直接征税，始于鲁宣公十五年（公元前594年），鲁国实行了"初税亩"，按平均产量对土地征税，这是征收田税的最早记载。后来"赋"和"税"并用，不再区分，统称为赋税。

2. 战国时期是中国古代财税思想发展的形成阶段

春秋战国时期是中国古代财税思想形成阶段和财税制度产生的时期，这时期的思想家们提出了许多蕴含民生思想的财税政策，出现了儒、墨、法家等各家的财税思想。管仲提出了"相地衰征"的政策，主张根据土地的肥沃程度而分等征税。土地肥沃、产量高则多征税，土地贫瘠、产量低则少征税。他还建议适当减少负担较重家庭的税收额度。孔子的税收思想贯穿着仁爱思想，提出"敛从其薄"主张，认为"薄税敛则民富"，国家的税收政策应以百姓富足为出发点，实行什一而籍的税率，减少对百姓的压榨。孟子的财税思想体现"民本"和"仁义"的价值观，提出"薄赋敛""制民之产"等主张。孟子的财税思想比孔子丰富且具体，大大推动儒家财税思想的发展，什一税构成了后世儒家传统税收教条，一直到19世纪末仍占着支配地位。墨家的税收思想以"兼相爱，交相利"为主要原则，主张向关市、山林、泽梁征税，反对厚敛。墨家还主张"税负公平"，要求执政者按正常税率征税，提倡厉行节俭，反对奢靡。以商鞅为代表的法家则主张农战，把农业看作是衣食和富国富家之源，坚持对非农业行业及不农者课以重税，以保证农战的成功。商鞅还主张缩小贫富差距，指出"治国之举，贵令贫者富，富者贫。贫者富，富者贫，国强"。战国时期所形成的经济干涉主义的赋税思想理论，奠定了2000多年来中国财税思想的理论基础。

二、孟子财税思想的理论基础和主要内容

（一）孟子财税思想的理论基础

恒产论是孟子财税思想的理论基础，恒产论的逻辑起点是制民之产，恒产论的核心问题是田宅问题，恒产论的关键是解决土地问题。

1. 恒产论

孟子主张人民应有"恒产"。"无恒产而有恒心者，惟士为能。若民，则无恒产，因无恒心。"[①] 孟子认为，对于一般的百姓来说，没有固定的产业，就没有稳定不变的思想，就会胡作非为，就会做坏事。"民之为道也，有恒产者有恒心，无恒产者无恒心。苟无恒心，放辟邪侈，无不为已。"[②] 孟子认为，有恒产的人会有稳定不变的思想，没有恒产的

---

① 孟子·梁惠王上 [M].
② 孟子·滕文公上 [M].

就不会有稳定不变的思想。如果没有稳定不变的思想，那么违礼犯法、为非作歹的事，没有不去干的了。所谓"恒产"，有两层含义：一是这种财产必须是百姓能稳定地占有、使用、经营的权力；二是这种财产必须满足劳动者及其家庭的基本生活需要，足以供他们养家糊口。从历史发展看，对于占中国人口绝大多数的农民来说，这个"恒产"就是土地。

2. 制民之产

"是故明君制民之产，必使仰足以事父母，俯足以畜妻子，乐岁终身饱，凶年免于死亡。"① 孟子认为，要规划老百姓的产业，一定使他们上能赡养父母，下能养活妻子儿女，年成好时能丰衣足食，年成不好也不至于饿死。孟子强调"制民之产"，原因有两个：一是从民生保障出发，国家应该使百姓远离饥饿冻馁，拥有良好的生活条件；二是国家只有使老百姓安居乐业，无饥无寒，才能促进社会的稳定和发展。"五亩之宅，树墙下以桑，匹妇蚕之，则老者足以衣帛矣。五母鸡，二母彘，无失其时，老者足以无失肉矣。百亩之田，匹夫耕之，八口之家足以无饥矣。"② 孟子认为，恒产的具体标准是五亩之宅、百亩之田。可见，恒产中最主要的内容是田宅，解决恒产问题，关键是解决土地问题。"夫仁政必自经界始。经界不正，井地不均，谷禄不平，是故暴君污吏必慢其经界。经界既正，分田制禄，可坐而定也。"③ 孟子认为，解决土地问题的前提是从"经界"着手，即划分土地的分界，厘清土地归属权。中国几千年的历史发展表明，农民世世代代以土地为生存手段，失去土地就失去了生产、生活的基本保障。土地问题若不能得到有效解决，必然会激化农民问题，并导致社会动荡。

（二）孟子财税思想的主要内容

1. 征税根据——"民为贵"（以人民利益为上）

"民为贵，社稷次之，君为轻。"④ 孟子认为，从价值角度来看，人民是组成国家的首要因素，放在第一位，社稷、国君是其次的。国家在制定财税政策时，要以人民的利益作为制税的根本出发点。"所欲，与之聚之；所恶，勿施尔也。"⑤ 孟子认为，财税政策要以是否有利于人民作为制税的根据。凡老百姓想要的东西，就要想办法让他们满足；老百姓厌恶的东西，就不要强加给他们。他把不行仁政而求富的君主比作夏桀，"君不乡道，不志于仁，而求富之，是富桀也"⑥。

2. 征税总原则——"取民有制"（合理有制）

"贤君必恭俭礼下，取于民有制。"⑦ 孟子认为，征收赋税要合理有制，不能随心所欲。如果荒年百姓食不果腹时，国家还依然苛捐杂税，造成"民有饥色，野有饿莩"⑧，就会影响农业生产和导致人民的怨恨不满。百姓如水，水能载舟亦能覆舟。国家的运行依赖国民的税收，作为国君不思考如何取民有制、不爱民，这个国家是无法长久繁荣昌盛的。孟子指出，节制还要避免多重征税。"有布缕之征，粟米之征，力役之征。君子用其一，缓其

---

①⑧ 孟子·梁惠王上［M］.
② 孟子·尽心上［M］.
③⑦ 孟子·滕文公上［M］.
④ 孟子·尽心下［M］.
⑤ 孟子·离娄上［M］.
⑥ 孟子·告子下［M］.

二。其二而民有殍，用其三而父子离。"① 当时征收赋税有三种方式，即征收布帛、征收谷米及征用劳役。孟子指出，贤德之君一般只用其中一种，若同时用两种，百姓便有冻馁之虞；若同时采用三种，即使父子之亲也难以相顾惜。孟子主张"用其一，缓其二"，这样农民才能负担得了。

3. 征税基本原则——薄税敛、适时、弹性、因地制宜

（1）薄税敛原则。"易其田畴，薄其税敛，民可使富也。食之以时，用之以礼，财不可胜用也。"② 自古以来，历朝历代都靠着农民的税赋维持运转，"皇粮国税"农业税也成为农民负担中最大的一块。"薄税敛"就是主张减轻税负，尤其是农业税。孟子认为，"薄税敛"既能富民，又有利于生产的发展。我国在2006年1月1日起废止了延续2600年的农业税。

（2）适时原则。强调赋税征收规定的时间和时限要适当。孔子提出"使民以时"，荀子提出"无夺农时"。孟子提出"不违农时"，认为征收赋税要以"不违农时"为前提。因为农业生产季节性强，如果频繁征用劳役，贻误农时，必然会影响农业生产。"不违农时，谷不可胜食也。"③ 孟子认为，赋税征收只要适时、不违背农时，不耽误百姓耕种，国家的粮食就吃不完。

（3）弹性原则。强调赋税征收量有伸缩性，依条件的变化而变化。对于农业，孟子反对征定额税，主张丰年多征、灾年少征。"贡者，校数岁之中以为常。乐岁，粒米狼戾，多取之而不为虐，则寡取之；凶年，粪其田而不足，则必取盈焉。"④ 孟子认为，采取"贡"法根据若干年平均数计算的税额缺乏灵活性，不足以适应各年收成的具体情况。如若风调雨顺、粮食丰收，百姓即便多交公粮也没什么；但当遭遇恶岁，无论如何努力，粮食收成始终不佳，倘若坚持原有的贡法，百姓必将食不果腹。孟子主张采取"助"法征收赋税，"助"能够考虑到年景丰歉的实际情况，这对农民本身和整个农业生产都是有利的。

（4）因地制宜原则。"耕者九一"⑤ "野九一而助，国中什一使自赋"⑥。根据《周礼》之制，王城方九里，谓之国；城中谓之国中；距王城百里谓之郊；三百里谓之野。孟子认为，郊野之外，土地广阔，可实行井田制，配套实行九一的助法作为税收政策。助法，就是把土地分为九个区，中间一区为公田，周边八家助耕，把公田收成作为这八家应负担的税收，也叫九一之法。在都城之中，房子多且土地有限，手工业者多，不适合实施井田制度，改为实行什一之法，十抽一作为上交的赋税。

4. 征税尺度——"什一税"

（1）主张什一税。孟子主张采取1/10税率的轻税政策。说："哀公问于有若曰：'年饥，用不足，如之何？'有若对曰：'盍彻乎？'"⑦ "彻"即1/10的税率。有若表达了孔子"什一者，天下之中正也。什一行而颂声作矣"⑧ 的思想。孟子主张"什一之税"。孟子认

---

① 孟子·尽心下 [M].
② 孟子·尽心上 [M].
③⑤ 孟子·梁惠王上 [M].
④⑥ 孟子·滕文公上 [M].
⑦ 论语·颜渊 [M].
⑧ 公羊传·宣公十五年 [M].

为，夏、殷、商三代所实行的税率"其实皆什一也"①，主张"国中什一使自赋"②，征收 1/10 的税率。孟子认为，什一税是理想的税制，既能满足国家财政支出需要，也使人民有个合理的负担。

（2）批判白圭低税率主张。轻税不等于低税率。当白圭提出"吾欲二十而取一"（5%）主张时，孟子反对并斥之为"貉道"，亦即野蛮国家的做法。"今居中国，去人伦，无君子，如之何其可也？……欲重之于尧、舜之道者，大桀小桀也。"③ 孟子认为，政府制度的健全与否，是野蛮国家与文明国家的分野之一，野蛮国家的政府制度不健全，行政开支当然就小，文明国家的政府制度较为健全，必要的行政开支当然就大。文明国家的政府制度是维系正常伦理秩序的保障，因此必须什税一。

5. 税收政策——农业税、商业税、关税、人口税

（1）农业税。孟子在农业税上，主张实行单一税制，这对稳定经济秩序和促进社会稳定是有利的。对于征收农业税的方式，孟子认为"贡"法不可取，主张采取"助"法征收赋税，"助"能考虑到年景丰歉的实际情况，这对农民本身和整个农业生产都是有利的。

（2）商业税。"古之为市也，以其所有易其所无者，有司者治之耳。"④ 孟子认为，古代市场交易就是以有换无，由有关部门进行管理。孟子提倡促进商业发展，在商业税征收上有两个主张：一是主张免征。"关市讥而不征，泽梁无禁。"⑤ 在关卡和市场上只稽查，不征税。"市，廛而不征，法而不廛，则天下之商皆悦，而愿藏于其市矣；关，讥而不征，则天下之旅皆悦，而愿出于其路矣。"⑥ "廛而不征"指不征收市场邸舍税，"法而不廛"指依法对市场进行管理而不征邸舍税，"讥而不征"指免征途中贩运的商品税。也就是说，对储存中的商品或是对贩运中的商品都免征商业税。二是主张商业税征收的对象——"贱丈夫"（即不法商人）。"有贱丈夫焉，必求垄断而登之，以左右望，而罔市利。人皆以为贱，故从而征之。征商自此贱丈夫始矣。"⑦孟子并非主张对所有商人和商业活动都采取优惠或宽容的政策，认为对那些垄断市场、牟取暴利的不法商人予以征税是完全必要的。孟子把一般商人与不法奸商、正当商业活动与非法商业活动相区别，表明他的税收政策是在全面考察各种类型商业活动的基础上提出来的。

（3）关税、人口税。"关市讥而不征，泽梁无禁。"⑧ "关，讥而不征，则天下之旅皆悦，而愿出于其路矣。""廛，无夫里之布，则天下之民皆悦而愿为之氓矣。"⑨ "皆民之常赋，战国时一切取之，非佣力之闲民已有力役之征，而仍使之别出夫布；宅已种桑麻，有嫔妇布缕之征，而仍使之别出里布，是额外之征。"⑩ 旧时"夫布"为无固定职业不能亲自服力役之民交纳的代役钱，"里布"是对有宅不种桑麻者所征的赋税，合称"夫里之布"。后来"夫布"演变为普遍的人口税，一律计口而征；"里布"演变为地皮税，民之

---

① 孟子·滕文公上 [M].
② 孟子·滕文公下 [M].
③ 孟子·告子下 [M].
④⑦ 孟子·公孙丑下 [M].
⑤ 孟子·梁惠王下 [M].
⑥⑨ 孟子·公孙丑上 [M].
⑧ 孟子·梁惠王下 [M].
⑩ 朝江永. 群经补义·孟子 [M].

宅地皆按住宅面积征税。孟子从促进商业流通角度出发，主张免除关税、人口税。

6. 财税政策要确立民生为本的理念，重点关注民生问题

针对"凶年饥岁，君之民老弱转乎沟壑，壮者散而之四方""而君之仓廪实，府库充"[①]这种"涂有饿莩而不知发"[②]的现象，孟子批评国君未能及时给饥民发放救济物质。孟子主张国家财税政策要进一步关注民生，救济百姓，维护社会的稳定。一是救济四类弱势群体。"老而无妻曰鳏，老而无夫曰寡，老而无子曰独，幼而无父曰孤。此四者，天下之穷民而无告者。……发政施仁，必先斯四者。"[③]孟子认为，国家要实行仁政，必定要先救济"鳏寡孤独"四类穷苦无靠的群体。二是救济外来流动百姓。"君之于氓也，固周之。"[④]孟子指出，国家对百姓进行周济是义不容辞的责任。三是救济在生产上有困难的百姓。"春省耕而补不足，秋省敛而助不给。"[⑤]国家在春季要根据耕种情况，补助（种子、劳力）不足的农户；在秋季要根据收获情况，救济缺粮的农户。

三、孟子财税思想的时代借鉴

孟子的财税思想十分丰富且独具特色，在儒家经济思想史上具有特别重要的地位，对于当今全面构建中国特色社会主义和谐社会、完善科学的财税政策、促进经济高质量发展也具有非常重要的借鉴意义。

（一）突出以人民为中心的理念，以人民的根本利益作为制定和完善财税政策的出发点和落脚点

孟子强调"民为贵"，把人民放在社稷、国君之前，列为第一位。孟子的取民有制、薄税敛、制民之产、不违农时、关注弱势群体等财税思想都突出了强烈的民生价值取向。在构建中国特色社会主义和谐社会进程中，在制定和完善财税政策时，要以民生为基本价值取向，以广大人民的根本利益作为出发点和落脚点。第一，从重视民生的角度来看，财税政策要准确把握财税领域与百姓生活密切相关的难点问题。这些难点问题更多体现在微观领域，并不是单纯由财税制度的内因造成的，更多的是由社会经济环境、文化等诸多外在因素引发。要充分利用财税政策的弹性空间，准确把握当前社会民生难点和痛点问题，兼顾不同群体的利益需求，因地、因时、因事制宜地解决问题。第二，从改善民生的角度来看，财税政策要切实解决与百姓生活最直接、最显性、最迫切的问题。财税政策要讲实效性，直面解决财税政策经济领域中的实际问题，不能纸上谈兵。像孟子提倡免征关税、人口税，农业税丰年多征、灾年少征等举措，都是直接针对商品流通、农民上交公粮等问题提供解决方案。2006 年在我国西部地区实施义务教育、师范教育免费等惠民政策，也是财税政策在改善民生方面的具体价值体现。

（二）强化统筹发展的理念，减负增效统筹推进城乡协调发展

孟子财税思想中的不违农时与薄税敛、野九一而助与国中什一使自赋的城乡税收政

---

① ③ ⑤ 孟子·梁惠王下 [M].
② 孟子·梁惠王上 [M].
④ 孟子·万章下 [M].

策、恒产论与制民之产、免征商业税与关税等，都体现了基于民生前提下的统筹发展理念。当前，我国财税政策有了更加全面的发展性和精确性的考量。但是不变的是，在保证国家经济稳定运转的前提下，尽可能减轻人民的税收负担，减少贫富差距，统筹推进城乡协调发展。第一，加大税源培植建设力度。要以经济发展为基础，准确把握经济运行规律，精准施策，做好税源培植和建设，进一步扩大收入来源，开辟收入渠道，使百姓的税收负担最小化，同时实现国家财税收入最大化。第二，财税政策继续向重农倾斜。基于对我国现阶段国情考虑，继续优先保证农业发展，让经济发展成果更好地惠及广大农民。一是加大惠农支持力度。国家继续出台惠农政策，在改革上给予农民政策福利，让农民安心种地，消除税收负担、收入压力的顾虑。二是继续实施技术兴农。为提高生产力，孟子是通过保证农忙时节劳动力，如今更多地依靠科学技术，不再单纯"靠天吃饭"。要继续实施科技下乡，扩大农民生产效率，增加农业收益率，促进农产品产业链发展，加快建立"美丽乡村"的步伐。第三，继续降低中小微企业和个体工商户的税收负担。尤其是2020年新冠肺炎疫情的发生，很多中小微企业、个体工商户陷入了困境，生产经营受到较大冲击，直接影响了百姓就业和收入，影响到社会的正常运转。要进一步加大减税降费力度，实行放水养鱼，加大对中小微企业和个体工商户的支持力度。

（三）坚持取民有制理念，推动财税在保障和改善民生方面发挥更大作用

孟子"取民有制"理念就是政府的财税一定要有所节制，按照政策法令办事，不能乱摊派、乱收费，体现为节俭、合理、制度化。在全面推进依法治国、建设社会主义法治国家的今天，落实到财税上就是强化节俭意识，强化依法治税。第一，要树立法治思维，推进依法治税。财税工作要把行政思维转变为法定思维，健全税收法律制度，加快落实税收法定原则，使税收活动做到有法可依，有法必依，维护税收政策执行过程中的公平公正，使权力在阳光下运行，保障纳税人的合法权益。第二，强化节俭意识。要树立过紧日子的思想，严格压缩不必要的支出。要加强预算管控，实现精准支出、高效支出，着力提高财政资源配置效率和使用效益。第三，完善税制。要完善中国特色社会主义税收制度，既要避免重复征税，又要使国家必要的税收不减少，还要规避利用税法漏洞进行偷逃税行为，减少纳税成本，使征收成本与交纳成本降低，从而增加国民收益，提高人们生活的幸福指数，使税收在保障和改善民生方面发挥更大的作用。

参考文献

［1］梁涛．孟子解读［M］．北京：中国人民大学出版社，2010．

［2］孙文学．中国赋税思想史［M］．北京：中国财经出版社，2006．

［3］丁生川．先秦儒家财税思想浅探［J］．商，2012（6）：58－59．

［4］萧枫．农业与经济历史纵横谈［M］．沈阳：辽海出版社，2011．

［5］张守军．孟轲的赋税思想［J］．齐鲁学刊，1991（5）：11－15．

［6］王瑞媛，胡书志．孟子倡导的"助而不税"较贡法的合理性［J］．华夏文化，2011（4）：55－57．

［7］杨海文．略论孟子的义利之辨与德福一致［J］．中国哲学史，1996（1－2）：102－107．

［8］黄衍电．谈财税政策中的民生价值取向［J］．商业时代，2007（36）：63．

[9] 杨爽, 黄珊. 我国税收发展史中的民生思想及启示 [J]. 学理论, 2015 (14): 114-115.

[10] 王会颖. 孟子经济思想在当今中国经济政策中的运用 [J]. 北方经济, 2020 (4): 70-72.

作者单位: 江苏师范大学孟子学院江西分院

作者简介: 孟凡顺, 男, 1972年10月出生, 中共党员, 北京航空航天大学硕士, 中国社科院研究生院在读哲学博士, 江苏师范大学孟子学院江西分院院长, 高级经济师, 荣获省部级优秀课题研究成果一等奖1个、二等奖4个。研究方向: 中国哲学、马克思主义哲学、经济思想史。

从徽章窥视民国时期的盐务税警

段志清

一、民国盐务管理与机构简述

民国北京政府初期，中央政府靠举借外债度日，1913年的"五国善后大借款"以盐税为抵押，致使整个北京政府时期盐税大部分为帝国主义把持用于偿还外债。北京政府的盐务机构有两套并列的管理机构和管理体制：一是财政部盐务署及所属各产盐区盐运使或盐运副使，销盐区榷运局（图1）、督销局或运销局等，构成盐务行政管理系统，掌管各地盐场及运销；二是洋人把持的盐务稽核总所及各地产盐区盐务稽核分所，销盐区的盐务稽核处（图2），构成盐税管理系统，负责发放引票或准单，征收盐税、盐课及各费，确保按期偿债。

图1 湘岸销盐区榷运局徽章　　图2 财政部湘岸盐务稽核处徽章

1914年12月，袁世凯颁布了《私盐治罪法》十条，明确未经盐务署特许而制造、贩运、售卖或者意图贩卖而收藏的盐，列为私盐，凡是从事私盐活动者，依罪行程度分别判刑至死刑。

为确保偿还外债还有结余，1914年，北京政府颁布《盐务缉私营办事章程》，在盐运使署（或运副公署）之下设立了盐务缉私营（下辖若干大队），任务为驻场区保场、查产、缉私。缉私营队采用陆军编制，官兵实行军衔，其装备、勤务、训练、管理均同陆军。

1927年4月，南京国民政府成立，随着盐税主权的逐步收回，南京国民政府重新改组了盐务署、盐务稽核总所。盐务署下设机构基本沿袭北京政府时期设置，即产区设盐运使公署（或运副公署），销盐区设榷运局，另在河南设收税总局（图3）、口北设蒙盐总局（图4）。盐务稽核总所改组后，主要是扩大了权力，其主官（总办）兼任盐务署署长，大多盐区稽核分所经理兼任了盐运使或运副，稽核处稽核员兼任各该岸榷运局长。

图3　财政部河南盐务收税总局徽章

图4　财政部口北蒙盐总局标志

1927年10月，盐务署下设缉私处，各盐运使、副运使辖区内的缉私营队改称盐务缉私局（图5），唯广东、口北称盐警队，均改隶缉私处。缉私处可奉财政部部令办理其他税收缉私事项，但终归以盐务缉私为主，因此，其所属各缉私局始终冠以"盐务"二字，1930年，缉私处升格直隶于财政部，形成了盐务行政（盐务署）、稽核（盐务稽核总所）、缉私（缉私处）三套既相互独立又相互监督的机构。

1936年7月，财政部调整盐务机构职权，将盐务署改组为部内办事机构盐政司；盐务稽核总所改组为盐务总局，直隶于部，办理全国盐税征收及税警管理，同时兼管硝磺事物。各省运使、运副、榷运局、督销局等一体裁撤，产区设盐务管理局（图6），非产区设盐务办事处（图7），从此，收税、放盐、缉私由盐务总局一套机构承担。

图5　财政部福建盐务缉私局徽章

1945年2月，盐政司与盐务总局合并为盐政局，彻底实现了行政、稽核、缉私事权归一，1945年12月，盐政局再度更名为盐务总局。

图6　财政部淮北盐务管理局徽章 　　　　图7　徽属常平仓储盐办事处证章

二、盐务警局性质的税警设立

1930年7月，财政部公布《组设场警办法大纲》，撤销各盐运使辖区缉私局，改由各稽核分所设税警课，并将缉私队重新编制，改称税警（图8），于各区设一等或二等税警区（图9），税警区下设若干税警分区、税警队、游击大队。盐务警局性质的税警体系建立起来，驻场税警任务为"查察产收、看守仓坨、巡缉场私、防卫场区"。到1933年，除税警总团外，全国共设有税警区51个、税警分区53个、税警队387个。

图8　财政部两浙盐务税警徽章 　　　　图9　财政部湘岸盐务税警区徽章

1936年7月，财政部调整机构，税警改由新设置的盐务总局掌管。盐务总局专设税警管理处，负责水陆税警的编制、训练、指挥、调遣以及盐务稽查等事项。

三、军队性质的税警总团组建与演变

第一次组建：1929 年冬，财政部在江西九江组建了 2 个税警总队，1930 年，宋子文部长将其扩建成财政部税警总团（图10），由缉私处处长温应星中将任总团长。1931 年，税警总团移驻上海时（总团长已由王赓接任）有 3 个团，1932 年发展成 6 个团。上海"一二八事变"淞沪抗战爆发，财政部税警总团对外改称第 88 师独立旅参战，在给日军以很大杀伤的同时自身也伤亡过半。

图 10　财政部税警总团标识

《淞沪协定》签订后，财政部税警总团总部调驻海州，新任总团团长莫雄将税警又扩充到 4 个团。1933 年 10 月，总团二团、三团、四团调往江西，赵君迈第一团被财政部改称两淮缉私队，未随主力入赣，货真价实地在搞盐务缉私。12 月，第 19 路军发动"闽变"时，红军曾向永丰地区攻击，被入赣税警总团阻击，迫使红军放弃对七琴的争夺。税警总团参加剿共的部队于 1934 年底调回海州，原一团才恢复税警总团第一团称号。

1937 年全面抗战的序幕拉开，9 月 15 日，税警总团（图11）奉命调往上海，配属张治中第九集团军参加淞沪会战（也称"八一三战役"），参战一个多月中，税警总团阵亡各级官佐 190 名、士兵 4143 名，还有近 15000 人负伤。1938 年 2 月 3 日，税警总团战后余部被改编成陆军第八军第四十师，第一次组建的财政部税警总团消亡。

图 11　财政部税警总团徽章

鉴于财政部税警总团威名远播，一些业务繁盛警区警队扩充后，纷纷竖起了"税警总团"的旗帜。比如，苏北税警总团、两淮税警总团（图12），还有许多其他的"税警总团"，从而使得现在的研究者经常一头雾水。其实，两淮税警总团，原本是两淮的税警队，日军侵占沿海后，这些税警已经无法执行护场和缉私的业务，陈泰运接管后改称两淮税警总团，坚持在敌后作战。又比如，黄埔一期的张君嵩，《民国九千将领》一书误记为财政部税警总团团长，实际上他担任过的是广东财政特派员之税警总团的团长。

第二次组建：1938年2月，财政部部长孔祥熙有意重组直辖缉私武装，孙立人即成了最佳人选。3月1日，孙受命召集淞沪会战后流散的税警部队伤员、旧部及新招募青年学生，在湖南长沙重建财政部缉私总队。1939年，西迁贵州都匀后恢复财政部税警总团称号，到1940年总团编练成6个团（图13）。孙立人一直怀有杀敌报国之愤，对盐务缉私并无兴趣，多次游说重庆各方并在军政部部长何应钦的协调下，1942年初，税警总团的第二、第三、第四团3个团被改编成新编陆军第38师，2月28日，孙立人率领远征军新38师奔赴缅甸，去续写税警总团抗日血脉的新篇章。而照顾孔部长情绪给留下的第一、第五、第六团3个团，由贾幼慧带领调往四川，改编成盐务总局税警总团步一团，第二次组建的财政部税警总团被瓜分。

图12　两淮税警总团证章　　　　图13　税五团国术训练班纪念章

第三次组建：1941年12月，为保证国民政府的税收渠道通畅，财政部决定将缉私力量重新整合，成立财政部缉私处，由戴笠任处长。

1942年初，戴笠一方面将各省货物缉私队、查验所改编为缉私分处（图14），专任查缉禁运物资与货物漏税事宜；另一方面接管盐务总局税警总团步一团，进行第三次财政部税警总团的整编扩军。到1942年8月整编完毕，共新编4个税警总团（图15）、16个税警团、1个警卫大队、1个骑兵军士大队，统一归戴笠的缉私署（8月缉私处改称缉私署）指挥护场缉私。

1945年1月，行政院议决撤销缉私署，税警总团更名为盐务警察总队（图16），划归盐务总局。至此，财政部税警总团称号退出历史舞台。

图14　财政部广东分处徽章

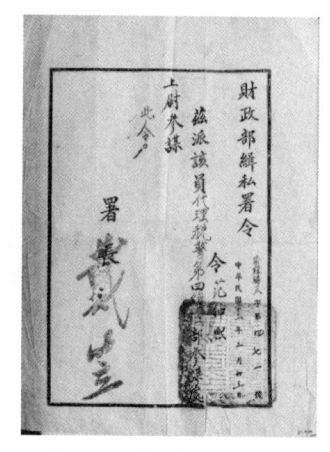

图15　财政部缉私署令

图16　盐务警察总队徽章

四、税警的招募、培训及奖惩

税警的招用：税警招用绝不用文盲，至少要读过小学或私塾，所有拟录用人员均须试用三个月，期满后如经其所在稽核分所或稽核处认定暂不能"补实"者，需延长试用期三个月，如经试用满九个月仍不能合乎要求即辞退。

税警培训：培养警员的教练所成立于1929年，当时称为盐务缉私士兵教练所，后改为税警教导队（图17），培训的科目有：警察学、刑法通论、侦察学大意、军事训练、盐务与税务缉私概要、士兵操练以及驾驶车辆船只（根据兵种需要）、武器使用及保养等，后来还包括"党义"和"新生活运动纲要"等政治思想教育，进一步的培训则重点于警士、警官的干部训练（图18）。

税警的提升：税警的提升必须同时具备两个条件：一是要有服务成绩，即必须缉获私盐一次或一次以上方可获准提升。二是须服务满一定年限，即学警须服务满四个月，警士及上等警须服务满一年，警士长须满四年，副分队长满两年，分队长满三年等。没有特殊成绩及理由，不得越级或提前提升。

图17 财政部税警总团教导队毕业证章　　**图18 税警训练班毕业证章**

税警的违纪处罚：税警实行的违纪处罚制度比较严厉，仅警士的违纪处罚就有八种：申斥，记过，1/3 月薪以内的罚款，额外操练，"禁足" 21 日以内（充各种劳役），撤销差遣或津贴，10 日内的禁闭（无禁闭室时，则绑缚于建筑物，每次 1 小时以内，每日总计不逾 4 小时，并给额外操练及劳役），革除。

税警的待遇：为使税警能"实心办事，不敢为非"，税警的待遇优于其他警种，除工资、津贴、奖金等优厚的薪给外，缉获案件后并有法定的"提成赏款"，其最高可达罚没收入的 50%。

五、结语

民国税务警察实际有三种：一是固定驻扎在盐场销区警局警员性质的盐警。二是军队性质也兼管盐务缉私的税警总团警员。这两种都隶属财政部，装备精良，成建制，规模庞大。三是地方政府派给税务征收机构的持枪催征警（图19），这类人数较少，且不是每县皆有，也不属于盐务税警性质，不在本文讨论范围。

图19 财政部江西省吉安县田赋管理处催征警徽章

作者单位：国家税务总局郴州市税务局

作者简介：段志清，男，湖南郴州人，业余好税收史料收集研习，著有《中国印花税史稿》（上海古籍出版社）、《段志清税务收藏精粹》（中国税务出版社），现供职于国家税务总局郴州市税务局，郴州市税务学会秘书长。

中国赋税文物之探索

——为保护、宣传、发掘、利用赋税文物鼓与呼

傅兴亚

文物，是历史遗留的在文化发展史上有价值的东西。赋税文物，则是历代政府、革命政权强制课征捐税留下的在文化、经济发展史上有价值的东西。

中国赋税历史悠久，起源于古代国君从臣属取得劳役和实物纳贡。《尚书·禹贡疏》："赋者，税敛之名。"《禹贡》有"任土作贡"的记载；《周礼》记述周代赋税有"九贡"，还有臣属或藩属贡纳的"九贡"。《孟子·滕文公上》："夏后氏五十而贡，殷人七十而助，周人百亩而彻。"贡、助、彻为中国赋税的原始形式。《春秋》记鲁宣公十五年（公元前594年）初税亩，为中国古代按亩征税之始。秦汉时田税称田租，还有按人口征税的口赋、算赋、更赋等。三国时魏行租调制，租指田租，调指户调，即按户征收绢、绵等物。晋、隋承魏制。唐行租庸调制，中叶改行两税法。宋将户、地两税统一按田亩征收，史称田赋；以户、丁、资财为课征对象的称税。明中叶改行"一条鞭法"。清将丁银摊入地亩征收。民国以后赋税种类逐渐增多、逐步完善，进入现代开始称税收，具有鲜明的阶级性。

为了加强对赋税文物的发掘、保护，继承中华民族在赋税领域中的优秀历史文化遗产，促进科学研究和税制改革，进行爱国主义和税收法制观念教育，建设社会主义精神文明和物质文明，"实现国家富强、民族振兴、全面小康，人民幸福的中国梦"。"中国赋税文物之探索"从中国赋税文物的存在与提出、发掘与保护、宣传与利用三个方面加以研究和探讨。

一、中国赋税文物的存在与提出

中国赋税的产生，标志着国家文明和社会发展的一大跨越。赋税与国家政权及人类生产生活息息相关，在经济领域中不可缺少。在漫长的历史长河中，赋税的征缴管理、法规律例、演绎变革，以及税种产生、消失等的演进，都留下了不计其数的实物文献，这些赋税实物文献，作为税收文化的主要载体，其精华部分堪称文物。不可否认，赋税文物是客观存在的，是国家文物宝库中的一朵奇葩。

赋税文物的存在。赋税历史上遗留至今的文物，都以一定的形态存在于某个地方，这一点与文物都存在于一定的地区有相似之处，而赋税文物还更有群众性。它作为国家文物的重要组成部分，根据《中华人民共和国文物保护法》，依据赋税文物体量的动与静，直观的存在与隐蔽的存在，存在于收藏处所与散存于社会等。其形态仍分为"不可移动文

物"和"可移动文物"(馆藏文物、民间收藏文物)。不可移动文物基本上都是文物史迹，如古建筑、石刻、石碑、遗址等。这些史迹一般体量大，不能或不宜于整体移动，不能像馆藏文物那样，可以收藏于馆内，并轻易移动。可移动文物主要是指馆藏文物和流散文物。它们体量小、种类多。根据它们体量的大小和珍贵程度，分别收藏于文物库房，甚至文物柜或文物囊匣、票册内。根据保管、研究、陈列的需要随意移动，变换地点，这对其本身的价值不仅没有影响，而且是更好地发挥其作用。

根据国家《文物藏品定级标准》，赋税文物藏品，亦分为珍贵赋税文物和一般赋税文物。珍贵文物分为一级、二级、三级。具有特别重要历史、经济、科学、文化价值的代表性文物为一级文物；具有重要历史、经济、科学、文化价值的为二级文物；具有比较重要历史、经济、科学、文化价值的为三级文物。具有一定历史、经济、科学、文化价值的为一般文物。例如，"标准"之二十五"档案文书"，"从某一侧面反映社会生产关系、经济制度、政治制度和土地、人口、疆域变迁以及重大历史事件、重要历史人物事迹的历代诏谕、文告、题本、奏折、诰命、舆图、人丁黄册、田亩钱粮簿册、红白契约、文据、书札等官方档案和民间文书中，具有特别重要价值的"。赋税文物的质地大体可分为金属类：如金质、银质、铜质、铝质等；石陶类：如石碑、陶器等；竹木类：如竹、木简等；纸质类：如文告、契约、簿册、票据等。

赋税文物的提出。这是指在专门、系统、全面的前提下所提出的，具有独到、唯一和较为权威的特质。提出"赋税文物"概念，是笔者集30年的税票、税品收藏和研究逐渐自然形成的，有着长期研究、积累和认识过程为基础，明确意识到这些珍贵的赋税历史遗存就是"文物"。在研究过程中，查阅大量"赋税文物"资料，用以验证自己的观点与认知。结果网络显示："赋税文物"最早见诸的刊物是1990年第8期《四川税务研究》，以"世界罕见的赋税文物"为题介绍一件赋税藏品，但未成体系；1999年初，由财政部和国家税务总局创建的中国财税博物馆提到"财政文物"；2004年4月，南京地税局税收文化教育基地建成对外开放，尽管中央电视台播发了消息，但没有"文物"的提法；2005年9月，中国徽州税文化博物馆成立，媒体仅提及"税票文物""税文化文物"等"类别文物"；2007年5月，北京税务博物馆免费开放，提出"珍贵文物"的概念；2011年10月，宝阳斋发帖编辑丹阳抗日自卫团征税的"田赋知单""田税收据"时，称其为"赋税凭证文物"；2012年11月，武汉"税收博物馆"开馆，提到"馆藏税收文物最丰富"；2013年7月，涉县地税局征集"税收文物"；2013年9月，江西财经大学成立中国税票博物馆，展出明清以来"中国税收票证及其相关物品"。这些分散、零星的"文物"提法，均没有形成"赋税文物"的系统和理论。笔者对"赋税文物"的提出和全面系统的研究，并出版《中国赋税文物图记》一书（后有简介），应是新时期赋税研究的一项创举，一个全新的理论课题，也是传播赋税文物知识、弘扬税收传统文化的新途径。

二、中国赋税文物的发掘与保护

中国是世界文明古国之一，有着4000多年的赋税历史，历朝各代都有遗存，保留下来的赋税文献实物数以万计，纵贯国家政权产生的全部历史进程，遍布祖国大地的整个版图。赋税文物博大精深，绵延不断，源远流长，充分反映了中国文明在经济领域的发展，既是国家赋税辉煌历史的缩影,也是中华民族文化资源的重要内容之一。赋税文物不仅承载着中国社会经济发展历史和捐税制度变迁,乃至成为中华民族文化记忆的重要组成部分。故不论经济价值、收藏研究价值和实际意义都不可忽视。

对中国赋税文物的探索,伸展了赋税发展年轮。它从赋税文物的形态、质地、特征、内容,揭示了赋税历史的发展变化、改革创新及当时经办人的思维、创造能力,激起读者对史的追溯、文的渴求和国家社会进步、经济发展的思考。历史上劳动人民生生不息,在经济领域的生产生活中留下了大量可观的实物文献。中国赋税文物丰富多彩,不但体现数量之多,更表现为品种之全之珍。

我国现有的馆藏赋税文物,是国家文物宝库中最宝贵的精神财富之一,它所蕴含的历史、经济、文化、科研价值,是人们取之不尽、用之不竭的精神财富。在当今中国特色的社会主义市场经济深入发展的进程中,如何保护、利用好这笔财富,是当代经济领域、收藏领域,特别是税收战线上的干部职工应该严肃对待的问题,很值得研究和探讨。由于历史和现实的原因,大量有益于现代经济建设和精神文明发展的文化精华,至今还没有得到应有的重视和利用,许多能够发挥科研、教育、借鉴、宣传、弘扬等多种作用的赋税文物,还未能得到充分的认识、研究、保护和展示等,宣传工作仍是一个薄弱环节。特别是税务领导机关,对赋税文物的认识、发掘、保护和展示的重要性,远远没有得到应有的估计,以致迄今没有一本系统的基本能够涵盖中国赋税文物的专门图书,与日益发展的国民经济极不相称。赋税文物作为社会经济领域的文化遗产,既为财政、经济、税务等本系统所共有,又为全社会所共享,其本身就具有开放性。任何珍贵的赋税文物,只有通过保护、研究,向社会开放,让公众领略其价值,才能有机会发挥其作用。赋税文物作为传统文化与民族精神文化的载体,同现代社会主义市场经济存在着紧密的联系,对国家的经济发展具有特殊的作用。

现行税务机关有责任有义务加以保护,有可能应该制定相应的条例法规,做到有条可循有法可依。在保护现有赋税文物的同时,还要发掘隐藏的零散的赋税文物,以扩大赋税文物保护的规模。发掘赋税文物最好的办法是成立专门的组织机构,选拔专门的收藏研究人员。例如,各级税收研究所、宣传部门,有可能就应该承担起这一责任。在科研经费中拨出专款,面向社会、面向市场、面向收藏队伍,发布赋税文物征集通知,建立网络征集渠道,把社会、藏家、商贩分散的潜在的赋税文物集中起来,如条件允许,最好建立一座大型、专业、综合、更具权威的"国字号"的赋税文物博物馆,进行集中保管和展示。各省也可建立分馆,分馆注重地方特色,全方位地唤起民众的群体记忆。

三、中国赋税文物的宣传与利用

历史上旧制度的赋税名声并不好,尤其民国后期,在老百姓看来,它是不法贪官污吏中饱私囊的敛财工具,是封建、半殖民地半封建社会政府,强加在劳动人民头上的经济枷锁。其实这些并不尽然,主要是缺少正确引导和宣传,特别是赋税在各朝代中央集权、国家机器运转中所起到的经济命脉的决定性作用,低估了赋税在人类文明、社会进步、国家发展、民族振兴的应有地位。通过各种形式的宣传,恢复赋税在历史上的本来面目,提高历史地位、历史作用和历史声誉。笔者 2013 年 7 月由中国税务出版社出版的《民国时期苛捐杂费票据图史》一书中，一个突出点就是为民国税收正名，通过700多份票据实物，1200多个捐费种类，改"苛捐杂税"为"苛捐杂费"，"民国万税"为"民国万费"。由于这一突出贡献，该专著荣获国家出版总署"国家出版基金项目"的资金资助。

在对赋税文物研究的过程中，笔者于2016年6月由中国税务出版社出版《中国赋税文物图记》一书，该书由母校厦门大学的历史教授和中国税收研究所所长刘佐先生推荐，出版社上报获得国家出版总署"出版基金项目"奖，是为荣幸。《中国赋税文物图记》，根据性质将赋税文物分为赋税牌照、赋税证章、税款征解、完税凭证、查缉刑罚、赋税文告、赋税宣传、赋税综合和赋税遗存等9类（章），14万多字，配有168幅实物图片，讲述了102个赋税文物故事，每个故事1300字左右，配图1～3幅，故事最后缀联一副作为总结和赞美，具有形式新颖、内容真实、文化深厚、情节细腻和文学色彩。

赋税文物在文物大家庭之中，同属不可再生的宝贵资源，合理利用赋税文物资源，对我国的文物保护将起到积极的推动作用。赋税文物，作为行业专属性文物，数量相对较少，且散居在档案馆、博物馆（院）、收藏家（收藏爱好者）、专营店、客商（商贩），甚至深藏农户居民家中，有待发现和发掘。

赋税文物，仍然要坚持"保护为主，抢救第一"的指导方针。令人鼓舞的是，随着国家加大改革开放的力度，经济建设步伐加快，人民生活水平日益提高，在盛世收藏的热潮推动下，关注赋税藏品的人越来越多，专业的收藏队伍正在壮大，特别是各级税务机关开始以务实性和前瞻性，从经济发展的长远利益出发，予以全方位的关注，有条件的相关市县局已相继拨专款，筹建了税务博物馆、展览馆以及税收文化教育基地等；一些经济类大专院校还专门成立了税票研究中心，把赋税藏品引入课堂，使其走进了高校的神圣殿堂，也使莘莘学子开阔了视野，看到了新文献，学到了新知识。

赋税文物，通过陈列、出版等多种形式向社会开放展示，不仅满足人们对赋税文物的认识，不断提高、增长公众的爱好、兴趣，更重要的是，赖以增强民众的税收意识、法制观念，弘扬税收文化，传承税收文脉，强化民族凝聚力，容纳税企关系，激发中国特色社会主义建设热情和献身精神。赋税文物的收藏价值在扩展，经济价值在增值，历史价值在提升，社会价值在张扬，文化价值在升温，学术价值在深入。形势大好，不是小好。

文章千古事，得失寸心知。实事求是地说，对赋税文物的提出，将一石激起千重浪，但并不想刻意在研究领域及收藏者内心制造任何震撼，只是想凭借真实能够在中国文物史上有一席之地，在这一领域起到填补空白的作用，如果它能够在弘扬税收文化、传承税收文脉上迈出新的一步，将是对当前赋税文物的收藏、发掘、研究、保护、宣传和利用的最大鼓舞和补偿。

数千年来，我国赋税实物遗存不计其数，能达"文物"等级的也不少于数万数十万。这一领域里的收藏与研究，涉及的时间长、范围广，仅凭一己之力，难免过于牵强和疏漏。更何况自己的知识所限，研究的范围有限和收藏活动圈子受限等局限性，故只能作为抛砖引玉，以引起专家、藏家和民办、官办收藏馆、博物馆的重视，从抢救、发掘和传承的高度出发予以保护、宣传和利用。笔者要感谢赋税文物，是它们历尽沧桑、穿越时空，以鲜活真实的姿态，拯救了我们的记忆，唤起了民众的群体意识。借此，以求"赋税文物"理论更加精准和完美。

作者单位：国家税务总局南京市税务局第三稽查局

作者简介：傅兴亚　男，1949年8月生，南京税收博物馆特聘顾问，中国税票集邮研究会会员，税票收藏30余年，藏有各种税收实物文献1万余份（件），税收文化著作有《税种演变与税票赏鉴》《中国赋税文物图记》《往事记忆——赋税遗珍话税收》等。

民间收藏丰富财税文化宣传
——以泉州税收史料展为例

万冬青

中国财税文化历史悠久、源远流长。那一件件历经风霜、洗练弥珍的赋税票据，积淀的是财税文化的史实，诉说的是先人的政治、经济、社会格局与艺术文明。收藏爱好者注重赋税票据的搜集，在多姿多彩的故纸堆里，把这浓缩的珍贵历史，把这记载的人类文明发展历程，把这承载财税沿革变迁的文化遗产，采撷整理，或撰文，或组集，或展示。

本文概述民间收藏家支持税务部门举办税收史料展，并略谈历史文化名城泉州的税收沿革。

一、挖掘税收史料，助力"泉州：宋元中国的世界海洋商贸中心"申遗

《山海经》中一句"闽在海中"，给福建的文化版图涂上一层蔚蓝的色调。"州南有海浩无穷，每岁造舟通异域。"至迟在南北朝时期，泉州梁安港已成为对外交通的港口。唐代中期以后，泉州刺桐港开始声名远扬，宋元时期达到鼎盛，成为中世纪的"东方第一大港"。

北宋哲宗元祐二年（公元1087年），泉州设市舶提举司，处理"蕃货海舶贸易征榷"，"况今闽、粤，莫盛于泉州"。据《建炎以来朝野杂记》载："从建炎二年（公元1128年）到绍兴四年（公元1134年）七年间，泉州的舶税收入达到二百万缗（一缗相当于一千钱）""绍兴三十二年（公元1162年），泉、广两市舶司舶税净收入增至二百万缗"。约占当时南宋朝廷年度财政总收入的1/50，海外贸易收入对朝廷财政的重要性是显而易见的。朝廷给予的度牒以充市舶本钱居国内首位。泉州还实行优惠的低关税政策，其他港口"蕃舶货物十五抽一""惟泉州三十取一"。马可·波罗在这里看到"船舶往来如织""货物堆积如山"；摩洛哥旅行家伊本·白图泰也说，泉州港大舶百数，小船不可胜计。呈现"市井十洲人""涨海声中万国商"的繁荣景象。13世纪和14世纪的海交文献《诸番志》（南宋·赵汝适）和《岛夷志略》（元·汪大渊），则详细记录了以泉州为起点一直到遥远的北非地中海岸，由近百个国家和地区所构成的海上贸易网络。2001年，德国汉学家萧婷（Angela Schottenhammer）主编的论文集以《世界货舱：公元1000－1400年的海上泉州》为题。

泉州港贸易的繁荣与市舶司的管理是分不开的。泉州市舶司管理中外商船的出入境签证、检查、征税等事宜，同时兼有海关、税务、外贸、港务等部门的职能。雄厚的财力为

泉州建造众多桥、塔、寺，如中国最长的古桥"安平桥"、最早的海港大桥"洛阳桥"、最高的古双塔"东西塔"、最大的道教石刻"老君岩"、最早的伊斯兰教建筑"清净寺"、世界仅存的摩尼教"光佛"等当时世界、全国标志性建筑，提供了财政物质保障。泉州现有全国重点文物保护单位44项，"泉州：宋元中国的世界海洋商贸中心"作为2020年世界文化遗产中国申报项目，含22个遗产点。

二、泉州举办三次税收史料展，为"全国税收宣传月"献礼

（一）泉州税收史料展

2005年4月20日，泉州市国家税务局在丰泽区办税服务厅举办"泉州税收史料展"（图1），展出泉州自清道光年间至20世纪70年代长达150年的税赋史料，共30个展框，反映了泉州税收发展的演变过程，对纳税人了解税收发展历史，进而增强依法、诚信纳税意识具有积极作用，系福建省第一次举办税文化藏品展，展品由福建收藏家万冬青提供。

图1 泉州税收史料展明信片

（二）"闽台缘里话税缘"闽台税收史料展

2010年4月22日，泉州市地方税务局在大陆唯一的闽台关系专业展馆——中国闽台缘博物馆举办"闽台缘里话税缘"闽台税收史料展，展出了自清嘉庆年间至20世纪70年代长达180年的闽台税收史料，共40个展框、2个展柜，展品由福建收藏家万冬青、林伟、陈林浩、李朝滨提供。

（三）"海丝路·税收情"税收史料展

2017年3月31日，福建省、泉州市两级国家、地方税务局在泉州海外交通史博物馆举办"海丝路·税收情"税收史料展（图2）。展览分以下三个单元。

1. 第一单元是"不忘初心——重回古代海丝路"

第一单元计15框展板，从宋元时期泉州海外交通图、李硕卿的中国画"涨海声中万国商"、泉州市舶司水关遗址，以及李充公凭等中，我们可以领略到"闽在海中"与"轻徭薄赋"的相辅相成与交相辉映；从明代来远驿遗址、清代泉州法石分口遗址、蚶江鹿港对渡碑、鹿港郊古钟等中，我们可以了解到"禁海互市"与"繁刑重赋"的闭关互损与

图2 "海丝路·税收情"税收史料展

国运式微；从清末民初的"永春州印税厘总办"祝寿匾额、晋江"业户完粮执照"、安海县粮户执照、福建暨南局证明书，以及各类赋税票据中，我们可以感受到"门户洞开"后"苛捐杂税"给百姓带来的沉重负担。

（1）"海丝专题"有15框实物。泉州是全国著名的侨乡，早在唐代，泉州超功寺僧昙静随鉴真东渡日本，宋人王元懋随商船到占城等，现旅居世界各国的泉州籍华侨华人超过750多万人，他们与故乡泉州有千丝万缕的血缘关系，对祖国对家乡有深厚的感情。这些纳税的"华侨护照与回国证明书"是他们的护身符。

侨乡有不少舶来品，自由车即自行车，在"关税与车船使用税"可见到。民国时期，金门和思明（厦门）是福建的两个离岛，华侨由此乘船下南洋众多，常用加盖的方式，限地方发行使用税票，以免税源外流，品种可见"民国版图旗印花税票加盖金门思金的使用"。

抗战胜利后，中国收回被日本侵占50年的台湾，选派军政人员赴台接收，"闽台税务人员委任状"反映两岸交流。

关山阻隔，羁旅天涯，游子像风筝，"信""汇"合一的侨批就是一根根长长的线，把海外游子的心与家人紧紧连接在一起。"家书抵万金"，华侨通过侨批表达爱国思乡之情。侨批对闽南侨乡经济、人民生活，以至社会文化风气的影响，意义重大。侨批款源源不绝地流入家乡，不但养活了闽南大量的人口，而且弥补了闽南长期外贸进出口的逆差，成了本土社会和人民生活肌体上不可或缺的大动脉。侨批业也是个大行业，"1950年代石狮侨批业的印花税单据"丰富。

"海丝港口城市：泉榕厦漳老发票"，还有20世纪60年代海丝最具代表性遗迹泉州清净寺修缮发票。

（2）"赋税票据"有14框实物。"皇粮国税自古有之"，赋税是国家为实现其职能的需要，凭借政权组织财政收入的一个重要手段。税收是国家财政收入的主要来源，也是国家实行宏观调控的一个重要杠杆。

清代赋税仍以田赋为主，"清民时期福建田赋契税"展示各种纳税单及官契，"易知单"更是信息丰富，田地等级，正、杂赋一应齐全。

"泉州税收史话"展出的民国时期税单多样化，有属国税的田赋，农业税，烟酒盐糖税，利得税，工商所得税，营业税，工商业税，商品流通税，货物税；也有地方各税，如契税，房宅地税，房地产税，地方杂税，印花税，屠宰税等。契税属地方，验契、办清查证过程，都留存"福建田房契税印花税票"。

杂税杂捐作为地方财政税收的补充，"福建捐税票""福建杂税票"展示民国时期各色各样的政权走马灯似的频繁更替，他们在辖区自行开征税捐，印制使用税票。

民国时期，烟酒实行公卖，特许经销的凭证，汇集成一部"福建烟酒税票"。解放初期，应税货物完税后，须发贴"华东货物税完税照和分运照"，以凭运销查验。

（3）"印花税票"有14框邮集。印花税票是一种形状类似邮票的有价证券，1913年，我国开始全面征收。小小方寸，天地无限。2014年，福建省地税局编辑出版一本《福建印花税票图史》的工具书，4位福建收藏家参与编撰。

"福建印花税票（1913-1927）"就收录北洋政府时期福建各地发行、加盖使用的印花税票图样、实单及相关介绍，并对印花税票的版式、种类进行了研究。

抗战时期，1942年，福建南平百城印务局承印印花税票，为战时服务，因条件简陋，"民国百城版六和塔图印花税票"形成众多变体票。

上海是最繁华商埠，商贸发达，商户使用印花税票丰。许多税规税品都先在此贯彻使用，"上海解放初期印花税票（1949-1959）"实际上就是解放初期华东区推广使用的缩影。

"福建解放初期印花税票（1949-1951）""泉州解放初期印花税票"是人民政府接管旧政权后，就地以旧税票加盖改值，以应急使用。部分为孤品，十分稀少。

（4）"税务机关"有6个实物展柜。计有税务人员胸章、制服、工作证，税务印签、文献（刊物、法规书籍）、老照片等。

2. 第二和第三单元

第二和第三单元分别为"继往开来——21世纪海上丝绸之路再起航"和"我们一直在路上——服务海丝新作为"，展板11框。反映当代税收征管，取之于民，用之于民。税务机关积极为地方建设21世纪海上丝绸之路先行区服务。

整场展览共79个展框（实物53框）、6个展柜，展品由福建收藏家万冬青、林伟、陈林浩、李朝滨提供。

三、国家税务总局泉州市税务局筹建"海丝路·税收情"展厅

近些年，浙江杭州，北京，江苏南京、泰州，山西长治，安徽黄山等地财税系统先后创建财税、税收博物馆，广大收藏家都积极参与，极大地丰富了馆藏；也促进了江西财经大学教展结合，将税收博物馆办成高校永久课堂。

今年，国家税务总局泉州市税务局拟筹建"海丝路·税收情"展厅，其"再现多元海丝路"部分，须配几件税品应景，由笔者提供。

（一）纳户执照

清光绪元年（公元1875年），永春直隶州正堂翁征收屯米，纳税人为德化县高屯陈

某,获得执照(收据)"壹斗""贰升"各一张(一斗为10升)(图3)。

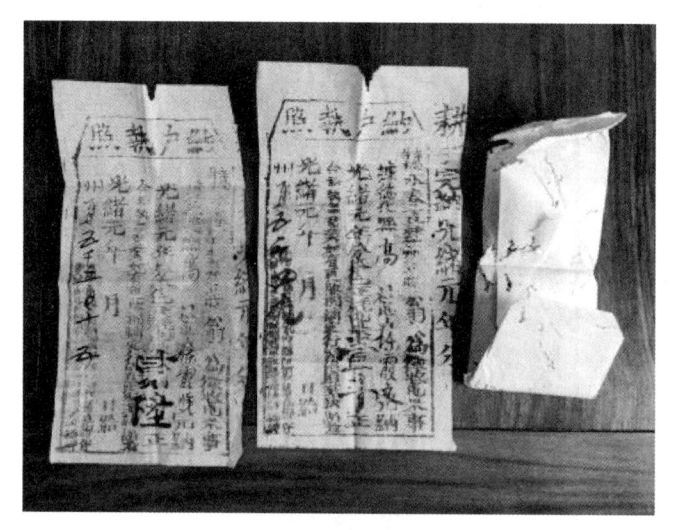

图3 纳户执照

中国是传统农耕社会,原以农业赋役征税,后"摊丁入地"(田赋),改人头税为土地税。清雍正十二年(公元1734年),泉州府永春县升格为永春直隶州,属兴泉永道,辖永春、德化、大田三县,至1913年。

纳户执照

特授永春直隶州正堂翁为征收屯米事

据德化县(高)社屯户(陈霞俤)完纳//光绪元年份本色正耗屯米(壹斗)正//合给执照安业如有更改挖补定行究治须至执照者

光绪元年( )月( )日给

州章

本州示花户完米应即收回粮串为凭毋//许私授书差收单及假串涂改情□违者严究

(一对二份,另一张面额为"贰升"。)

(二)粮户执照

民国24年(公元1935年),晋江县县长余征收上忙地丁粮米(银),共征地丁银贰钱、粮米贰升,两张一对(图4)。

以"地丁钱粮"形式征收的田赋,丁收银,地收粮。

粮户执照

串票每两用串壹张钱串每钱用串壹张每厘共用串壹张此照

晋江县县长余为征收上忙地丁事今据( )里(阙)图(七)甲粮户(171号)完纳//中华民国贰拾肆年份地丁银贰钱正(李獏朝/良)

每两照收大洋贰元陆角另附加一征收费大洋贰角陆分贰成公路费大洋//伍角贰分随额/附加捐大洋四/贰角自治费大洋贰成教育费贰角又新增一成二//角六分串票每张收大洋叁拾文下忙完纳每两加周忙价大洋壹角合给执照//为据

共结收大洋

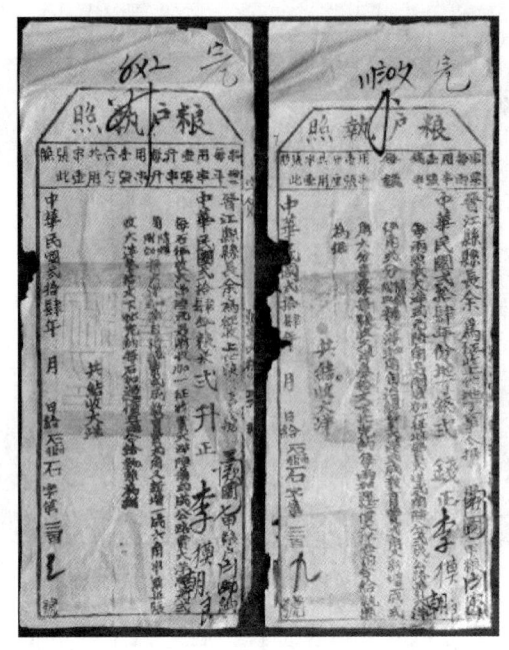

图 4　粮户执照

中华民国式拾肆年（　）月（　）日给
石狮石字第三百九号

粮户执照
串票每斗用串壹张升串每升用串壹张合勺共用串壹张此照
晋江县县长余为征收上忙粮米事今据（　）里（阙）图（七）甲粮户（171号）完纳//中华民国式拾肆年份粮米式升正（李獏朝/良）
每石征收大洋陆元另附收加一征收费大洋陆角式成公路费大洋壹元式//角随额/附加捐大洋四/式角自治费大洋式成教育费式角又新增一成六角串票每张//收大洋叁拾文下忙完纳每石加周忙价五角合给执照为据
共结收大洋
中华民国式拾肆年（　）月（　）日给
石狮石字第三百三号

（三）泉州电灯电力股份有限公司收据

1950 年 11 月开用电保证金收据，贴华东旗球图印花税票 250 元（今二分半）（图5）。

泉州是著名侨乡，早期的民族工业都有侨资背景，泉州电灯公司创办于 1917 年，1932 年由旅日归国华侨陈清机等改组，1955 年改为国营泉州电厂。

（四）晋江县账簿

1951 年晋江县某商店的账簿（图6），规格 213 毫米×125 毫米，永明印刷所承印。记录某店自 2 月 9 日至 12 月 31 日日账，贴 1949 年版华东"旗球图"印花税票 1000 元 5 枚，共 5000 元（人民币旧币值），符合政务院 1950 年 12 月 19 日公布施行《印花税暂行

图5 贴税票的泉州电灯电力股份有限公司收据

条例》"营业所用之簿折：按件每本每年贴花五千"之税率税额，票销"福建省税务局/晋江县/验讫/晋字第20号"大圆章，另盖有"注意：记载不实，照章罚办"长方型宣传章和"一九五一年二月十三日"日期章（验证）。

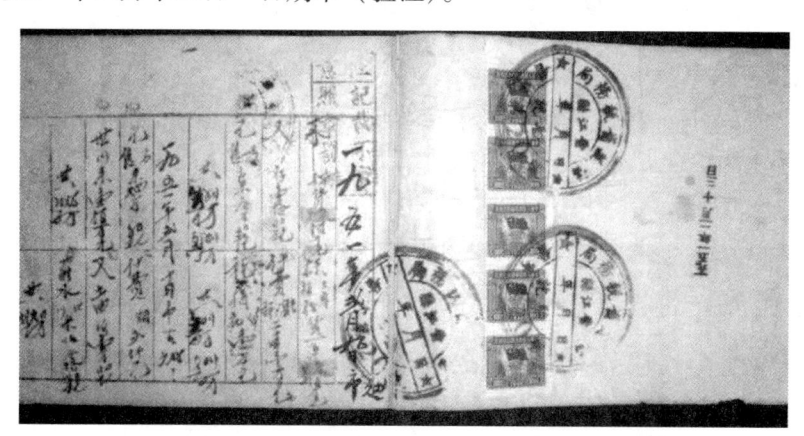

图6 晋江县某商店的账簿

1950年11月，政务院批准，以晋江县城区和城郊8个乡设立泉州市（县级），隶属晋江区专员公署。1951年1月，泉州市人民政府成立；原晋江县其他区域，仍称晋江县（县治搬至青阳）。根据时间节点，此为新"晋江县"（青阳）。

该账簿计有使用52页，记录着每日收支项目，如兑售、采货、薪水、什费等。其中"税捐"，有印花1万元（2.9）、二月份营业税10万元（3.15）、商会费3万元等；"什费"有采发票1本6000元（2.13）等。

时值抗美援朝，中国人民志愿军入朝参战后，大大改变了朝鲜战场上的局势，但武器装备不足。1951 年 6 月 1 日，中国人民抗美援朝总会发出了开展捐献飞机大炮运动号召，为期半年，各界人民踊跃认捐。账簿有"捐献飞机大炮"项目三次五笔：3000 元（8.3），本区 1 万元、街政 5000 元（10.20），本区 3 万元、街政 2000 元（11.25）等。时代特征明显。

（五）发票

泉州早期工业基础薄弱，以手工业为主。

1. 泉州市临时商业统一凭证"发货票"

泉州市人民政府税务局统一印制，1953 年 7 月 25 日使用，盖"福建省泉州市税务局验讫"章（图 7）。

图 7　泉州市临时商业统一凭证发货票

2. 泉州市人民政府税务局统一印制"泉州市统一发票"

1954 年 2 月 24 日，清真寺购买大壳灰 56000 元（今 5.6 元），用于日常维护。泉州清净（真）寺系中国现存最古老的伊斯兰教寺，海丝重要遗址。店家在五堡街，市舶司遗址也在附近，那一带原先既是内河渡口，又是市场（图 8）。

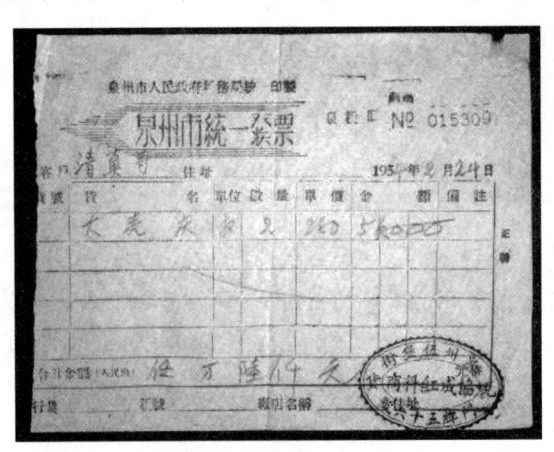

图 8　泉州市统一发票

3. 泉州市商品流通税专用发票

"五五年延用"章，清真文工队购煤油六角五分，1955 年 9 月 26 日开票。20 世纪 50～70 年代，各行业都成立不少专业或业余的文艺团体，运用歌、舞等形式开展宣传活动，大号团，小称队。物资匮乏的年代，用不上电灯的，以煤油灯照明；大盏的气灯，更是夜晚演戏舞台的必备（图 9）。

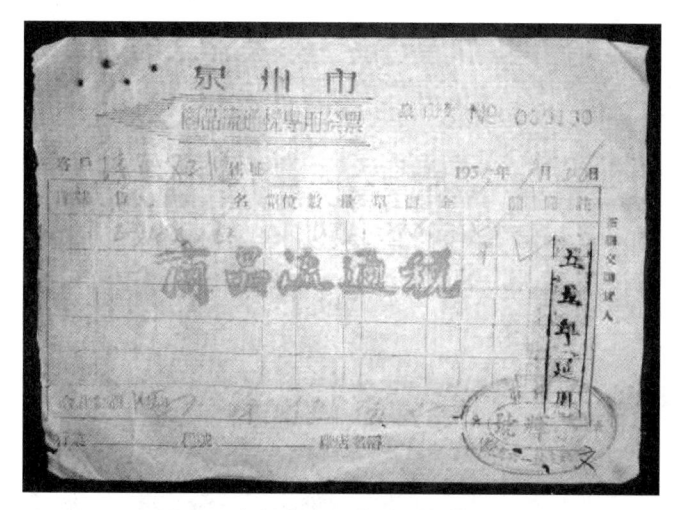

图 9　泉州市商品流通税专用发票

4. 泉州市工商企业统一发票

1966～1976 年发票，题头印着领袖语录。"69.3."版（图 10），预印"泉州市税务局·发货票监制章"，盖"延用七〇年有效·泉州税务局革导组"章，1970 年 12 月 28 日使用。"70 年 3. 印"版（图 11），预印"泉州税务局革导组·发货票监制章"，1971 年 3 月 14 日使用。

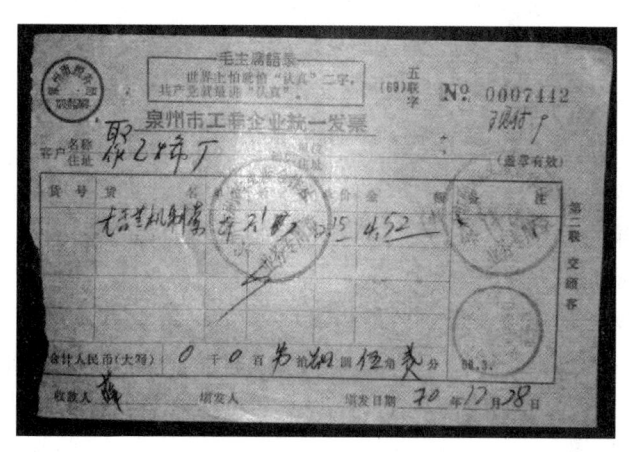

图 10　印"泉州市税务局发货票监制章"的泉州市工商企业统一发票

（六）南安县税务局梅山税务所罗东税务组《特种行业纳税手册》

油印本（誊写铁笔刻蜡纸油印），系南安县税务局梅山税务所罗东税务组"南税（82）罗字第 005 号/1982 年 5 月 1 日发"，业别"纸艺"，罗东公社振兴大队 3 小队黄某

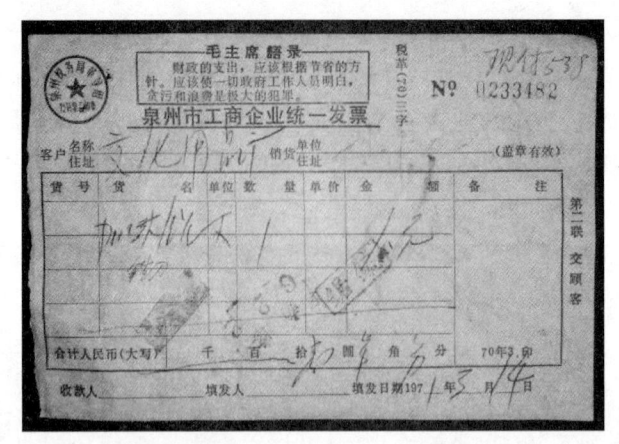

图11 印"泉州税务局革导组发货票监制章"的泉州市工商企业统一发票

是从事"焚化品"(功德纸厝、酬神功德金纸料)手工业者,发证日期为1982年4月30日(图12)。

图12 特种行业纳税手册

该手册封面及扉页,均盖有一枚"福建省南安县税务局梅山税务所罗东税务组"公章,应是中国税务系统最基层单位。

纸艺是非物质文化遗产保护行业,纸糊"焚化品"属闽南传统丧葬风俗文化用品。

貌不其扬的纳税手册,以小见大,正是税务工作者不忘初心、扎根基层、认真工作、服务群众的例证。他们有针对性地组织特种行业学习班,订立纳税小组"爱国公约";汇编"焚化品"适用税率资料,一目了然。

赋税票据等财税资料的收藏、研究、展示,让观众不仅可以从中认知历史、了解历史、解读历史、铭记历史,也可以真切感受这些平凡收藏者(提供者、捐赠者)心系财税文化、慷慨解囊、热心公益、服务社会的崇高品格。

作者单位:福建省收藏家协会

作者简介：万冬青，男，1966 年 12 月出生，福建省收藏家协会名誉会长、泉州学研究所编委，研究方向为闽南文化、收藏集邮，专著《收藏见闻录》，主编《赵宋南外宗与泉州》《泉州集邮》。

从《水浒传》中的酒税看宋朝繁华

余 璐

名著之所以著名，不仅因为优美的文字，更因为文字背后反映的社会现实。《水浒传》第二十八回"施恩重霸孟州道，武松醉打蒋门神"，施恩和蒋门神为争夺快活林的酒店，双方大打出手，施恩还出动了武松这张王牌。为什么要争夺这个酒店？这就要从北宋的酒税制度说起了。

北宋初年，为了统一管理，政府实施禁酒，不许私人酿酒。刚开始，北宋政府对酒的生产和销售管理非常严格，除了京城，其他城市实行官府统一酿酒、统一发卖的榷酒政策。

榷酒又称为榷酤。榷酤允许酿酤，由国家控制酒的生产和流通领域，禁止一切非官府允许之外的酿酤行为，相当于现在的国家专卖政策。榷酤制度主要是禁止百姓造曲和酿酒出售，由官设"酒务"造曲酿酒，酒户只能从酒务那里批发酒零售。

当时北宋的四大京，纷纷设立曲院，这是官办的垄断酒业。其中，属东京开封府的规模最大（图1）。东京都曲院，年课额在四十万贯左右，而其他曲院的规模和收入则相对较小，如南京应天府曲院的年课额大概三万余贯。在全国各军州府县城中，也设立了酒务，专管酿酒、卖酒，相当于国营酒厂。这些酒务，既负责酿酒卖酒，也负责兼收各辖区的酒税。但官营垄断企业的弊端也很明显，没有竞争，会导致用经常性的偷工减料来牟取暴利，使酒的质量下降。

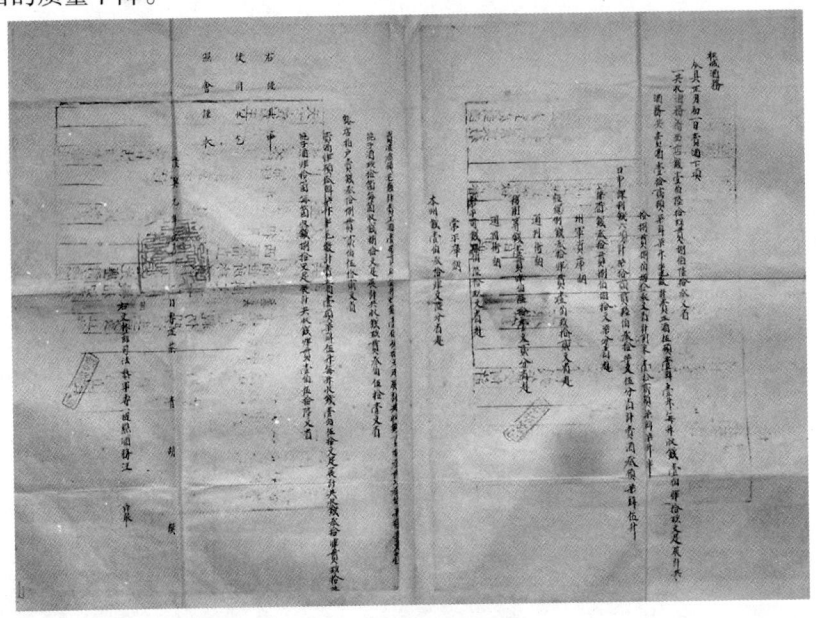

图1 酒务衙西店收付账

随着商品经济的日益发展，宋朝时期的城市发展达到了前所未有的程度。首次出现了主要以商业，而不是以行政为中心的大城市，改变了汉唐以来居住区和商业区分隔的传统，实施了厢坊制度。宋朝还打破了以前的宵禁，开放了夜市，促进了商业经济的繁荣发展。经济发展的基础上，宋朝产生了市民阶级，大量的手工业者、商人、小业主成为新生代中产阶级。他们有着强大的经济基础，也有自己喜好的精神追求。

不仅是城市经济在发展，农村贸易也在发展。乡村的"草市""墟市""小集市"逐步向固定的集市转变。这些集市，如雨后春笋般大量涌现，政府难于管理，市场的问题交给市场解决，于是酒税的"买扑制度"开始广泛实行。

所谓买扑制度，即由官府通计某一地区商税总额，大凡千贯以下的小集市，立下一个"年额"，采取招商的方法，让商人出钱承包，然后由其在市场上向商贩征税，这就是所谓的包税制。或者说由买扑人按规定预先向官府完纳"年额"，以取得所辖地区的征税权，其收入盈亏由买扑人自己承担。

这有点像现代的定期定额征收税款制度。两者的征税对象有相似之处，买扑制度针对的是千贯以下的小集市，定期定额针对的是核算不规范不完整的个体户，征税对象都是零散小纳税人。在缴纳方式上，两者既有相同之处，也有不同之处。买扑是无论盈亏，都要预先缴纳定额，定期定额征收则有其起征点，达不到起征点不征税，达到后全额征税。更不同的是，宋朝的买扑制度，是申请人还要以一部分财产作为抵押，并有保人立据投状。而且买扑之后，买扑人享有这一区域沽酒的独占权，排斥其他任何人在这一区域的酒类销售权，否则违法科罪。

买扑制度不算是宋代首创，早在五代十国时就已经有了。但直到宋朝，才开始广泛采用。这既是宋朝商业经济发达的需要，也是宋朝极具商品意识的体现。

实施买扑制度之后，北宋的酒业蓬勃发展，《水浒传》中处处可见。

"浔阳楼宋江吟反诗，梁山泊戴宗传假信"一回中写道：正行到一座酒楼前过，仰面看时，旁边竖着一根望竿，悬挂着一个青布酒旆子，上写道"浔阳江正库"。雕檐外一面牌额，上有苏东坡大书"浔阳楼"三字……宋江来到楼前看时，只见门边朱红华表柱上两面白粉牌，各有五个大字，写道："世间无比酒，天下有名楼。"宋江便上楼来，去靠江占一座阁子里坐了。

这里提到的"正库"，应该指的是官酒库的本部酒楼。宋代通常把官办酒坊称为酒库。那些大官酒库，实行生产销售一体化，拥有自己的酒楼。根据《都城纪胜》记载，南宋临安的太和楼、西楼、和乐楼与春风楼，就分别属于东、西、南、北四座官酒库，是他们旗下的大酒楼。另外，官酒库中的西子库、中酒库也有太平楼、中和楼这样的销售窗口。官酒库下面配备大酒楼，不仅在东京与临安有，各大州府也是一样。宋江醉酒的浔阳楼在江州城内，就是现在的九江，当时也是繁华地段，所谓"正库"，说明了它是江州官酒库自营的本部酒楼。

宋江去喝酒的地方是官办的酒楼，那私营的酒楼或酒店有没有？多了去了。

北宋的酒务买扑经营，基本分为三类：第一类是城市酒务的承包买扑。比如南京应天府，天禧三年（公元1019年）以前承包买扑年额约三万贯。第二类是县以下地区的酒坊、酒场，或者称为场务、场店买扑。第三类是酒曲场务的买扑。有一些偏僻地区政府的酒曲场务，就会卖给民户经营。

《水浒传》中的小酒店，更多的是酒户。在宋代，官方许可的私营酒坊又称为酒户，分为城市酒户和乡村酒户。

城市酒户，顾名思义，一般是在城市，宋朝主要是指在榷曲区。通常是指资本雄厚的大酒户，先向政府买区，然后雇工酿造，设立门店销售，拥有的脚店一般三千户以上，又称为诸京酒户。脚店相当于现在的分销处，一般是中小酒家，不用直接生产酒，只需要负责分销。

比如施恩和蒋门神争夺的那家快活林酒店：早见丁字路口一个大酒店，檐前立着望竿，上面挂着一个酒望子，写着四个大字道："河阳风月"。转过来看时，门前一带绿油栏杆，插着两把销金旗，每把上五个金字，写道："醉里乾坤大，壶中日月长。"一壁厢肉案、砧头、操刀的家生，一壁厢蒸作馒头烧柴的厨灶；去里面一字儿摆着三只大酒缸，半截埋在地里，缸里面各有大半缸酒。

这种酒店，虽然自称为大酒店，但规模显然不够大，只有"五七个当撑的酒保"，应当属于酒户下面的脚店。

乡村酒户分布则更广泛了，指的是官酒销售以外的地区，也同样向官府交纳税课，以取得酿卖权。宋太宗端拱二年（公元989年）五月诏："应两京及诸道府，民开酒肆输课者，自来东京去城五十里，西京及诸州去城二十里，即不说去县镇远近，今后必去县城十里外。"可见，这些酒户大部分开在乡村，所以被称作"乡村酒户"。

武松在景阳冈喝的，应该就是"乡村酒户"的酒。而武松醉打蒋门神前，与施恩约定："出得城去，但遇着一个酒店，便请我吃三碗酒，若无三碗时，便不过望子去，这个唤做无三不过望。"这些遇到的小酒店，也可能是乡村酒户。《水浒传》中"小霸王醉入销金帐，花和尚大闹桃花村"一回中，鲁智深只见"远远地杏花深处，市梢尽头，一家挑出个草帚儿来。智深走到那里看时，却是个傍村小酒店"。里面的"傍村小酒店"，也应当是"乡村酒户"。

城市酒户与乡村酒户的权利与义务大致相同，都要向官府交纳岁课，并取得酿卖权，但两者的销售区域并不相同，而且要求非常严格。按照宋朝规定，"诸酒户知情放酒入禁地贩卖者，罪止杖一百"。销售区域非常严格。

《水浒传》中酒的普及，反映了宋朝酒业乃至商品经济的发达，丰厚的酒课收入是以宋代繁华作为物质基础的。据黄天华的《中国税收制度史》所载，两宋的酒课收入非常可观，有"财用之源，实出酒税"的说法。宋庆历年中，酒课为一千七百一十万贯；绍兴末年，为一千四万贯。在宋代财赋中，酒课收入仅次于两税、榷盐，排在了第三位。

《水浒传》中，好汉们豪气干云喝下去的那碗酒里，透射出的是一个繁华的大宋王朝。

作者单位：国家税务总局江西省税务局

作者简介：余璐，女，国家税务总局江西省税务局一级主任科员，《江西税务》编辑部主任。

房地产企业税收筹划风险与内外沟通

刘 俊

1994年，我国进行了分税制改革，营业税与增值税并行；2016年5月1日，我国全面推行"营改增"，实现了"营改增"范围全覆盖，营业税退出历史舞台；2017年1月，为推进供给侧改革，我国将增值税税率由四档（17%、13%、11%、6%）简化为三档（17%、11%、6%），其中，房地产行业为11%；2018年5月1日，我国继续加大改革力度，将制造业增值税基本税率由17%下调至16%；为进行更大规模的减税降费，2019年4月1日起，制造业等行业基本税率由16%继续下调至13%，房地产等其他行业10%的税率继续下调至9%，一直以来，我国税制改革从未停止，不断深入。

一系列的税制改革，虽然解决了重复征税的问题，完善了增值税的抵扣链条，在一定程度上减轻了房地产企业的税负，但房地产企业本身的复杂性和综合性仍然使得高税负成为其发展的阻碍。财政部数据显示，2019年土地和房地产相关税收中，土地增值税6465亿元，同比增长14.6%；契税6213亿元，同比增长8.4%；房产税2988亿元，同比增长3.5%；耕地占用税1390亿元，同比增长5.4%；城镇土地使用税2195亿元，同比下降8%。总体看来，税收的增长数据意味着房地产业税负总体有增加趋势。房地产企业要想进一步降低税负，除了国家政策性减税外，税收筹划也是有效途径。开展房地产税收筹划，伴随着一定的筹划风险，而有效加强内外沟通是税收筹划与降低筹划风险的重要方面。

一、房地产企业税收筹划风险分析

（一）房地产企业对税收政策存在理解偏差

税收筹划，是指企业在遵守法律法规的前提下，设计筹划方案，尽可能地降低企业税负。然而，进行合理合规税收筹划的前提是对相关的税收政策方针有准确清楚的理解。房地产行业调控政策多，变化更新快，企业对经营范围内的税收政策，特别是跨地区所涉及的法规政策差异应保持敏感，对应的法律法规不同，企业税收筹划的内容也应会不同，如果进行税收筹划时没有注意到地区的差异性，这种理解偏差虽然很小，但会给企业造成重大的影响，导致税收筹划质量低，甚至被税务机构认定为存在偷税漏税行为，增加企业的法律风险，给企业带来税收处罚。

（二）筹划方案不符合企业实际情况

房地产企业在制定税收筹划方案时，应考虑筹划方案的实行成本，企业最原始的筹划的目的就是减轻企业的税收负担，若实行成本太高，不利于企业获取经济效益或者收效甚微，有时甚至适得其反，使企业的成本增加，在这些情况下，企业进行税收筹划就无法达到满意的结果。

并且，很多房地产企业并没有真正理解税收筹划的要领，过于形式化地制订筹划方案，甚至直接照搬其他企业的税收筹划内容，没有根据本企业的发展特点和经营特色实实在在地对筹划方案进行设计考量，制订出的筹划方案自然就无法适应企业的实际需要。

（三）税收筹划人员专业水平较低

筹划人员的专业性对税务筹划的质量影响很大，这直接决定了企业面临的税收风险的高低，如果企业中的税收筹划人员专业技能低下，企业的筹划方案可能并不可行，企业税收筹划的方案也并不能降低企业的税负，甚至会因为经营中涉及的税收问题对企业的声誉造成负面影响，这并不利于房地产企业的长远发展。

（四）房地产企业与税务机关沟通不充分

房地产企业纳税时，为降低企业的税收成本，通常会进行避税，要进行避税，就要充分理解税收政策，然而，企业作为政策的执行者，在税收筹划时或多或少地存在主观性，加上有些法规晦涩难懂，想要真正参透政策初衷并不容易，如果缺少相应的政策指导，所作出的筹划方案可能难以做到合法合规。如果在这种情况下未能与税务机关进行充分的沟通，筹划方案往往也无法满足该地区的税收筹划要求。

二、重视防范和沟通应对房地产企业税收筹划风险

（一）强化企业内部对税收法规的学习培训和沟通

企业文化对企业的影响是重大的，"润物细无声"。房地产企业要积极努力地把财税文化融入企业文化中，鼓励相应的部门加强与企业日常经营有关的沟通交流，尽可能减轻企业内部存在的信息不对称的问题，积极营造企业内部互相学习交流和分享的氛围。

在进行税收筹划工作时，税务及财会人员发挥着十分重要的作用，企业管理人员要突出税收筹划工作的重要性，强化现代先进的税务管理理念与模式，对相关人员进行定期培训，如聘请专业机构，定期组织财会人员开展税收筹划管理，将培训工作的作用凸显出来，使其系统深入地学习当前与房地产企业密切相关的法律法规，并灵活掌握运用。

与此同时，强化发票管理，明确税收风险管控范围，力求相关人员精准掌握和理解国家税收政策，灵活熟练地处理涉及房地产企业的增值税、土地增值税、企业所得税的税款计算以及缴纳的业务。

（二）设计适合于企业自身情况的税收筹划方案

房地产企业业务涵盖买地、产品设计、筹建、销售与持有四个阶段，企业应从单项业务着手，充分研究可筹划空间，从各环节把控税务风险，同时立足于企业整体，对不同地区的税收政策，企业应该准确把握各地区独有的政策优势，针对每个阶段的业务特点和经营管理进行筹划，将税收筹划方案与企业自身发展紧密融合，形成自己独有的针对性筹划方案。同时，借鉴其他企业税收筹划的亮点，予以改进而非盲目照搬，这样才能提高企业税收筹划的工作质量。

此外，企业要提高筹划效率，筹划方案的设计应该以降低企业税收负担为目标，这是房

地产企业开展税收筹划工作的重中之重。相关筹划人员应注意到企业日常经营所涉及的经营成本本来就比较高，在进行税收筹划方案设计时更应把握重点，否则容易出现筹划后企业运营成本不降反升的局面。企业内部要加强对税收筹划工作的重视，提高整体的筹划效率。

（三）提高筹划人员的专业性

在企业中，相关筹划人员很多都被传统观念所束缚，认为纳税是企业的义务，对税收筹划工作并不重视，因此，转变相关人员的税收筹划意识对于企业税收筹划工作的顺利进行至关重要。企业管理人员要将税收筹划纳入房地产企业的战略规划中，主动宣传税收筹划对于房地产企业日常经营运行的重要作用，使员工认识到通过税收筹划，企业税收成本可以得到有效降低，并将税收筹划作为财务管理的核心环节，认真贯彻落实与企业税收筹划相关的工作。

此外，房地产企业的税收筹划水平最终是通过税收筹划人员的业务水平和专业技能来体现，企业应对税收筹划人员的准入设置合理的录用门槛，同时注重企业内部对税收筹划人才的培养，逐步强化财会人员的税法意识，使税务筹划人员深入了解相关的法律法规，针对政策变化对税收筹划方案进行及时的更新调整。此外，对税收筹划人员进行定期培训和考核，促使税务人员不断更新专业知识，以此来促进房地产企业税务筹划工作的顺利进行。

新一轮税制改革对财务人员的专业技能、综合素质提出了更高的要求。因此，提高筹划人员的专业素质十分必要，房地产企业要努力通过提高筹划人员的专业性创造企业价值。

（四）积极与税务机关进行沟通交流

税收政策是不断更新的，每次的变动都可能会给税收筹划工作带来一定的挑战，企业进行避税筹划时，要做到以合法为前提，以合规性为底线，并进行科学的研究分析，设计在避税行为合法的情况下优化避税的方案。同时，房地产企业还需要明确我国法律法规变化的背景和需要，结合房地产行业的相关准则，使税收筹划活动更加科学合理。

最为重要的是，房地产企业需要积极与税务部门进行沟通交流，在交流中学习锻炼财税思维，努力了解税收理论与实务的差异，最大限度地降低来自执法机关的风险，完善风险评价体系，使风险管理更加科学有效。企业应与税务部门建立良好的合作关系，对政策方面存在的疑惑及时与税务机关进行有效沟通和交流，了解本地税收政策的独特性，仔细做好税收筹划，这样税收筹划方案才能最大限度地满足企业的需求，在保证合法合规的前提下增加企业的经济效益。

参考文献

[1] 邢影. 房地产企业纳税筹划问题研究 [J]. 财会学习, 2020（23）.
[2] 胡继元. 营改增后房地产企业的税收筹划 [J]. 管理观察, 2019（31）.

作者单位：江西财经大学财税与公共管理学院

作者简介：刘俊，女，1996年8月生，江西财经大学财税与公共管理学院税务硕士研究生，研究方向：税收理论与实践。

从诗词中看中国古代农业税

卢羽西

大约5000年前，中国进入了文明社会，宽广的母亲河——黄河浇灌出肥沃平坦的土地，孕育出了以农耕文明为主的华夏文明。早在我国祖先黄帝时，或者更早，如传说中的神农氏族时，农耕可能就已经取代了采猎，且已相当发达。经历漫长的原始社会、奴隶社会和封建社会，农业在我国古代经济中占据着主导地位。而作为国家财政收入的主要来源之一的税收，是人类社会发展到一定阶段，伴随着国家产生而起源。据《尚书》《史记》等古籍记载，从历史上第一个奴隶制国家——夏朝开始，税收就以"贡"的形式存在着。《孟子·滕文公上》曰："夏后氏五十而贡"，所谓"贡"，是统治者按若干年生产的平均产量征收十分之一的实物，其中最主要的就是农产品。而商朝和周朝的税收形式"助"与"彻"，则是地租和赋税的合一，当时采用的赋税制度为井田制。在《说文解字》中，税字解释为"租也"，从禾声兑，禾即为田禾，由此不难推断出，中国古代税收的起源就是农业税。最早被记载的带有"税"字的农业税是春秋时期鲁国实行的"初税亩"，这之后战乱纷飞、王朝更迭、人口迁移或是土地制度变革，经过几千年的时光洗礼，农业税也渐渐成熟。

而在庙堂之外、在那些被记录在朝廷正史之外的农业税制的背后，在江湖之远，那些出自田间地头、阡陌之间的农人口中传唱的民间歌谣，那些来自心怀悲悯的地方官员或文人骚客的纸笔之下的诗词曲赋，那些千年前的文学作品，是否记录下了当时人们对农业税的心情？

《诗经》约成书于春秋时期，多方面反映了当时现实社会生活，我们可以从字里行间一窥先秦时期农业税的发展状况。《小雅·大田》中写道："有渰萋萋，兴雨祈祈，雨我公田，遂及我私。"乌云密布一重重，春雨温柔又充足。雨水滋润我公田，也要降到私田中。《大田》是早周时期流传下来的、以祭农神、祀田祖为主题的祭歌。我们可以想象到：雨水充沛，无论是公田还是私田里，农作物都生长茂盛。此处的"公田"和《小雅·信南山》中的那句"中田有庐，疆埸有瓜"里的"中田"一样，即道路和渠道纵横交错的"井"状田的中间那块土地。《孟子·滕文公上》中有记载："方里而井，井九百亩。其中为公田，八家皆私百亩，同养公田。公事毕，然后敢治私事。"这反映的是当时井田制的实行，农户以"助"法共耕公田，私田收成自留，公田所获收归王室。直到以鲁国为代表的各诸侯国进行税制改革，田地无论公私，一律按亩纳税，即"初税亩"的实行，井田制的身形才逐步在历史舞台上消失。

先秦时期，人们的生产力水平相当低下，抵御自然灾害的能力差，再加上连年烽火不断，社会动荡，导致农业常常是广种薄收，并不理想。《小雅·甫田》中"倬彼甫田，岁取食千，我取其陈，食我农人，自古有年，今适南亩，或耘或耔"便反映出南亩之地的农户尽管收成不好，却也要勤勉劳动、精耕细作以求丰收缴纳公粮的复杂心情。

秦朝建立初期虽然实行过一段时间的轻徭薄赋，但是后期秦二世昏庸无道，百姓民不聊生，秦政权终被推翻。汉初统治者奉行黄老之学，休养生息，后实行"十五税一"的赋税制度，即缴纳土地收成的十五分之一作为田税上缴国家。汉文帝十三年"除田之租税"是制度性变革，指此后的所有田税全免，直到景帝即位按照三十税一的标准重新征收，这是中国封建社会田赋税率最低的时期。到了东汉晚期，赋税则越来越重，这从东汉诗人梁鸿所作的一首古体诗《五噫歌》中可看出端倪："陟彼北芒兮，噫！顾览帝京兮，噫！宫室崔嵬兮，噫！人之劬劳兮，噫！辽辽未央兮，噫！"汉章帝时，梁鸿到达当时的首都洛阳，登上北邙山远眺，望见壮丽的宫殿，联想到黎民百姓终身劳作还负担着沉重的赋税，不堪其苦，触景生情，便作此诗。五个"噫"，意味深长，发人深省。

曹魏时期，人口流动性较强，实行田租户调制，使田租和户调成为主税。租调制简化了赋税手续，适应了当时的战乱需求。西晋出现了课田户调制，所谓"课田"，讲的是督课耕田之意，但是课田户调制同时具有荫亲荫客的特点，规定除官员不课田，不缴户调外，且可按官位高低，荫其亲戚。这项农业税制度的施行，导致了阶层冲突迅速上升，加剧了整个社会贵族化的倾向。晋陶渊明曾在《桃花源诗》中描绘了鸡犬相闻、社会平等的没有压迫、没有剥削的美好景象。其中有"春蚕收长丝，秋熟靡王税"，表达了劳动成果归劳动者自己所有、不必向王朝交纳赋税的愿望。

唐朝诗文化灿烂一时，税收制度也在此代有较大变革。唐初实行的是均田制和租庸调制，可以实物代替力役。但在唐中期，国家动荡，土地大量兼并，均田制和租庸调制遭到破坏，继续推行下去十分艰难。安史之乱后的大唐王朝，已处于多事之秋，特别是财政困难，使封建剥削更加无孔不入。张籍在《野老歌》中写道："老农家贫在山住，耕种山田三四亩。苗疏税多不得食，输入官仓化为土。"此诗强调了一位深山为农的老人，能够耕种的土地本就贫瘠，却要面临着"苗疏"但"税多"的残酷社会现状。唐德宗即位后，支持宰相杨炎废除了租庸调制，颁行了"两税法"，以土地作为征收对象，一定程度上实现了社会公平，影响深远。然而，随着时间的斗转星移，贪得无厌的封建官吏们又在两税的定额之外巧取豪夺，如征收所谓的"间架税""除陌钱"等。不少官吏为了升官发财，在正赋之外横征暴敛，无所不用其极。苛重的赋税，使劳苦大众陷入了难以生存的悲惨境地，"两税法"实际上已失去了原来的效用。白居易在《观刈麦》中所写"家田输税尽，拾此充饥肠"，反映出农人因为繁重税收的悲苦遭遇，令人"闻者为悲伤"。

明朝万历九年（公元1581年），首辅张居正推行"一条鞭法"至全国。"一条鞭法"简化了税制，便于征税，同时有效地抑制了当时地方官员从税收中搜刮民脂的恶行，增加了中央财政收入。明代的"一条鞭法"上承唐朝的"两税法"，下启清朝的"摊丁入亩"。到了清代，因为人口剧增，土地兼并日益严重，摊丁入亩的推行废除了人头税，一定程度上也缓解了人地矛盾，使大量自耕农生存下来，为清朝的统治注入了强心剂。但到了清中晚期，内忧外患纷至沓来，苛捐杂税丛生，成为大清王朝崩塌的重要推手。晚清诗人龚自珍曾作《杂诗》："不论盐铁不筹河，独倚东南涕泪多。国赋三升民一斗，屠牛那不胜栽禾。"东南的百姓本来每亩田只需交三升皇粮，现在却要交一斗，税负苛重造成民不聊生，农民破产纷纷卖出耕牛，屠牛行业比农业兴旺得多，这真是当时半殖民地半封建悲惨社会的生动写照。

农业税作为一个古老的税种，已经延续了数千年的历史，"皇粮国税"时时牵动着国之兴衰。虽然在中国历史上出现过在当时有着进步意义的"两税法""一条鞭法""摊丁入亩"等赋税改革，以使税制更趋公平，让有地产、有负担能力的人多纳税，但由于吏治腐败，税收负担最终仍然转嫁到普通农民头上。即使是让人"向往"的"文景之治""贞观之治""康乾盛世"，也只做到了阶段性的轻徭薄赋，历朝历代的封建统治者始终没有跳出农民负担越减越重的"黄宗羲定律"。翻阅诗书古籍，虽然也有歌颂土地制度和农业税制的诗篇，但更多的文字是在为社会底层的贫农发声，是对苛捐杂税的控诉。2006年1月1日，《农业税条例》被废止，在中国沿袭了数千年的农业税最终退出了历史舞台，而新时期减税降费的深入进行，老百姓和经济实体的税费负担将进一步减轻。

参考文献

[1] 杨伯俊. 孟子译注 [M]. 北京：中华书局，2018：129.

[2] 公木，赵雨. 名家讲解诗经 [M]. 长春：长春出版社，2007：310-314.

[3] 古诗源 [M]. 北京：中华书局，2018：47, 166.

[4] 俞平伯等. 唐诗鉴赏辞典 [M]. 上海：上海辞书出版社，2019：822-824, 928-929.

作者单位：江西财经大学财税与公共管理学院

作者简介：卢羽西，女，江西财经大学财税与公共管理学院财政学大类学生。

财税教研

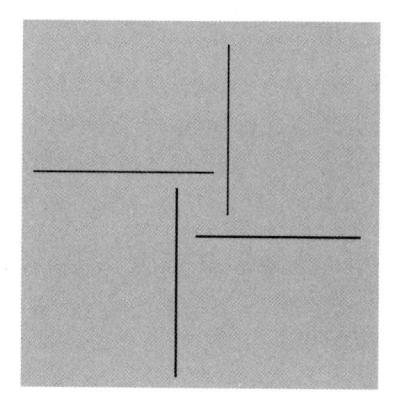

财税教学科研与学科建设

张仲芳

江西财经大学财税与公共管理学院肇基于1923年成立的江西省立商业学校财政信贷科，与江西财经大学一同经历近百年的积淀和传承，具有本科、硕士、博士完整学科平台，已发展成为集人才培养、科学研究、服务社会和文化传承等职能为一体的教研单位。学院设有财政系、税务系、社会保障系、行政管理系四个教学系，形成了应用经济学、公共管理学科比翼齐飞的学科格局。

财税学科是江西财经大学历史最悠久的学科之一，也是我校的传统优势学科。1978年我校复校时就开办了财政学专业，1986年获硕士学位授予权，1998年获评国家管理专业，2002年获评江西省品牌专业，2003年获博士学位授予权，2010年获评国家特色专业，2012年获批为省级专业综合改革示范点，2017年在江西省专业综合评价中获第一名，2018年入选江西省一流优势专业，2019年成为国家一流专业建设点。1983年开设财政专业税务专门化方向，是全国首批五个开设税收专业的财经类高校之一。1999年因教育部新专业目录调整，税务专业并入财政学专业。2006年税收学专业重新恢复。2010年获批税务硕士专业学位点。

财税学科的建设和发展离不开一支优秀的教研队伍。我院财政系和税务系拥有一支综合素质高、结构合理、科研能力强、教学经验丰富，在国内外同行中颇具影响的教研队伍。其中，江西财经大学党委书记王乔教授为中国财政学会副会长、中国税务学会副会长、教育部财政学类教学指导委员会副主任委员，蒋金法教授现为江西省社会科学院院长、中国财政学会理事，匡小平教授为江西财经大学财政学首席教授、中国财政学会理事。另有多位教师为江西省"赣鄱人才555"工程人选、江西省"百千万人才工程"人选、江西省教学名师、江西省高校中青年学科带头人等。

长期以来，学院高度重视财税教学、团队建设和科学研究。学院开设财政学、税收学两个财政学类本科专业，正在着力打造财政学（智慧财税）跨学科交叉专业、税收学（拔尖人才创新实验班）和特色培养课外"信毅实践班"。获得国家级教学成果二等奖1项；拥有国家级慕课、国家级规划教材、国家级特色专业、国家精品课程、国家级精品资源共享课程、专业综合改革等省级以上本科教学工程项目10余项；拥有中央与地方共建优势学科实验室、高校专业能力实践基地建设项目等。

近年来，学院财税学科建设成绩斐然。在全国第四轮学科评估中，应用经济学（含财政学）获得"A-"等次。拥有应用经济学博士后流动站、财政学博士点、税务专业硕士学位点。财政学（含税收学）是江西省"十二五"高水平学科、省"十二五"重点学科、省示范性硕士点。

在团队建设方面，学院依托财税学科优势，获批江西省"2011"计划项目——江西全面建成小康社会决策支持协同创新中心；建成财税研究中心、中国税票研究中心、预算管理与监督研究中心等一批专业研究机构。拥有省级2011协同创新中心、省级研究生联合培养基地、省哲学社会科学重点研究基地、省高校哲学社会科学创新团队等重要学科平台。

近年来，财税团队成员深耕科学研究，在现代财政制度、政府预算、财税史、地方债、政府采购、创新激励的财税政策等领域取得了丰硕成果，在国内财税学界具有较大的影响力。近五年，财税团队成员共立项国家级课题30余项，其中国家社会科学基金重大项目3项，分别是王乔教授担任首席专家的《国家创新驱动发展战略的财税支持政策》，蒋金法教授担任首席专家的《建构基于生态文明建设的公共财政体制研究》，匡小平教授担任首席专家的《新时代财政制度现代化的目标、难点与实现路径研究》。在权威期刊发表论文80余篇，CSSCI来源期刊学术论文200余篇；学术论文被EI收录和三大书报资料中心转载50余篇；科研成果获国家、省部级奖励20余项。倾力打造三大高端学术论坛品牌《尚公讲坛》《青蓝论坛》《香江公共管理论坛》，每年邀请众多知名学者讲学。定期出版《赣江财税论坛》《公共经济与管理评论》《政府采购与PPP评论》《全面建成小康社会决策参考》，打造国内有影响力的专业刊物和智库。

学院把人才培养作为首要工作，已形成本、硕、博多层次的人才培养体系。建校以来，学院为社会输送培养了大批优秀人才，多数学生已成为所在单位的业务骨干和中坚力量，甚至成为商界、政界、学界的精英。自2014年起实行"大类招生、分类培养"的本科人才培养模式，大一、大二实行财政学类厚基础、宽口径的大类培养模式，大三再通过专业分流的方式分流到财政学或税收学专业进行针对性培养。学院在全国率先探索"红""专"结合的公共部门人才培养模式，创新性开设了"红色班级"——信毅实践班。该班以"信、敏、廉、毅"校训中的"信""毅"命名，践行"塑品格、锤毅志、重实践、提素质"的理念，突出信毅品质，培养诚实守信、果敢坚毅、勇于担当、敢于创新、善于实践的创新创业型人才。

学院坚持国际化办学方向，不断探索校政、校企、校院合作模式，拓展国际化办学合作平台，积极推动与海外院校的合作交流。学院与日本立命馆大学、美国佛罗里达州立大学、美国西华盛顿大学、新加坡南洋理工大学、香港教育大学等境内外高校建立了合作关系。

学院与社会各界在人才培养、科学研究、社会服务等领域开展全面合作，充分发挥自身的智力优势与专业特长，广泛开展各类干部培训，为全国各地培养了一大批财税干部和公共管理人才；积极承担政府部门和企事业单位委托的横向项目，为政府决策提供强有力的智力支持。

"天行健，君子以自强不息；地势坤，君子以厚德载物。"在新的历史起点上，学院将坚持"内涵发展、质量提升、争创特色鲜明的高水平学院"的发展战略，努力培养具有"信敏廉毅、慎独尚公"素质和具有国际视野的创新创业型人才，锁定目标，善做善成，为推进财税人才培养、学科建设、科学研究和社会服务而加倍努力。

作者单位：江西财经大学财税与公共管理学院

作者简介：张仲芳，男，1973年3月出生，经济学博士，江西财经大学财税与公共管理学院院长、教授，中国社会保障学会理事、医保专委会常务委员，江西省"百千万人才工程"人选，江西省人力资源和社会保障学会常务理事，江西省人力资源和社会保障厅专家咨询委员会委员，江西财经大学医疗保障研究中心主任，江西省医疗保障基金监管研究基地负责人。

财税研究中心特色发展的探索

席卫群

一、财税研究中心成立的宗旨

为了强化科研，加强财政税收理论的研究，配合江西省重点学科——财政学科的建设，经江西财经大学批准，2009年7月成立了江西财经大学财税研究中心。研究中心由国务院特殊津贴享受者、"赣鄱英才555工程"人选、财政部跨世纪学科带头人、江西省中青年学科带头人、博士生导师、江西财经大学财政学教授王乔担任首席教授，由江西省百千万人才工程人选席卫群教授担任中心主任，江西省中青年学科带头人伍红教授担任中心副主任，依托学校和财税与公共管理学院的优势学科，中心吸收了经济学、管理学等优秀人才，目前中心有专职研究员和特邀研究员13名，已形成一支以中青年学者为主、高学历的研究队伍，为课题的研究提供了人才保证。中心坚持人才培养、科学研究、社会服务"三位一体"的宗旨，着力推进财税理论与政策创新，培养高层次财税人才，积极为国家财税决策和地方经济发展服务，努力打造在全国有特色、江西有优势的财税政策研究新型高端智库。围绕财税理论与政策实践，在税制改革与绩效评价、生态文明建设的财税政策、预算管理与地方债务风险、公共服务与民生财政、税收票证与中国财税史研究等方面形成一定的研究特色。2013年，中心被确立为江西省哲学社会科学重点研究基地，组建的"财税理论与政策研究团队"被确立为江西省高校哲学社会科学创新团队。

二、树立清晰的科研认识

科研必须要"顶天立地"，首先要顶着天，掌握本学科领域研究的前沿，运用可行的研究方法进行分析，做到对本学科的研究看得懂、听得懂，才能实现与本学科研究前沿的学者的交流和对话，才能在此基础上进行深入思考，并做出有一定见解的科研精品。其次要做好立地，将政府的科技规划了然于胸，将通过一切信息渠道得到的信息分析，开展调查研究，摸清基层情况，这样做出的科研成果才能做到有的放矢，还可以影响到国家的政策。只有下苦功夫去积累、去锻炼，基本功扎实了，又加上对基层的熟知、对世界前沿的把握，所做的科研才容易实现"顶天立地"。

面对高校加强内涵建设和区域经济转型升级的客观形势，中心结合自身优势和区域发展需要，准确定位，在做好服务的基础上构建具有自身特色的科技创新体系。一方面，加强学习，提高对科研"顶天立地"的认识，多下功夫，努力提高研究团队对本学科发展方向的认识和理解；另一方面，切实安排好时间对到企业和有关实践部门调研，掌握经济社会的现状和需求。多管齐下，努力提高中心的科研水平，尽可能地促使科研达到"顶天立地"的要求。

三、中心求特色谋发展

研究中心立足于财政税收理论与实践，重点研究以下专题：（1）税收理论与政策研究。围绕税制改革及绩效评价、税收遵从、税收征管、税票研究四个方面进行深入分析；（2）财政理论与政策研究。围绕财政基本理论、财政体制改革及绩效评价、比较财政、比较税收四个方面进行优化。在此基础上形成三个研究团队，充分发挥团队优势。围绕这些专题，自2009年7月以来，研究团队在《财贸经济》《财政研究》《税务研究》《经济评论》《当代财经》等刊物发表CSSCI论文100余篇，出版专著10余部，主编教材3部，主持国家和省部级相关课题30余项，其中，国家自然科学基金项目3项，国家社科基金12项（含重大课题1项、重点课题1项），博士后基金第5批特别资助项目1项，教育部人文社会科学研究课题1项，江西省社科规划重大项目1项、重点项目5项，江西省自然科学和社会科学一般项目10余项、江西省学位与研究生教育教学改革研究项目3项。科研成果多次获得教育部、江西省优秀成果一、二等奖。

与此同时，研究中心积极服务经济和社会，完成世界银行委托课题2项，承担了商务部委托项目、财政部与高校共建课题、国家税务总局委托项目、江西省卫生厅委托项目、南昌市发改委和财政局委托项目以及各类企业委托项目等。

为了保证科学研究接地气、提高实践的可操作性，研究团队积极开展调研，通过发放调查问卷、走访相关政府部门、举办座谈、走访企业等形式了解财税政策的实施情况及存在的问题，掌握了大量一手资料，并付诸文字，《江西日报》多次进行专题报道，所撰写的研究报告多次获得江西省主要领导肯定性批示。

研究中心秉承"信敏廉毅"校训，致力于财税理论与政策的研究，努力把中心建成在全国有影响、在江西有优势的财税研究基地。中心研究力量雄厚，在财税理论与政策研究领域具有很强的科研能力，取得了丰硕的研究成果，热诚欢迎各部门与中心合作，共同为财税研究事业做出更大的贡献！

作者单位：江西财经大学财税研究中心

作者简介：席卫群，女，1970年4月出生，经济学博士，江西财经大学财税研究中心主任、教授、博士生导师，江西省百千万人才工程人选，江西省高校中青年学科带头人，江西省税务学会理事，在《税务研究》《经济评论》《当代财经》等专业刊物发表论文100多篇，主持国家级、省部级课题多项。

财经高校税务硕士应用型创新实践人才培养的思考

伍 红

一、税务硕士应用型创新实践人才培养存在的问题

我国从2010年开始招收税务硕士，从开始培养到今天经过10年时间，从无到有，从小变大，税务硕士的培养规模越来越大。税务硕士招生的主体对象为应届本科毕业生，入学考试科目为思想政治理论、外国语、业务课一和业务课二。业务课方面部分学校采用经济类联考替代数学。学生修满规定学分，其间完成实习任务并且通过论文答辩，即可获得税务硕士专业学位。培养年限方面各校不一，有将学习年限设为3年的，如云南财经大学、吉林财经大学，大多学校将学习年限设置为2年。获得税务硕士招生资格的培养单位中有综合类大学和财经类高校，通过调研，两类培养单位在税务硕士培养过程中存在一些共性问题，以下将从税务硕士培养目标层面、课程设置层面、师资力量层面与学生自身层面四个方面进行描述。

（一）培养目标层面

1. 税务专业硕士与学术硕士培养方式趋同化

学术学位培养的是具有坚实的本学科理论基础、了解本学科最新学术前沿和学术动态、具备进一步研究深化本学科理论的研究型人才，学术型学位按学科设立，其以学术研究为导向，偏重理论和研究。而专业学位培养具有一定理论基础、能将本学科的相关理论转化为社会生产实践的具体技术和制度、并运用其专业能力直接服务于社会的应用型人才，专业学位以专业实践为导向，重视实践和应用，授予学位的标准要反映该专业领域的特点和对高层次人才在专门技术工作能力和学术能力上的要求。

专业学位教育的突出特点是学术性与职业性紧密结合，获得专业学位的人，主要不是从事学术研究，而是从事具有明显的职业背景的工作。但由于我国税务专业硕士起步时间晚，办学经验少，在制定专业硕士培养目标和培养方案时基本上参照学术硕士的培养目标和培养方案，两者除了培养年限以外没有明显差别，这就导致专业硕士研究生和学术硕士研究生在课程设置、教学方法、社会实践、评估体系等方面呈现出趋同状态，专业硕士作为高级应用型人才的培养目标没有得到很好的体现。

2. 培养目标约束弱化与培养机制不完善并存

虽然不同培养单位在招收简章和培养规划中一再强调培养目标是偏向实践的高层次复

合型税务人才，但从完成目标所需的软硬件来看，课程设置、实践教学、师资力量配备等方面尚不完善，短期来看是不可能实现上述培养目标。尤其是在培养机制方面，受传统硕士培养"重科研轻实践"观念的影响，有的学校仍旧要求学生注重理论学习，表现在大量的课堂教学中，理论知识的传授过多，缺乏相应的实践教学和案例教学等；有的学校恰恰走进了误区，忽视理论教学，单纯强调实践，导致学生往往学会了"是什么"，而不知道"为什么"，一旦既有环境和条件变化，就无所适从，缺乏理论指导的实践的弊端便显现出来。

（二）课程设置层面

1. 教学内容体系庞杂、功能不明，与本科教学内容大同小异

目前，税务硕士学位课程包括：外语、中国经济问题、现代经济学（含宏观经济学、微观经济学）、税收理论与政策、中国税制专题；国际税收专题、税务管理专题、税务筹划专题。非学位课包括：税务稽查专题、高级税务会计、企业税务风险管理、纳税评估实务、财务报表分析等。而国外大学在培养税务硕士设置的主干课程一般包括：会计、审计、道德伦理、财务管理、财务报告分析、公司与个人税务筹划、税法、税收战略。想专攻具体类型税收实务知识的学生，可选择附加的专题，如所得税和财产税等课程。

通过中外课程设置的比较，可以发现：一是对知识结构点和面的处理方法不同，国外的课程设置由面及点，即从主题课（会计、财务管理、企业管理）到次级主题知识（税收实务一般性知识）再到具体税种的专题课（所得税、房地产税或财产税），而目前国内课程设计缺乏这种层次感。二是课程数量上，国外大学课程数量显然小于国内培养方案所规定的数量。三是国外大学课程设置上很少安排经济学课程，而国内培养方案涉及经济学的课程有三门，即中国经济问题、现代经济学和数量分析方法。

另外，与财税学术型硕士相比，许多课程并无明显差别。根据调查，国内高校在财税学术型硕士的培养方案中，几乎都开设宏观经济学、微观经济学、税收理论与政策、中国税制、税收筹划等课程。这样的课程安排使得税务硕士培养与学术型硕士培养的目标边界不清晰，甚至与本科教学也难以拉开档次。总体来说，国内课程体系设置由于处在初期探索阶段，相较国外的成熟体系稍显不足，课程体系存在层次混乱、体系庞杂、分类与功能不明晰的问题。

2. 教学手段相对滞后

在硕士阶段的课程中，使用最多的是"学生主讲+教师辅讲"的教学方法，每次课由学生就某一专题，按照其组织的教学内容和自己做的课件进行一节课的讲授，然后第二节课围绕该生的讲授进行课堂讨论，最后第三节课一般由教师进行总结性讲授。这种教学方法的使用主要目的是通过学生的主动学习来锻炼学生思维能力，使学生不但能知其然，还知其所以然。但从教学效果看，学生的课堂讲授部分水平参差不齐，部分同学听课效果极差，课堂讨论难以充分开展，研讨式教学很难有效。多样化教学手段的使用还处在探索阶段，所产生的教学效果不一而足，先进的课堂教学模式仍需要广大师生共同探索以完善。

3. 实践教学环节重视度不够

一是实践教学环节流于形式。实践教学环节是专业硕士与学术性硕士在培养计划中最重要的区别之一，也是专业硕士培养质量的重要保证。从当前高校税务专业硕士的培养体系来看,对实践教学环节的重视程度还远远不够。实践教学需要多年积累的实践经验,高校教师偏重于理论研究,对实务型问题研究较少,能够从事实践教学课程的导师人员不足。加之很多高校现有的实践教学内容不完善,对学生的实践教学环节重视不够,把实践教学等同于毕业实习的状况屡见不鲜,导致实践教学环节流于形式,专业硕士的职业技能和职业素养有待提高。

二是实践课程中校企合作双方缺乏有效的沟通交流。高校和企业在专业硕士研究生培养中,行为动机和利益诉求不同,高校注重学生的培养质量,企业更关注学生创造的价值,缺少培养人才的社会责任感。由于在人才培养上的定位不同,校企之间的利益诉求很难达到一致,容易造成矛盾和问题,当前校企之间的合作更多是挂名而非实质合作,也没有建立有效的沟通交流机制,校企之间的合作出现短期化和形式化,没有真正形成互利共赢的局面。

(三) 师资力量层面

一是校外导师"名存实亡"。高校设立"双导师"制度的初衷是为了发挥校内校外导师的不同特点,做到优势互补,全面提升专业硕士培养质量,满足企业对专门人才的需求。但从实际情况来看,由于校外导师多是企业负责人或业内专家,自身工作繁忙,对专业硕士的指导属于兼职工作,与他们自身工作业绩无关,这就使校外导师对研究生重视程度不够,在课程教学、现场实践、论文工作、评价考核等教学环节几乎没参与或者参与较少,校外导师只挂名不指导的现象普遍。二是校内导师"无暇顾及"。校内外导师由于沟通交流很少,对学生的培养和指导过程相互不了解,没有达到双导师制度共同指导学生的强化效果。

(四) 学生自身层面

1. 不同培养单位生源质量差距大

税务硕士培养和发展将逐渐呈现"多弱少强"的极化态势。一方面,由于北大、人大、复旦、央财、上财等高校持续吸引地方性高校优质毕业生,以及教育资源分布不均,因此北京和上海等地成为部分学生首选之地;另一方面,区域内税务硕士培养单位之间的竞争将日趋激烈,而竞争的优胜法则短期可能受培养单位的地域优势或者是累积的声誉影响,长期将取决于培养机制的创新和形成持续强势的核心竞争力。因此在人才培养过程中,区域性、地方性品牌院校将总体处于劣势,若在人才培养机制方面没有创新和提升,将引致全方位的落后。

2. 同一培养单位内学生的理论水平和实践能力参差不齐

一是多名税务硕士生不是本科阶段的税收专业出身,在缺乏相关专业知识基础的情况下,很难开展案例专题课教学。二是从招生和培养对象来看,税务硕士教育招生包括应届本科生,而不是具备数年实际部门工作经验的税务从业人员,这种录取生源结构给教学和实践培养带来了诸多不便。

在国际化日益加强的今天,无论是税务领域的科学研究、人才培养,还是税务专业的改革与发展,都需"国际化的视野,本土化的思考和行动"。

二、税务硕士应用型创新实践人才培养改进建议

（一）改进完善培养模式

1. 转变培养观念

由于当前税务硕士教育还存在着一些问题，如培养规模有限、培养时间短且普遍存在的"重科研轻实践"的倾向，因此，税务专业硕士的培养价值与重要性还是没有得到应有的肯定。为此，首先，应充分肯定税务专硕的培养价值，树立高层次应用型专门人才的质量观，提高社会各界、教师队伍、管理者与学生对专业硕士的认识；其次，需要政府和相关协会高屋建瓴地制定税务硕士教育规划，并通过大众媒介平台，如报纸、期刊、电视、广播、网络等，使高校管理者、教师群体和学生清楚地认识什么是税务硕士，它与传统财政学（税务）学科硕士有什么区别，发展方向与适宜人群分别是什么等基本问题，借此提高税务硕士培养的社会关注度，为学生入读及未来就业做好铺垫。最后，需要高校重视并推广本校的全日制税务专业硕士教育，让相关教师与管理者重视税务硕士教育，并设定有针对性的教学、指导与管理方式。

2. 加强税务硕士教育国际化

除了要转变观念，实行开放办学，还要拓宽渠道，利用优势资源，以及抓住重点，加强伙伴合作，充分利用自身优势，避免低层次、重复性合作，实现强强合作。加强国际合作既可以提高高校的知名度和竞争力，又可以在尽可能短的时间里借鉴国外高水平的教育经验和教训，掌握最新国际教育动态，赶超国际教育先进水平。如对外经济贸易大学，与国外知名大学和机构（纽约大学法学院、荷兰国际财政文献局等）开展合作办学，突出税务专业教学的国际化特色。如中央财经大学引进维也纳经济大学、荷兰莱顿大学在内的多位税收专家为学生授课、讲座，坚持税务硕士培养中的国际化方向，促进教师学生交流与研究。

（二）优化课程设置

1. 构建基础理论和应用知识相结合的课程教学模式

税务硕士的课程领域既涉及经济理论，又涉及实践运用。以国际税收为例，课程的教学内容是基于相关国际税收协定或涉外税收法律法规，若只局限于详细地讲述法律规定，难免枯燥乏味，对众多国际税收协定和涉外税收法律、法规的讲授则显得头绪繁多，内容空洞，知识点模糊不清，难以把握；而进行实践性教学，引入模拟教学法、案例教学法等，把理论与实践结合起来，能够有效地克服教学内容的枯燥性，调动学生的积极性，促使学生主动思考问题。积极为学生创造学习环境，当他们处于可以从不同角度看待事物的环境时，问题情境能培养他们的学习兴趣，使他们积极寻找解决问题的方法。国际税收不仅涉及税务问题，还涉及相关的法律、法规，这要求学生还应熟练掌握国际税收领域相关的法律、法规，具备对国际避税的识别与国际重复征税的预防能力，开展跨专业教育，从法学角度探讨重要的国际税收案例，强化学生的法学意识和全球意识。

2. 精简课程，合并税务专业硕士课程体系中的重复课程

在教学方法上，要探索创新性实践教育模式，减少课程讲授等适合培养学术型人才的

方法，重视团队教学、案例分析、现场研究、模拟训练等方法，让学生有更多机会参与其中，最大限度地调动研究生的积极性、主动性。所以在课程内容的选择上，既需相对弱化理论内容，又需要突出前沿性的内容。学术学位硕士研究生以培养从事基础理论或应用基础理论研究人员为目标，其课程强调理论知识无可非议。虽然系统的基础理论知识对提高专业学位研究生专业素质具有不可替代的作用，但由于专业学位研究生培养的本质应是以专业知识为依托，以实践应用能力培养为目的，因而在课程安排上应尽量侧重实践性、应用性的内容。如中南财经政法大学，在夯实专业基础课的基础上，突出企业税务、税务中介、综合实验课等专业技能课程和"行业知识模块""职业资格模块""创新创业模块"等综合素质课程的建设，推动课程学习与科学研究相互促进。

（三）改革教学方法

1. 实行案例教学法

案例教学能帮助学生理解原理中的一些抽象性语言，缩短理论与实践的距离，有助于提高讲授效率。就国际税收课程而言，在设计案例时应遵从一些基本原则：案例的选择以与国际税收协定接轨为出发点，围绕国际税收协定条款细则操作实物来设计，针对某项具体业务中容易出现问题的环节进行，以规范操作、规避风险为目标。从培养方案来看，无论是综合类高校还是财经类高校均在积极推进案例教学。

2. 运用模拟教学法

在课堂内外为学生提供一组模拟情景，让学生根据设定的条件或借用现实条件，自主决定采取何种虚拟的经济行为，然后观察和分析这种行为的结果。模拟教学法可以采用两种方式：一是借助模拟教学软件，让学生在电脑上进行演练，利用网络汇集和共享高水平的软件，以完成某项业务的操演；二是建立相关的有形实验室，为学生创造一个模拟训练的场所，让学生自己动手操作并完成国际税收业务。以吉林财经大学为例，2016年，该校投资300万元建立了税务云嵌入实验室，并购置了相应的软件，为学生提供了良好的学习实践环境，构筑校内理论学习与业务实践相结合的能力培养模式。

3. 采取讨论式教学法

讨论式教学法是一种主要用于探究课程中的难点、重点及学科中前沿问题的一种方法。如课程中的"税收居民的判定标准、所得来源地的判定标准"具有一定难度，就可以通过讨论的方法，加深学生对该问题的理解。由主讲教师将讨论的题目发布下去，学生们3~4人为一组，各自在课后查阅资料，各小组先进行讨论，每组选派一位学生代表小组在全班的讨论会上发言，发言后其他学生可以进行提问，小组讨论后，由教师作总结发言。

4. 应用多元化考核方式

如《国际税收》课程改变了传统枯燥的作业形式，采用多元化的考核方式，除了通常的复习思考题和练习题外，还可以运用以下方式：①在上完每章之后都会指定一些参考文献让学生阅读，并布置案例，让学生课后分析，然后在下节课课堂上进行讨论。②将文献阅读、案例查找作为平时作业的重要组成部分，要求各小组就其阅读的文献或者老师提出的某一问题进行思考，经过小组讨论后，形成小组的一些观点，并派一位学生代表小组在全班的讨论会上发言，并接收其他学生所进行的提问。③将本课程的某些章节制作成课件，并在课堂上对其他学生进行讲解，最后再由教师进行总结。

（四）重视实践教学环节

1. 加强高校实习、实训基地建设

由学校出面，通过各种途径与当地政府财税部门或各类企业联络，请其相关人员来校进行指导或让学生进入其部门进行实际业务操作，或者由学校担保其风险，学生免费帮助当地政府财税部门或企业完成国际税收业务。有条件的学校，学生可在校内实训的基础上，再到企业顶岗实习。总之，在国际税收教学中，要培养学生的实践能力，需要依靠当地政府财税部门或企业。通过操作，培养学生外语水平、操作应用能力、防范风险的能力，具备对所出现的国际税收新方式，新情况和新问题进行灵活处理的能力。

2. 加强校企间的"全程合作"

一是慎重选择合作伙伴。校企合作中合作伙伴的水平直接决定了联合培养专业硕士的质量。高校作为校企合作的主要责任方要慎重选择合作伙伴。首先，要基于行业类别、行业地位、企业信用、企业规模等指标来选择合作伙伴。其次，考虑企业的合作意愿和合作理念是否能够与高校相容，选择有意愿、有热情、有责任感的企业展开合作是联合培养的坚实基础。

二是建立长期稳固的校企合作关系。校企合作培养专业硕士是一个长期过程，必须立足长远，制定长期可持续发展目标，校企合作双方应就合作方式、经费保障、运行机制等方面明确双方的责任和义务，这是建立稳固合作关系的关键。由于专业硕士最终要服务企业，高校要和企业加强沟通合作，发挥双方的各自优势，共同制定专业硕士的培养目标和培养方案，确保培养的学生满足企业社会需求。以广东财经大学为例，该校将已建设的本科生教学实践基地拓展、提升为税务专业硕士研究生协同培养基地，包括广州市税务局（广东省联合培养研究生示范基地）、开平市财政局（广东财经大学联合培养研究生示范基地）、瑞海税务师事务所（广东省大学生校外实践基地）等10余个教学实践基地。

（五）强化师资力量

1. 增加教师税务实践经验

在培养学生实践能力的教学中，如何设计教学情境，如何在学习过程中给予学生适当的指导，对教师来说是新的挑战，尤其对教师的实践能力提出了比传统教学方法更高的要求。因此，要实现税务硕士的培养目标，应高度重视教师队伍的实践能力培养。一般有两种培养途径：一是让教师走出去，进入政府财税部门或企业、中介机构学习、参观、操作，提高专业技能；二是把政府财税部门有丰富经验的工作人员或企业、中介机构的相关人员请进来，对教师和学生进行培训，提高其实践能力。以上海国家会计学院为例，2016年全年，学院专职教师先后参加了全国税务专业学位研究生教育指导委员会组织的第四期师资培训会、教育部学位与研究生教育发展中心主办的中国专业学位教学案例中心第23期案例教学与写作培训会议和学院组织的5次教研论坛。同时，该高校每年还选派1~2名教师到美国亚利桑那州立大学凯瑞商学院、台湾政治大学进行课程研修和合作研究。

2. 落实校内外"双导师制"

我国研究生的培养基本采取导师负责制,导师在专业硕士人才培养中至关重要,导师理论和实践水平直接影响学生的培养质量。首先,严格导师的选拔,就校内导师来说,需要与学术硕士导师的选拔有所区别,除了考查理论研究水平外,还应该将教师参与企业课题、服务企业作为重要参考指标予以考虑。校外导师的选拔除了考虑有丰富实践经验和一定理论水平的高级专业人才,还需要考虑校外导师必须具有责任心和奉献精神,毕竟指导学生是一个长期投入的过程。以上海国家会计学院为例,截至目前,学院共有税务硕士研究生学位论文指导教师54人,其中校内导师45人、校外导师9人;研究生兼职指导教师25人。校内导师对研究生培养各个环节和培养质量负主要责任,主要工作包括课程讲授、论文指导和学生教育与管理等;校外导师主要工作是在实习实践、业务能力提升、职业生涯规划等方面指导学生。为保持校外导师工作的积极性和持续性,学院不仅将其纳入严格的导师遴选机制和考核评价体系中,还将其作为学院税务硕士人才培养目标定位与课程设置顾问、授课教师、学术讲座主讲人、学位论文预答辩、答辩委员、实习报告评审专家等角色参与到学院研究生培养教学过程中来。

(六) 建立税收专业硕士教育质量监控体系

1. 学校自我约束的质量监控

高校自我约束的质量监控是通过高等学校自身成立的约束组织或各大学在自愿基础上组成的各种学术或专业组织得以实现的。目前,在我国高等学校都成立了各种各样的自我约束和监控组织,如学术委员会、教学委员会、教学督导组等。学校自我约束下的质量监控自主性高、针对性强,在学校的质量监控中发挥着重要作用。

2. 学生行使质量监控

学生是高校的主体,是高等教育的产品,其身上所表现的一切,最能说明高等教育质量的高低,同时,学生也是接受高等教育服务的最直接的消费者,最有权对高等教育质量进行监控,对高等教育中的微观层面如教学过程组织、专业和课程设置等活动更有监控条件,建立每门课程档案,通过学生的评价、意见与建议,及时了解各课程的教学情况与教学效果,并及时反馈给任课教师,以及时做出调整。

参考文献

[1] Keith Trigwell. Scholarshipof Teaching: A Model [J]. Higher Education Research, 2012: 19.

[2] Robert W Mendenhall. Technology: Creating New Modelsin Higher Education [J]. Information Resources Management Journal, 2015 (1).

[3] 杜洋. 浅析信息化背景下高校教学改革面临的机遇与挑战 [J]. 中国教育学刊, 2015 (11): 131-132.

[4] 施菊华. 大学生创新能力培养机制的构建与实施 [J]. 重庆工学院学报, 2009,

（5）：179.

［5］李永安. 我国大学课堂教学的改革策略［J］. 中国高等教育，2013（5）：33 - 35.

作者单位：江西财经大学财税与公共管理学院（财税研究中心）

作者简介：伍红，女，教授，博士生导师，供职江西财经大学财税与公共管理学院（财税研究中心），财税研究中心副主任。

《税票鉴赏》课程开设及其特色

戴丽华

《税票鉴赏》是高等院校财经类财政、税务专业的专业选修课，着重于结合财政学、税收学的基本理论、知识和方法，阐述税票在历史发展过程中的基本演变轨迹、特点及其规律，以便学生据以了解、掌握和运用中国财政，税制演变发展的规律，了解税收文化在财税体制改革中的重要作用。该课程开设于2014年9月，是基于2013年度结项的国家税务总局收入规划核算司专题研究项目"印花税票比较研究"的研究成果以及2013年10月江西财经大学建立的中国税收票证博物馆的基础上开设的。自2014年9月开始，每学年的选课人数都在1000人以上，深受广大学生的欢迎。2019年6月4日，《税票鉴赏》课程在"学习强国"平台成功上线，成为江西省在该平台上线的第一门通识类课程，同年，该课程在中国大学慕课平台（爱课程网）成功上线，并运用线上、线下同步SPOC的形式开展了开放式教学模式，吸引了众多财经类院校的学生及税票收藏研究爱好者选修该课程，成为国内首门以税票为主题并有一定影响力的课程。

一、教学特色

（1）构建实践能力培养体系，实现教学和实践的有机结合。《税票鉴赏》课程探索构建"专业课程平台+通识课程平台+实践教学平台"的三级教学体系。实行"理论教学+实践教学"的运行模式，设置相应课时集中实践及进行专题讲解，并构建每个学期的技能培养目标和学期末的综合考核办法，创新了教学内容，突破了《税票鉴赏》课程的内容和深度，使学生更加直观地感受到税收历史文化的佐证，也对当前正在推进的税收治理体系与治理能力现代化有了深刻的理解，体现了鲜明的教学特色。改变从理论到实践的思维定势，采用从实践到理论、再从理论到实践的双向学习方式，采用案例、讨论、研究课题等方式，并在班级中选拔优秀学生组建了讲解团，培养了一批讲解员，使得教师教得好，学生乐于学。

（2）教研并举，实现教学和研究的有机结合。《税票鉴赏》课程积极发挥财税学科优势，依托全国首家中国税票研究中心及其研究团队，以税收票证为研究对象，开展税收历史文化研究，承担了国家社科重大、重点基金项目5项，获得了教育部人文社科优秀成果奖、省社科优秀成果奖10余项，在中国印花税与印花税票、中华苏维埃共和国税收史、中外印花税票比较、印花税票图鉴、税制改革与优化等领域取得了丰硕的研究成果，研究水平国内领先。这些研究成果及时应用到教学中去，教学又促进研究，实现了教学与科研相长，助力我校财税专业取得了一系列的国家级、省级优秀教学成果和国家级教学质量工程项目，从根本上促进了财税专业人才培养的质量和水平。

（3）内外并重，实现校内和校外税收基地的有机结合。《税票鉴赏》课程积极加强中国税收票证博物馆与财政部中国财税博物馆、各地方税收博物馆以及财经类院校博物馆联盟等的联系合作，定期与其他博物馆开展交流和学习。其中，该课程主讲教师之一的曾耀辉博士（也是中国税收票证博物馆藏品的捐赠者）作为国内税票研究领域的权威，多次参与多家国内税收博物馆的建设。作为"全国社会科学普及基地""江西省社会科学知识普及宣传基地"，中国税收票证博物馆通过建立健全开放、培训、讲解、卫生等各项管理制度与工作规程，内外并重，运用声、光、电、在线网络及VR等现代信息技术，面向江财师生及校友，面向校外的中小学生、财税干部、纳税人、社会各界等，发挥了很好的税收教育功能，对江财师生、校友还有独特的爱校荣校的教育效果。

二、创新点

（1）开创税收票证与税收历史文化教育完美结合的先河。《税票鉴赏》课程以税收票证清晰、生动地再现了中国财税改革历程，率先开展税收历史文化教育。通过该课程，开展财税史学术讲座，举办学术研讨会，建立了一套切实可行的育人模式，财政学类专业教学由"第一课堂"（理论）延伸至"第二课堂"（教学实践）。实践教学的受众包括本科生、硕士研究生、博士研究生、国际留学生及国际培训学生等不同层次的学生，激发了同学们浓厚的兴趣，宣扬、展示了中国税收历史文化，充分发挥了"以史鉴今"的教学和育人功能。

（2）拓展并创新了高校育人的内涵和外延。高校的根本任务是立德树人。传统的育人，主要强调校园内的育人，对社会人的教育缺乏关注。经过六年的探索和实践，《税票鉴赏》课程通过中国税收票证博物馆搭建起高校、财税部门、纳税人以及社会各界的联系桥梁，已经打造成为高校财税类专业课程教育、实践教学的重要平台，广大师生、校友爱校荣校的重要基地，社会各界税法宣传、纳税人教育的重要载体，实现校内和校外税收观念和文化教育的有机结合，实现了中小学生—大学生—校友的终身税收教育体系，高校文化传承功能得到彰显。

三、教学成果的影响

（1）教学成果向研究成果转化。依托财税相关课程和税收票证博物馆馆藏素材，研究形成系列优秀著作与科研成果。一是出版了《中国印花税与印花税票》《中华人民共和国印花税票图鉴》《中华苏维埃共和国税收史》《中外印花税票与印花税票比较研究》《中国印花税与印花税票史》等一系列专著和教材，其中，《中国印花税与印花税票》一书中认为中国明朝出现的契尾就是最早的印花税票雏形，这一观点打破了印花税票最早来源于1624年的荷兰的说法，是学术界的一大重要研究突破，引起了广泛的关注和认同。二是完成了《中外印花税票比较研究》等国家税务总局委托课题，研究报告获得国家税务总局部门领导的肯定。三是2018年国家税务总局发行《红色税收记忆》新版印花税票，采用中国税收票证博物馆馆藏文物中央革命根据地税收票证等作为税票图案，相关课题的研究报告与政策建议多次被税务主管部门采纳。这些研究成果被及时地应用于课堂教学和实践教学中，取得了良好的效果。

（2）课程建设向专业建设纵深推进。《税票鉴赏》课程开始之初便与财税专业建设紧密结合在一起，对财税学科的教学和科研起到了良好的促进作用。《税票鉴赏》课程丰富了专业课程内容与课程设置，2019 年，该课程在中国大学慕课平台（爱课程网）成功上线，并运用线上、线下同步 SPOC 的形式开展了开放式教学模式，吸引了众多财经类院校的学生及税票爱好者选修该课程，成为国内首门以税票为主题并有一定影响力的课程，弥补了该领域的学科空白，为财税专业的一系列质量工程项目的取得奠定了良好的基础，为财税专业建设起到良好的促进作用。学校税收学专业一直稳居全国前五名，财政学专业稳居全国前十名，2020 年初，财政学专业成功入选国家一流专业建设点，这将有力地助推财税专业建设，实现课程建设与专业建设齐头并进。

（3）教学成果向多层次广泛应用。一是拓宽了本科教学范畴。鉴于《税票鉴赏》课程的成功案例，财经类多门主干课程及通识课程（如《中国财税史》《税收历史与文化》等课程）都引入了中国税收票证博物馆实践基地作为实践教学环节，使学生获得实景体验，激活学生的创新思维，学生反映强烈，课程评教分数大大提升，学生对实践教学环节评价高。二是拓宽了专业教学领域。逐步推进将《税票鉴赏》课程特色教学环节融入高层次学生教学。将博物馆实践教学模式引入财税专业及经济类专业等学术研究生及专业硕士和高层次人才培训班的教学环节中，受到热烈反响。特别是将中国传统文化展示融入国际生教学，向各层次国际留学生（含本科交换、海外硕博士项目及国际培训生）展示了中国传统文化及税收历史文化，激发了留学生对中国文化及税收文化的浓厚兴趣，得到了留学生的高度评价。

作者单位：江西财经大学财税与公共管理学院

作者简介：戴丽华，女，经济学博士，副教授，硕士研究生导师，主要研究方向财税理论与政策，现为江西财经大学财税与公共管理学院财政系主任。主持国家社科基金青年项目等多个国家级及省部级课题，在权威及省级以上刊物发表学术论文 10 余篇，出版专著 2 部，作为主要成员参与者获得江西省教学成果二等奖，校级教学成果一等奖的主要完成者。

如何让《税票鉴赏》课有料有味

黄思明

《税票鉴赏》课程是江西财经大学开设的面对财政学、税收学专业本科生的专业选修课和面向财经类院校所有本科生开设的通识类课程。课程于 2019 年在中国大学和超星两大慕课平台运行,是一门受益人数众多的课程,也是同类课程在中国大学 MOOC 上选用人数名列前茅的课程,选课学校覆盖中央财经大学等国内外 445 所学校。该课程能得到广泛的认可,是课程组长期教学实践经验的积累和沉淀。

一、课程的内容

顾名思义,税票鉴赏课就是对税票进行品鉴和赏析。税票是指与税收相关的收款、减免、查验、核定和退款等凭证。中国在唐代就出现了税票的雏形,至明中叶以后,税票越来越多地出现;明清资本主义萌芽的不断成长,特别是清鸦片战争爆发后,中国税制结构变化加快,除了农业税票外,工商税、关税以及各种苛捐杂税的税票越来越多;并且由于借鉴和引进外国先进税制,印花税等新税种的税票也开始出现;民国作为传统税制向现代税制的过渡时期,税票也充分反映了新旧税制交汇的特点,且因战乱频仍苛捐杂税多如牛毛,税票种类亦纷繁复杂;新中国成立后,税收制度逐渐向规范化和现代化发展,税票的沿革也反映出了税收制度曲折发展的过程,新的历史时期,税票同样印证出中国快速科学发展的步伐。

各个时期的税票既是当时的税收专用凭证,又由于其丰富的历史文化内涵,折射出时代的政治、经济、税收制度状况和社会演进,而不少税票由于其美观外形和丰富内涵,成为众多收藏者的钟爱。税票的变迁,是历史文化的缩影,对认知民生社会和以史为鉴促进当代社会科学发展有深刻的启迪。《税票鉴赏》课程以各个时期的税票为载体,着重于结合财政学、税收学的基本理论、知识和方法,阐述税票在历史发展过程中的基本演变轨迹、特点及其规律,以便学生据以了解、掌握和运用中国财政、税制演变发展的规律,了解税收文化在财税体制改革中的重要作用。

二、课程的教学方法

课程设计结合《税票鉴赏》的特点,注重理论与实践紧密结合,充分发挥"线上 + 线下"混合教学优势,方便学生自主化学习和个性化学习,使传统的以教师为中心的课堂教学模式转向以学生为中心的自主学习模式,推动了教学模式改革。慕课内容设计合理,教学管理完备，制作水平精良，既注重学生基本理论、基本方法、知识传授，又注重线上线下联动，教学相长形成教与学的有效互动，是同类课程在爱课程网上选课人数名列前茅的精品慕课之一，具有很好的推广应用价值。

（一）运用"线上＋线下"的 SPOC 翻转课堂模式

组建了学习通、慕课堂、QQ 群等多个学生群，教学方案围绕课堂教学、MOOC 视频学习、学习通直播、主题讨论、学生提问、群聊进行。每堂课前分别在学习通和 QQ 群发布今天课程的学习通知，提醒同学们这节课做什么、怎么做，课程结束后在学习通和 QQ 群里对本节课作一个总结。针对同学们在学习中没能掌握的重难点和学生疑问进行串讲，将时事案例与知识点结合的内容更能激发他们的兴趣，中间穿插提问采用"连麦""抢话筒""选人答题"等小程序调节课堂气氛。讨论课上，发布知识点的延伸话题，要求每位同学在讨论区发布疑问且"生生互评"可加分，同学们讨论、互答很踊跃。尝试使用"分组讨论""小组 3 分钟发言"的形式增加网络教学的趣味性，保持课堂的新鲜感和学生之间的沟通交流，每个组的展示和报告采用文字报告和连麦报告的形式，同时给每个小组评分，增强他们的团队协作，激励小组间的正向竞争。

学生通过"视频＋线下"的学习，对知识点的重难点掌握比较清晰，讨论加深了知识点的深度与广度，分组讨论巩固了同学们的课堂学习，开拓了学生的视野。课后，要求同学们把每堂课的练习完成和得分情况以截图跟帖的形式发送到讨论区，每周定时公布本周的网络学习分数排名，激励同学们继续"提问、互答灌水"；有时也会采用投票和聊天的形式问他们喜欢哪种教学模式和课程的改进建议，同时，监控同学们的学习数据，根据反馈与课堂数据调整课程设计、方法与内容。

（二）课堂与实践教学基地相结合

中国税收票证博物馆于 2013 年 9 月 30 日举行开馆揭牌仪式。该博物馆以税票史为主题，展示了自明代万历年间至今不同时期的税收票证等数百件历史文物，反映了我国各类税票的印制、开具、管理、使用的发展过程，是我国税票历史轨迹的直观再现。同时，江西财大具有税票研究中心这样的重要研究基地，为课程的建设提供了扎实的理论基础，也使得该课程具有一定的开发潜力和前瞻性。每学期第八周，安排学生参观税收票证博物馆，学生们从参观的馆藏税票中更好地掌握课堂知识，同时增加课堂教学的趣味性与实践性。

三、一点感悟

课程组勇于创新，顺应信息化变革的潮流，对课程进行精心编排，更新优化，在教学内容与体系、教学方法与手段等方面进行了有益尝试。课程内容体系完整，与时俱进；每节课短小精悍，视频制作水平较高；形式贴近学生生活，保持内容严肃性的同时增加了趣味性；教学内容的选择重点突出，凸显团队对课程的深入理解；课程相关资料丰富，能满足学习者的不同学习需要，弥补传统课堂教学的不足；师生互动、生生互动频繁，凸显课程的优势。

《税票鉴赏》的课堂，学生更多的开放自我、展现内心与才华，与老师的交流更加平等，通过《税票鉴赏》课程的教学，教学思维有了全新的突破；网络时代下的课堂教学，不断地"变换花样""注入新鲜能量"，才能吸引同学们的持续关注。

作者单位：江西财经大学财税与公共管理学院

作者简介：黄思明，女，1984年10月生，经济学博士，江西财经大学财税与公共管理学院副教授、硕士生导师，江西省国际税务研究会理事，南昌税务研究会理事。主要研究领域为税收理论与政策，在权威及核心以上刊物公开发表学术论文20余篇，2018年获得江西财经大学"金牌主讲教师"。

专业课程思政教学设计优化与重构研究
——以《中国税制》为例*

王 雯

从 2016 年全国高校思想政治工作会议确立的高校"立德树人"目标，到《教育部关于深化本科教育教学改革全面提高人才培养质量的意见》和《教育部关于一流本科课程建设的实施意见》强调的"把课程思政建设作为落实立德树人根本任务的关键环节，充分发掘各类课程和教学方式中蕴含的思想政治教育资源""深入挖掘各类课程和教学方式中蕴含的思想政治教育元素，建设适应新时代要求的一流本科课程"，再到《教育部高教司关于印发 2020 年工作要点的通知》强调的"深入挖掘各门课程蕴含的思想政治教育内容，促进专业课与思想政治理论课同向同行"，新时代强化课程思政建设、构建整体育人的"大思政"格局已成大势所趋。"课程思政"的内涵在于：发掘高等学校各门课程所蕴含的思想政治教育元素和所承载的思想政治教育功能，融入课堂教学各环节，实现思想政治教育与知识体系教育的有机统一，达到所有课堂都有育人功能、所有教师都负有育人职责的要求。因此，如何坚持知识传授与价值引领相统一、显性教育与隐性教育相统一，进而实现专业课教学与思政课教学同向同行以及全员育人、全过程育人、全方位育人"三全育人"的育人模式，是目前高校教育教学改革需要思考的重要课题。

一、文献综述

在课程思政的发展研究上，孟祥凤（2020）认为，多层次、多方面的实践目标群是"课程思政"目标体系建构的重点内容，不仅要兼顾培养目标一致性、内容方法差异性、教育统筹整体性以及课程教育特殊性原则，而且要结合不同课程特征层层分解"思政"课程的总目标，可以采取"持之有故，行之有理""全面和重点相统一""突出规范特征""规范操作体系"等措施。李祥祥（2020）运用 Citespace5.5.R2 可视化分析软件，以 CNKI 中相关文献为样本，绘制关键词共现知识图谱，分析了近三年来高校课程思政的研究热点、研究进程及发展趋势。研究发现：研究热点体现在教学改革、思政课程、思想政治教育、立德树人四个方面；经历了从基础理论研究向实践应用研究深化的研究进程，思想政治理论课在改进中加强、专业课程思政、协同育人是课程思政研究的重要趋势；当前研究还存在成果质量不够高、缺少较为稳定成熟的研究者群体、部分研究的"蹭热"现象等不足。

---

* 江西财经大学 2020 年校级教育教学改革研究项目"《中国税制》课程思政的探索与实践"（编号：JG2020009）阶段性成果。

在本科专业课课程思政的思考与探索上，罗仲尤和杨娇娇（2019）认为，专业课教师是与大学生接触时间最长的教师群体，专业课教师把思政教育的种子撒播在专业课课程之中，将有助于高校践行立德树人的理念，实现对大学生的协同育人，培养出具备综合能力并能为新时代中国特色社会主义发展做出贡献的大学生。吴晨映（2020）认为，高校应着力转变专业课教师思想观念，增强教师的思政主体意识；健全培训与激励机制，提升教师的思政教育能力。在具体实践层面，宋晟欣等（2020）指出，《管理学》课程思政的试点教育显示，嵌入性"课程思政"教育模式实现了专业课与思想政治教育融合的教学目标。但从长期发展来看，专业课程思政教育仍需加强学校的顶层引领，不断优化思政教育的教学队伍建设，并根据学校办学定位，对教学设计、教学目标以及教学内容进行适当的设计与修改，尤为重要的是，要构建以学生、督导、领导为评价主体的内闭环评价体系以及以社会企业为主体的外闭环评价体系。

综上所述，国家层面对课程思政工作高度重视，已有部分高校开展了对课程思政实践与研究，取得了一定的研究成果。然而，本科专业课课程思政的研究与实践还处于起步与探索阶段，并且当前新文科建设背景下，专门探讨专业课程思政的研究相对较少。本文将以《中国税制》课程为例，研究专业课课程思政的教学设计优化与重构问题，对课程思政建设与实践具有一定的借鉴意义。

二、专业课程思政教学的核心问题

专业课程思政教学改革的出发点是在坚持中国特色高等教育制度基础上将思政元素与理念融入课程的专业内容教学中，以"三全育人"体制机制建设为牵引，实现"知识传授"和"价值引领"相统一，让学生"爱学""会学""会用"。因此，专业课程思政课堂的实践应力求从根本上改变传统的"满堂灌""机械化""填鸭式"等教学方式，改变学生对包括《中国税制》在内的专业核心课程"难学""枯燥"的偏见，扭转学生参与程度相对偏低的现象，借助具有思育人功能的典型案例与实事热点话题，丰富课程教学内容，提高教学效果，进而达到思政教育与专业知识学习兼顾的目的。因此，专业课程思政改革应坚持问题导向，集中解决以下核心问题。

（1）"融什么"的问题：通过全员动员、全员培训、全员参与的机制，鼓励教师打破思维固化僵局，根据教学内容和教学进度安排，在不同税种自身特点的基础上，结合党和国家在经济建设、法治建设、民生建设、社会建设方面的新精神与新举措，以及最新的税收政策与热点话题，挖掘《中国税制》课程的思政价值与元素，整理、筛选出具有较高代表性的典型事件作为思政案例引入课程教学中。

（2）"怎么融"的问题：利用多元化手段与已有的教学平台，在已经成熟的"教学模式"中融入思政相关问题，开展《中国税制》课程的课程思政实践。具体而言，在既有教学内容和教学进度安排基础上，将以专题教学、案例教学、微课为主要形式的思政素材融入课程教学中。同时，利用"第二课堂""第三课堂"等社会资源，将无意识变为有设计，片段化变为系统性，偶发性变为课程文化。

（3）"融得如何"的问题：本文拟构建全新的专业课程思政师生双向评价体系。一方面，应打破传统"期末一张卷"的考核方式，推行定量评价和定性评价相结合模式，关注学生分数的同时更要关注学生学习的动机、行为习惯、意志品质、行为表现等，突出思政评价的过程性；另一方面，对教师的评价要多维度、多视角展开，创建科学合理的评价指标，探索建立教师课程思政自评制度，激发教师的创造力与活力。

三、课程思政教学设计重构

《中国税制》是经典理论与中国特色相结合、理论与实务并重的课程。为挖掘课程的思政元素与价值，训练学生的理性思维，使其"会学、学会、会用"，课程设计需要按照五个"有效契合"和五个"有机统一"的理念进行优化与重构。

（1）教学目标上，强调与时俱进，坚持问题导向与情境创设的有效契合，实现教师"预设控制"与师生"互动生成"的有机统一。《中国税制》课程的传统目标是使学生全面掌握税收制度的基本理论与基本知识，掌握中国现行税制体系中各个税种的构成要素及税款的计算、征收与缴纳等各项规定与程序，为从事税收理论研究、涉税事务处理、税收征管实务操作以及税收筹划工作奠定基础。而思政元素的融入进一步丰富了教学目标，即通过本课程的教学，弘扬社会主义核心价值观，深入贯彻依法治国方略，积极向学生传播税收法治理念，培养学生依法纳税、宣传税法意识。通过传统与思政的有效契合，不露痕迹地将正确的价值追求和理想信念传递给学生，促进专业课程与思想政治教育的"基因式融合"，形成专业课程的价值维度，与专业理论和知识融为一体，潜移默化，润物无声，在教学过程中做到"因事而化、因时而进、因势而新"，避免出现"肉夹馍"和"比萨饼"现象。

（2）教学方法上，强调以学生为中心，坚持教师主导与学生自主学习的有效契合，实现教师"系统讲授"与学生"自主建构"的有机统一。《中国税制》课程围绕核心知识点，将全部内容分为税收制度基本原理、货物与劳务税制、所得税制、财产税制、其他税制五个主体版块，每个版块教学过程分为四个阶段，每个阶段均通过思政教学案例与思政植入点来牵引整个教学过程。具体而言，第一阶段，"思政案例激活"，突出教学的问题导向，创设教学情境；第二阶段，"思政案例解读"，增加学习兴趣，梳理理论知识；第三阶段，"思政案例演练"，强化学生的"意义学习"与动手能力；第四阶段，"思政案例总结"，突出教学重点与难点，启发学生对问题的再思考。此外，利用思政元素的融入与案例实践演练，还可以将碎片化的知识点串成线，进而形成新模块，最终通过知识和理论内涵发掘、广度延伸、深度研读、价值提炼等手段将模块整合成为体系嵌入主体知识版块中，在融入思政元素基础上实现知识点的"点—线—模块—体系"逻辑架构。

（3）教学时空上，强调多元联动，坚持教师课堂教学与学生课外实践的有效契合，实现激活"第一课堂"与拓展"第二课堂""第三课堂"的有机统一。《中国税制》课程利用多元化手段与已有的教学平台，在已经成熟的"教学模式"中融入思政相关问题，开展课程思政实践。具体而言，在既有教学内容和教学进度安排基础上，以专题教学、案例教学、微课为主要形式的思政素材融入课程教学中。同时，利用"第二课堂""第三课堂"等社会资源，将无意识变为有设计，片段化变为系统性，偶发性变为课程文化。实现课堂内外、学校内外、线上线下的三个有效结合，将"第一课堂"向"第二课堂"甚至"第三课堂"延伸。

（4）教学评价上，强调灵活多样，坚持多主体合作与多形式考核的有效契合，实现尊重"权威标准"与体现"平等多元"的有机统一。一方面，通过终结性评价与形成性评价的有机结合，及时观察学生的行为表现并分析其潜在的思想动态，根据实际情况加以正确的引导，突出思政评价的过程性；另一方面，定量评价和定性评价相结合，不仅关注学生的分数，更要看学生学习的动机、行为习惯、意志品质、行为表现等。

（5）教学反思上，强调"价值性"，坚持个体授课与集体备课的有效契合，实现个体思考与集体智慧的有机统一。实践性知识作为一种隐性知识，必须通过共享、外化、组合才能得以内化、转化和传播。集体备课机制为教师提供个体与整体和谐共融的良好环境，合作其中能使自己从各个角度获取反馈信息，促进反思的深入有效地进行，在合作反思中进步，在互补共生中成长。通过集体备课制，打破思维固化僵局，共同挖掘《中国税制》课程的思政价值与元素，整理、筛选出具有较高代表性的典型事件作为思政案例，并结合自身授课教学情况加以优化。

当前，对于专业课程思政的实践与探索，必须以培养具备专业知识与爱国情怀的人才为基石，立足学科的学术内涵和传承脉络，促进思想政治理论教育与专业教育协调同步，将课程教学从单一的专业维度，拓展至人文、素养、德育等多维度，在专业课程中实现对思政教育认知、情感和行为的认同，方能以"破墙式"的创新精神全方位打造"熔炉式"专业课程思政体系。

参考文献

[1] 高德毅，宗爱东. 从思政课程到课程思政：从战略高度构建高校思想政治教育课程体系 [J]. 中国高等教育，2017（1）：43-46.

[2] 何红娟. "思政课程"到"课程思政"发展的内在逻辑及建构策略 [J]. 思想政治教育研究，2017，33（5）：60-64.

[3] 凌晓青，陈丽鸿. 高校推进课程思政的必要性及价值体现 [J]. 西部学刊，2019（19）：76-78.

[4] 孟祥凤. 构建高校"课程思政"目标体系的必要性、原则及措施 [J]. 兰州教育学院学报，2020，36（3）：71-73.

[5] 王涵. 高校专业课程思政教学改革与反思 [J]. 管理观察，2017（30）：138-140，143.

[6] 吴晨映. 专业课教师"课程思政"能力问题探讨 [J]. 河南教育学院学报（哲学社会科学版），2020，39（1）：56-59.

作者单位：江西财经大学财税与公共管理学院

作者简介：王雯，女，江西财经大学财税与公共管理学院讲师，博士，税务系副主任。近年来先后在《改革》《财贸经济》《中国人口·资源与环境》《税务研究》等期刊上公开发表了论文10余篇，参与多项国家级与省级课题，主持江西省社科规划一般项目、校级教育教学改革研究项目各一项，获得第四届江西省高校青年教师教学竞赛文科组一等奖。

收藏资讯

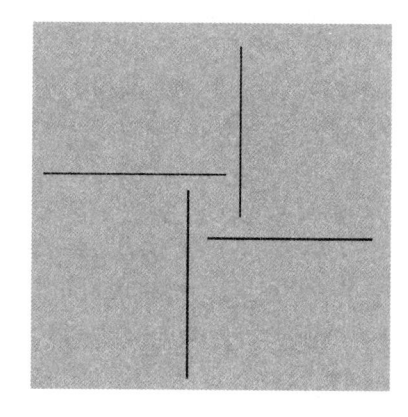

中国印花税票收藏的发展现状

刘永新

一、中国印花税票发行概况

中国的税收起源于原始社会晚期，距今已有 4000 多年的历史。到夏、商、周朝时（约公元前 2000 年至公元前 250 年），已形成较为完整的税赋制度。大约成书于公元前 4 世纪的《尚书·禹贡》，是中国历史上已知的第一部税法。中国是一个传统的农业社会，因此直到 1911 年 10 月辛亥革命以前，其税收以田赋为主要来源。由孙中山先生领导的辛亥革命，结束了中国几千年的君主专制制度，建立起了民主共和政体——中华民国。从此，其税收逐渐由以田赋为主转向以工商税收为主要来源，其中，工商税收以货物税和印花税等为主流。印花税的征收方法不同于其他税收，它们还衍生出了"印花总贴""印花税缴款书"等繁多而奇特的票品种类。从中华民国成立到 1949 年 10 月中华人民共和国成立期间，中国基本上处于各种战乱时期，所以印花税票的发行非常复杂，印刷版式也非常多。尤其是在军阀混战时期，中央政府控制不了省，省也控制不了所辖的地方市县。于是，在中央政府发行印花税票的同时，地方政府也在发行限特定地区使用的印花税票。抗日战争时期，绝大多数伪政权以"中华民国印花税票"为铭记，也发行了很多版式的印花税票。发展到后来，各种加盖的情况也非常杂乱。中国印花税票的发行概况如下：（1）3 分银红印花。1896 年，大清海关在英国订印一批用于已完进口税洋货凭证、面值 3 分银的红印花，但因遭地方反对而未能发行（后于 1897 年加盖改值成邮票使用）。（2）"双龙戏珠图"印花税票。1903 年，大清政府在日本订印一套 6 枚"双龙戏珠图"印花税票，因缓征印花税而未能行用。中国历史上第一套印花税票。（3）"云龙风景图"印花税票。1908 年，清政府在美国印制一套 3 枚"云龙风景图"印花税票，清末仅在部分省试行。实物仅见贴于地契上，但没有正式全面行用。（4）"长城图"印花税票。北洋政府于 1912 年 10 月正式公布《印花税法》，次年正式实施，并发行中华民国第一套全国通用印花税票——"长城图"印花税票。此后，北洋政府和国民政府陆续发行了很多全国通用印花税票、限地方使用印花税票，地方政府也陆续发行了地方版印花税票。（5）晋察冀边区印花税票。1938 年 5 月，晋察冀边区开始发行印花税票。这是中国共产党地方政权首次发行的印花税票。在中华人民共和国成立以前，各解放区均发行过印花税票和沿用民国时期印花税票加盖使用。（6）"旗球图"印花税票。1949 年 10 月中华人民共和国成立以后，在次月发行新中国第一套印花税票——"旗球图"印花税票。之后又陆续发行了 1952 年版 3 种图案的印花税票以及地方版、地方加盖、改值使用等，非常繁杂。自 1958 年起，不再单独征收印花税（并入工商统一税），印花税票暂停发行使用。（7）"四化建设图"印花税票。改革开放以后，为适应经济变革和对外经济往来的发展，国家恢复开征印花税。1988年10月1日，国家税务总局发行新版印花税票——"四化建设图"印花税票。2001～2019年，又陆续发行18套纪念印花税票。另外，为迎接2008北京奥运会，北京市于2005～2008年还发行了4套北京地方版纪念印花税票。这些都为中国印花集邮提供了丰富的素材。

二、中国印花集邮的起步与发展

邮票与税票常被称为"姊妹花"。由于税票与邮票外形近似，早期又存在相互代用现象，故中国集邮者不时将税票收入囊中，并逐渐有收藏者专门去收集税票，或将税票与邮票同时收集。但在1991年FIP将印花类正式纳入竞赛性邮展之前，印花集邮在中国只是极少数集邮者的个人行为。以下为中国印花集邮发展过程的若干个"第一次"：（1）印花展品首次参加全国邮展。在北京1993第5届中华全国邮展中，印花类展品首次参展。5部印花类展品分获镀金奖、大银奖、银奖、镀银奖、铜奖。之后，历届全国综合性邮展均设有印花类。（2）全国邮展中的首部金奖印花展品。在重庆1997第6届中华全国邮展中，陕西贾文春的《陕甘宁边区印花税票》获金奖加特别奖。这是印花展品在全国邮展上的第一个金奖。（3）全国邮展中的首部青少年类印花展品。在北京2001中华全国青少年邮展中，辽宁王桐的《北洋政府时期东北印花税票》获镀金奖。这是青少年类印花展品首次在全国邮展上亮相。（4）全国邮展中的首部一框类印花展品。在重庆2003第9届中华全国邮展中，天津李仲阳的《中国领事印花》获二等奖。这是一框类印花展品首次在全国邮展上亮相。（5）全国邮展中的首部印花集邮文献。在南京2001第8届中华全国邮展中，中国税务出版社的《中国印花税票总目录》（图1）、上海包明伟的《民国时期版图旗印花税票目录》同获镀金奖。这是印花文献首次在全国邮展上亮相。镀金奖也是印花文献在全国邮展中的最好成绩。（6）中国首次举办全国印花专项邮展。北京2006全国首届税票类展览，是中国首次举办的印花类专项邮展。（7）中国印花展品首次参加国际邮展。在新加坡1994第7届亚洲国际邮展中，江苏董光呈的《中华民国印花税票》获银奖。这是中国印花展品首次参加国际邮展。（8）国际邮展中的中国首部金奖印花展品。在中国2016亚洲国际邮展中，贵州张前声的《中国大楼图状面印纸及其改制品（1907－1949）》获金奖。这是中国印花展品首次在国际邮展中获金奖。（9）国际邮展中的中国首部青少年印花展品。在中国2011第27届亚洲国际邮展中，天津李昊的《中国领事印花（1930－1940）》获大镀金奖加特别奖。这是中国青少年印花展品首次参加国际邮展。（10）国际邮展中的中国首部青少年类金奖印花展品。在中国2016亚洲国际邮展中，天津李昊的《中国领事服务费用印花（外交部收据）》获金奖。这是中国青少年类印花展品首次在国际邮展中获金奖。（11）国际邮展中的首部中国一框类印花展品。在中国2011第27届亚洲国际邮展中，西藏杨丕雄的《中华民国改值银元印花税票在重庆的使用（1949.6－1950.3）》获86分。这是中国一框类印花展品首次参加国际邮展。（12）国际邮展中的中国首部金奖一框类印花展品。在中国2013第3届东亚国际邮展中，湖南段辉的《大清印花税票及其民国加盖》获金奖。这是中国一框类印花展品首次获国际邮展金奖。（13）国际邮展中的首部中国印花集邮文献。在中国2003第16届亚洲国际邮展中，中国税务出版社的《中国印花税票总目录》获大银奖。这是税票类文献第一次参加国际邮展。大银奖也是印花集邮文献在国际邮展中的最好成绩。（14）中国印花展品首次参加世界邮展。在新加坡1995世界邮展中，四川刘忠钰的《中华民国四川印花税票》获镀金奖。这是中国印花展品首次参加世界邮展。（15）世界邮展中的中国首部金奖印花展品。在澳大利亚2005世界邮展中，北京蔡正钧的《中华民国第一套印花税票"长城图"（1913－1928）》获金奖。这是中国印花展品首次在世界邮展中获金奖。中国作者编组的印花展品，从时空跨度看，涵盖了清朝、民国、解放区、新中国各个时期。从地域看，有表现中国印花的，也有表现外国印花的；有反映中国经济发达地区的，也有反映中国经济欠发达地区的；有表现中国东北地区的，也有表现中国西南地区的。从税种上看，印花税、烟酒税、司法印纸、邮政储金或汇兑印纸等均有涉猎。从载体上看，既有印花集邮展品，也有印花集邮文献。这些印花展品，全方位、多角度地记录了中国印花集邮的发展过程、不断进步和取得的新成果。

图1 中国印花税票总目录

三、中国印花集邮的进步与影响

（一）中国印花集邮期刊的出现

在印花集邮的道路上，为了更好地交流与提高，中国印花集邮者们先后编印出一些民间印花期刊。如上海李德元的《印花交流》、江苏陈千里的《税票苑》、张烨的《税票钩沉》、山西李喜庆的《晋冀鲁豫税票交流》、湖北周震的《税票交流》、朱汉昌的《黄鹤税花》、山东李宝山的《金都集藏》、江西曾耀辉的《税票集藏》、云南赵天华的《云南税票》、内蒙古李永红的《科尔沁邮声》，等等。此后出现的中国税票集邮研究会会刊《税票集邮》（图2）和中国税票集邮工作指导小组的《税票研究》，则更是印花集邮期刊的集大成者。这些期刊对普及税票知识、宣传税收文化、提高印花集邮水平，都起到了极大的推动作用，影响着大中华集邮圈的印花爱好者。

图2 中国税票集邮研究会会刊《税票集邮》

（二）中国税票集邮研究会

1996 年 5 月成立的中国税票集邮研究会，为中国广大印花集邮爱好者搭建了一个很好的发展提高平台。该会会员最初为 106 人，现已增加到近 400 人。先后建立了"中国税票集邮研究会"网站、"税票交流"QQ 群、"税票交流"微信群。近几年来，还尝试在微信群里举行简易拍卖，至今已经举办了 64 期，效果一直很好。《税票集邮》自 1996 年 9 月创刊以来，迄今已发行 68 期。该会每年至少举行两次会员交流和研讨活动（图 3）。

图 3　中国税票集邮研究会会友在西安 2016 全国邮展

（三）两次中华全国税票专项邮展

首届中华全国税票邮展于 2006 年 4 月 22 日至 24 日在北京举行，共展出印花展品 136 框（其中 16 框为特邀类）。28 部竞赛性展品按照 ACPF 规则进行评审，成绩为：金奖 8 部（85 分以上）、银奖 10 部（75～84 分）、铜奖 4 部（60～74 分）、一等奖 1 部、二等奖 3 部、三等奖 2 部；4 部印花集邮文献均获纪念奖。第二届中华全国税票邮展于 2017 年 8 月 25 日至 27 日在内蒙古通辽市举行，共展出印花展品 200 框（占地 800 平方米的通辽税史精品展同期举行），按照 FIP《GREV》和《印花专用规则》进行评审。多框展品成绩为：金奖 6 部、大镀金奖 14 部、镀金奖 11 部、大银奖 2 部、银奖 4 部；一框类展品成绩为：镀金奖 7 部、银奖 4 部、参展证书 1 部。这两次全国税票专项邮展，大大提高了中国印花展品的水平，加速扩大了中国印花集邮队伍，显著提升了印花集邮在中国集邮中的地位和影响力。印花集邮方兴未艾、税票收藏研究任重道远。

作者单位：内蒙古自治区通辽市税务局

> **作者简介**：刘永新，男，汉族，1957 年 6 月出生，会计师，在内蒙古通辽市地方税务局工作多年，业余时间酷爱收藏，主集印花税票、古今钱币等，中国税票集邮研究会终身名誉会长，国家级邮展评审员，中华全国集邮联八届理事会理事，内蒙古集邮协会副会长，通辽市税史博物馆馆长，《在华北使用和发行的印花税票（1913－1934）》税票集在 2010 年全国邮展获大镀金奖，《华北解放区印花税票（1937－1950）》税票集在 2016 年世界邮展获大镀金奖。

方寸之间的收藏价值

高 微

印花税是一个很古老的税种，1624年由荷兰始创，由于征收简便、税负轻、痛感弱的优点，广为纳税人接受，目前是世界各国普遍征收的税种之一。印花税票作为一种完税凭证，票面上印有固定金额，在印花税征收过程中，供纳税人购买并在应税凭证上粘贴使用，代表纳税义务的履行。由于印花税票有一定的面值，其形式与邮票非常接近，加之一些国家在特殊时期往往会出现邮票与印花税票通用的现象，如我国清代时期的红印花就一度加盖为邮票使用，这些"红印花"邮票就成为中国早期邮票中的珍品。由此，在集藏界人们常将两者称之为"姊妹花"。印花税票不仅外形与邮票相似，而且有丰富的内涵并颇具保值功能，因而广受集藏爱好者的青睐，成为世界范围的艺术收藏品。

世界上最早的印花税票是由奥地利政府印制发售的，外形酷似邮票，历史也与邮票相当。我国在清朝的时候，开始引入了印花税，并印制了印花税票。自1913年正式征收印花税以来至1949年底，北洋政府和国民政府陆续印制发行了9套印花税票，地方印制了29套印花税票，其中有名的为"长城图""嘉禾图""孙中山像"等印花税票。在此期间，中国共产党领导的各革命根据地、解放区也印制发行了多种印花税票。

新中国成立以后，印花税成为我国税制的重要组成部分。为适应印花税征收管理的需要，1949年起开始发行印花税票。翻阅不同时期的印花税票，特定年代的文化气息扑面而来，与时代紧紧相契合。1949年新中国成立，发行了印有国旗地球图案的印花税票，1952年起，又陆续发行了以拖拉机、压路机、发电机和飞鸽地球为票面内容的印花税票，一直使用到1958年税制改革将印花税并入工商统一税，印花税票的发行亦随之暂停。1988年恢复开征印花税以后，印花税票的票面金额以人民币为单位，分为1角、2角、5角、1元、2元、5元、10元、50元和100元9种。根据这一规定，国家税务局于1988~1989年发行了以航天、海上油井、海陆空交通、工厂、农机耕作和北京大学为票面内容的9个面值印花税票。

一枚枚印花税票，用它们的独特方式，在方寸之间浓缩了珍贵的历史记忆，记载了政治、经济、社会文明的发展和税收制度的变迁。从过去三十余年间印花税票收藏的市场趋势来看，国内邮坛在1990年新西兰世界邮展上才开始对印花税票的收藏予以重视。在邮展上，"泰国税票"获得大镀金奖，这一消息令国内集邮爱好者开始意识到印花税票也有着不同凡响的潜在收藏价值及意义。此后在1991年，国际集邮联合会宣布将税票印花收藏作为集邮的一个独立分支划分出来，并明确表示印花税票可单独组集参加邮展。这一国际集邮联合会的表态，对我国印花税票的收藏热潮做出了一次关键的实际推动。印花税票作为税票中的王子更是受到世界各地收藏家的青睐！在新中国成立初期，很多外国邮商到中国以很少的金额购买走大量清代民国罕见的印花税票，在海外以很高的价格出售。很多人以几毛钱买到的票在海外可以卖到几百元甚至几千元。这使中国印花珍品大量流失。到20世纪90年代，很多外国集邮家组集中国印花税票展品在各国邮票展上多次获大金奖。许多国内收藏家、集邮家感到这是对我国税文化的羞辱，也给中国税文化造成了损失。于是，很多集邮家开始从事对印花税及印花税票的研究收藏。很多收藏家放弃了以前的收藏爱好把资金精力都投入到印花税的研究。近年来，我国收藏印花税票日益风行，目前已拥有了一支可观的收藏者队伍，他们多次参加国内、国际邮展，并在国际邮展中获得金奖，为我国争得了荣誉。

近年来，中国印花税票的艺术创作、生产工艺、防伪技术等日臻精细和完善，例如，票面运用镂空"税"字图案，这使印花税票外形根本区别于其他票品。作为中国票品的重要品种和邮票印制局工艺精品，多套印花税票参加了世界邮展、国际集藏文化博览会等国际展览。这些精美的印花税票，已不只是一枚枚普通的票证，更是一个文化的使者，在方寸之间向世界展示着中国元素、中国精彩、中国文化。著名画家、设计家等积极参与中国印花税票的艺术创作，各领域的专家亲自为印花税票撰写或审定创作文案，对改进中国印花税票的观赏性、艺术性，提高发行质量，扩大社会影响发挥了重要作用。著名画家范曾、邹玉利创作的中国古代圣贤故事，著名画家徐志坚创作的闽构华章，著名邮票设计师郭承辉创作、著名学者黄伟宗和左鹏军等担纲文案的岭南钩沉等系列印花税票，以独到的选题、独特的设计、优雅的文字，受到了纳税人和社会各界的喜爱。

我国发行的印花税票主题越来越多样，其中蕴含的税收思想也越来越明显。2015年，发行了一套《中国古代税收思想家》印花税票。简洁精美的画面、古朴典雅的风格，使得该印花税票一经发行，立即受到纳税人和社会各界人士的追捧。与以往发行的印花税票不同，这是我国第一套税收题材的印花税票，除实用价值外，其方寸之间传递的中国古代税收思想、扑面而来的税收历史文化气息，赋予了这套税票独特的文化价值。

印花税票有着鲜明的时代气息，有着悠久的历史，有着珍罕的存世量，它是中国税文化的永久见证！世纪沧桑，税收文化源远流长。新的时期，印花税票在瑰丽的文化长河中依然绽放着恒久动人的魅力！

参考文献

[1] 金林军. 方寸之间 税月流转——中国印花税票发行札记[J]. 金融会计，2016 (11)：78-79.

[2] 李军. 印花税票：堪与邮票媲美的新兴藏品[J]. 金融博览（财富），2013 (2)：68-69.

[3] 陈保安. 中国印花税票纵横谈[J]. 中国税务，2000 (4)：53.

作者单位：江西财经大学财税与公共管理学院

作者简介：高微，女，2002年出生，江西九江人，江西财经大学财税与公共管理学院2017级税收学专业学生。

展馆动态

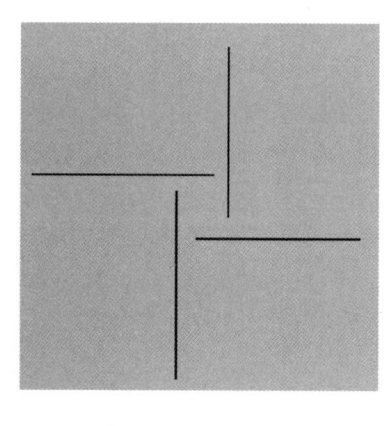

中国税收票证博物馆新馆开馆

曾耀辉

2020年的金秋十月，中国税收票证博物馆在江西财经大学文博馆（图1）四楼建成并正式对外开放。

图1 科瑞文博馆大厅

中国税收票证博物馆（图2），是江西财经大学设立的国内首座以税收票证为内容的主题博物馆，展馆以中国悠久的历史文化和税制变迁为脉络，主要展示自明代以来的税收票证及相关物品，并结合各个时期历史状况、民生社会与税制变迁，突出史实性、趣味性和启迪性，借丰富的税收票证生动直观地呈现历史和见证税收，其中不少品项为珍品甚至孤品。税收票证博物馆不仅以多元内涵平易近人的展出向群众推广，也希望成为国内重要的税制、经济研究场所和历史文化教育基地。

图2 中国税收票证博物馆

中国税收票证博物馆原馆于 2013 年 9 月开馆，面积 231 平方米，展示了中国税收票证及其相关物品 226 件。新开馆的展馆面积约为 1200 平方米，其中，展厅实际展陈面积 800 平方米，教学研讨区 400 平方米。分为序厅、展览大厅和尾厅三部分。序厅主要介绍税票的历史和展厅的布局；展览大厅分为六个区，分别展示明代、清代、民国、革命根据地、新中国的税收票证和印花税票展品；尾厅为拓展、互动和成果展示区，内有明崇祯九年巡按应天察院契尾、清代税票木印版（图3）、清祺祥元年十户地粮税契粘单、民国江西财政厅盖多个税卡查验印的丙联税单、中央革命根据地 1934 年瑞京城市苏维埃政府商业店房税附加收据、解放初江西省人民政府税务局印发的机动车（船）使用牌照税证样张、手盖林彪语录的完税证、英国和奥地利等早期印花税票证实物、元代官府监造铜权、清代管库验粮器等较为稀见税收票证与相关文物收藏品，许多展品都是生动直观的历史文化和税收见证。

博物馆序厅设置前言，并对"税与税收票证"作了简要介绍。税与税收票证，是历史沉淀与社会变革的缩影。税收，伴随着国家的起源应运而生。国家依靠国民贡献的人力财力维持国家机器运转，税收为政权稳定与社会发展提供源源不断的血液，也是国民与国家之间紧密相连的纽带。中国最早的税收源于夏朝，起初以"九贡"为赋税形式，伴随朝代兴衰历经多次演变。税收如同砝码，轻重之间衡量出一个朝代的得势与失势，当权者的税收政策，勾连着政权兴替。于国家而言，税是基石，是展开一切基业与宏图的根本；于国民而言，税是担当，是个体生活与国家命脉的重要关联。税收票证的诞生，令国民与国家之间的羁绊，多了一份可留存的凭证。中国票据的历史，源于唐朝的"飞钱"，宋朝有了更加成熟的"便钱"和"交子"，多用于经济往来。在此背景下，税收票证也作为其中的一种重要票据产生，并在明代万历年间开始广泛使用，成为直观的经济社会历史文化见证。每一份税收票证珍藏，都令历史多了一丝往昔岁月经久不息的余温。

博物馆序厅墙面分别以从远古至晋代、隋唐、宋元的历史图景为烘托，以大清云龙风景图印花税票为背景布置"中国税收票证历史沿革"内容（图4）。税收票证是指与税收相关的收款、减免、查验、核定和退款等凭证。中国古代征收赋税，早期一般造册征收，不给据。到了元代，已有农业税、契税票证的雏形，至明中叶以后，税收票证逐渐增多。由于明代税制中农业税占统治地位，税票也多为农业税票。明清资本主义萌芽的不断成长，特别是清鸦片战争爆发后，中国税制结构变化加快，除了农业税票外，工商税、关税以及各种苛捐杂税的税票越来越多，并且由于借鉴和引进外国先进税制，印花税等新税种的税票也开始出现。民国作为传统税制向现代税制的过渡时期，税票也充分反映了新旧税制交汇的特点，且因战乱频仍苛捐杂税多如牛毛，税票种类亦纷繁复杂。革命根据地税票充分体现了人民政权税收特色，设计印制大多简单粗糙，折射出当时艰苦的革命战争环境。中华人民共和国成立后，税收制度逐渐向规范化和现代化发展，税收票证的沿革也反映出了税收制度曲折发展的过程，新的历史时期，税收票证同样印证了中国快速科学发展

图3　清代税票木印版

的步伐。展馆通过丰富的展品，直观地诠释了税收票证的发展历程。

图4　博物馆序厅

序厅放置了6个展柜，分别展示明代、清代、民国、革命根据地、新中国有代表性的税收票证和贴印花税票毕业证书各1件，分别为明代万历四十年推税票，清代江南徽州府歙县税票木印版，民国矿产税收单给商收执、缴厅查验、报部备案、存根备查4联，中央革命根据地1934年赣南省赣县土地税免税证（图5），解放初江西省人民政府税务局印发的机动车（船）使用牌照税证样张，民国贴地图旗印花税票、盖中国现代会计之父潘序伦校长印的立信会计补习学校毕业证书。

图5　中央革命根据地1934年赣南省赣县土地税免税证

博物馆明代展区主题为"传统税制及其改进"，对我国古代传统税制进行简要总结，展出明代税收票证票、契尾等实物，着重介绍明代税制和"一条鞭法"，反映了税收票证在税制改进中的重要作用,揭示了"税能载舟,亦可覆舟"的道理。

清代展区展出清代 12 朝税收票证及相关物品,主题为"传统税制的辉煌与没落",介绍康乾盛世的税收制度,反映我国封建税制逐渐向半殖民地半封建税制过渡的历程。明清资本主义萌芽的不断成长,特别是清鸦片战争爆发后中国税制结构变化加快,除了农业税票外,工商税以及各种苛捐杂税的税票越来越多,并且由于借鉴和引进外国先进税制,印花税等新税种的税票也开始出现。

民国作为从封建帝制走向民主制度的过渡时期,该展区主题为"从传统税制向现代税制转型",通过这一时期的税收票证及相关物品,展现近现代中国在经济社会转型的大背景下,税制逐渐从以农业税制为主体的传统税制向以工商税制为主体的现代税制转型,以及"民国万税,天下太贫"的社会现实。民国作为传统税制向现代税制的过渡时期,税票也充分反映了新旧税制交汇的特点,且因战乱频仍苛捐杂税多如牛毛,税票种类亦纷繁复杂。该展区还展出了从元代到民国的铜权、验粮器、粮斗、红木算盘等收税和填开税票用品(图6)。

图 6　收税和填开税票用品

革命根据地展区是整个展馆很有特色的展区,主题为"人民政权税制的预演",通过展出红色苏区、抗日根据地、解放区税收票证及相关物品,"人民税收,巩固政权"展现了人民政权税制的创建和发展,及其对新中国税制建立的重要作用。革命根据地税票充分体现了人民政权税收特色,设计印制大多简单粗糙,折射出当时艰苦的革命战争环境。

新中国展区见证了中华人民共和国建国 70 余年的发展和进步,主题为"新中国税制的建立与发展"(图7),通过展出税收票证文件、印章、税票及相关物品,反映新中国税制的建立和曲折发展过程,体现税收在社会发展中的重要作用。新中国成立后,税收制度逐渐向规范化和现代化发展,税票的沿革也反映出了税收制度曲折发展的过程。改革开放以来,税票同样印证出中国快速发展的步伐。

印花税票展区作为一个专题展区(图8),主要通过印花税票及其实用单据来反映印花税的起源和发展、印花税票产生与使用、中国印花税票沿革、印花税票收藏研究等内

图 7 新中国展区

容。其中，展墙布置"印花税与印花税票的起源和发展"内容，从印花税自荷兰于1624年发明并成为世界各国普遍采用的一个税种说起，到中国清末民初筹议引进印花税，逐渐发展成为中国现行税收体制中的一个重要税种。同时，还介绍了1854年奥地利发明印花税票，开征印花税各国争相仿效，中国从清末试办印花税开始就印制了两套印花税票，新中国成立后，先后发行了旗球图、机器鸽球图、四化建设图、红色税收记忆等多套印花税票。印花税票因其与邮票一样具有赏心悦目的外形和有价证券属性及丰富的历史文化内涵，成为广大集藏爱好者青睐的世界性收藏品。

图 8 印花税票展区

中国税收票证博物馆尾厅为拓展、互动和成果展示区。墙面用古今中外的税收票证图片陈设，作为展馆展品信息的拓展，互动区通过即时成像技术，可为参观者即时生成并打印以税收票证和展馆信息为背景的纪念品。南面展墙位置设置一组玻璃柜，展示与展馆和税收票证相关的荣誉、研究成果等。

中国税收票证博物馆自2013年9月开馆以来，海内外参观者众多（图9），各方反响良好，充分发挥了财经类特色博物馆的教学科研和社会科学普及基地作用。新华社、CCTV证券频道、新浪网、中国税务报、江西卫视等数十家媒体竞相报道，原财政部部长兼税务总局局长刘仲藜参观后表示，税票博物馆很值得全国同类博物馆借鉴。新形势下，学校决定建设中国税收票证博物馆新馆，面积、内容与展品均比原馆大幅扩充。新馆建设在校党委重视支持和校领导亲自指导下，由财税与公共管理学院具体负责，并得到各有关单位和部门的倾力支持与帮助。经过大家齐心协力积极稳妥推进，展馆终于以新的面貌呈现在大家面前，愿能对促进学校文化建设和弘扬祖国历史文化有所添益。

图9　海外学者参观中国税收票证博物馆

作者单位：江西财经大学中国税票研究中心

作者简介：曾耀辉，男，1965年5月出生，经济学博士，国家税务总局江西省税务局税收科学研究所负责人，江西财经大学财税与公共管理学院硕士生导师、财税研究中心副主任、中国税票研究中心主任。中国税务学会学术委员，中国财政学会财政史专业委员会理事，中国税票集邮研究会理事，国家级邮展评审员，全国邮展工作委员会委员，江西省集邮协会常务理事、学术委员会副主任。

展税收史证　讲中国故事

王洪新

中国税收票证博物馆坐落于南昌经济技术开发区江西财经大学蛟桥园北区崛起广场西侧的科瑞文博馆（图1）四楼，该文博馆由原北区图书馆改建而成。科瑞文博馆于2020年9月开馆，是集展陈文物、铭记历史、科普教育和对外交流为一体的综合性场馆，现已成为学校的文化新地标。

图1　科瑞文博馆

文博馆共分为四层，一至四层分别为档案馆、校史馆、校友馆和中国税收票证博物馆（图2）。税收票证博物馆展厅面积约800平方米，另有财税教学研讨区400平方米，是国内首座以税收票证为主题的博物馆，共收藏2000余件（枚）税收票证，均由该校1983级税务专业曾耀辉校友所捐赠，不少展品为十分难得的珍品甚至是孤品。

图2　中国税收票证博物馆大门

博物馆展厅分为序厅、展览大厅和尾厅三部分，通过墙面图片反映中国五千年历史文化和税制变革脉络。展馆大门的"中国税收票证博物馆"牌匾，苍劲中透着洒脱，历史文化韵味浓厚。走进序厅，首先映入眼帘的是展馆前言和税收票证沿革等内容，让参观者对展馆和税与税收票证有了一个总体的了解。序厅放置了分别展示明代、清代、民国、革命根据地、新中国有代表性的税收票证和贴印花税票毕业证书各1件，其中，第2个柜内为清代江南徽州府歙县税票木印版，纸质税票容易找，但税票印版能保存下来却十分稀少。第6个柜内为民国贴地图旗印花税票、盖中国现代会计之父潘序伦校长印的立信会计补习学校毕业证书，与江财这所财经类院校相契合（图3）。

图 3　序厅展柜

在展览大厅的明代展区，墙面有郑和下西洋和明代资本主义萌芽等图景，展厅中央是一具扬帆远航的船帆，仿佛在告诉人们，中国从明代开始逐渐从内陆向沿海快速发展。明代的税收票证展品达到十余件，这是之前参观国内同类展馆所不曾见到的。这其中，有一件明崇祯九年巡按应天察院契尾，直观反映了加收辽饷、剿饷、练饷等三饷，使百姓负担苛重，民不聊生的情况，而该件契尾表明契税亦加征练饷，这在以往史料中还未见记载。在一个展柜中，陈列一件明代崇祯十年（公元1637年）双联税票，收税票和割税票为分别给田地买卖双方的计税证明，相互勘合，对税收义务有序承继起到保障作用。

清代展区有不少很有意思的展品。从一件清顺治元年（公元1644年）十户联保地粮税票中可看出，清初实行的是联保连坐税收制度。而清雍正八年（公元1730年）云南蒙化府给垦荒者的遵照，内有垦荒免纳税六年等内容，证明康乾盛世时期实行鼓励垦荒的休养生息政策。在一个高柜中，展示了清雍正十二年（公元1734年）江西赣州府兴国县税收串票，该票上印"纳户亲执天平自封投柜"，即交税时由纳税人亲自执天平，将银钱过秤后封起来投入特制带锁的钱柜中，以示官府收税无弊。而有一件清嘉庆四年（公元1799年）分别盖红色和蓝色官印的契尾，据展馆解说员介绍，官府文书一般盖朱印，但按规定皇帝驾崩须盖蓝印，该契尾上的朱印是山西布政使司预先盖上去的，而该年州衙门用时正碰上乾隆太上皇驾崩，故州衙盖了蓝印。还有一件清雍正七年（公元1729年）吊帖（图4），据称是已知最长的税收票证。吊帖是将一纳税户的农业税粮调入另一牵头纳税户（即粮长）的凭证，粮长负责所属纳税户税粮的集中缴纳。这份吊帖很长，说明该户是一位大地主，应税土地很多。

图4 清雍正七年吊帖

在另一个高柜内，则陈列了一件清同治四年（公元1865年）户部（相当于财政部兼民政部）发给的捐官执照。执照中若捐银六十五两一钱六分，即可获从九品职衔（相当于副股级干部），这是清末财政困顿、吏治腐败的写照。一件清祺祥元年十户地粮税契粘单，折射出慈禧太后是如何走到历史前台的。祺祥元年即同治元年（公元1861年），清咸丰皇帝1860年7月驾崩后，由先帝任命的顾命八大臣所议定1861年为"祺祥"元年，并开始印制空白税票供下年使用。但慈禧太后联合恭亲王于1860年10月发动宫廷政变成功后，改祺祥元年为同治元年，因此该种税票留存下来极少。而那件清光绪二十八年（公元1902年）江南徽州府歙县上下忙执照，其上红盖"另加捐赔款"等字样，反映了清末半殖民地半封建社会的现实。

清光绪年间湖南吉局落地膏捐印花，可了解清晚期鸦片贩运是怎么畅通无阻的。膏捐即鸦片捐，清末规定鸦片只要交了税就发给印花贴于烟箱之上，鸦片即可自由销售，以致鸦片泛滥，害人无数。一件清同治六年（公元1867年）总理江西通省牙厘总局验照，上盖税卡查验章，这是查验货物缴纳厘金的查验照。厘金征收起于清咸丰三年（公元1853年）镇压太平军时期，被指清末民初第一大恶税，逢卡抽厘，商户负担苛重。

在民国展区的正中央，有一个落地玻璃展柜，其中陈列着五件税收和填开税票是的用品。在民众交纳皇粮国税过程中，官府开具税票需要用权衡（秤）和粮斗秤量，用算盘计算税粮的多少，还要用验粮器检验交纳粮食的好坏。展柜中有一件元代至元十一年（公元1274年）袁州路（今江西宜春）总管府监造的铜权（秤砣）（图5），权衡的准确度至关重要，官府监造的权衡更容易得到民众的信任。而另一件清代官府验粮器，既美观又精致，用法是先将内胆插入外壳中使其密封，随后插入盛粮的器具里，在里面旋转，使粮食进入凹槽，再旋转密封拔出，察验内胆凹槽中的粮食，这样就能知道盛粮器具里粮食的好坏了。

图5 元代至元十一年袁州路（今江西宜春）总管府监造的铜权

民国展区展示了江西省广信府铅山县清宣统三年（公元1911年）改黄帝纪元四千六百零九年税票，因该年辛亥革命，清王朝被推翻，而中华民国又还未成立，故年历按黄帝纪元计算。一件民国十六年（公元1927年）征收钱粮上限、纳米执照，上印"赔款每两加征二钱四分正"，民国成立十余年后，老百姓仍然在摊派清末给外国列强的赔款。从一件民国二十年（公元1931年）安徽绩溪县缴纳牛皮捐捐照中可看出，吹牛皮不上税，卖牛皮须纳捐。该展区展示了民国筵席税三联收据，可看出那时就开征了筵席税。

有一件中华帝国洪宪元年（公元1915年）山西落地税印票，反映出袁世凯1915年复辟的情形，但复辟却无法阻挡共和的历史潮流，只做了83天皇帝就在全国猛烈的讨伐中被迫取消帝制，因此标有"洪宪"字样的税票不仅是历史见证，还较为稀少。一件民国七年（公元1918年）江西财政厅丙联税单，上盖多个税卡查验印，说明当时税卡林立，税负苛重。民国三十年（公元1941年）青岛特别市征收土药附加捐捐票存查与查缴联，则印证了青岛该日伪占领时期，伪政府不仅大肆掠夺民脂民膏，还在收捐后任由鸦片（土药）买卖，荼毒国人。

民国展区的墙面有一幅巨幅油画，反映抗日战争时期重庆复兴关的情形，民国时期，为鼓励全国军民抗战，曾发行以复兴关为图案的钞票和印花税票，从油画中可看出，复兴关牌楼上镌刻着"还我河山""抗战建国"等字样。从一件民国三十五年（公元1946年）江西省奉新县田赋及借粮收据可以看出，民国后期国民政府明目张胆地收过头税，而且预征税款规定要到民国四十年（即1951年，奉新县那时早已解放）才抵免。

革命根据地展区中有一个大型雕塑（图6），形象地反映出苏区税务部门征税和民众纳税的场景。根据地展区展陈的税收票证可以说是整个展馆的亮点和特色，不仅展品多，而且珍贵藏品比比皆是。其中，从中央革命根据地1932年、1933年、1934年的征收土地税收据可以看出，根据地每年的土地税票都进行改版。还可从一件1934年赣南省于都县土地减税证可看出，根据地实行有利于发展生产和根据地巩固的税收政策。展区有一件中央革命根据地1934年瑞京城市苏维埃政府商业、店房税附加收据，这在其他地方均未见到过，其上反映出征收税收附加规定是用于优待红军家属。收据上的瑞京即瑞金，因中华苏维埃共和国定都江西瑞金，故当时改名为瑞京。而中华苏维埃共和国在1934年的借谷票，实为革命根据地供给紧张，向民众预收税粮，直到解放后才归还，故借谷票由政府兑现后收回注销。

图6 革命根据地展区大型雕塑

一件陕甘宁、晋绥边区营业税票,说明当时两个边区已连成一片,因此联合印发税票统一收税。解放战争时期江南敌后游击区皖浙边财粮局征税通知单连收据,则让我们感受到,在游击区状态下革命武装仍然使用税收这个手段筹集战费。有一张新解放区用民国货物烟酒税印照,上面加盖"江西省税务局暂用"改为人民政府使用,当时新解放区来不及印制新税收票证,因此在国民党政府税收票证上加盖改为人民政府税务部门使用。

新中国展区展示的税收票证可以看出中华人民共和国建设发展和税收发展脉络。一件1952年开具的贵州省镇远县缴款书上,盖有宣传标语"捐献飞机大炮,打败美国强盗"。中华人民共和国成立初期贴有华东财政部完税货品改装查验证的上海产时尚长袜(图7),则可了解到当时税制规定货物必须进行完税查验。展柜中还展示了解放初期各类税收票证专用章,税票加盖印章方为有效。

图7 贴华东财政部完税货品改装查验证的上海产时尚长袜

一件江西省财政厅税务局1960年屠宰税完税证,上盖"公社专用"。江苏省1966年税收缴款书上,则盖有"三自办税"章,"三自办税"指由纳税人按照税法规定自行计算应纳税款,自行填写缴款书,自行向当地代理国家金库的银行缴纳税款的一种征收方式,要求纳税人有较强的纳税意识和健全的财务核算制度。展出的江西永红县红雨税务所1967年票证封面,则打着典型的"文革"烙印,永红县实为原永修县改名,"文革"时因避免"永远走修正主义道路"嫌疑而改名。

有一件印蒙汉两种文字的内蒙古自治区1987年完税证,其上的双语是少数民族地区税收票证的特色。一件本博物馆税票藏品捐赠者曾耀辉博士本人的中华人民共和国个人所得税完税证明,从中可看出,随着社会不断发展和进步,税收与我们每个人都越来越息息相关。

印花税票展区是一个专题展区,也是新馆增加的一个展区,其中的展品不仅有中国印花税票,还有来自外国的藏品,因为印花税这个税种是清末民初从外国引进的,要了解印花税的历史和发展脉络必须从西方发达国家说起。展区中展示了一件加盖印花戳记的英国1748年租赁契约(图8),其上的印花戳记和封泥等十分引人注目。在印花税票没有发明以前,一般通过在凭证上加盖印花戳记来完成纳税。印花税由荷兰于1624年发明,由于其后英国在欧洲率先发生工业革命,印花税在英国迅速成为一个重要的税种。印花税票则是奥地利这个国家发明的,而从奥地利早期贴印花税票的单据中可遥想当年的情景。

在一个展柜中分别展示了清代印制的两套印花税票,分别是清光绪二十九年(公元1903年)在日本印制的双龙戏珠图印花税票和清光绪三十四年(公元1908年)在美国印制的云龙风景图印花税票,这两套票印制精美,很有大清帝国末年的时代特色。一件民国二十二年(公元1933年)山东济南成通纺织股份有限公司股票上,贴版图旗印花税票,民国时期各种票证基本上都要贴用印花税票。民国末期,新疆60亿元印花税票反映出民国末期由于通货膨胀极其严重,新疆竟发行面值为60亿元的钞票,其币值却只能买到一

图 8　展示的加盖印花戳记的英国 1748 年租赁契约

盒火柴。与此同时，新疆也发行面值 60 亿元印花税票，也可算是世上面值最大的印花税票。

展馆内有一套赣县电厂从民国到中华人民共和国初期财务税收资料专门用一个展柜展出，从中可以看出在较大的时间跨度各种印花税票的使用情况，也可反映出企业财务核算与税费负担情况，是研究民国税制及解放初税制的第一手资料。在这个展区中，有一件很特殊的展品，是 2018 年红色税收记忆印花税票纪念册（图 9），该套税票第一枚税票中的征收土地税收据选自这个博物馆根据地展区藏品，可看出这个展馆的实力和社会关注度。

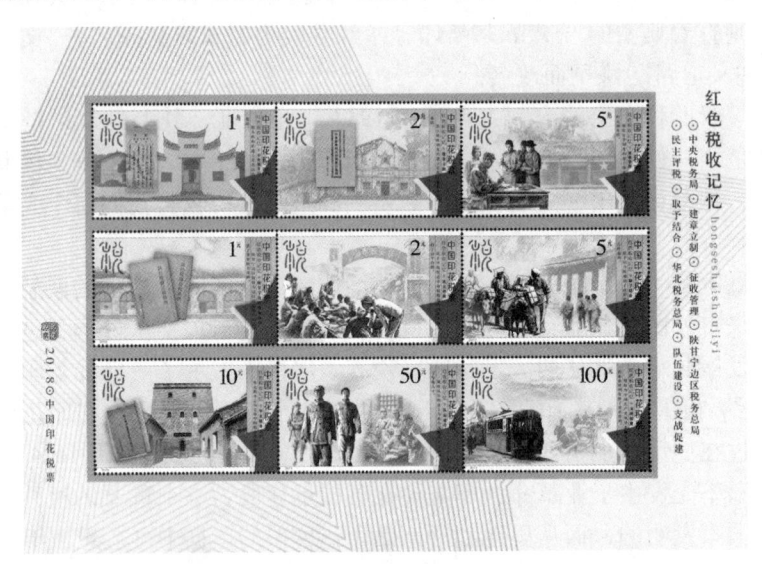

图 9　2018 年红色税收记忆印花税票纪念册中的小全张

中国税收票证博物馆馆的尾厅墙面上还展示了中外各种税票图案，以此作为展馆的拓展。值得一提的是，展馆还有一个互动区，参观者可通过与现代化设备互动，合成一件新颖的观展纪念品，至于是怎样的纪念品在此就不多描述，您身临其境就知道了！

据介绍，这个展馆是国内重要的税制、经济研究场所和历史文化教育基地，获得了全国社科普及基地牌匾,自老馆 2013 年开馆以来每年来参观的各级领导、专家学者、师生、家长和民众络绎不绝。若您想了解中国税收发展史、中国税票演变史,请到这里来!若您想知晓中国税收票证的背景故事、脉络发展,请到这里来!

作者单位:江西省集邮协会

作者简介:王洪新,男,1958 年 8 月出生,祖籍江苏涟水县,自 7 岁始在哥哥王华新(江西财大 1963 年毕业生,现为全国集邮联会士。)指导下开始集邮。1985 年起任《江西集邮》责任编辑至今达 36 年。2005 年起担任国家级邮展评审员。2007 年任全国集邮联学术委员,参与过全国集邮征文比赛 8 次评审,获得 4 次全国集邮先进个人称号,现为江西省集邮协会学术委员会主任。